LYNDSEY
STONEBRIDGE

WIR SIND FREI, DIE WELT ZU VERÄNDERN

LYNDSEY
STONEBRIDGE

WIR SIND FREI, DIE WELT ZU VERÄNDERN

Hannah Arendts
Lektionen
über Liebe
und Ungehorsam

*Aus dem Englischen von
Frank Lachmann*

C.H.BECK

Titel der englischen Originalausgabe:
«We Are Free to Change the World.
Hannah Arendt's Lessons in Love and Disobedience»

Zuerst erschienen 2024 bei Jonathan Cape, Penguin Random House, London

Die erste Auflage der deutschen Ausgabe erschien 2024.

Mit 23 Abbildungen

2. Auflage. 2024
Für die deutsche Ausgabe:

www.chbeck.de
Umschlaggestaltung: geviert.com / Nastassja Abel
Umschlagabbildung: Fred Stein © VG Bild-Kunst, Bonn 2023.
Satz: Janß GmbH, Pfungstadt
Druck und Bindung: CPI – Ebner & Spiegel, Ulm
Gedruckt auf säurefreiem und alterungsbeständigem Papier
Printed in Germany
ISBN 978 3 406 81467 9

verantwortungsbewusst produziert
www.chbeck.de / nachhaltig

Für SHH,
nach fünfundzwanzig Jahren
und für die Liebe unserer Welt

Inhalt

Abkürzungen

Zitate aus Hannah Arendts Schriften und Briefwechsel werden im Text durch Verweise auf die folgenden Ausgaben nachgewiesen:

Werke

EJ	*Eichmann in Jerusalem*, München [11]2001.
OT	*The Origins of Totalitarianism* (1951), San Diego, New York, London 1979.
TH	*Elemente und Ursprünge totaler Herrschaft*, München [8]2001.
ÜR	*Über die Revolution*, München 1974.
VA	*Vita activa oder Vom tätigen Leben*, München [2]2021.

Briefe

ABB	Hannah Arendt, Heinrich Blücher, *Briefe 1936–1968*, München 1996.
AHB	Hannah Arendt, Martin Heidegger, *Briefe 1925–1975*, Frankfurt / M. 1998.
AJB	Hannah Arendt, Karl Jaspers, *Briefwechsel 1926–1969*, München 1985.
AMB	Hannah Arendt, Mary McCarthy, *Im Vertrauen. Briefwechsel 1949–1975*, München 1995.
ASB	Hannah Arendt, Gershom Scholem, *Der Briefwechsel*, Berlin 2010.

Du wirst sehen: Ich werde das eigentliche Reich des Politisch-Öffentlichen darum noch einmal – wann? Egal, irgendwann einmal – beschreiben können, weil niemand so genau die Grenzen eines Territoriums abschreiten kann als der, der von außen ganz um es herumgeht.

Hannah Arendt

Ein Wort zur Einbildungskraft

Hannah Arendt hing einer «erweiterten Denkungsart» (Kant) an, die sie für das Fundament eines guten Urteilsvermögens hielt. Diese Art von kritischem Einbildungsvermögen ist weder kreativ noch notwendigerweise empathisch. «Sie denken Ihre eigenen Gedanken, aber an der Stelle von jemand anders», belehrte sie ihre Studierenden.[1] In diesem Buch habe ich versucht, meine eigenen Gedanken an der Stelle von Hannah Arendt zu denken. Plausible Szenarien in ihrem Leben habe ich mir nur dann ausgemalt, wenn die verfügbaren Belege dies erlaubten. Trotz dieser Vorkehrungen könnte es im Folgenden aber auch Momente geben, in denen Hannah Arendt ihre Gedanken an meiner Stelle denkt.

Nachdenken über das, was wir eigentlich tun

In den Monaten nach der Wahl von Donald Trump im Jahr 2016 schossen Hannah Arendts *Elemente und Ursprünge totaler Herrschaft* auf den amerikanischen Amazon-Bestsellerlisten nach oben. Im ersten Jahr seiner Präsidentschaft steigerten sich die Verkaufszahlen des Buchs um insgesamt über 1000 Prozent. Im Internet kursierten immer mehr auf Tweet-Länge gebrachte Zitate aus ihren Schriften, und in der Presse erschienen auf einmal regelmäßig Kommentare, die sich um Arendt'sche Themen drehten. Eine Politik des Absurden und Grotesken, des Grausamen, Verlogenen und rundweg Irrsinnigen war zurückgekehrt, und sie hatte dazu offensichtlich etwas zu sagen.

Die *Elemente und Ursprünge* waren erstmals 1951 erschienen und beschrieben, wie die historischen Umstände in Europa dabei zusammengewirkt haben, dem Bösen im 20. Jahrhundert eine schockierend moderne politische Gestalt zu verleihen. Hass und Angst bestimmten in den totalitären Regimen alles, wie sie behauptete. Politische Lügen triumphierten über die Tatsachen. Wichtig waren allein Macht, Gewalt und Ideologie; die Menschen selbst wurden überflüssig gemacht. «Was war geschehen? Warum war es geschehen? Wie konnte es geschehen?», fragte Arendt (*TH* 630), und die alten politischen und historischen Narrative gaben darauf keine plausiblen Antworten mehr.

Hannah Arendt warnte auch davor, dass die totalitären Regime ihrer Zeit zwar zwangsläufig zusammenbrechen würden, die Kontexte und das Denken aber, die sie möglich gemacht hatten, durchaus fortwirken könnten. Sie würden dabei natürlich neue Gestalten – in Reaktion auf veränderte Umstände – annehmen, dabei aber immer noch auf einer politischen und kulturellen Fäulnis aufbauen, die sich bereits früher zusammengebraut habe.

Auf den Straßen Amerikas war in der zweiten Dekade des 21. Jahrhunderts nun allerdings nur selten das knallende Geräusch von marschierenden Stiefeln zu vernehmen, und politische Dissidenten verschwanden auch nicht nachts um drei in irgendwelchen Folterkellern – obwohl zeitgleich im syrischen Aleppo, auf dem Maidan im ukrainischen Kyjiw und anderswo durchaus sowohl die Stiefel als auch der Terror vorhanden waren. Die totalitären Regime nach Art des 20. Jahrhunderts waren zwar nicht wiedergekehrt, doch wie einige Beobachter damals wie heute angemerkt haben, sickerten viele der erstmals von Arendt am totalitären Denken identifizierten Elemente wieder in unsere politische Kultur ein.

Eine zynische Ernüchterung über die Politik kennzeichnet unsere Gegenwart, und zu Arendts Zeiten war es nicht anders. Verschwörungstheorien blühen und gedeihen, die Selbstzensur ist wieder da, viele von uns sind sozial isoliert. Die stets drohende totale atomare Apokalypse haben wir mittlerweile noch um die Realität der Klimaapokalypse ergänzt. Die stillschweigende Akzeptanz der Tatsache, dass es bestimmte Kategorien von Menschen gibt – Flüchtlinge, Migrantinnen und Migranten, die Entwurzelten, Okkupierten, Eingekerkerten und zu lebenslanger Armut Verurteilten –, deren Leben im Grunde überflüssig sind, hat sich seit dem Zweiten Weltkrieg nicht sehr verändert. Die Lager und Ghettos haben zwar ihre Standorte, ihre Namen und ihr Erscheinungsbild verändert, doch das Elend ist das Gleiche geblieben, genauso wie die gedankenlose grausame Verwaltung menschlicher Wesen, so als wären diese nicht viel mehr als Frachtgut.

Hannah Arendt ist eine kreative und komplexe Denkerin; die Themen, über die sie schreibt, sind Macht und Terror, Krieg und Revolution, Exil und Liebe und vor allem Freiheit. Sie zu lesen ist nie nur ein rein geistiges Unterfangen, sondern immer auch eine Erfahrung. Ich tue dies seit mittlerweile über 30 Jahren. Erstmals entdeckt habe ich sie noch als Doktorandin Ende der 1980er Jahre, als gerade der Kalte Krieg zu Ende ging. Ich mochte ihren Stil, ihre kühne und direkte Art, ihre selbstbewusste Ironie und ihren lebensklugen Humor. Sie entstammte einer Vergangenheit, die noch so greifbar war (Arendt starb 1975, zehn

Jahre nach meiner Geburt), sprach jedoch mit einer Stimme, die so vollkommen ihre eigene war, und in einer so luziden Prosa, dass sie zugleich aus dem Nirgendwo zu kommen schien. Doch erst als ich mich fragte, warum wir sie gerade heute lesen sollten, im Zeitalter von Donald Trump und Wladimir Putin, realisierte ich, dass es gerade jene sture Humanität ihrer kämpferischen und komplexen Kreativität war, von der ich am meisten zu lernen hatte.

Arendt ist zwar am ehesten für ihre Analyse politisch finsterer Zeiten bekannt, doch ihre bleibende Frage ist eine, die heute in einer Reihe von trotzigen, kreativen und außerordentlich mutigen Erwiderungen auf den Terror, die Besatzung und die Ideologie der Gegenwart wieder zu vernehmen ist: «Was ist Freiheit?»

Für sie war diese Frage weder abstrakt noch eine bloß theoretische. Sie liebte die Conditio humana so, wie sie war: schrecklich, wunderschön, verwirrend, großartig und vor allem enorm kostbar. Und sie gab nie den Glauben an eine Politik auf, die dieser menschlichen Verfasstheit gemäß wäre. Ihre Schriften können uns viel davon erzählen, wie wir an diesen Punkt in unserer Geschichte gekommen sind, ebenso wie vom Wahnsinn der modernen Politik und von der grauenhaften, leeren Gedankenlosigkeit der politischen Gewalt der Gegenwart. Sie lehrt uns aber auch, dass in dem Moment, in dem die Erfahrung der Machtlosigkeit am stärksten ist und die Geschichte am düstersten erscheint, es auf die Entschlossenheit dazu, wie ein Mensch zu denken – kreativ, mutig und komplex –, am meisten ankommt.

Weil Arendt in einem Post-Wahrheits-Zeitalter lebte, wurde sie Zeugin dessen, was es bedeutet, wenn Menschen nicht mehr den gleichen Sinn für die Welt besitzen, die sie gemeinsam bevölkern. Wir brauchen sie heute, da sie wie nur wenige politische Denkerinnen und Denker seither begriff, was wir eigentlich zu verlieren haben, wenn wir es zulassen, dass unsere Politik inhuman wird. Die letzten paar Jahre haben uns erneut vor Augen geführt, wie destruktiv und zugleich vulnerabel die Conditio humana ist. Arendt lehrt, dass man dann, wenn man die Welt wirklich liebt (und das tat sie), auch den Mut aufbringen muss, sie zu schützen – das heißt, ungehorsam sein muss.

Für Arendt können wir *nur* so lange frei sein, wie wir einen freien Geist haben. Was folgt, ist eine Geschichte darüber, wie Hannah Arendt zu ihren Gedanken über ihre eigene Zeit kam. Sie wird mit der Absicht erzählt, auf eigensinnigere und kreativere Weise über unsere eigene Zeit nachzudenken. Sie ist zudem eine – ab und an auch kämpferische – Unterhaltung zwischen der Gegenwart und ihrer Vergangenheit. Arendt hat ihrer Leserschaft nie gesagt, *was* zu denken sei. Ihr Werk liefert keine einfachen Rezepte für den erfolgreichen Kampf gegen Autokraten oder den Populismus, keine schnellen Lösungen für den Kaltstart einer Sozialdemokratie. Manchmal, vor allem in ihrem Schreiben über *race*, versagte ihr Denken auch. Was sie stattdessen vorlegt, ist ein Modell dafür, *wie* zu denken sei, wenn Politik und Geschichte all die üblichen Geländer aus dem Boden reißen – wie es zu ihrer Zeit und erneut im frühen 21. Jahrhundert geschehen ist.

Einen freien Geist im Sinne von Arendt zu besitzen bedeutet, sich von Dogmen, politischen Gewissheiten, theoretischen Komfortzonen und angenehmen Ideologien abzuwenden. Es bedeutet, stattdessen die Kunst kultivieren zu lernen, sich den Gefahren, Vulnerabilitäten, Mysterien und Rätseln der Wirklichkeit zu stellen, weil dies am Ende unsere beste Chance darauf ist, menschlich zu bleiben.

Unsere Protagonistin gehörte einer Generation von Schriftstellern und Denkern an, die im ersten Jahrzehnt des 20. Jahrhunderts geboren wurde, kurz bevor dieses ins politische und wirtschaftliche Chaos, in Krieg, Faschismus, Totalitarismus und den atomaren Schrecken hineintaumelte. Diese Generation war sehr daran gewöhnt, dass historische Ereignisse unangenehme Überraschungen mit sich brachten, und Arendt – als Flüchtling und Außenseiterin – war dies noch stärker gewohnt als die meisten anderen. Sie war die kluge junge jüdische Frau, die aus dem finsteren Herzen des faschistischen Europas und seiner absterbenden Nationalstaaten entkam, sich ein neues Leben in Amerika, der Republik der Neuanfänge, aufbaute und zu einer der einflussreichsten öffentlichen Intellektuellen der Welt wurde.

Wie Arendts Leben, so umfasst auch dieses Buch viele Reisen. Königsberg, die quirlige preußische Hafenstadt, in der sie aufwuchs und zu denken lernte, heißt seit 1945 Kaliningrad und ist heute russische Exklave direkt vor der Haustür der Europäischen Union. Der Autoritarismus hat von Russland wieder Besitz ergriffen, und eine neue Generation von Osteuropäerinnen und Osteuropäern hat angefangen, die

Elemente und Ursprünge zu lesen – diesmal als Überlebenshandbuch.[1] Arendts Erbe ist auch an Orten präsent, an denen sie nie war, zumindest nicht höchstpersönlich. So weigerte sie sich grundsätzlich, den Süden der USA zu Zeiten von Jim Crow zu besuchen. Das hielt sie allerdings nicht davon ab, einen umstrittenen Aufsatz zur Aufhebung der Rassentrennung zu schreiben, der heute in einem Amerika, das sich seiner brutalen rassistischen Geschichte stellt (oder sich dem gerade verweigert), seinen schmerzhaften Widerhall findet. Zugleich werden Aktivistinnen und Aktivisten im libanesischen Beirut, in Palästina und anderswo im Nahen Osten in ähnlichen, jämmerlich unterrepräsentierten Kämpfen um eine neue Politik der Pluralität und der Selbstbestimmung gerade zu kritischen und kreativen Leserinnen und Lesern von Hannah Arendts Ausführungen zur Revolution.

Heutzutage mit Arendt zu denken heißt, die Fragen zu stellen, die sie zuerst umgetrieben haben, und zwar aus unserer eigenen prekären historischen Position heraus. Sie beschrieb den Totalitarismus als einen politischen Angriff auf die menschliche Erfahrung. Daraus ergab sich für sie, dass antitotalitäres Denken nicht damit anhebt, dass man diese Erfahrung einfach abtut, sondern damit, dass man sie sich noch einmal genau vergegenwärtigt. Grundlegende Fragen über die Conditio humana sind in politisch katastrophalen Zeiten nicht nebensächlich; sie sind vielmehr *die Sache selbst*: Wie können wir inmitten von Zynismus und Verlogenheit klar denken? Was bleibt uns noch, das wir lieben und wertschätzen können und für das es sich zu kämpfen lohnt? Wie gehen wir am besten vor, um es abzusichern? Welche Zäune und welche Brücken müssen wir errichten, um die Freiheit zu schützen, und welche Mauern müssen wir dafür einreißen?

Arendt mochte es, in ihren Antworten Differenzierungen vorzunehmen, weil sie klarmachten, was ansonsten gefährlich unverständlich geblieben wäre. Ganz besonders gefiel es ihr, Dinge in Triaden zu kategorisieren. Antisemitismus, Imperialismus und Totalitarismus waren die drei modernen politischen Übel (*Elemente und Ursprünge totaler Herrschaft*). Arbeiten, Herstellen und Handeln ist das, was wir auf der Welt tun, und die Sphären des Privaten, des Gesellschaftlichen und der Öffentlichkeit sind die Orte, an denen wir es tun (*Vita acitva oder Vom tätigen Leben*, 1958 / deutsch 1960). Denken, Wollen und Urteilen ist das, was wir in unseren Köpfen tun, während diese andere Aktivität stattfindet (*Vom Leben des Geistes*, 1978 / deutsch 1979). All dieser Symmetrie zum Trotz war sie jedoch keine philosophische Systemerbauerin. «Wer würde es wagen, sich mit der Realität von Vernichtungslagern auszusöhnen, oder das Spiel von These, Antithese und Synthese so lange zu spielen, bis seine Dialektik einen ‹Sinn› in der Sklavenarbeit entdeckt hat?», fragte sie einmal,[2] wobei ihr Ausgangspunkt ein ganz schlichter war: «[W]as ich vorschlage, ist etwas sehr Einfaches, es geht mir um nichts mehr, als dem nachzudenken, was wir eigentlich tun, wenn wir tätig sind», wie es in der *Vita activa* heißt (*VA* 19 f.).

Das Denken war ihre vorderste Verteidigungslinie gegen die Tyrannei einer universell gültigen Antwort. Als Lehrerin wie als Theoretikerin besteht ihr Kniff darin, uns zu einem zweiten, sorgfältigen Blick auf das anzustiften, was schon da ist. Als Konservatorin eher denn als Konservative reiste sie auf der Suche nach neuen, kreativen Wegen für die Gegenwart in die Traditionen des politischen und philosophischen Denkens zurück.[3] Ihre intellektuellen Gastgeber entstammen dabei allesamt dem weißen männlichen europäischen Kanon: Sokrates, Augustinus, Niccolò Machiavelli, Immanuel Kant, Søren Kierkegaard, Friedrich Nietzsche, Karl Marx und ihre philosophischen Lehrer in Deutschland, Martin Heidegger (der zugleich ihr Liebhaber war) und Karl Jaspers (ihr lebenslanger Freund und Mentor). Allerdings las und interpretierte sie diese Männer mit der Absicht, das Radikalste an ihrem Denken zu bewahren, und damit oft konträr zu deren eigenen Intentionen.

Arendt blickte auf das Feld der politischen Philosophie und machte sich daran, es wieder verwildern zu lassen, indem sie das für sie Allerwichtigste auf ihm wieder wuchern ließ: die menschliche Erfahrung. Wenn sie von Freiheit sprach, dann nicht von einer abstrakten Freiheit, die aus dem Geist der Menschen heraufbeschworen und dann – oft zu einem schrecklichen Preis – in die Welt hineingezwungen wird. Sie meinte vielmehr jene Freiheit, die immer schon latent da war, die unter uns auf ihren Moment wartete und nur dann realisiert wird, wenn wir gemeinsam handeln. Ihre politischen Helden waren daher jene, die mehr Vertrauen in andere Menschen setzten als in Abstraktionen: die Volkswirtschaftlerin, Marxistin und Revolutionärin Rosa Luxemburg, die amerikanischen Gründerväter, die französische Résistance, die ungarischen Revolutionäre von 1956 und die Studierenden, die in den 1960er und frühen 1970er Jahren gegen den Vietnamkrieg protestierten, ebenso wie gegen die Lügen, die Amerika sich selbst erzählte, um ihn zu führen.

«Als Frau habe ich kein Land. [...] Als Frau ist mein Land die ganze Welt», schrieb Virginia Woolf in ihrem berühmten antifaschistischen Essay *Drei Guineen*, der erstmals am Vorabend des Krieges im Jahr 1938 erschien. Im selben Jahr lebte Hannah Arendt im Kreise anderer Flüchtlinge im 15. Pariser Arrondissement, wo sie für die Jugend-Alijah tätig war, eine jüdische Nichtregierungsorganisation, die junge Leute nach Palästina evakuieren und dort ansiedeln sollte. Wie Millionen andere hatte auch sie zu jener Zeit buchstäblich kein Land; sie war staatenlos und sollte dies noch bis 1950 bleiben, als sie die US-amerikanische Staatsbürgerschaft annahm.

Arendt war eine ebenso kosmopolitische Denkerin wie Woolf, jedoch bedeutend weniger feministisch orientiert als diese. Trotzdem war sie in den frühen 1940er Jahren weder am richtigen Ort noch in der richtigen Stimmmung, um eine Welt ohne Grenzen zu zelebrieren. «Wir haben unser Zuhause und damit die Vertrautheit des Alltags verloren», schreib sie aus New York in einem Aufsatz von 1943. Berichte darüber, dass die Konzentrationslager für die europäischen Juden auch «Leichenfabriken» (ihr Terminus) waren, sickerten da gerade zum ersten Mal an die Flüchtlingscommunity durch. Sie war 36 Jahre alt, ungefähr in ihrer Lebensmitte, und ihr Essay mit dem Titel «Wir Flüchtlinge» war eines der schönsten, lyrischsten und zugleich entsetzlichsten Prosastücke, die sie je verfassen sollte:

> Wir haben unser Zuhause und damit die Vertrautheit unseres Alltags verloren. Wir haben unseren Beruf verloren und damit das Vertrauen eingebüßt, in dieser Welt irgendwie von Nutzen zu sein. Wir haben unsere Sprache verloren und mit ihr die Natürlichkeit unserer Reaktionen, die Einfachheit unserer Gebärden und den ungezwungenen Ausdruck unserer Gefühle. Wir haben unsere Verwandten in den polnischen Ghettos zurückgelassen, unsere besten Freunde sind in den Konzentrationslagern umgebracht worden, und das bedeutet den Zusammenbruch unserer privaten Welt.[4]

Der Verlust war total. Schlimmer noch, er wurde weder in ihrem neuen Land noch in der alliierten Welt überhaupt in nennenswertem Umfang bemerkt. Letztere hatte zwar keine Probleme, die Barbarei der Nazis zu erkennen, aber einige Schwierigkeiten damit, die neuen Gäste aus dem Niemandsland bei sich zu beherbergen. «Offensichtlich will niemand wissen, dass die Zeitgeschichte eine neue Gattung von Menschen geschaffen hat – Menschen, die von ihren Feinden in Konzentrationslager und von ihren Freunden ins Internierungslager gesteckt werden», wie sie hinzufügte.

Hannah Arendts Staatenlosigkeit war für ihr politisches Denken nicht ohne Belang; im Gegenteil verschaffte sie diesem gerade jene Perspektive, die sie am meisten schätzte, nämlich die Sichtweise derjenigen, die genau wussten, wie die Realität jenseits der Lügen und der Propaganda, der gespielten Empörung und der falschen Rechtfertigungen für eine grausame und mörderische Politik aussah. Dies nannte sie den «unbezahlbaren Vorteil» des Parias: «Du wirst sehen», schrieb sie 1955 in einem Brief an ihren zweiten Ehemann Heinrich Blücher. «Ich werde das eigentliche Reich des Politisch-Öffentlichen [...] noch einmal – wann? Egal, irgendwann einmal – beschreiben können, weil niemand so genau die Grenzen eines Territoriums abschreiten kann als der, der von außen ganz um es herumgeht» (*ABB* 353).

Es gibt einen Grund dafür, warum autoritäre Führer der Gegenwart – ebenso wie solche aus der Mitte des 20. Jahrhunderts – durch ihre Gedankenlosigkeit gegenüber der Vernunft und der Realität bewusst einen allgemein verbreiteten Zynismus fördern: Er hält Herausforderer auf Abstand. Arendt wollte jedoch, dass die Politik stärker bevölkert sein sollte, geschäftiger, lebendiger und unvorhersehbarer. «Hannah war immer eher für die Vielen als für den Einen», schrieb ihre Freundin, die Schriftstellerin Mary McCarthy, einmal, «was auch den Schrecken erklären dürfte, der für sie mit der Erkenntnis des Totalitarismus als eines neuen Phänomens in der Welt verbunden war.»[5] Die «Vielen» waren dabei nicht die Massen, sondern die Pluralität der Conditio humana, von der sie glaubte, sie sei die natürliche Feindin des totalitären Denkens – wenn wir sie nur erkennen könnten.

Das Nachdenken über das, was wir tun, fängt damit an, dass wir unserer Abneigung gegen vorgefertigte politische und gesellschaftliche

Narrative vertrauen. «Ich hasse es, so schwierig zu sein, aber ich fürchte, die Wahrheit ist, dass ich es bin», schrieb sie einmal, als sie die Einladung zu einer öffentlichen Diskussionsveranstaltung absagte, von der sie wusste, dass sie für ein emotional aufgepeitschtes Publikum inszeniert werden sollte, und an der sie folglich nicht teilnehmen wollte.[6] In Wahrheit träumte Arendt von einer Welt, in der die Mehrheit glücklich und fähig sein würde, schwierig zu sein, wann immer es moralisch oder politisch nötig wäre.

«Es ist, als hätte die Menschheit sich geteilt in jene, die an die menschliche Allmacht glauben (die denken, dass alles möglich ist, wenn man nur weiß, wie man Massen dafür organisieren kann) und die anderen, für die Ohnmacht zur überwältigenden Erfahrung ihres Lebens geworden ist», schrieb sie in ihrem Vorwort zur Erstausgabe der *Elemente und Ursprünge totaler Herrschaft* von 1951.[7] So war es damals, und so ist es auch jetzt. «Es steht uns *frei*, die Welt zu verändern und in ihr etwas Neues anzufangen.»[8] Diese Freiheit setzt jedoch nicht mit dem ein, was sie einmal als «leichtfertigen Optimismus» bezeichnet hat, sondern mit der Entschlossenheit, als eine im vollen Sinne lebendige und denkende Person in einer Welt inmitten anderer solcher Personen zu leben.[9]

Die, die sie kannten, bestätigen, was das überlieferte Filmmaterial von ihren Interviews und Vorträgen so gut einfängt: Sie glänzte in der Öffentlichkeit und führte ihr Denken mit all der intensiven Virtuosität jener Shakespeare-Monologe vor, die sie so liebte. Elegante Hände mit langen Fingern umfassten sowohl ihr Kinn als auch ihre Zigarette, und der Rauch legte sich über ihr Gesicht wie eine Maske, durch die hindurch sie ihre Gedanken in einem tiefen, kehligen, akzentlastigen Englisch aussprach, jedes Wort dabei sorgfältig durchdacht. Eine Pause, ein Ausblasen des Rauchs, ein Blick nach oben, ein Lächeln, das mit dem Alter breiter wurde. «Ja, also dagegen kann ich nichts machen», pflegte sie auf Fragen zu erwidern, die sie als besonders begriffsstutzig empfand, wobei sich ihre Augen unter den Lidern leicht weiteten. Immer jedoch hielt sie etwas zurück. Während ich Arendt zusehe und zuhöre, beschleicht mich oft der Eindruck, dass es da etwas gibt, das sie nicht preisgibt – etwas Kostbares, Geheimnisvolles, vielleicht sogar ihr selbst nicht ganz Durchschaubares, das aber dennoch sehr präsent ist. «Ist aber nicht genau das der Punkt all dessen?», könnte sie nun fragen, ihr

Kinn in die Hand gestützt, die zugleich ihre Zigarette hält, während sie da auf ihrem Platz in jener Bar in der Unterwelt hockt, wo sich in der Abenddämmerung die verlorenen Engel des vergangenen Jahrhunderts versammeln. Dass wir sogar für uns selbst unerkennbar sind, vielleicht gerade für uns selbst, und trotzdem zu kollektiven Wundern fähig? Ist es nicht das, wofür man heutzutage wieder kämpfen muss?

Hannah Arendt an der University of Chicago, 1966

1
Wo fangen wir an?

«Es ist typisch für totalitäres Denken, an einen Endkampf in der Geschichte zu glauben. Die Geschichte kennt jedoch keine Endgültigkeit; die Geschichte, die sie uns erzählt, hat viele Anfänge, aber kein Ende.»

Hannah Arendt,
«Gestern waren sie noch Kommunisten»

An einem kalten und regnerischen Tag im März 1962 lag Hannah Arendt in einem New Yorker Krankenhausbett und starrte nachdenklich an die Zimmerdecke. Am Tag zuvor hatte ein Lkw das Taxi gerammt, in dem sie durch den Central Park fuhr, und dabei ihr Gesicht und ihre Zähne eingeschlagen. Zudem waren neun ihrer Rippen gebrochen. Sie wusste nicht, wie es zu dem Unfall gekommen oder warum ihr Körper so schwer in Mitleidenschaft gezogen war, denn wie es ihr neuerdings zur Gewohnheit geworden war, nutzte sie die Fahrtzeit als wertvolle Lesezeit. In dem einen Moment hallten noch Worte in ihrem Kopf wider und im nächsten war plötzlich alles dunkel.

Als sie wieder zu Bewusstsein kam, prüfte sie zuerst, ob sie sich noch bewegen konnte, und danach, mit wesentlich mehr Aufmerksamkeit, ihr Gedächtnis; «sehr sorgfältig, ein Jahrzehnt nach dem anderen, Poesie, Griechisch und Deutsch und Englisch, dann Telefonnummern», wie sie sich in einem Brief an Mary McCarthy erinnerte. «Alles in Ordnung.» In genau diesem Moment ging ihr auf, dass sie eine Entscheidung treffen musste: Sie konnte entweder sterben oder sich dazu entschließen, auf der Welt zu bleiben. Sie war 55 Jahre alt. Der Tod ängstigste sie nicht übermäßig, aber «[ich] habe [...] doch auch gedacht, dass das Leben ganz schön sei und ich mich lieber dafür entscheide» (*AMB* 204). Und während sie durch ihr unverletztes Auge an die Krankenhausdecke blinzelte, nahm sie ein vertrautes Gefühl in sich wahr: Glück.

Es war lange her, dass Hannah Arendt so viel Ruhe hatte, dass ihre Hände nicht entweder Gepäckstücke oder Bücher transportierten und ihr Geist frei umherschweifen konnte. Die Dinge hatten sich im vergangenen Jahr so schnell entwickelt, dass es ihr in manchen Augenblicken vorgekommen war, als ob sich ihr gesamtes Leben vor ihren Augen wiederholte. Sobald sie einmal zum Durchatmen kam, war schon wieder etwas Neues geschehen, so dass sie wieder aktiv werden musste.

Ein Jahr zuvor war sie nach Jerusalem gereist, um für den *New Yorker* von dem Prozess gegen den ranghohen Nazi Adolf Eichmann zu berichten. Dieser war für die Organisation der Judentransporte durch ganz Europa zu den Vernichtungslagern im Osten verantwortlich. Fünf Jahre nach dem Ende des Krieges entkam er über eine der Rattenlinien der Nazis nach Argentinien, wo er sich tief im Landesinneren versteckte und Hühner züchtete. Im Mai 1960 spürte ihn der israelische Auslandsgeheimdienst Mossad dort auf, setzte ihn unter Betäubungsmittel und verfrachtete ihn mit einer regulären Passagiermaschine nach Israel, um ihn dort vor Gericht zu stellen. Eine solche Entführung war zwar ein in seiner Dramatik bewusst gewähltes Mittel – weitere flüchtige Nazis und die internationale Öffentlichkeit sollten aufmerksam werden –, aber keine unvernünftige Entscheidung.

Auch Arendt wollte Adolf Eichmann auf ihre Weise einholen, weshalb sie sich einfach direkt an William Shaw, den Chefredakteur des *New Yorker*, wandte und ihm anbot, für sein Magazin vom Prozess zu berichten. Damals war sie in den Vereinigten Staaten bereits eine bekannte Intellektuelle. Shaw war sehr erfreut über das Angebot. Er gewährte ihr so viel Platz, wie sie benötigte, und eine variable Abgabefrist. Die fünf Beiträge, die dann am Ende in Gestalt des Buchs *Eichmann in Jerusalem. Ein Bericht von der Banalität des Bösen* publiziert wurden, erschienen ein Jahr nach ihrem Unfall im Frühjahr 1963.

Die Reise nach Jerusalem war ihr ein persönliches Anliegen. Adolf Eichmanns Lebenszeit war auch die Hannah Arendts gewesen. Die Geburtstage des hochdekorierten Nazis und der jüdischen politischen Theoretikerin lagen nur knapp sieben Monate auseinander. Ihre Leben waren bereits ineinander verwickelt, noch bevor ihre Namen durch Arendts Buch für immer miteinander verknüpft werden sollten. Er hat sein Leben im Dienst eines mörderischen Regimes verbracht, das Millionen Menschen ermordete und die europäische Politik und Moralität erodieren ließ. Sie verbrachte das ihre damit, ebenjenem Regime zu trotzen, sich ihm zu entziehen und es zu zerstören, und das alles mit der einzigen Waffe, von der sie wusste, dass sie sich auf sie verlassen konnte: ihrem Geist. Hannah Arendt wollte Adolf Eichmann aber nicht nur leibhaftig vor sich sehen; sie war auch auf der Suche nach einem fehlenden Puzzlestück in ihrer eigenen Geschichte. «Ich würde es mir nie verziehen haben, nicht zu fahren und mir dies Unheil in seiner ganzen unheimlichen Nichtigkeit in der Realität, ohne die Zwischenschaltung des gedruckten Wortes, zu besehen», schrieb sie in einem Brief an Karl Jaspers vom Dezember 1960. «Vergessen Sie nicht, wie früh ich aus Deutschland weg bin und wie wenig ich im Grunde von der Sache direkt mitgekriegt habe» (*AJB* 446).

Arendt war 1933 aus Deutschland geflohen, als die «Verordnung des Reichspräsidenten zum Schutz von Volk und Staat» (die sogenannte Reichstagsbrandverordnung) das Leben für die Juden dort unmöglich gemacht hatte, so dass diejenigen unter ihnen, die über die nötigen Mittel verfügten, sich dauerhaft ins Ausland abzusetzen begannen. 16 Jahre später würde sie in ihrer neuen Heimat New York das längste und am intensivsten recherchierte Buch vollenden, das sie zu ihren Lebzeiten veröffentlichen sollte, nämlich die *Elemente und Ursprünge totaler Herrschaft*. Der Nationalsozialismus war zweifellos tyrannisch und unübersehbar faschistisch mit seinem grauschwarzen Glamour, seiner rassistischen Mythologie und seiner Verachtung für das Prinzip der Rechtsstaatlichkeit. Nach Arendt weist die moderne Diktatur jedoch eine wichtige neue Qualität auf: Ihre Macht erstreckt sich nämlich überallhin – kein Mensch, keine Institution, kein Geist und kein privater Traum bleibt von ihr unberührt. Sie zwingt Menschen zusammen, vernichtet Räume fürs Denken, für Spontaneität und Kreativität – unterm Strich also die Räume für den Ungehorsam. Totalitarismus ist für sie nicht nur ein neues System zur Unterdrückung, sondern scheint die Textur der menschlichen Erfahrung selbst verändert zu haben.

Gegen Ende ihres Buchs richtete Arendt ihren Blick weiter gen Osten, nämlich auf Stalins Sowjetunion, und erkannte allmählich ein Muster: Totalitäre Regime befahlen nicht einfach Gehorsam von oben herab, wie es die meisten Tyranneien im Laufe der Geschichte getan hatten, sondern waren vielmehr wie eine Zwiebel aufgebaut. In ihrem Zentrum stand zwar ein dunkles Herz, doch die Unmenschlichkeit des Systems zog sich durch sämtliche Schichten hindurch. Sein Gestank dominierte alles, auch wenn manche behaupteten, überhaupt nichts riechen zu können. Ohne Frage walteten Architekten des Bösen im Herzen des Regimes – Männer, die bestrebt waren, zu beherrschen und zu unterwerfen, zu lügen und zu manipulieren, zu morden und zu terrorisieren. Und da waren auch die offensichtlichen Sadisten, willige Folterknechte und Henker, die ihnen bei der Durchführung ihrer Pläne mit Freude assistierten. Doch dies alles war noch nicht hinreichend, um eine Form des Bösen in einem solchen Ausmaß zu erklären.

Der Totalitarismus hatte die massenhafte Unterdrückung und den Mord im Herzen Europas normalisiert. Wie konnte das geschehen? Dies war die Frage ihrer Zeit. Die Antwort, dass die Menschen einer Gehirnwäsche unterzogen wurden, war zu einfach. Es würde auch nicht ausreichen, sich wie so viele nach dem Krieg darauf zu berufen, dass sie ja keine andere Wahl gehabt hätten und Angst um ihr Leben hatten. Andere haben sich schließlich auch nicht angepasst. Sie waren ungehorsam. Und obwohl tatsächlich viele für ihren Ungehorsam mit dem Leben bezahlen mussten, überlebten andere, um ihre Geschichte zu erzählen – weil sich eben zeigte, dass man unter bestimmten Umständen *sehr wohl* ungehorsam sein konnte. Der Raum zwischen Kollaboration und Widerstand war ein ganzes Universum von Verwirrungen. Wenn man diese Irritationen zu rasch abtat, weil sie zu schwierig oder zu undurchsichtig waren, so fürchtete Hannah Arendt, bestand die Gefahr, dass man nicht nur das Wesen des modernen Bösen nicht begriff, sondern auch, wie man ihm widerstehen konnte.

Seit sie Berlin im Alter von 27 Jahren verlassen hatte, sammelte sie Materialien zum Antisemitismus, Imperialismus und Totalitarismus (wobei bis in die späten 1940er Jahre nur relativ wenige, einschließlich sie selbst, das Wort Totalitarismus überhaupt verwendeten, das in den 1920er Jahren von dem italienischen «Philosophen des Faschismus» Giovanni Gentile geprägt worden war). Das Kriegsende, die Nürnberger Prozesse und der Selbstarchivierungswahn der Nazis hatten eine Überfülle an Beweisen und Dokumenten hervorgebracht, mit denen sie ihr Buch 1949 abschließen konnte. Doch damals reichte ihre beeindruckende wissenschaftliche Gelehrtheit noch nicht aus, um den tieferen menschlichen Sinn der Fragen zu erfassen, von denen sie wusste, dass sie der Schlüssel zum Verständnis der Natur des Totalitarismus waren. Wie konnten die Menschen so inhuman werden? *Wie nur?* Und vor allem: Hatten sie damit wirklich aufgehört? Das waren die Fragen, von denen sie hoffte, dass die Reise nach Jerusalem ihr helfen würde, sie zu beantworten.

Eichmanns Tat war von ganz neuer Qualität: ein Verbrechen gegen die Menschlichkeit selbst. Zusammen mit anderen hatte er Juden, Roma, Behinderte und queere Menschen ermordet, nur weil sie so waren, wie sie waren. Sein Verbrechen richtete sich sowohl gegen große Bevölkerungsgruppen als auch gegen die Idee der menschlichen Pluralität an sich – und das machte es für Hannah Arendt zu einem Verbrechen gegen die Humanität. Eichmann konnte die Existenz verschiedener Arten von Menschen in seiner Welt nicht ertragen, also vernichtete er sie. Daraus folgte, dass auch sein Verfahren eine ganz neue Qualität besaß. Die Nürnberger Prozesse hatten zwar Verbrechen gegen die Menschlichkeit zum ersten Mal auf die internationale Agenda gesetzt, den Genozid am jüdischen Volk dabei jedoch bewusst in den Hintergrund gedrängt und nur wenige jüdische Zeugen gehört. Jetzt, 16 Jahre später, traten in Jerusalem Überlebende vor, um zum ersten Mal über das zu sprechen, was sie erlebt und erlitten hatten. Diesen Prozess historisch zu nennen wäre noch untertrieben.

Die Anklage aber erblickte hier ein uraltes Verbrechen im modernen Gewand. Eichmann wurde als der rezenteste Unhold in der langen Geschichte des Antisemitismus dargestellt, der lediglich neuartige Methoden angewandt hatte, um den Hass auf die Juden auf eine neue Stufe zu heben. Doch Arendt sah in dem hageren Mann im schlecht sitzenden Anzug, der laut schnaufend in seiner kugelsicheren Box hockte, etwas viel Vertrauteres: Da saß ein kleiner, eitler Mensch, der wichtigtuerisch vor sich hin quasselte, scheinbar ohne zu wissen, was er eigentlich sagte, zu wem er es sagte oder wo er sich überhaupt befand – in Jerusalem, dem jüdischen Staat, in dem er versuchte, seine Rolle beim Genozid am jüdischen Volk wegzuerklären, und zwar jüdischen Menschen, denen sein Ruf als Spezialist für das Grauen ohnehin schon bestens bekannt war.

Ob er nun versuchte, das Gericht davon zu überzeugen, dass er ein bloßes Rädchen in einer Maschinerie war, das Befehle befolgte (womit er niemanden täuschte, auch nicht Arendt), ob er sich seiner glänzenden Karriere in der SS rühmte oder ob er sich auf seine außerordentliche Menschenfreundlichkeit berief (wie er prahlte, war schließlich er es gewesen, der darauf bestanden hatte, die Zahl der Menschen pro Viehwaggon zu begrenzen, weil die Bedingungen so unmenschlich waren) – Eichmanns fehlendes moralisches, gesellschaftliches, historisches, ja *menschliches* Bewusstsein machte Arendt fassungslos. Er war jener Mann, den sicher jede Frau und auch so mancher Mann kannte und von dem man sich wünschte, er hätte nicht neben einem gesessen. Die Worte sprudelten nur so aus ihm heraus, aber er sprach in abgestandenen Sätzen, in Klischees und Stereotypen. Er bildete sich ein, tiefgründig, klug und sogar sympathisch zu sein, aber man wusste, dass man für ihn eigentlich gar nicht da war. Die Existenz anderer, geschweige denn deren eigene Perspektive, war für ihn einfach nicht von Belang. Er konnte einen ebenso wenig sehen, wie er zu hören vermochte, was er eigentlich gerade sagte. Er wirkte zwar lebendig, aber dennoch unbeteiligt. Er war nicht dumm, aber auch nicht so besonders, wie er glaubte.

Dies war nun zwar ohne Zweifel etwas Böses, aber es war oberflächlich und nicht tiefgründig. Eichmann war ganz offensichtlich ein Völkermörder, aber zumindest sein Auftreten (wir werden im neunten Kapitel auf die Wahrheit über Eichmanns Schauspiel zu sprechen kommen) legte nahe, dass man nicht voller genialer satanischer Gerissenheit stecken musste, um die Existenz anderer Menschen so sehr zu verkennen, dass ihre Auslöschung und ihr Leiden als ein völlig normaler Teil des eigenen Tagwerks erschien.

Arendt hatte in ihren *Elementen und Ursprüngen totaler Herrschaft* beschrieben, wie gewöhnliche Menschen zu unaussprechlichen Grausamkeiten fähig waren. Vieles davon, so sagte sie, fing mit dem westlichen Imperialismus an, mit Rassismus, Eroberungsstreben, Habgier und einer organisierten Brutalität, die dann auf ein von Krieg, Arbeitslosigkeit und Armut zerrüttetes Europa zurückfiel. Damals hatte sie jedoch noch nicht verstanden, wie weitreichend und wie dauerhaft das Vermächtnis jener Gewöhnlichkeit war. Gegen Teufel kann man kämpfen, und die Vorstellung ist tröstlich, dass Nazis und Totalitaristen einfach dadurch in die Schranken gewiesen werden können, dass man vehement für moralische und traditionelle Normen eintritt. Aber wie wir wissen, verbleiben sie in der Regel nicht hinter diesen Schranken. Ein Böses, das derart in die menschliche Erfahrung eingesickert war (wie ein Virus, so Albert Camus in seinem Roman *Die Pest* von 1947), erforderte neue ethische, politische und rechtliche Instrumente, um es zu bekämpfen. Doch hier im Jahr 1961 war da bloß Eichmann, der mit seiner ungeheuer grotesken Banalität in seinem Glaskasten kauerte und so tat, als hätten er und seine Verbrechen die Struktur moralischer Erfahrung nicht für alle Zeiten verändert. Jerusalem gab ihr keine Antworten, sondern warf für Arendt nur noch mehr Fragen auf.

Der Prozess wurde im August 1961 vertagt, und das abschließende Urteil sollte erst im Dezember gesprochen werden. Nach ihrer Rückkehr nach New York blickte sie sowohl fragend als auch gespannt auf den Berg an neuem Dokumentationsmaterial, der sich auf ihrem Schreibtisch aufgetürmt hatte. Dazu gehörten die Übersetzungen der Gerichtsprotokolle, die den Journalisten jeden Morgen ausgehändigt wurden, Eichmanns erste polizeiliche Vernehmungen nach seiner Verhaftung und die Abschrift von Tonbändern eines Interviews, das er zuvor in Argentinien einem niederländischen Journalisten und Nazi namens Willem Sassen gegeben hatte. Diese Bänder (die erst nach dem Prozess und der Veröffentlichung von Arendts Buch der Öffentlichkeit in vollem Umfang zugänglich gemacht wurden) machten deutlich, dass Eichmann sich seiner Rolle beim Völkermord an den Juden mit dem gleichen dumpfen Enthusiasmus rühmte, mit dem er versucht hatte, die moralischen und philosophischen Tücken seiner Position den Richtern in Jerusalem gegenüber zu erklären.

Bevor sie sich aber überhaupt mit diesem Material befassen konnte, musste sie bei ihrem Verleger noch ein anderes Buch einreichen, eine umfangreiche vergleichende Studie über moderne Revolutionen, an der sie die letzten drei Jahre gearbeitet hatte. Außerdem war sie verpflichtet, eine Veranstaltung zu Machiavelli an der Wesleyan University zu unterrichten, einem privaten geisteswissenschaftlichen College in Connecticut. Die ruhige Herbststimmung dieses universitären Lebens war jedoch nur von kurzer Dauer. Im Oktober erlitt ihr Mann, Heinrich Blücher, wie sie ein Flüchtling und leidenschaftlicher Raucher, ein Aneurysma.

Blücher war der adrette, etwas ältere Berliner Herr, der sich eines Abends im Pariser Café Le Soufflot, das sich auf dem Hügel vor der Sorbonne befand, einfach neben sie gesetzt hatte. Seit diesem Tag war er nicht mehr von ihrer Seite gewichen, und sie hatte nie aufgehört, sich daran zu erfreuen. Ihre innige intellektuelle und persönliche Vertrautheit war ihr Bollwerk gegen den Totalitarismus: Hannah Arendt wusste, dass sie es mit Adolf Eichmann aufnehmen konnte, weil sie Heinrich Blücher hatte. Der Gedanke, ihn zu verlieren, erschütterte sie daher zutiefst. Mary McCarthy, Expertin für die italienische Renaissance, sprang ein, um ihren Kurs zu übernehmen (wir könnten an dieser Stelle für einen Moment innehalten, um jene Studierenden zu beneiden, die in diesem Herbst sowohl von Hannah Arendt als auch von Mary McCarthy in der Lektüre von Machiavelli unterrichtet wurden), und Arendt eilte zurück nach New York, um über seine Gesundung zu wachen. Der Rest des Herbstsemesters war eine chaotische Mischung aus Ängsten, Pendelfahrten mit dem Zug einem Pendelverkehr per Zug zwischen New York und Wesleyan, halb gelesenen Büchern, halb bearbeiteten Korrekturfahnen und zu spät beantworteten Briefen. Die ganze Zeit über verspürte sie die unliebsame Gegenwart Adolf Eichmanns, der in seiner Zelle in Israel seinem Schicksal entgegensah und zweifelsohne noch immer jedem, der das Pech hatte, mit ihm dort drinnen zu sein, seine Worthülsen vortrug. Und sie musste an die ihr bevorstehende gewaltige Aufgabe denken, herauszufinden, wie sie über ihre Erfahrungen in Jerusalem überhaupt genau schreiben sollte.

Das Urteil fiel am 15. Dezember 1961. Eichmann wurde in allen Anklagepunkten für schuldig befunden. Arendt war zufrieden, doch nun galt es, die Urteile auch zu lesen und zu analysieren: Hatte die Justiz die

Herausforderung gemeistert, die sich ihr in Gestalt eines solchen Verbrechers gestellt hatte? Oder war hier eine weitere Gelegenheit verpasst worden, sich mit dem moralischen Ruin des nationalsozialistischen Totalitarismus zu befassen? Sie hatte noch keine Zeit gehabt, um das herauszufinden. Denn da sie sich mit keiner Art des institutionellen Lebens anfreunden konnte, hatte sie sich dafür entschieden, als reisende Wissenschaftlerin tätig zu sein. Deshalb musste Hannah Arendt sich nun erst einmal auf die Vorlesungen an der University of Chicago im Januar vorbereiten. Gerade als ihr wöchentlicher Pendelverkehr von und nach New York begonnen hatte, kroch allerdings ein Virus in ihre Lungen und wollte nicht mehr verschwinden. Selbst das störrische Durchhaltevermögen, das – abgesehen von ihrem Verstand – immer Arendts zweitwichtigste Waffe gewesen war, konnte ihn nicht vertreiben. Ihr Arzt verschrieb ihr Antibiotika, die ihr Körper in einem allergischen Anfall heftig ablehnte. Die Allergie erinnerte an ihren moralischen Widerwillen in Jerusalem. Als sie im März 1962 jenes Unfall-Taxi bestieg, war sie bereits krank und erschöpft.

In Arendts Schriften und in ihrer Biografie lässt sich von einem körperlichen Leben nicht allzu viel erahnen. In ihren frühen Briefen an Martin Heidegger können wir zwar ein jugendliches, lustvolles Aufbrausen vernehmen, während in den Briefen an Heinrich Blücher eine viel intimere und reifere Sinnlichkeit erkennbar wird. Zudem berichtet sie in ihren Briefen an enge Freunde auch von den Krankheiten, Schmerzen und Beschwerlichkeiten des Älterwerdens. In der *Vita activa*, dem Buch, das sie nach den *Elementen und Ursprüngen totaler Herrschaft* schrieb, würdigt sie außerdem mit stiller Ehrerbietung die Mühen und Rhythmen des arbeitenden Körpers und die persönlichen Vertraulichkeiten der Liebe und des Schmerzes. Aber so wie es für sie selbstverständlich war, dass die Intimitäten des körperlichen und privaten Lebens kein öffentlich verhandeltes Thema sein sollten, so bleibt in ihren überlieferten Schriften auch ihr Körper stets gewissenhaft den Blicken entzogen.

Dennoch lässt sich nicht bestreiten, dass ihr ihre Gesundheit in den Monaten nach dem Eichmann-Prozess zugesetzt hat. Die schiere Leiblichkeit der Schrecken des Holocausts wurde im Jerusalemer Gerichtssaal so öffentlich sichtbar wie nie zuvor. Arendt hatte sich allerdings bewusst – und kaltherzig, wie ihre Kritiker sagten – von den Schreien und dem Schluchzen, dem gequälten Weinen und den Leibern der Zeugen distanziert, von denen einer unter der Last der Erinnerung im wahrsten Sinne des Wortes zusammenbrach. Ihre Befürchtung war nämlich die, dass die Theatralik des Verfahrens von der Komplexität seiner juristischen Aufgabe ablenken könnte. Doch die Geschichte macht sich am Ende eben doch fühlbar, oft auch gegen den Widerstand des Geistes. Aber auch die Verwundbarkeit ihres eigenen Körpers war für sie schlussendlich nicht wirklich ein Grund zur Beunruhigung. Die Gebrechlichkeit des Alters erschien ihr, ebenso wie die Conditio humana selbst, einfach als eine weitere Tatsache des Lebens.

Als sich ihr Unfall ereignete, war dies wie eine späte Wiedergeburt. Doch statt rein und makellos auf die Welt zu kommen, wurde sie blutüberströmt, zerschunden und zertrümmert ins 20. Jahrhundert geworfen. Das war, wie sie sich durchaus selbst gesagt haben mag, auch ganz richtig so – angesichts der Tatsache, dass die Schrecken ihres Jahrhunderts niemanden unversehrt gelassen hatten. Wie so viele Überlebende schwerer Unfälle empfand sie in ihrem Krankenhausbett ein Hochgefühl, weil sie überlebt hatte und damit begann, eine Welt zu lieben, deren Schönheit gerade noch einmal intensiver geworden war. Zu diesem Zeitpunkt wusste Hannah Arendt allerdings auch, was diese Wiedergeburt wirklich bedeutete: Sie konnte noch einmal neu anfangen. Doch zunächst einmal blieb ihr nichts anderes übrig, als innezuhalten, die Stille einer Invaliden auf sich wirken zu lassen, abzuwarten und nachzudenken.

*

Wie so viele Flüchtlinge ihrer Generation war auch Hannah Arendt eine Expertin in Sachen Neuanfänge. Als sie 1933 von Hitler zur Flucht gezwungen wurde, hatte sie jedoch gar nicht so sehr ein neues Leben in jedem Land begonnen, in das sie kam, sondern vielmehr ihre Perspektive gewechselt, um besser erkennen zu können, wie das Leben aussah, wenn man es aus einem neuen Blickwinkel heraus betrachtete. «Denken heißt praktisch: jedesmal, wenn man in seinem Leben auf eine Schwierigkeit stößt, muß man neu überlegen», wie sie in ihrem letzten Buch *Vom Leben des Geistes* schrieb.[1] Dies war eine Lektion, die durch die Erfahrung vermittelt war. Aber neu zu überlegen heißt nicht einfach, sich an eine neue Realität anzupassen, indem man lernt, sich entweder in sie einzuordnen oder eben die eigenen Erwartungen herunterzuschrauben. Für Hannah Arendt bedeutete es, das Neue an dieser Realität zu erkennen, um ihr, falls erforderlich, Widerstand entgegenzubringen.

In dieser Hinsicht war sie ein Produkt desselben Totalitarismus, der sie entwurzelt hatte, oder besser gesagt, sie war dessen intellektuelle Nemesis. Alles an Arendts Leben – wie sie dachte, liebte, lebte, arbeitete, schrieb und lehrte – war antitotalitär, entweder von Natur aus oder bewusst herbeigeführt. Ihre Fähigkeit, die Welt immer wieder neu zu sehen und entsprechend verblüfft, überrascht und entsetzt zu sein, war in diesem Kampf ihre am vielfältigsten einsetzbare Waffe. Die Wirklichkeit so aufzufassen, als ob sie von Bedeutung wäre, weil sie eben *tatsächlich* von Bedeutung ist, war ihre primäre Reaktion auf die moralische Leblosigkeit ihrer Zeit.

Wenn jemand eine bestimmte Sichtweise als «arendtianisch» bezeichnet, dann meint er damit oft dieses störrische Beharren auf der dreckigen Realität der Geschichte. Die gleiche Sturheit sorgt allerdings auch dafür, dass es schwierig ist, aus ihrem Werk eine politische oder philosophische Orthodoxie abzuleiten. Arendt war der Meinung, dass die Wirklichkeit Responsivität verlange und kein Dogma. Es gibt zwar einige Koordinaten – das Denken, die Liebe, die Bedeutung moralischer Verantwortung und die politische Sichtbarkeit sind beständige und immer wiederkehrende Leitmotive ihrer intellektuellen Tätigkeit. Doch wie der heutige politische Philosoph Martin Jay einmal bemerkte, stellt Arendts Werk eher ein «Kraftfeld» denn eine kohärente politische Theorie dar.[2] Über die 50 Jahre ihres Lebens als politische und philosophische Autorin hinweg, in ihren Hauptwerken und ihren zahlreichen Aufsätzen tauchen Ideen auf und wieder ab, stoßen ebenso aneinander, wie sie neue Themen und neue Gegebenheiten anstoßen, um verschiedene intellektuelle Formen und Muster zu bilden, die erst aufleuchten und dann wieder in den Schatten zurückfallen, nur um dann später erneut hell zu erstrahlen. Wenn Arendt vom Leben des Geistes sprach, dann meinte sie ausdrücklich nicht jene Art von Geist, der sich mit zunehmendem Alter entwickelt, komplexe Probleme löst und die unhintergehbaren Bedingungen dafür festlegt, denen seine Anhänger gehorchen müssen. Vielmehr meinte sie einen Geist, dem die chronologische Zeit egal ist, der auf einer weiten Fläche des Denkens und der Erfahrung herumspringt, dabei die Augen offenhält und immer wieder neu beginnt, wann immer es nötig ist.

Wie so viele Denkerinnen wurde auch sie oft ermahnt, «bei ihren Leisten zu bleiben» oder, aggressiver noch, sich von den Pfaden fernzuhalten, auf die sie sich begeben wollte. Mehrere Historiker rügten ihre *Elemente und Ursprünge totaler Herrschaft* und ihr Buch *Über die Revolution*. Denn keines von beiden entsprach den herkömmlichen geschichtswissenschaftlichen Methoden, und zudem waren viele der Auffassung, dass sie den etablierten Normen des akademischen Diskurses nicht die gebührende Ehrfurcht entgegenbrachte. Ihre Weigerung, sich von diesen bestehenden Normen und Orthodoxien leiten zu lassen, erfolgte dabei allerdings ganz bewusst. «Verstehen heißt [...] nicht, das Empörende leugnen, das Noch-nie-Dagewesene aus dem Dagewesenen ableiten oder Erscheinungen durch Analogien und Verallgemeinerungen so erklären, dass der Aufprall der Wirklichkeit und der Schock der Erfahrung nicht mehr fühlbar sind», wie sie in den *Elementen* erklärt. «Verstehen heißt unvoreingenommen und aufmerksam der Wirklichkeit, wie immer sie ausschauen mag, ins Gesicht sehen und ihr widerstehen.»[3]

Die Realitäten, denen sie sich gegenübersah, waren nicht immer die, über die andere gerne nachdenken wollten. Wahrscheinlich gab es nur wenige Intellektuelle ihrer Generation, über die mehr berichtet wurde, als dass man sie tatsächlich las – und vielleicht noch weniger, die gelesen und anschließend so missverstanden wurden wie sie. Die Interpretationsspielräume, die in den Schriften männlicher europäischer Intellektueller oft als Anzeichen für eine tiefgehende Komplexität gelten, wurden in ihrem Fall eher als korrekturbedürftige Unklarheiten betrachtet. In den 1960er Jahren hatte jeder eine starke Meinung zu *Eichmann in Jerusalem*, ob die Leute das Buch nun gelesen oder, wie es auch heute oft noch der Fall ist, nur *darüber* gelesen hatten. In den 1950er Jahren kam von einer radikalen Linken, die Arendt ihren Antikommunismus vorhielt, erstmals das bissige Geraune von einem «Arendt-Kult» in die Welt (hätte die damit Gemeinte mehr Sympathie für die Psychoanalyse gehabt, hätte sie dies vielleicht zu Recht als «Projektion» bezeichnet). Der Vorwurf des «Kults» wurde erneut erhoben, nachdem ihre Berichte über den Eichmann-Prozess veröffentlicht worden waren. Dabei wurde ihr unter anderem vorgeworfen, Eichmanns Rolle im Holocaust zu verharmlosen. Diese Kritik ist bis heute im Umlauf, und auch wenn die markante Ikonizität ihrer Erscheinung vielleicht nicht immer hilfreich war, so ist dennoch unschwer zu erkennen, dass die unverhohlene Freude darüber, sie eines Irrtums überführen zu können (und zwar für gewöhnlich eines «arroganten» Irrtums), einen Hauch von Misogynie umgibt.

Tatsächlich irrte sich Arendt ja manchmal auch wirklich, und zwar grundlegend etwa mit Blick auf die Politik und Geschichte von *race* in Amerika. Außerdem *war* ihr Ton manchmal durchaus arrogant. Allerdings war sie nie dumm, was sich von anderen intellektuellen Giganten des 20. Jahrhunderts nicht gerade behaupten lässt. Besonders zu erwähnen ist dabei ihr Lehrer und Liebhaber Martin Heidegger, dessen Nazivergangenheit ebenso regelmäßig außer Acht gelassen wird, wie die Leute die Frage «Wo Hannah Arendt irrt» debattieren. Der schmerzhafteste Vorwurf aber, der im Rahmen des auf die Veröffentlichung von *Eichmann in Jerusalem* folgenden Skandals gegen sie erhoben wurde – dass nämlich eine Jüdin, die ihre Heimat, ihre Sprache, ihren Lebensunterhalt, ja ihre ganze Lebensweise und zudem Familienmitglieder, Freunde und in manchen Momenten fast ihr eigenes Leben im Rahmen des nationalsozialistischen Völkermords verloren hatte, sich dessen Tragik gegenüber als nahezu unempfindlich oder gar gleichgültig präsentierte –, bildete stets eine Klasse für sich.

Arendt war deshalb so furchtlos in ihrem Denken, weil sie – ohne größenwahnsinnig zu sein – spürte, dass ihr Zeitalter genau diese Haltung verlangte. «Wahr ist immer, was Hamlet sagte: ‹The time is out of joint, O cursed spite that ever I was born to set it right›», bemerkte sie mehr als einmal.[4] Shakespeare stellte Hamlet vor die Aufgabe zu beweisen, dass sein Vater ermordet wurde und sich ein schreckliches Verbrechen mitten im Herzen des Staates ereignet hatte. Sein Fluch, vielleicht der modernste Fluch überhaupt, bestand darin, dass er herausfinden sollte, ob die Strukturen der staatlichen Autorität wieder-

Hannah Arendt, 1944, fotografiert von Fred Stein

hergestellt werden konnten, nachdem die politische Macht einmal auf so vollumfängliche und empörende Weise missbraucht worden war. Es gelang nicht, und das ganze Unterfangen trieb ihn in den Wahnsinn. Der Totalitarismus hatte die moderne Welt nun in die gleiche Lage gebracht. Doch Hannah Arendt schlug einen ganz anderen Weg ein als Hamlets tragischen Weg des selbstzerstörerischen Rachefeldzugs: Gerade *weil* die Welt so dermaßen aus den Fugen geraten war, konnten die Dinge anders sein und von Neuem beginnen, ja mussten sogar, wie sie betonte, neu anfangen.

Dies weist die moralische und politische Verantwortung direkt jeder neuen Generation zu. Zwischen dem Zwang zur Existenz – warum wurde ich überhaupt jemals geboren? – und der Fähigkeit zu einer wahrhaft menschlichen Existenz unter anderen Menschen klafft, wie es Hamlet zu seinem Schaden erfahren musste, eine gewaltige Lücke. Sie bildete den Ausgangspunkt des Existenzialismus im 20. Jahrhundert in all seinen Varianten – und auch den Ausgangspunkt von Arendt. Es gibt keine Autorität, keinen vorgefertigten Sinn, der über die Generationen hinweg weitergegeben werden kann. Wir bewegen uns stets auf dünnem Eis. Doch anders als für einige ihrer philosophischen Zeitgenossen machte diese Ungegründetheit für sie nicht die ganze Existenz an sich absurd. Und Arendt glaubte auch nicht, dass es möglich wäre, die Zwänge der Existenz durch bloßen Willen zu transzendieren. Die Überzeugung, dass das Denken allein die Welt gestalten könne, hatte sich in ihren Augen bereits als die tödlichste Illusion der Philosophen überhaupt entpuppt. Die Tragödie der Umsetzung selbst guter Ideen in die Realität durch Gewalt, ob blutig oder administrativ, war in der Mitte des 20. Jahrhunderts schließlich für jedermann sichtbar geworden.

Nur hat eben nicht jeder diese Tragödie gesehen. Einer der Gründe dafür, dass sich die Welt in einem so verheerenden Zustand befindet, liegt darin, dass selbst die Scharfsichtigsten unter uns in ihrem Weltverbesserungsdrang immer wieder übersehen, was sich direkt unter unseren Augen abspielt. Pausenlos wurden selbstherrliche Theorien und hochmütige Ideen in die Welt gesetzt, die sich von der jüngsten Geschichte gänzlich unbeeindruckt zeigten. Dies war ein Aspekt der Lektion, die Arendt dem Eichmann-Prozess entnahm: Die moralische Obszönität des Holocausts musste anerkannt, gerichtlich verhandelt, betrauert und aufgearbeitet werden. Aber sie konnte nicht mit den bestehenden Methoden und Ideologien irgendwie wieder wettgemacht werden. Die Banalität, mit der das Verbrechen durchgeführt wurde, musste *gerade wegen* der in der modernen Kultur fortwährenden moralischen Gedankenlosigkeit – und ihrer mörderischen Konsequenzen – Aufmerksamkeit erhalten. Dieses Böse kann man nämlich nicht einfach mit ein paar guten Ideen aus der Welt schaffen – und schon gar nicht mit den alten, die es überhaupt erst gedeihen ließen. Man muss vielmehr ganz neu anfangen.

Das wirklich Schockierende für Hannah Arendt war, dass die Welt nicht schockiert genug war. Sie fürchtete, dass ihre Zeitgenossen gar nicht realisiert hatten, wie tiefgreifend die westliche Kultur in der Mitte des 20. Jahrhunderts tatsächlich *zerstört* worden war. Wie Hamlet stand sie ungläubig vor der Tatsache, dass niemand sonst die Geister sehen konnte und alle einfach so weitermachten, als wäre nichts geschehen. Selbst noch nach der Schoa, nach den Gulags, ja sogar noch nach Hiroshima und Nagasaki und den späten kolonialen und imperialen Kriegen, die eine stete Blutspur durch den Rest des 20. Jahrhunderts von Algerien bis Vietnam zogen, war es so, als ob irgendwie, tragischerweise, der Punkt immer wieder aus dem Blick geriet.

Der Irrtum, dem ihrer Meinung nach viele ihrer existenzialistischen Zeitgenossen unterlagen, bestand in deren Vorstellung, dass die moderne Katastrophe eine Art Privatproblem darstelle und das Dilemma, wie man überleben könne, nur noch den Einzelnen aufgegeben sei. Ihre Bedenken drehten sich dabei gar nicht so sehr um die «Unaufrichtigkeit» (*«mauvaise foi»*), Jean-Paul Sartres berühmte Charakterisierung unserer gewohnheitsmäßigen Leugnung der Tatsache, dass wir stets frei sind, Entscheidungen über unser unauthentisches Leben zu treffen. Vielmehr hegte sie die Sorge, das obsessive Streben nach einem authentischen freien Leben könnte zu einer Blindheit der Menschen für den Umstand führen, dass nicht die individuelle, sondern unsere Existenz «im Plural» – mit anderen Worten unsere existenzielle Politik – das war, was hier historisch versagt hat.[5] Es liegt nicht an dir. Tatsächlich liegt es an uns.

«Die Gefahr liegt darin, daß wir wirkliche Bewohner der Wüste werden und uns in ihr zu Hause fühlen», schrieb Arendt in ihren Notizen, als sie sich 1955 darauf vorbereitete, eine Lehrveranstaltung in Berkeley zu unterrichten.[6] Sie hatte bemerkt, wie leicht sich ihre Studierenden von den existenzialistischen Popstars der amerikanischen und europäischen Nachkriegskultur verzaubern ließen, von denen viele wie *rebels without a cause*, Rebellen ohne erkennbares Ziel, wirkten (abgesehen von dem Ziel, noch mehr zu rebellieren). Der Totalitarismus gedeiht in der Wüste, wie sie ihr Auditorium warnte. Denn um menschenverachtenden Ideen den Weg zu bereiten, gibt es nichts Besseres als politische und existenzielle Leere. Wenn nichts mehr Sinn ergibt, ist alles möglich. Populisten und Propagandisten wissen, dass das Aufpeitschen künstlicher Stürme in der Einöde den Anschein von aktivem Handeln, Sinn, Zielstrebigkeit und Erlösung erweckt. In Wirklichkeit ist dies zwar nur ein Pseudo-Handeln (wie es die heutigen Stürme in den sozialen Medien erneut belegen), doch mit jedem vorbeiziehenden Sturm werden die Menschen für das Leid anderer eher weniger empfänglich und auch weniger urteilsfähig. Das Leben, die Politik und das Leiden selbst werden langweilig. Dann treten die großen Männer mit den großen «unmöglichen» Ideen auf den Plan, und plötzlich liegt die Welt wieder im Krieg mit sich selbst.

★

Hannah Arendt wurde am 14. Oktober 1906 als Johanna Cohn Arendt in Linden-Limmer geboren, heute ein südlicher Vorort von Hannover, damals jedoch eine rasch wachsende Stadt, die sehr von der Industrialisierung profitierte. Ihr Vater, Paul Arendt, war Elektroingenieur und ihre Mutter, Martha Cohn, ausgebildete Musikerin. Als gebildete, progressive und säkulare Juden tendierte das Paar politisch nach links. Arendt wurde an der Ecke des belebten, von Bäumen gesäumten Marktplatzes geboren, gerade als sich die Blätter rot zu färben begannen. Von ihrem Fenster aus konnte sie später das Treiben der Menschen beobachten, das Kaufen und Verkaufen, das Beschäftigtsein mit dem Leben selbst. Wie die Menschen in anderen europäischen Groß- und Kleinstädten um die Jahrhundertwende herum hatten auch die Lindener ein starkes Selbstverständnis als selbstbewusste Mittelschichtsbürger entwickelt. Der Marktplatz war erst im Jahr 1894 als das öffentliche Herzstück der Stadt angelegt worden. Gegenüber vom Haus der Arendts befand sich das neue Rathaus, und unter den Bäumen des Platzes stand ein verzierter Springbrunnen, den die Figur eines Nachtwächters krönte. Er beschützte die Anwohner des Platzes, während sie schliefen, bereit für einen neuen Tag voller Unternehmungsdrang, Fortschritt und bürgerlichem Leben.

Hannah Arendt wurde im Leben ihrer Eltern erwartet – insoweit jedes Kind, das auf die Welt kommt, stets etwas ist, was seine Eltern erwartet haben. Sie wurde sehr geliebt und umsorgt. Ihre Mutter führte ein detailliertes Tagebuch über ihre Entwicklung, das den Titel *Unser Kind* trug und mit der obsessiven Sorgfalt so mancher frischgebackenen Eltern geschrieben wurde, deren Buchgelehrtheit sie dann leider doch nicht so ganz auf das Wunder ihres eigenen Kindes vorbereitet hatte: «Das Temperament ist ruhig, aber doch lebhaft. Gehörempfindungen glaubten wir schon in den ersten Wochen feststellen zu können; Gesichtsempfindungen, abgesehen von allgemeinen Lichtempfindungen, in der siebenten Woche. Das erste Lächeln bemerkten wir in der sechsten Woche, in welcher überhaupt ein inneres Erwachen von uns beobachtet wird. Das erste Strahlen beginnt in der siebenten Woche.»[7] Wenn wir also eine vorläufige biografische Antwort auf die Frage haben wollen, warum Hannah Arendt so zu denken begann, wie sie es tat, dann lautet sie: Weil zuerst liebevoll an sie gedacht worden war.

Die minutiöse Aufmerksamkeit junger Eltern für ihren Nachwuchs ist zwar ein allgemein verbreitetes Phänomen, aber das aufgeregte schriftliche Verzeichnen eines allgemeinen «inneren Erwachens» war typisch für die soziale Klasse, die Zeit und das geistige und kulturelle Milieu der Familie Arendt. Als Enkel der Aufklärung waren sie, wie viele aus ihrer Generation, dem freien Denken verpflichtet. Das war es auch, was Martha Arendt in ihrem Neugeborenen zu erblicken suchte: das erste Anzeichen eines Lichts, das ihrem Geist aufging, «Babys erster Gedanke» sozusagen. Gotthold Ephraim Lessing, einer von Arendts Lieblingsphilosophen des 18. Jahrhunderts, nannte dies «Selbstdenken», zu verstehen im Sinne von «für sich selbst» oder «selbständig denken».

Das Bild, mit dem Arendt Lessings Denken später charakterisieren sollte, wäre zur Beschreibung ihres eigenen wohl ebenso gut geeignet gewesen: «[S]tatt mit einem widerspruchslosen System seine Identität in der Geschichte festzulegen, hat er, wie er selbst wußte, ‹nichts als Fermenta cognitionis› in die Welt gestreut.»[8] Für Lessing wie für Arendt gärt das Denken, weil es *antwortet* – auf die Umwelt, auf Ereignisse, Umstände, andere Menschen, auf Veränderungen und auf das Unerwartete.

Hannah Arendts Eltern glaubten an die progressive Macht des freien Denkens. Ihre Vorstellung sah ungefähr so aus, dass sich die Welt der Menschen verbessern würde, weil sie lernten, selbständig zu denken. Sie konnten nicht ahnen, dass ihre Tochter ihr ganzes Leben damit verbringen sollte, dieses freie Denken gegen eine Einstellung zu verteidigen, die schon die bloße Existenz von jüdischen Deutschen wie ihnen für überflüssig hielt.

Die Industrialisierung Deutschlands hatte ihren Vater als Ingenieur nach Linden gebracht und den Anstoß zum Bau des Marktplatzes gegeben. In Solingen, ungefähr 250 Kilometer südwestlich von Linden gelegen, arbeitete unterdessen Adolf Eichmanns sozial ähnlich situierter, aber von jeder theoretischen Gelehrsamkeit weit entfernter Vater als

Buchhalter für ein Transportunternehmen. Diese hübschen deutschen Städtchen mit ihren Zierbrunnen und baumumkränzten Marktplätzen verschleierten allerdings eine gefährliche Entwurzelung, die sich schon seit einiger Zeit in der ganzen Welt breitgemacht hatte. Eine rapide wirtschaftliche Expansion und die Habgier hatten in den fernen Kolonien Afrikas, Südamerikas und Asiens Menschen gefressen, und in der Heimat bemerkten die europäischen Arbeiterinnen und Arbeiter allmählich, dass das, was sie als Gegenleistung für ihre Arbeit erhielten, einen enorm hohen menschlichen Preis hatte. Das Tempo des Fortschritts führte bereits dazu, dass Gemeinschaften ihren Platz in der Welt verloren. Ressentiments gegen die demokratischen Eliten brauten sich zusammen, und die Scharfsichtigen witterten politische Chancen.

«Ein unterirdischer Strom der europäischen Geschichte», der sich «dem Licht der Öffentlichkeit und der Aufmerksamkeit des aufgeklärten Menschen entzieht», war fähig, «eine völlig unerwartete Virulenz zu gewinnen», schrieb Arendt später über diese Periode ihrer Kindheit (*OT* 8). Die etablierten Medien ebenso wie aufgeklärte Kommentatoren ignorierten oder verharmlosten antisemitische Extremisten und rechte «Spinner» (ihre Wortwahl), weil sie zu offenkundig extrem und kaputt wirkten, um sich überhaupt ernsthaft mit ihnen zu befassen (ein Fehler, der sich zu Beginn des 21. Jahrhunderts wiederholen würde). Preußen hatte seine Juden 1812 emanzipiert, Hannover erst 1842. Allerdings erwies sich die Emanzipation als Sackgasse, wie Arendt später in einer biografischen Studie über die deutsch-jüdische Salonnière Rahel Varnhagen ausführte, die im 18. Jahrhundert gelebt hatte. Denn die rechtliche Inklusion befeuerte zugleich die soziale Politik der Ausgrenzung: Nachdem den Juden die gleichen staatsbürgerlichen Rechte zuerkannt worden waren, wurden religiöse und kulturelle Unterschiede mit neuerlicher Vehemenz wieder hervorgehoben. Ende des 19. Jahrhunderts gründeten sich in Deutschland und Österreich die ersten offen antisemitischen Parteien. In Frankreich, wo die antisemitische Tradition für die Nazis nicht extrem oder mörderisch genug war (eine ganze Weile lang mussten sich Eichmann und seine Offiziere sehr bemühen, die besetzten Franzosen davon zu überzeugen, ihre jüdischen Mitbürgerinnen und Mitbürger den Gaskammern zu überlassen), war die Affäre um den fälschlich angeklagten jüdischen Offizier Alfred Dreyfus im Jahr 1894 eine frühe Demonstration dafür, wie leicht es war, einen rassistischen Mob aufzustacheln, indem man sich die weitverbreitete Abneigung gegen die gesellschaftlichen Eliten zunutze machte.

Auch Hannover war in der ersten Dekade des 20. Jahrhunderts nicht frei von Antisemitismus, doch die Straßen, durch die Hannah Arendt als Kleinkind in ihrem Kinderwagen geschoben wurde, konnten zumindest mit einer toleranten Architektur aufwarten. Die 1870 eingeweihte Neue Synagoge war am linken Leineufer errichtet worden, im Schatten der imposanten evangelisch-lutherischen Kirche St. Johannis. Etwas weiter im Straßenverlauf wölbte sich das Dach der St.-Clemens-Basilika, die direkt gegenüber der katholischen Hauptkirche der Stadt stand. Die Gebäude waren ein architektonischer Mischmasch aus europäischem, gotischem und romanischem Stil. Ein Besucher musste schon ziemlich nah herantreten, um erkennen zu können, was *Schul* und was Kirche war. Im Jahr 1938 – nicht einmal 70 Jahre später, was im Leben der meisten religiösen Gebäude überhaupt kein nennenswerter Zeitraum ist – wurde die Synagoge während der von den Nazis angestifteten sogenannten Reichskristallnacht dem Erdboden gleichgemacht. Heute markiert eine kleine Gedenkstätte die Lücke, wo sie einst stand, direkt vor einem Wohnblock aus der Nachkriegszeit. Die Glockentürme der Kirchen ragen nach wie vor in den Himmel empor. Der «unterirdische Strom der westlichen Geschichte» ist also tatsächlich «schließlich an die Oberfläche gedrungen».[9] Alles war so schnell gegangen.

Als ich die Stadt 1986 zum ersten Mal besuchte, drehte sich in Hannover alles um das Tanzen zu Simple Minds in Kellerdiscos und Gerüchte über Sex im Stadtwald Eilenriede. Eine der Hauptreiserouten in die DDR begann in Hannover, und Freunde berichteten von ihren Fahrten zu den Großeltern im Osten in den neuen VW-Golfs ihrer Familien (Volkswagen hatte sich damals als das größte Unternehmen der Stadt etabliert). Nur wenige Reisen mit dem Pkw hatten ihren Ausgangspunkt in der Gegenrichtung. Im Jahr 1989, also kaum drei Jahre später, war die Mauer gefallen und der Kalte Krieg beendet. Entfernte Cousins und Cousinen kamen plötzlich in ihren Trabis angefahren, manchmal noch mit den Großeltern auf der Rückbank. Bald brachten Züge und Busse noch mehr Menschen heran, mit Koffern in der einen und Kindern in der anderen Hand. Eine weitere unterirdische Strömung war an die Oberfläche vorgedrungen: die Freiheit und – was in diesen ersten Monaten am wertvollsten war – die Bewegungsfreiheit. Viele meiner Freundinnen und Freunde und gewiss auch deren Eltern hatten von einem solchen Moment geträumt, doch nur wenige hatten damit gerechnet, dass er tatsächlich noch zu ihren Lebzeiten eintreten würde. Auch diesmal ging alles so schnell.

Wir können nichts daran ändern, dass wir geboren werden, wo und in welcher Zeit. Dieser Anfang liegt nicht in unserer Macht. Aber wir können lernen, auf die Welt, in die wir hineingeboren werden, zu reagieren, wie schnelllebig oder verwirrend diese Erfahrung auch sein mag. Denken, so argumentierte Hannah Arendt, ist eine Art und Weise, ein zweites, drittes, viertes Mal (und so weiter) geboren zu werden, je nach den Veränderungen, denen man sich ausgesetzt sieht. So kam sie zwar 1906 in Hannover zur Welt, begann ihr Denken aber fast eintausend Kilometer weiter nordöstlich, in einer Stadt namens Königsberg, dem intellektuellen Zentrum der europäischen Aufklärung.

2
Wie man denkt

«Es gibt keine gefährlichen Gedanken,
das Denken an sich ist gefährlich.»

Hannah Arendt,
«Über den Zusammenhang von Denken und Moral»

Königsberg, 1783. Die Glocke des Doms ertönt. Ein Mann kontrolliert seine Taschenuhr, während er die Holz-Brücke überquert, wie er es an jedem Tag zu dieser Stunde tut. Der Mann ist der Philosoph der Vernunft, Immanuel Kant, und er weiß, dass er innerhalb der nächsten zwei Minuten die vierte Brücke zum Kneiphof überqueren wird, jener Insel, die inmitten der Stadt im Fluss Pregel liegt, bevor er über die fünfte Brücke ans andere Ufer des Flusses spaziert und dann über die sechste wieder zurückkehrt (zugleich die Brücke, an der er gestartet ist), die ihn nach Hause und zu seiner nachmittäglichen Arbeit führen wird. An manchen Tagen überquert er alle sieben Brücken der Stadt, indem er zur Holz-Brücke im Süden wandert, aber nicht heute. Wie jeder weiß, der in Königsberg lebt, gilt nämlich: Will man alle sieben Brücken genau einmal überqueren und dabei zum Ausgangspunkt zurückkehren, dann muss man den Fluss mindestens achtmal kreuzen; sechs Brücken zu überqueren erfordert mehr als sieben Flussübertritte, die Überquerung von fünf mehr als sechs und so weiter. Königsberg war dafür berühmt, dass es nicht möglich war, an beiden Ufern des Flusses entlangzugehen und die beiden Inseln in seiner Mitte zu betreten, ohne eine der sieben Brücken zweimal überqueren zu müssen. Wie der

Mathematiker Leonhard Euler 1735 bewiesen hat, musste man die Brücken allerdings gar nicht wirklich überqueren, um diese Wahrheit zu belegen. Man konnte sich dafür auch der Vernunft bedienen. Ein recht simpler Graph, der heute «Eulerscher Graph» genannt wird, übersetzte die Brücken und Ufer in Ecken und Kanten und gab einem alles an die Hand, was man wissen musste: Es war mathematisch unmöglich, beide Ufer und Inseln zu besuchen, wenn man alle (sieben) Brücken nur einmal überqueren wollte, und damit hatte sich die Sache.

Kant hat bei seinem täglichen Spaziergang wahrscheinlich versucht, nicht an den Eulerschen Graphen zu denken. Er glaubte, ja lebte tatsächlich für die Vernunft und für die Wahrheiten, die sich mit Hilfe des menschlichen Geistes aufdecken ließen, aber dass Euler ein weiteres Theorem zum Beweis der Existenz Gottes vorgelegt hatte, ärgerte ihn. Gott und Brücken gehören nicht in dieselbe Kategorie. Man erfährt eine Brücke nicht auf dieselbe Weise, wie man Gott erfährt, und deshalb muss man auch jeweils unterschiedlich über sie nachdenken. Da war der *Verstand*, das Mittel, mit dem man Dinge herausfindet, und da war die *Vernunft* – der Intellekt, das Verstehen und Nachdenken, mit dem wir nach dem Sinn in den Dingen suchen. Die Dinge existieren nicht einfach nur deshalb, weil man sie sich auf verständliche Weise vorstellen und sie in seinem Kopf kontrollieren kann. Man muss vielmehr *über sein Denken selbst nachdenken*, wenn man die Bedeutung von Dingen wie Gott, Freiheit, Glaube, Moral und dem menschlichen Dasein wirklich erkennen wollte – auch wenn das Ergebnis am Ende nur in dem Nachweis bestand, dass diese Dinge eben nicht nachgewiesen werden konnten. Alles hängt davon ab, wie man die Welt auffasst – unter welche Kategorien man die Dinge einsortiert, wie das Denken für einen strukturiert ist und wie man in Reaktion darauf seine eigenen Gedanken ordnet. Das Reflexionsvermögen, die Vernunft, dachte Kant missmutig, war eben genau der Grund dafür, dass er frei war – *frei*, selbst entscheiden zu können, ob heute *für ihn selbst* ein Tag mit einem Sechs- oder einem Sieben-Brücken-Spaziergang sein würde, Theorem hin, Graph her.

Fast eineinhalb Jahrhunderte später läuft die junge Hannah Arendt über dieselbe Brücke. Dieselbe Domglocke ertönt zur gleichen Zeit, aber sie hört sie gar nicht richtig. Ihre Gedanken sind ganz woanders.

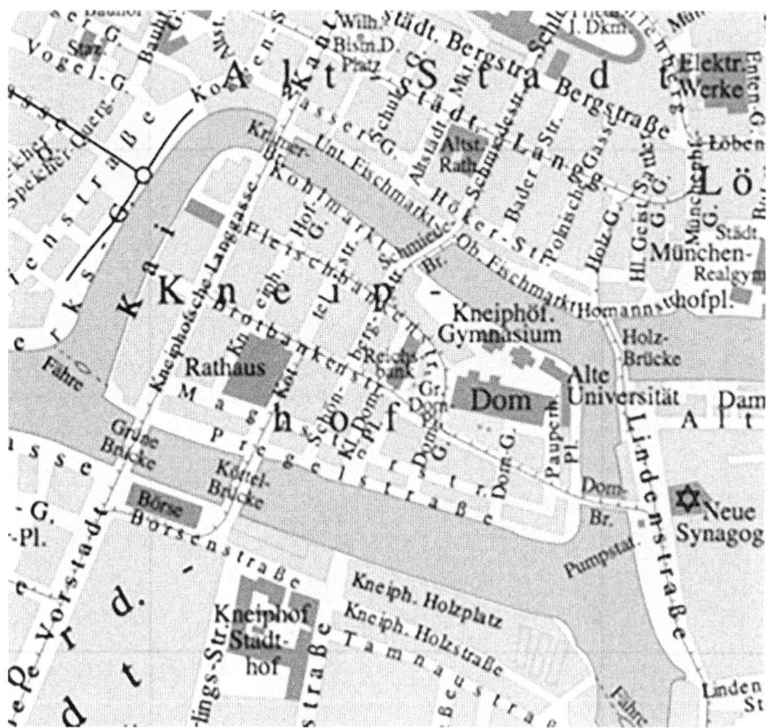

Karte von Königsberg, 1905

Sie weiß, dass sie spät dran ist – schließlich rennt sie ja –, ist sich jedoch nicht ganz im Klaren darüber, wozu eigentlich. Irgendetwas stimmt nicht. Sie bleibt stehen, macht auf dem Absatz kehrt und verliert kurz die Orientierung. Die Neue Synagoge liegt vor ihr. Ihr fällt wieder ein, dass sie gerade Rabbiner Vogelstein besucht hat, um über Gott und den Zustand ihres Glaubens zu sprechen, aber auch, weil ihr der Klang seiner Stimme und die Tatsache, dass er sie ernst nahm, gefallen haben. Nun muss sie sich entscheiden, ob sie über die Holz-Brücke zurück über die Insel geht und den längeren, aber schöneren Weg nach Hause nimmt oder ob sie über die Dom-Brücke gehen soll, was zwar die kürzere Strecke ist, sie aber am früheren Wohnhaus Kants vorbeiführt. Wie üblich entscheidet sie sich für Letzteres.

Wo war sie denn gerade eben noch? Gedankenverloren. Aber wo-

Hannah Arendt als Kind auf einem Balkon

hin gehe ich denn, wenn ich denke (sie denkt, weil sie nicht damit aufhören kann und weil dieses unaufhörliche Denken sie ebenfalls interessiert)? Manchmal bin ich und manchmal denke ich, aber kann ich gleichzeitig denken und sein? Denn ich habe das Gefühl, dass ich, wenn ich denke, zugleich aus der Welt verschwinde. Natürlich tue ich das in Wirklichkeit nicht – was umso bedauerlicher ist. Sie erblickt eine Gruppe junger Männer, die sich ihr langsam nähert. Studenten der Albertina-Universität, vielleicht Angehörige des Studentenkorps, ein paar Abzeichen glitzern im Sonnenlicht. Sie sehen sie auf jeden Fall. Sie flüstern (aber so, dass sie es hören kann): «Jüdin!» Der Blick der Gruppe trifft eine empfindliche Stelle, wie einen blauen Fleck. Der Blick ihres ersten Boyfriends Ernst Grumach hingegen, so kommt es ihr wie aus dem Nichts in den Sinn, berührt dieselbe Stelle auf eine viel angenehmere Weise. Sie beschließt, aus ihrem verwirrten Taumeln einen kleinen ironischen Trotztanz zu machen. «Quatsch!», ruft sie leise, gibt den

Blick der anderen über ihre Schulter lächelnd zurück und wirbelt ihre Zöpfe durch die Luft. Dann rennt sie auf die Brücke zu.

★

«In meiner Art, zu denken und zu urteilen, komme ich noch immer aus Königsberg», sagte Hannah Arendt 1964 in einem Interview mit dem deutschen Historiker Joachim Fest. «Manchmal verheimliche ich mir das. Aber es ist so.»[1] Königsberg war auch der Ort, an dem Kant entdeckte, dass Freiheit und Menschenwürde möglich sind, weil wir denken können. Kaum hatte sich die Vorstellung etabliert, dass wir allein durch unsere Vernunft Humanität verwirklichen und uns gegenseitig Menschenrechte, ja Würde geben konnten – wie etwa auch die Freiheit, über jede Brücke zu gehen, über die wir gehen wollen –, da schien auch schon die Möglichkeit auf, genau das Gegenteil zu tun. Kants berühmte moralische Maxime lautet, dass wir andere Menschen nicht bloß als Mittel für unsere eigenen Zwecke benutzen dürfen. «Aber wir könnten es, nicht wahr?», erwiderten andere, und dann taten sie es. «Es ist, als sei noch nie zuvor der Mensch so hoch gestiegen, und als sei er gleichzeitig noch nie so tief gefallen», wie Arendt später schrieb. «Es gehörte in der Tat einiger Heroismus dazu, in der Welt, so wie Kant sie zurückgelassen hatte, zu leben.»[2]

Als geschäftige Hafenstadt und bedeutendes administratives und geistiges Zentrum des preußischen Lebens war das Königsberg Kants eine blühende und vielfältige Stadt. In diesem Ort, der dank seiner sieben Brücken als «Venedig des Nordens» bezeichnet wurde, siedelten sich unter anderem Mennoniten, Hugenotten, englische Kaufleute und Juden an. Der berühmte Kosmopolit, der selbst nie gereist war, brauchte also nicht allzu weit zu laufen, um seine Argumente für einen «allgemeinen Menschenstaat» auszuformen. Kants Leben mag trist gewirkt haben – die täglichen, von der Domglocke bestimmten Spaziergänge sind legendär –, doch seine Philosophie war umfassend, weltläufig und, zumindest in der Theorie, befreiend. Unsere Existenz hängt davon ab, wie wir denken – für uns selbst und damit auch für- und miteinander –, so Kants Überlegung. All die Großtheorien, Theoreme und Graphen, die überwältigend komplexen, wundervollen, gelegentlich aber auch langwierigen philosophischen Überlegungen, die später in seinem Namen angestellt wurden, gehen in Wirklichkeit alle auf eine ganz einfache Idee zurück: auf die Tatsache, dass wir denken und dass die Art, wie wir denken, moralische Konsequenzen hat.

Arendt hat diese radikale Einfachheit von Kants zentraler Einsicht schon früh begriffen und sie nie aus den Augen verloren. Später machte sie sich daran, seine kühle Rationalität zu hinterfragen, vergaß dabei aber nie die Bedeutung seines zentralen moralischen Versprechens: Weil wir Vernunft und moralische Handlungsfähigkeit besitzen, können, ja müssen wir so handeln, dass die Welt ein guter Ort wird, koste es, was es wolle. «Niemand hat das Recht zu gehorchen!», betonte sie nach dem Prozess gegen Eichmann. Sie führte einmal sogar Kant selbst gegen Eichmann ins Feld, als dieser versuchte, sich mit dem Kant'schen Argument zu verteidigen, wonach wir moralisch verpflichtet sind, den Gesetzen unserer Fürsten zu gehorchen. Dieses Argument fällt aber vollständig in sich zusammen, wenn die Fürsten selbst gesetzlos sind, so Arendts Konter. Eichmann hatte nämlich die viel schwierigere Lektion Kants über den kategorischen Imperativ einfach ausgelassen, falls er sie überhaupt jemals wirklich verstanden hatte: «Kants ganze Moral läuft doch darauf hinaus, dass jeder Mensch bei jeder Handlung sich selbst überlegen muss, ob die Maxime seines Handelns zum allgemeinen Gesetz werden kann. Das heißt … Es ist ja gerade sozusagen das extrem Umgekehrte des Gehorsams! Jeder ist Gesetzgeber. Kein Mensch hat bei Kant das Recht zu gehorchen.»[3]

Die Aussicht auf die herannahende Unvernunft – den Wahnsinn – hatte die Familie Arendt von Hannover nach Königsberg getrieben, der Heimatstadt beider Elternteile und deren Verwandtschaft, die Mitte des 19. Jahrhunderts vor dem Antisemitismus in Litauen und Russland geflohen waren. Ihr Vater, Paul Arendt, hatte sich als junger Mann die Syphilis zugezogen. Dies war in Europa nicht ungewöhnlich, und die Literatur des frühen 20. Jahrhunderts hätte die stille Verzweiflung dieser Epoche vielleicht anders dargestellt, wenn es nicht so gewesen wäre. In Wirklichkeit war diese Krankheit jedoch grausam und mit vielen Qualen verbunden. Die Symptome von Paul Arendt waren bei seiner Heirat bereits abgeklungen, so dass die junge Familie nun einfach das Beste hoffte. Hannah war jedoch kaum drei Jahre alt, als sich die ersten Anzeichen von Demenz bei ihm einstellten. Das Paar wusste, dass Paul Arendt in absehbarer Zeit der geistigen Umnachtung anheimfallen, die Welt ganz verlassen sowie Martha und ihr Kind allein zurücklassen würde. Sie kehrten nach Königsberg zurück. Hannah Arendt verließ ihr Geburtshaus, um ihr wahres intellektuelles Zuhause zu finden.

Sie war gerade einmal 16 Jahre alt, als sie Kants *Kritik der reinen Vernunft* (1781) zum ersten Mal las. Etwa zur selben Zeit begann sie damit, außerhalb der Schulzeit einen Griechisch-Lesekreis für ihre Freunde zu organisieren, unter anderem, weil sie es ablehnte, früh aufzustehen, um am Griechischunterricht in der Schule teilzunehmen. Es überrascht nicht, dass Hannah Arendt schon in sehr jungen Jahren unglaublich klug war, aber wenn man sich zu sehr auf ihren außergewöhnlichen Geist konzentriert, dann übersieht man etwas Wichtiges in ihren Lektionen über das Denken: Sie zeigt uns, dass Denken etwas ganz Gewöhnliches ist – und genau darin liegt seine heimliche Stärke.

Jeder Mensch denkt. Manchmal gut, manchmal schlecht und natürlich nicht die ganze Zeit, denn sonst würde man ja nie etwas Konkretes zuwege bringen. Unser alltägliches Denken bleibt zumeist unsichtbar, und das ist auch gut so. Was Arendt Sorgen bereitete, war allerdings die Vorstellung, dass andere Menschen – kluge, gebildete oder mächtige Menschen – all das wichtige Denken an unserer Stelle erledigten. Andere denken, wir folgen. Sie übernahm hingegen die Idee von Sokrates, dass der «Zwei-in-einem»-Dialog, den wir ständig in unserem Kopf führen, der Ursprung sowohl des Denkens als auch der Moral ist. «Und dies Mit-sich-selbst-Sprechen ist ja im Grunde das Denken. Und zwar eine Art von Denken, das nicht technisch ist, dessen jeder Mensch fähig ist.»[4] Deshalb sagte Sokrates auch, es sei besser, mit der ganzen Welt im Streit zu liegen, als sich mit sich selbst zu entzweien. Besser, man streitet mit anderen, als dass man sich aus Scham selbst zensiert.

Die tonlose Stimme, mit der man sich auf dem täglichen Schulweg mit sich selbst unterhält – das war für Arendt stets ebenso sehr Denken, wie wenn man der stolze Besitzer einer starken Argumentationskette war. Die Geschichten, die man sich erzählt, die Gedichte, die man aus Worten zusammenbastelt, während man in die erhöhte Aufmerksamkeit des frühen Erwachsenseins hinein- und wieder hinausgleitet – all das sind Lehrjahre im Denken. Natürlich ist es auch sehr gut möglich, dumme Gespräche mit sich selbst zu führen, und in jedem Lebensalter werden viele Gedichte gar nicht so schnell geschrieben, wie man sie wieder bereut («Ich tanze, ich tanze / In ironischem Glanze», schrieb sie in einem frühen Gedicht). Das denkende Ich ist für Arendt aber der Ort, an dem die Moral beginnt.

Hannah Arendt hatte das große Glück, in ein kulturelles Milieu hineingeboren worden zu sein, in dem das Denken als Selbstzweck ernst genommen wurde. In dieser Hinsicht war sie ebenso ein Kind der Haskala, der jüdischen Aufklärung, wie ein Kind Kants und Lessings. Eine ihrer engsten Freundinnen, Anne Mendelssohn, war eine Nachfahrin von Kants gutem Freund Moses Mendelssohn (Arendts erster Freund, Ernst Grumach, war zuvor mit Anne liiert gewesen, und die beiden Frauen blieben einander ein Leben lang verbunden). Mendelssohn hatte den Weg für die Haskala geebnet, indem er nachwies, dass es möglich war, sowohl nach den Prinzipien der Aufklärung als auch nach den Grundsätzen des Judentums zu leben. Spätere deutsch-jüdische Denker vertraten hingegen die Ansicht, dass die Vernunft die völlige Abkehr vom Judentum und eine vollständige Assimilation verlangte. Doch diese hatten nicht mit dem Anstieg des Antisemitismus im 20. Jahrhundert gerechnet. Arendts Familie war nicht religiös, aber ihr Jüdischsein war ihr auch nicht gleichgültig und konnte es auch nicht sein, selbst wenn sie es gewollt hätte. Denn jene unterirdische Strömung, die sich gegen die Werte der Toleranz, der Freundschaft und der Vernunft richtete, war bereits auf ihrem Weg an die Oberfläche.

Schon als Mädchen wusste Arendt, dass Jüdin zu sein hieß, für andere Menschen immer auch mehr – oder sogar weniger – ein denkender Mensch zu sein: Was auch immer sie dachte, wo auch immer sie in ihrem Kopf war, wenn jemand ihr auf einer Brücke aus der anderen Richtung entgegenkam, wurde sie daran erinnert, dass er Gedanken über sie hegte und dass diese Gedanken Konsequenzen für ihr Leben haben würden. Niemandem ist es jemals gestattet, sich ganz aus der Welt in seine eigenen Gedanken zurückzuziehen. Rassismus und Sexismus halten die Menschen in der Sichtbarkeit gefangen, ob sie es wollen oder nicht. Arendt begegnete der Realität ihres Jüdischseins erstmals auf der Straße und im Klassenzimmer. Ihre Mutter hatte ihr beigebracht, dass sie erzählen sollte, wenn ihre Lehrer antisemitische Äußerungen machten, und dass sie sich dann darum kümmern würde. Der Antisemitismus der anderen Kinder traf sie hingegen allein. Sie lernte, hart zu sein.

Und sie lernte den Ungehorsam. Später würde sie sich für ihre ängstliche Insichgekehrtheit in ihren Jugendjahren Vorwürfe machen – ihre Lektüre des existenzialistischen Vordenkers Søren Kierkegaard begann ungefähr zur selben Zeit, als sie zum ersten Mal den Kant aus dem elterlichen Bücherschrank holte. Aber sie spürte immer sofort, wenn etwas falsch war, und handelte auch immer entsprechend. Als ein Lehrer an ihrer Schule sich einen Fauxpas leistete – wir wissen nicht genau, was gesagt wurde, aber wir können davon ausgehen, dass es Arendts frühreifes intellektuelles und moralisches Empfinden verletzte –, organisierte sie einen Protest. Die Schüler boykottierten daraufhin den Lehrer, und sie flog von der Schule. Daraufhin ging sie nach Berlin, wo sie sich an der Universität in Vorlesungen setzte, und kehrte dann nach Königsberg zurück, wo sie das Abitur mit Bravour bestand.

Paul Arendt starb 1913, im selben Jahr wie ihr geliebter Großvater, Max Arendt. Die Mutter von Adolf Eichmann starb ein Jahr später, 1914. Auch dessen Familie war umgezogen, von Solingen ins österreichische Linz. Etwa zu der Zeit, als Arendt Kant las und Boykotte organisierte, kämpfte sich Eichmann durch die Schule und zog mit dem Österreichischen Wandervogel, einer rechtsgerichteten Pfadfinderorganisation, durch die Wälder und beschwor den Deutschnationalismus. Er hatte noch kein großes Talent für irgendetwas gezeigt, wobei er immerhin das Geigespielen lernte.

Aufgrund der Bedeutung der überragenden intellektuellen Männer in Hannah Arendts Leben haben sich die Biografen oft auf den frühen Tod ihres Vaters fokussiert. Ihre beste Biografin, ihre frühere Schülerin und spätere Psychoanalytikerin Elisabeth Young-Bruehl, erzählt etwa die Geschichte ihrer gedanklichen Entwicklung anhand der Männer, die sie geprägt haben. Und diese Liste von Ersatzvätern ist wirklich beeindruckend, umfasst sie doch Figuren wie Martin Heidegger, Karl Jaspers, Walter Benjamin, den zionistischen Intellektuellen Karl Blumenfeld, Heinrich Blücher und später auch den österreichischen Schriftsteller Hermann Broch. Doch dies ist keine Geschichte, die Arendt sonderlich interessiert hätte.

Das Problem mit der Psychoanalyse lag in ihren Augen nämlich darin, dass sie dazu neigte, das Leben der faszinierendsten Menschen alltäglich zu machen: Wenn wir alle Vaterkomplexe haben, was gibt es dann noch zu sagen? Auf einer noch grundlegenderen Ebene hielt sie es für einen Fehler, die Biografie einer Person mit ihrem geistigen Leben zu verwechseln. «Das denkende Ich» ist ihr zufolge nur «reine Tätigkeit und hat somit kein Alter, kein Geschlecht, keine Eigenschaften und keine Lebensgeschichte».[5] Arendt gefiel es zwar sehr, die Besitzerin einer Lebensgeschichte, eines Alters, eines Geschlechts und vieler interessanter persönlicher Eigenschaften zu sein, doch mindestens genauso gut gefiel es ihr auch, ein denkendes Ich zu haben.

Dieses «denkende Ich» ist für sie nicht immer dasselbe wie das «Selbst» des Bewusstseins, so dass sie die psychoanalytische Vorstellung von einem in sich zerrissenen Selbst bis zu einem gewissen Grad sogar teilte. Denn als sie in den 1920er Jahren an der Universität den Existenzialismus entdeckt hatte, vertrat sie fortan die Ansicht, dass es eine Art verborgenes Denken gibt, das neben uns herläuft und uns wie die Welt stets im Griff behält. Wir wissen also nicht immer genau, wer wir sind – was vielleicht noch nicht einmal so schlecht ist, vor allem dann nicht, wenn uns politische und soziale Konformität abverlangt wird. Aus der Perspektive anderer Menschen erscheinen wir natürlich als eine einzige Person, eine Identität – als sie, er, die anderen, als schwarz, braun, weiß oder Sonstiges; das ist die gegebene Pluralität der Welt. Aber sobald ich versuche, mir selbst meine Identität zu bestätigen, und stolz oder abwehrend oder vielleicht auch zaghaft und neugierig «ich bin ich» sage, habe ich auch meine eigene innere Differenz von mir selbst kundgetan. «Für mich selbst bin ich, wenn ich dieses Mit-mir-selbst-bewußt-Sein artikuliere, unvermeidlich *Zwei-in-Einem*, was im übrigen der Grund dafür ist, weshalb die modische Suche nach der Identität vergeblich ist und unsere moderne Identitätskrise nur durch Verlust des Bewußtseins gelöst werden könnte», wie sie 1971 schrieb und sich damit gegen das wandte, was wir heute als Identitätspolitik bezeichnen würden.[6]

Arendt zog die Perplexität der Identität vor. Das Selberdenken und nicht selten auch das Denken gegen sich selbst war ihr Leitbild. Dabei meinte sie mit «Denken» nicht jenes kühle Räsonieren der Aufklärung, sondern vielmehr die kontinuierliche Arbeit der Reflexion, des Infragestellens und der Verunsicherung. «Ich glaube nicht, daß es irgendeinen Denkvorgang gibt, der ohne persönliche Erfahrung möglich ist. Alles Denken ist Nachdenken, der Sache nachdenken. Nicht?», bemerkte sie in den 1960er Jahren.[7] Die Vernunft bringt uns nur bis zu einem gewissen Punkt, und eine blind gehorsame Vernunft kann, wie das Beispiel Eichmann demonstriert hatte, verheerend sein. Das Motto ihres letzten Buches, *Vom Leben des Geistes*, stammt denn auch aus Platons Dialog *Politikos* und lautet: «Ein jeder von uns scheint, nachdem er wie im Traum alles wußte, alles wiederum, gleichsam erwacht, nicht zu wissen.»

Die Bejahung von Verwirrung und Ungewissheit bildete Arendts vorderste Front im Widerstand gegen jenen Absolutismus, der nur allzu oft zu Terror und Gewalt führt. Trotzdem kann das Denken allein die politische und moralische Stellung nicht halten, wie Arendt 1933 feststellen sollte, keine neun Jahre nachdem sie Königsberg 1924 verlassen hatte, um in Marburg Philosophie und Theologie zu studieren. Viele Akademiker und Intellektuelle waren nämlich bereit gewesen, sich auf den Nationalsozialismus einzulassen, darunter auch einige ihrer ehemaligen Kollegen und Freunde. Nie würde sie vergessen, wie vermeintlich schlaue Menschen in den 1930er Jahren schlechte moralische und politische Entscheidungen trafen und dann so taten, als hätten sie es nicht getan. «Nie wieder! Ich rühre nie wieder irgendeine intellektuelle Geschichte an», befahl sie sich selbst, nachdem sie Deutschland verlassen hatte.[8] Die Philosophie mochte einen zwar lehren, selbständig zu denken, aber Politik und Geschichte sorgten dafür, dass kluge jüdische Mädchen am Ende ihren eigenen Weg über die Brücken finden mussten.

★

Das Haus, das Hannah Arendt in Marburg als Studentin bewohnte, liegt in einer verwinkelten Seitengasse, die zum Landgrafenschloss hinaufführt, das seit dem 13. Jahrhundert auf subtile Weise das Stadtbild dominiert. Neben dem Zaun davor hängt, wie könnte es anders sein,

ein Zigarettenautomat – ein perfekter Andachtsort für Hannah Arendt und eine Versuchung selbst für diejenigen, die seit Jahren nicht mehr geraucht haben, sich auf die Stufen zu setzen und zu spüren, wie der Qualm in kontemplativer Huldigung unserer Denkerin aus der Lunge aufsteigt und uns über das Gesicht streicht. Bei meinem Besuch peitschte allerdings der Schneeregen durch die Straßen, so dass das Rauchen leider entfallen musste. Wenig überraschend war ich zu diesem Zeitpunkt auch die einzige Besucherin des Schlossmuseums.

Wie Hunderte andere Museen in den kleineren Städten Europas erzählt auch dieses Museum für Kunst und Kulturgeschichte eine Geschichte, die mit Ritterrüstungen beginnt und mit bürgerlichen europäischen Wohnzimmermöbeln, Besteck und Geschirr endet. Die Exponate sind sehr schön, und die ihnen zugrunde liegende Handwerkskunst ist bewundernswert, doch nur wenige von uns, die im 20. Jahrhundert geboren wurden, können die Räume dieses Museums durchqueren, ohne an die Geschichte zu denken, die diese Objekte implizieren, aber nur selten explizit machen.

In dem ruhigen, arbeitsamen und überwiegend protestantisch geprägten bürgerlichen Universitätsstädtchen erhielt der nationalsozialistische «Völkisch-soziale Block» bei den Reichstagswahlen im Mai 1924 – nur vier Monate vor Arendts Eintreffen – dreimal so viele Stimmen wie im Reichsdurchschnitt. Dies war zwar eine Protestwahl, und es sollte auch noch einige Zeit dauern, bis die örtlichen Nazis diesen Erfolg für sich nutzen konnten. Aber diese von Handwerkern und freundlichen Akademikern geprägte Stadt, in der viele so stolz auf ihre Indifferenz gegenüber der Reichs- und der Parteipolitik waren, hatte ihre Bereitschaft gezeigt, zumindest damit anzufangen, den Juden und den Linken alle Schuld in die Schuhe zu schieben.[9]

In einem der Schaukästen des Museums präsentierten zwei kopflose Frauen die Marburger Mode der 1920er Jahre. Die freizügigen, lockeren Falten eines der Kleider ähnelten dabei sehr jenen, die sich auch auf Arendts Kleidern abzeichneten, die sie auf Fotos aus ihren Studententagen trug. Diese waren in einem weichen braunen Erdton gehalten, wie sie ihn gerne trug (Grün gehörte auch zu ihren Lieblingsfarben). Zwischen den beiden Schaufensterpuppen hing eine Schwarz-Weiß-Aufnahme von männlichen Studenten, die lächelnd und rauchend vor einer der Kneipen auf dem Marburger Marktplatz posierten, die Arme dabei über die Schultern des jeweils anderen gelegt. Schlagende Studentenverbindungen und andere militaristische Vereinigungen, die das Männerbündische förderten, waren in der Stadt populär. Das waren junge Männer, mit denen es jede Frau – und jeder jüdische Studierende – an den Hochschulen zu tun hatte.

Anfang 1920 folgten mehr als 800 Studenten dem landesweiten Aufruf, sich dem Studentenkorps – dem sogenannten Stuko – anzuschließen, um nach der Novemberrevolution von 1918/19 «den Frieden zu beschützen». Inmitten des politischen Chaos der Nachkriegszeit hatte sich die SPD mit der Rechten und der Reichswehr, einschließlich der gewalttätigen Freikorps, verbündet, um die radikalere revolutionäre Linke unter der Führung von Rosa Luxemburgs und Karl Liebknechts Spartakisten zu zerschlagen. Am 25. März 1919 brach eine Gruppe des Marburger Stuko nach Thüringen auf, um mutmaßliche Spartakisten aus Mechterstädt abzuführen. Im Morgengrauen waren 15 der Gefangenen tot, gestorben durch Schüsse in den Rücken und ins Gesicht aus nächster Nähe. Ihre Leichen wurden einfach auf der Straße liegen gelassen, wo sie der Frühnebel umhüllte. In den auf das Massaker folgenden Ermittlungen wurden die Studenten freigesprochen – und zwar gleich zweimal. Heute erinnert eine Gedenktafel an der Universitätsmauer an das Ereignis und bringt ein tiefes Bedauern darüber zum Ausdruck.

Am 19. Februar 2020, eine Woche nach meinem Besuch in Marburg, ermordete der Rechtsterrorist Tobias Rathjen in Hanau, nur 75 Kilometer weiter südlich, neun Menschen. Er hatte es auf die Gäste zweier türkischer Shisha-Bars in der Innenstadt abgesehen, die dort saßen und gemeinsam rauchten. Rathjen war 43 Jahre alt, gelernter Bankkaufmann und studierter Betriebswirt. In dem 24-seitigen Manifest, das er im Internet veröffentlichte und in dem er seine «Philosophie» erläuterte – was mittlerweile für solche Schmalspur-Genozidisten offenbar obligatorisch ist –, hatte der Täter von den Stimmen in seinem Kopf berichtet, die seine Gedanken und Handlungen kontrollierten. Er behauptete, sie würden von einem weltweit agierenden Geheimdienst gesteuert, der nur durch die «Vernichtung» der ethnischen Minderheiten in Deutschland besiegt werden könne – ein Vorhaben, dem er sich nach eigener Auskunft mit Freude verschrieben hatte. Er konnte also die Stimmen in seinem Kopf hören, aber seine eigene Stimme allem Anschein nach nicht, während er dies schrieb. Rathjen hatte also beschlossen, kein Gespräch mit sich selbst zu führen. Dem *Guardian* zufolge lud er «wenige Tage vor dem Anschlag ein englischsprachiges Video auf YouTube hoch, in dem er die Amerikaner davor zu warnen versuchte, dass sie von satanistischen ‹Geheimgesellschaften› kontrolliert würden».[10] Dies hätte nun vielleicht nur die traurige, verrückte und vor allem finale Geste eines sehr kranken Mannes sein können, würden nicht Millionen Amerikanerinnen und Amerikaner schon längst genau das Gleiche glauben.

★

Hannah Arendt hatte eigentlich vorgehabt, an die Marburger Philipps-Universität zu gehen, die damals für ihre renommierte neukantianisch geprägte Fakultät bekannt war, um ein wenig mehr wie Kant denken zu lernen. Hermann Cohen, der jüdische Philosoph, der für seine präzisen und aufschlussreichen Kant-Kommentare berühmt war, hatte dort bis zu seinem Tod im Jahr 1919 gelehrt. Arendt malte sich aus, dass sie in ein paar gewaltige intellektuelle Fußstapfen treten würde. Doch dann betrat sie Martin Heideggers Seminarraum (Nr. 11 im Gebäude der Alten Universität), und schon bald sollte sie lernen, dass Denken nicht nur etwas ist, was man mit dem eigenen Geist tut. Denken war die Existenz selbst. Denken war eine Leidenschaft – und leidenschaftlich.

Für manche ist Hannah Arendts Beziehung zu ihrem Philosophieprofessor die Liebesgeschichte zweier brillanter Geister, die auf tragische Weise von einigen schlechten Entscheidungen unter ungünstigen historischen Umständen überschattet wurde. Für andere hingegen reicht die Heidegger-Affäre aus, um sich ganz von Arendt zu verabschieden. Denn wie können wir dem Urteil einer Frau trauen, die nicht nur ihrem ehemaligen Nazi-Geliebten verziehen hatte (Heidegger war 1933 der NSDAP beigetreten), sondern anschließend auch noch seine Bücher bewarb, die Herausgabe von Sammelbänden und Übersetzungen seiner Schriften begleitete und seinen Ruf rehabilitierte?

Doch wie auch immer man die Geschichte erzählt, Hannah Arendt wird dabei oft, wie ein Kollege es mir gegenüber einmal mit einem britischen Ausdruck beschrieb, als «numpty» dargestellt – als «Trottel». Im Jahr 2012 haben wir uns Margarethe von Trottas filmische Biografie mit dem Titel *Hannah Arendt* angesehen, die zeigt, wie die junge Philosophin in einem schummrigen Mansardenzimmer vor Heidegger auf die Knie fällt. Nun darf mit 18 (und eigentlich in jedem Alter) jeder und jede ein wenig *numpty* sein. Doch war es in diesem Fall Arendt oder nicht vielmehr Heidegger selbst? Schon ein flüchtiger Blick in den Briefwechsel der beiden beweist, wie sehr Heidegger Arendt brauchte: ihre Gedanken, ihre Person, schon früh ihren Körper und immer wieder den Widerschein seiner Brillanz in ihrem Geist – was so weit ging, dass er sich sehr häufig weigerte, überhaupt zu sehen, wer sie eigentlich war. Hannah Arendt hatte sich ihrerseits nicht nur in ihren Professor verliebt, sondern sich während der gesamten Beziehung der komplexen Realität gestellt, die Martin Heidegger war – und dieser Realität auch widerstanden. Wie so vieles in ihrem Leben auch lehrte sie die Affäre, sowohl mit als auch gegen ihre eigene Erfahrung zu denken.

Viele der Briefe, die Arendt an Heidegger schickte, sind nicht erhalten. Die meisten von ihr hat er – im Einvernehmen mit ihr, wie er glaubte – vernichtet, als seine Ehe und sein Ansehen auf dem Spiel standen. Glücklicherweise hat Arendt, die Weisere von beiden und bereits damals ebenso sehr Historikerin wie Philosophin, viele seiner Briefe an sie aufbewahrt. Professor Dr. Martin Heidegger (36 Jahre alt) an seine Studentin, «Fräulein Arendt» (18 Jahre alt), 10. Februar 1925: «‹Freuen Sie sich!› – das ist mein Gruß für Sie geworden», beginnt er verheißungsvoll, doch sogleich folgt eine Einschränkung: «Und nur wenn Sie sich freuen, werden Sie die Frau werden, die Freude geben kann, und um die alles Freude, Geborgenheit, Ausruhen, Verehrung und Dankbarkeit an das Leben ist.» Und nur indem sie ihre Freude gibt (wem eigentlich?), wird sie, wie Heidegger fortfährt, wirklich in der Lage sein, die Möglichkeiten des universitären Lebens voll auszukosten. Zu viele ihrer Geschlechtsgenossinnen erzwingen nämlich, wie er mahnt, ein «wissenschaftliches Tun», eine «Geschäftigkeit», die sie «hilflos macht und sich selbst untreu». Die Bewahrung ihres «eigensten fraulichen Wesens» wird hingegen, wie er schlussfolgert, entscheidend sein, «wenn es zu eigener geistiger Arbeit kommt» (*AHB* 11 f.).

Als sie im zweiten Semester ihres Studiums in ihrem Studentenzimmer saß und den Brief ihres neuen Geliebten las, hatte Arendt womöglich gehofft, dass nun ihr Traum wahr geworden ist: eine Liebe sowohl des Körpers wie des Geistes. Dann liest sie den Brief noch einmal. «Das klingt alles etwas gönnerhaft», wie eine leise, trotzige innere Stimme in ihrem Hinterkopf geflüstert haben mag. «Warum kann ich nicht einfach denken und mich freuen?» Und was ist überhaupt das «eigenste frauliche Wesen»? Das war nie eine Frage gewesen, die sie ernsthaft beschäftigt hatte. Viel interessanter als Heideggers gönnerhafte, sexistische und selbstgefällige Art war aber ohnehin, was er über das «Sein» selbst zu sagen hatte.

Heidegger hatte es sich im Herbst 1924 mit seinen Studierenden in den steingrauen, festungsartig wirkenden Mauern der Alten Universität in Marburg gemütlich gemacht, sah die jungen Männer und Frauen vor sich scharf an und erklärte ihnen dann, dass das Sein zutiefst gefährlich sei. Wir werden in die Welt hineingeboren – geworfen – und haben nichts als die fragile Tatsache unserer Existenz, um die uns zugemessene Zeit auf Erden zu überstehen, wie er sagte. Das ist der Zeichentrick-Moment des Existenzialismus: der Punkt, an dem wir über die Klippe hinausrennen und noch weiterlaufen, während wir bereits nach unten blicken und feststellen, dass wir keinen Boden mehr unter den Füßen haben. Was uns befähigt, trotzdem weiterzulaufen – und an dieser Stelle hob Hannah Arendt in Hörsaal Nr. 11 ihren Kopf und blickte ihren Professor mit einem durchdringenden Blick an –, ist das Denken. Die gute Nachricht ist, dass wir trotz oder vielmehr gerade dank des «Nichts» unter unseren Füßen die Realität, in der wir uns befinden, begreifen können – eben weil wir denken. Es gibt kein moralisches Fundament, wie Kant einst noch gehofft hatte. Tatsächlich schwankt der Boden sogar ständig. Doch gerade diese Abwesenheit von Begriffen und Strukturen erlaubt es uns, die Wirklichkeit der Welt so zu sehen, wie sie ist. Es gibt eine existenzielle Leere: Die Welt ist bedeutungslos, und doch liegt genau darin dasjenige, was das Leben so lebendig und real macht. Ja, wir laufen auf dünner Luft, aber von dieser Position aus, in der Schwebe zwischen dem Rand der Klippe und dem Tod, mit den

Hinterpfoten strampelnd, können wir eben auch den Wind auf unserem Gesicht spüren und das klare Blau des Himmels über uns sowie die schneebedeckten Wipfel der Tannen unter uns erkennen.

Es ist das Denken, so Heidegger, das leidenschaftliche, ernste, unendliche Denken, das der Existenz einen Sinn gibt. In Marburg erfuhr das einst in seine eigenen Gedanken versunkene Königsberger Mädchen nun, dass sie in Wirklichkeit die ganze Zeit über ihre eigene Existenz hervorgebracht und wieder in Frage gestellt hatte. Es war sie selbst, die ihren Sinn erzeugte, sie machte sich selbst wirklich – was auch immer die Burschen vom Stuko oder auch ihr liebeskranker Professor dachten.

Später beschrieb Arendt ihre Marburger Kommilitonen als «entschlossene Hungerleider», die verzweifelt nach mehr verlangten als einem herkömmlichen Philosophieseminar, das sie auf gelehrte Wortgefechte an bürgerlichen Esstischen vorbereiten würde. «Was sie nun aber wollten, das wußten sie auch nicht», wie Arendt hinzufügte.[11] Heideggers Genialität bestand darin, das «Nichtwissen» zum Ausgangspunkt seiner Lehre zu machen. Er dachte nicht *über* die Dinge nach, er *dachte einfach*, und zwar auf mitreißende Weise. Man hörte seinen Vorlesungen zu, als würde man im Wald spazieren gehen, scheinbar ohne Ziel, und dabei aber immer tiefer in das Dickicht des Denkens hineingeraten. Die Studierenden strömten scharenweise in seine Vorlesungen, um das Denken in Echtzeit mit einem Mann zu erleben, der ihre tatendurstige Unruhe zu teilen schien. Hilfreich war dabei auch, dass er ein charismatischer und eloquenter Lehrer war und dass die Worte von seinen Lippen fielen wie Eiszapfen, die an einem Wasserfall auftauen.

Worte waren für Heidegger wichtig. Alles, was wir über die Existenz wissen können, wissen wir ihm zufolge nur, weil wir sprechende Wesen sind. Der Schlüsseltext für seine Lehrveranstaltungen in jenem Herbstsemester 1924 war denn auch Platons *Sophistes*. Die Sophisten hegten Zweifel an der Existenz der Götter und weiteren metaphysischen Großthesen, waren aber rhetorisch sehr versiert. Nur der Mensch ist das Maß für den Menschen, lehrten sie, und dieses Maß besteht im Grunde genommen aus der Sprache. Die Tatsache, dass wir Wortwesen sind, ist eine der wesentlichen romantischen Tragödien in Heideggers Philosophie. Wir können nie alles sagen. Es gibt immer etwas, das unsagbar bleibt, nicht mitteilbar ist – ein unausgesprochener Teil von uns, der immer allein bleibt. Das einzig Sichere, was wir über uns wissen können, ist, dass wir sterben werden. Aber nur die Zeit wird uns endgültig sagen, dass und was wir waren. Solange wir leben, halten wir unsere Worte ebenso wie unsere Gedanken dagegen ständig im Fluss.

Die Kombination von Heideggers Narzissmus mit seinem Nationalsozialismus führte schließlich zur Trennung des Liebespaars. Als sie sich nach dem Krieg im Februar 1950 in Freiburg wiedertrafen, feierten sie ihre neuerliche Begegnung mit einem langen Gespräch über die Sprache, während sie durch den Wald auf den Schlossberg hinaufgingen, der hoch über der Stadt thront. Arendt hatte Heidegger benachrichtigt, dass sie wieder da war – so als wäre sie nie aus Deutschland fort gewesen, nie ins Exil gegangen und als hätte sie nicht gerade erst ihre *Elemente und Ursprünge totaler Herrschaft* fertiggestellt, in denen sie die Schrecken der vorangegangenen 20 Jahre sehr präzise in Worte zu fassen versucht hatte. Am nächsten Morgen kam er in ihr Hotel. Sie erhob sich von ihrem Frühstück, strich ihr Kleid glatt und ging ruhig auf ihn zu. Beide wussten, dass ein gemeinsames Gespräch ihre ganz eigene Art des Zusammenseins wieder in Kraft setzen würde, erkannten aber auch, dass ihr Gespräch über die Sprache das Eingeständnis war, dass es auch etwas Unaussprechliches zwischen ihnen gab. So vieles an ihrer Beziehung hatte immer wie die Nuancen eines poetischen Bildes existiert, zumindest für Heidegger, der oft fand, dass die Welt besser aussah, wenn sie durch ein Bild oder eine Metapher gebrochen wurde – vor allem dann, wenn sich die Wirklichkeit als schwierig oder widerspenstig darstellte. «Als Du beim ersten Wiedersehen in Deinem schönsten Kleid auf mich zukamst, schrittest Du gleichwohl für mich durch die vergangenen fünf Jahrfünfte», wie er ihr anschließend schrieb. «Hannah – kennst Du das Braun eines frisch umgepflügten Ackers im Licht der Abenddämmerung? Alles überstanden und zu allem bereit. Für jenen Augenblick des Wiedersehens bleibe Zeichen mir *Dein braunes Kleid*. Dieses Zeichen werde uns immer zeigender» (*AHB* 95). Doch bis zu diesem Zeitpunkt war schon viel Blut unter vielen Brücken hindurchgeflossen.

★

Vier Jahre vor dieser Begegnung hatte Arendt in der *Partisan Review*, einer der einflussreichsten New Yorker Literatur- und Politikzeitschriften, einen Aufsatz unter dem Titel «Was ist Existenz-Philosophie?» veröffentlicht. Diese brillante Darlegung der Anfangstage des Existenzialismus im frühen 20. Jahrhunderts war zugleich auch eine intellektuelle Autobiografie, in der sie beschrieb, wie die Philosophie, die sie in ihrer Studienzeit verinnerlicht hatte, die Stürme des Exils, des totalen Kriegs und des Völkermords überstanden hatte. Ihre Antwort lautete: nicht gut.

1946 war alles zu Ende. Im April 1933 hatte Heidegger die Leitung der Freiburger Universität übernommen. In seiner berühmt-berüchtigten Rektoratsrede gelobte er damals, die Hochschule in eine neue Ära des Nationalsozialismus zu führen. In der Aula des Kollegiengebäudes, wo er sprach, kann man noch immer Hans Adolf Bühlers gewaltiges Fresko von 1911 betrachten, das einen herausfordernd dreinblickenden Prometheus zeigt, der von Verehrern umringt ist und von den paar Sonnenstrahlen beschienen wird, die durch die hohen Fenster der Halle fallen und in denen die Staubkörner glitzern. Dieses neofaschistische Werk (Bühler war Mitglied im Kampfbund für deutsche Kultur) war die perfekte Kulisse für Heideggers Ankündigung einer neuen Morgenröte an den deutschen Universitäten. Im darauffolgenden Monat trat er der NSDAP bei und sollte kurz danach eine Verfügung unterzeichnen, wonach jüdische Lehrkräfte nicht mehr an der Universität unterrichten durften, darunter auch sein früherer Mentor und Vordenker der Phänomenologie Edmund Husserl. Im Winter zuvor hatte er empört auf einen Brief der damals in Berlin lebenden Arendt geantwortet, in dem sie ihn fragte, ob die Gerüchte über seinen Antisemitismus wahr seien. Seine gereizte Erwiderung lautete, dass er einen längeren Urlaub fernab von allen akademischen Angelegenheiten genommen habe und daher nicht verantwortlich sei. «Im übrigen bin ich heute in Universitätsfragen genau so Antisemit wie vor 10 Jahren», schloss er, wenig überzeugend, bevor er sich zu der dümmlichen Beteuerung verstieg, dass dies aber «erst recht […] das Verhältnis zu Dir [nicht] berühren» könne

(*AHB* 69). Im Juli 1933 floh Arendt aus Deutschland. Erst 16 Jahre später sollte sie dorthin zurückkehren.

Jener Aufsatz in der *Partisan Review* war einer von drei Leitartikeln in der Ausgabe vom Winter 1946. Die anderen beiden waren ein Text des britischen Autors Stephen Spender mit dem Titel «German Impressions and Conversations», der einen Besuch im Nachkriegsdeutschland dokumentierte, und ein Auszug aus einem Kapitel von Jean-Paul Sartres erstem Roman *Der Ekel*, «The Root of the Chestnut Tree» («Die Wurzel des Kastanienbaums»). Nur Arendts Name wurde auf der Seite mit dem Verzeichnis der Beiträger falsch geschrieben: «Hanna Arendt ist eine unserer Stammautorinnen und war in Deutschland vor der Hitler-Zeit eine Schülerin von Karl Jaspers.» Sartre, ein Jahr vor ihr geboren, war dagegen «einer der führenden Schriftsteller seiner Generation». Spender, drei Jahre jünger als sie, wurde als «der bekannte Schriftsteller und Kritiker» annonciert. Keiner von beiden war offenbar Schüler von irgendwem gewesen. Spender beschrieb in seinem Text die Auslöschung eines Landes und eines Kontinents, während Sartre die Abscheulichkeit der zeitgenössischen Existenz behandelte. Arendt blieb es hingegen überlassen, zu erklären, wie die jüngste Katastrophe des Krieges und der Existenzialismus zusammenhängen könnten.

Letzterer hat gezeigt, so ihr Argument, wie man sich von den metaphysischen Großerzählungen befreien kann, die die Philosophie bisher in Schach gehalten haben. Und er konnte neue Wege eröffnen, um zu erkunden, wie wir gemeinsam menschlich sein können. Mit dem Existenzialismus wurde das Kant'sche Großprojekt einer universellen, auf moralischer Vernunft basierenden Menschlichkeit durch einen bescheideneren Humanismus ersetzt, wie sie sagte. Dieser bildete das Herzstück der Philosophie des Phänomenologen Edmund Husserl, ohne das Heidegger seinen Bruch mit der Metaphysik nicht hätte vollziehen können. Arendt war 1925 nach Freiburg gezogen, um Husserls Vorlesungen zu hören. Die Initiative zu diesem Umzug war von Heidegger ausgegangen. Obwohl es für deutsche Studenten durchaus üblich war, die Universität zu wechseln, gab es für Arendt kaum einen Grund, dies zu tun. Es ging ihr gut, sie hatte gute Freunde gefunden, etwa Hans Jonas, einen weiteren lebenslangen Gefährten, und außerdem gefiel es ihr in Marburg. Verliebt war sie zudem auch. Heidegger aber überzeugte sie davon, dass sie nicht dorthin passe, womit er zweifellos meinte, dass sie nicht in sein Freiburger Leben passte, wenn sie sich in Marburg aufhielt. «Weggegangen aus Marburg bin ich ausschließlich Deinetwegen», wie sie ihm am Tag nach ihrer Begegnung im Jahr 1950 schrieb, «[...] auch aus Liebe zu Dir – nichts schwerer machen als es zu sein hat» (*AHB* 76).

In Freiburg hatte sie in der Schwimmbadstraße gewohnt, einer grünen, wohlhabenden Straße gleich um die Ecke von Husserls in strahlendem Weiß schimmerndem Wohnhaus in der Lorettostraße. Fast zehn Jahre später, im Winter 1932/33, hörte Sartre zusammen mit Simone de Beauvoir zum ersten Mal von Husserls Phänomenologie, und zwar von Raymond Aron, der in Berlin Philosophie studiert hatte (und später eine kritische Besprechung der *Elemente und Ursprünge* schreiben sollte). Alle vier jungen Denker hatten erkannt, dass Husserls Phänomenologie die Fundamente der Philosophie in aller Stille und für alle Zeiten erschüttert hatte. Die Frage war nun die, wie die Philosophie darauf reagieren sollte.

Der Zauber unserer Welterfahrung steht im Mittelpunkt des Husserl'schen Denkens. Wir leben, wie er sagte, in einem beständigen Tanz zwischen den Bewusstseinsakten, mittels derer wir in die Welt hineingelangen, und den Phänomenen, nach denen wir greifen. Oder wie Arendt es in ihrem Essay von 1946 formulierte: «Der *gesehene* Baum, der Baum als Gegenstand meines Bewußtseins braucht nicht der ‹wirkliche› Baum zu sein, er ist jedenfalls der wirkliche Gegenstand meines Bewußtseins.»[12] Es spielt keine Rolle, dass der Baum, den ich vor meinem inneren, geistigen Auge sehe, nicht der wirkliche Baum ist. Was zählt und was so besonders ist, liegt in der Art und Weise, wie ich mit meinen Gedanken den Baum geistig erfasse.

In Husserls Denken gibt es keine übergeordnete Geschichte, keine große Abrechnung mit Gott oder dem Nichts, sondern einfach die Verheißung auf eine bescheidene neue Heimat für das Menschliche in den *kleinen Dingen*, wie Arendt sie beschrieb – etwa in den knospenden Weidenkätzchen, die sie vielleicht auf ihrem Fußweg die Schwimmbadstraße hinunter zur Universität wahrgenommen hat, oder auch in dem Schwarz eines winterlichen Baums vor der weißen Wand von Husserls Wohnhaus an der Ecke zur Lorettostraße, das sie möglicherweise sah, wenn sie in die umgekehrte Richtung unterwegs war.

Auch in jenem Auszug aus Sartres *Ekel* gab es einen Husserl'schen Baum. Antoine Roquentin, ein frustrierter Akademiker mittleren Alters, der in einem öden, grauen und verregneten französischen Küstenort lebt, entdeckt den Sinn der Existenz in den Wurzeln eines Kastanienbaums: «Und dann plötzlich: auf einmal war es da, es war klar wie das Licht: Die Existenz hatte sich plötzlich enthüllt», wie Sartre schreibt. Roquentin ist von seiner eigenen Existenz ebenso angewidert wie von der der Wurzeln: «monströse und wabbelige Massen, ungeordnet – nackt, von einer erschreckenden und obszönen Nacktheit».[13] Der missmutige existenzialistische Antiheld der zweiten Hälfte des 20. Jahrhunderts hatte sich hier erstmals fiktional in Pose geworfen.

Im Gegensatz dazu vertrat Hannah Arendt in ihrem Essay eine andere Ansicht: Wenn die Welt 1946 abscheulich aussah und die Existenz einen zum Würgen brachte, hatte dies wahrscheinlich weniger mit der erschreckenden Nacktheit von Baumwurzeln zu tun, die die Absurdität der eigenen Existenz widerspiegelte, als mit den jüngsten systematischen Versuchen, die Menschheit auszurotten. Für Sartre bestand die Lösung für das Leben in einer moralisch obszönen Welt letztlich darin, sich der eigenen Existenz zu bemächtigen und sich dem revolutionären Wandel zu verschreiben. Arendt zeigte sich in einem späteren Text jedoch besorgt darüber, dass Sartres utopisches Bild vom Menschen, der die Welt neu erschafft, um sie weniger absurd zu machen, trotz aller politischen Radikalität seines Humanismus immer noch dem Irrglauben anheimfällt, dass *der Mensch sein eigener Gott* sei – und dass die Welt und ihre Bewohnern nach dem Bild eines solchen gottähnlichen Menschen geschaffen werden könnten, mit all den prometheischen Gefahren, die jedem, der sie so unmittelbar erlebt hatte wie Hannah Arendt, deutlich vor Augen geführt worden waren.[14]

Der Existenzialismus stieß mit einer Geschichte zusammen, die er nicht hatte kommen sehen, und das Ergebnis war verheerend. Arendt kam zu dem Schluss, dass Husserls Denken zwar tatsächlich befreiend war, sich hinter seiner vermeintlichen Bescheidenheit aber eine latente und, wie sich herausstellte, fatale Arroganz in Bezug auf unseren Platz in der Welt und die Grenzen unserer Existenz verbarg. Existenz war eben nicht alles, was es gab. Es gab auch noch die Geschichte. Im Jahr 1938, nur wenige Monate vor seinem Tod, wurde Edmund Husserl noch im Alter von 79 Jahren aus dem von ihm so geliebten Freiburger Mietshaus mit seinen strahlend weißen Wänden ausquartiert, nachdem seine antisemitischen Nazi-Nachbarn eine Kampagne gegen ihn inszeniert hatten.

«Mir [war] weder sachlich noch persönlich je an dem alten Husserl irgend etwas gelegen [...]», schrieb Arendt im Juli 1946 an Karl Jaspers, als sie ihren Essay vollendete. Aber sie hatte jenen Sondererlass von 1933 gelesen, der jüdischen Dozenten die Lehrtätigkeit untersagte, und sie wusste, dass dieser – und besonders Heideggers Unterschrift darunter – den alten Mann «beinahe umgebracht» hatte. Heidegger war nicht nur Husserls Vorgesetzter, sondern auch sein früherer Schüler und Freund. «Das wirklich Irreparable [tritt] oft fast – täuschend – wie ein Akzident [auf], [und] manchmal [richtet] aus einer unscheinbaren Linie, die wir gelassen überschreiten, im sicheren Bewußtsein, daß es darauf nun auch nicht mehr ankommt, jener Wall sich [auf], der Menschen wirklich scheidet» (*AJB* 85), wie sie weiter an Jaspers schrieb. Die Rede war zwar nach wie vor von Husserl, aber irgendwie sprach sie hier auch von sich selbst.

Nach ihrer Aussöhnung versuchte Arendt, Heidegger für jenen Sondererlass in Schutz zu nehmen, der, wie Jaspers betont hatte, ein antisemitischer Runderlass war und an allen deutschen Universitäten erging.[15] 1946 aber war Hannah Arendt klar, dass Heidegger eine Grenze überschritten hatte. Und dies war nicht nur eine persönliche oder politische oder auch einfach nur eine philosophische Grenze. Heidegger hatte es vielmehr versäumt, sein Denken mit der Realität der Welt zu verbinden, in der er lebte, und das war unverzeihlich. Mitten in ihrer Abhandlung spricht Arendt denn auch die wohl entschiedenste Verurteilung Heideggers aus, die sie je publizieren sollte.

Nachdem er das Sein über Bord geworfen hatte, wusste der Heidegger der 1930er Jahre nicht so recht, wie er mit der Frage der moralischen Verantwortung umgehen sollte. Kant lehrte, dass «jeder einzelne Mensch die Menschheit repräsentiert». Darin liegt der Grund, weshalb wir gegenseitige moralische Verpflichtungen besitzen. Ich finde meine Menschlichkeit in dir gespiegelt und du die deine in mir – das ist das Fundament unserer kollektiven Moralität und unseres gemeinschaftlichen ethischen Grundgerüsts, wie wackelig es auch immer sein mag. Heideggers Selbst existierte dagegen «in seiner absoluten Isolierung», unter den Bedingungen einer selbstverordneten Ausgangssperre gewissermaßen, «und [braucht] niemanden zu repräsentieren [...] als sich selbst».[16] Dabei wollte Heidegger keineswegs ein antisozialer Nihilist sein, wie Arendt anmerkte (tatsächlich änderte er seine Auffassung von der Bedeutung der anderen in seinen späteren Schriften). Allerdings war nur schwer zu sehen, wohin man sich sonst noch wenden konnte, wenn man die Idee universeller Menschenrechte einmal aufgegeben hatte. Wie wir im nächsten Kapitel sehen werden, sollte Arendt in ihren *Elementen und Ursprüngen totaler Herrschaft* es ebenso mit dieser Frage zu tun bekommen. Als abtrünniger Katholik wusste Heidegger sehr gut Bescheid darüber, wie uns existenzielle Schuldgefühle an andere Menschen binden. Arendt hingegen war nicht der Meinung, dass ein verdrießliches schuldbewusstes Selbst allein ausgereicht hätte, um die politischen Stürme der 1930er Jahre zu überstehen. Und 1946 wusste sie dann auch, warum sie zu Recht besorgt gewesen war: Heidegger hatte Erlösung in den Mythen des Nationalsozialismus gesucht.

Alleingelassen mit der Herrlichkeit des Seins habe er nämlich «später in Vorlesungen versucht, seinen isolierten Selbsten in mythologisierenden Unbegriffen wie Volk und Erde wieder eine gemeinsame Grundlage nachträglich unterzuschieben», wie sie schrieb. Das sei allerdings keine Philosophie, monierte sie, sondern ein politisch gefährlicher «naturalistische[r] Aberglauben». Die Sinnlosigkeit der gesellschaftlichen Existenz könne nicht dadurch behoben werden, dass sich die Menschen «in einem Überselbst [...] organisieren».[17] Denn das hieße, den Existenzialismus in eine Apologie des Faschismus zu verwandeln.

In ihrem *Denktagebuch*, in dem sie mit ihren Ideen zunächst einmal herumexperimentierte, bevor sie sie öffentlich machte, beschrieb Arendt Heidegger im Jahr 1953 als einen Fuchs, der sich in seinem eigenen philosophischen Bau verfangen hatte.[18] 1946 war ihre Verachtung für seine Unbekümmertheit allerdings noch viel unmittelbarer ausgefallen. In ihren Augen war es nämlich eine verworrene Logik, die Heidegger dazu verleitet hatte, seine Pfoten ausgerechnet in eine Falle zu stecken, die in den 1930er Jahren gut sichtbar und für alle außer den weltfremdesten Tieren des Waldes bestens ausgeschildert war.

Auch sie selbst ging von der Grundannahme aus, dass der Mensch nicht im Zentrum der Dinge stand, kam jedoch zu einem ganz anderen Schluss als Heidegger. Das große kantische Humanitätsprojekt war zwar gescheitert – es war uns nicht mehr möglich, uns in einem übergreifenden Konzept des Menschen und seiner Würde wiederzuerkennen. Doch was uns noch blieb, war die menschliche Pluralität. Der Existenzialismus forderte uns auf, uns aufrichtig mit der Condition humana zu konfrontieren.

★

Wenn es einen Mann gibt, den man wirklich als Hannah Arendts Vaterersatz bezeichnen kann, dann war es Karl Jaspers, bei dem sie in Heidelberg studiert hatte. Diese Stadt war die letzte Station ihrer universitären Ausbildung im Süden Deutschlands und in vielerlei Hinsicht der Ort, an dem sie zu einer eigenständigen Denkerin wurde. Jaspers, ein praktizierender Psychologe, der später Philosoph wurde, hegte eine tiefe und zugleich neugierige Anteilnahme für seine Welt und die Menschen darin, und Arendt liebte ihn dafür. «Lieber Verehrtester», so begann sie ihre Briefe an ihn. Und er antwortete mit «Liebe Hannah!», manchmal auch mit «Liebe Hannah Arendt!», stets darüber erfreut, mit ihr in den Austausch zu treten. Ihre Briefe datieren von ihrer ersten Begegnung bis zu seinem Tod im Jahr 1969. Sie sprachen miteinander einfach über alles. In einem Brief kurz vor ihrem 50. Geburtstag schrieb er ihr, um sie bezüglich ihrer Wechseljahre zu beruhigen: «Die Frau wird mit den Jahren schöner.» Sie entgegnete darauf, dass sie sich mehr Sorgen um die an sie gehegte Erwartung mache, eine «‹Würde›» zu erlangen, «von der ich nun beim besten Willen nicht weiß, wie ich sie mir zulegen soll. Und lächerlich will man doch auch nicht gerne werden» (*AJB* 301 f.).

Die ihnen gemeinsame Lust an den Genüssen und Realitäten des Lebens war es, die Arendt und Jaspers miteinander verband. Er hatte sich während seiner Zeit als Arzt im Krankenhaus intensiv mit den Extremen des menschlichen Geistes beschäftigt. Seine Frau Gertrud war jüdisch, ebenso wie viele seiner Freunde und der ihm am nächsten stehenden Studierenden. Jaspers blieb während der NS-Zeit in Deutschland, überlebte den Terror und trauerte dem Land und der Kultur, die er immer noch liebte, bis zu seinem Tod nach – selbst dann noch, als er für seine letzten Lebensjahrzehnte in die Schweiz gegangen war. Seine Beziehung zu Heidegger, die einst eine freundschaftliche gewesen war, sollte sich nie mehr erholen, nachdem er dessen Verhalten als Verrat sowohl an den ihnen beiden nahestehenden Menschen als auch an der Philosophie selbst gebrandmarkt hatte.

Jaspers war es auch, der Arendt den Weg zurück zum ursprünglichen existenzialistischen Versprechen eines reichhaltigeren und zugleich riskanteren neuen Humanismus bahnte. Er war einer der ersten europäischen Komparatisten philosophischer Weltentwürfe, zusammen mit dem Philosophen und Philologen Ernst Cassirer (bei dem Anne Mendelssohn ihre Doktorarbeit schrieb) und dem Kunsthistoriker Aby Warburg. Jaspers vertrat die Auffassung, dass philosophische Weltsysteme in Wirklichkeit mythologische Strukturen sind, die uns vor den bitteren Tatsachen unserer Existenz abschirmen sollen. Sie sind «Weltanschauungen», die den Menschen überzeugende und bedeutsame Geschichten über sich selbst erzählen und die so lange gut funktionieren, bis sie es nicht mehr tun – wenn es also zum Beispiel zu Kriegen, Faschismen, Totalitarismen und Genoziden kommt, wenn ein ökonomischer Crash oder ein Virus nicht nur das Leben, sondern auch die philosophischen Narrative aus der Bahn wirft. Solche «Extremsituationen» sind es, die uns vor Augen führen, wie prekär die Existenz wirklich ist.

Mit Jaspers hat, so Arendt im Fazit ihres Aufsatzes in der *Partisan Review*, der Existenzialismus seinen verhängnisvollen Egoismus endlich hinter sich zu lassen vermocht. Jaspers nahm die Extremsituationen selbst zu seinem Ausgangspunkt und plädierte für eine neue Art von Philosophie, die gar nichts Spezifisches lehrt, sondern vielmehr «in einem ‹fortwährenden Erschüttern, *Appellieren* an die eigene Lebenskraft und die des anderen›» besteht.[19] Wie seine Zeitgenossen richtete auch er die Philosophie gegen sich selbst, löste ihre Begriffe auf, dekonstruierte ihre falsche Überlegenheit. Doch während andere dabei nichts als verbrannte Erde zurückließen, war es bei ihm der humane Charakter der Philosophie in verbesserter Form – so wie der Turm der Heidelberger Schlossruine, der, wie Mark Twain einmal scherzte, in seinem Verfall viel besser aussah als intakt. Diese fortwährende Umwälzung der Philosophie ist selbst ein Appell an das Leben, und zwar sowohl ans eigene als auch an das Leben anderer Menschen. Für Heidegger sind andere Menschen zwar strukturell notwendig, aber dennoch eine Gefährdung des Selbstseins – weil wir zu lange unter ihrem Blick verharren. Für Jaspers hingegen kann sich die Existenz «nur in dem Zusammen der Menschen in der gemeinsam gegebenen Welt [...] entwickeln».[20] Wir laufen zwar schon über dem Abgrund, aber gemeinsam – solange wir nur Möglichkeiten zur Kommunikation miteinander finden können. Es gibt immer Hoffnung.

Nach 1933 war sich Arendt zwar nicht mehr so sicher, was die Hoffnung anging, hielt aber trotzdem stets an ihrem Glauben an die Möglichkeit der menschlichen Kommunikation fest. Wir denken, sprechen und erzählen miteinander als Freunde, aber auch als Angehörige unterschiedlicher Kulturen, Traditionen und Länder. Kommunikation ist stets schwierig und manchmal auch unmöglich, aber zugleich ist sie auch das, was uns die Menschlichkeit auch noch in den extremsten Situationen im Blick behalten lässt – ja *gerade* in den Extremsituationen mag zu kommunizieren die einzige Chance sein, die uns noch bleibt.

Arendt war nach Heidelberg gegangen, um dort bei Jaspers an ihrer Doktorarbeit zu Augustinus und dessen Schriften zur Liebe, zur Nächstenliebe und zur Gemeinschaft zu arbeiten. Später, vor allem in der *Vita activa*, wandte sie viel Zeit für die Beantwortung der Frage auf, ob und – wenn ja – wie es möglich sein könnte, eine Politik zu schaffen, die auf den Mysterien der menschlichen Gemeinschaft aufbauen könnte: Welche Anteile unseres moralischen und sittlichen Lebens mussten versteckt und privat bleiben, wenn sie nicht von den totalitären Fiktionen des kollektiven Lebens kontaminiert oder korrumpiert werden sollen? Wie könnten wir eine sichere Politik errichten, die auf Extremsituationen reagieren kann, ohne in todbringende Mythen der Schicksalsgemeinschaft zu verfallen? Wie können wir unsere Politik lebendig und menschlich genug halten, um die Möglichkeit für das offenzuhalten, was Arendt als das *Wunder* der menschlichen Freiheit bezeichnet hatte, das ihr erstmals von Kant in Königsberg offenbart worden war?

Als sie in Heidelberg lebte, war die Affäre mit Heidegger mehr oder weniger vorbei. Ihre Briefe wurden seltener, wenn auch vonseiten Heideggers nicht weniger kontrollierend. Kurz darauf fand er heraus, dass sie eine Verbindung mit dem klugen, jungen und sehr modebewussten Benno von Wiese eingegangen war. 1928 schickte er ihr ein kleines Konvolut von Briefen, in denen er um sie warb – während er ihr untersagte, ihm zu antworten, solange er sie nicht ausdrücklich darum bat. Sie hatte ihm ihre Heidelberger Anschrift zwar bewusst verheimlicht, doch ihm gelang es trotzdem, sie herauszufinden.[21] Das Verhältnis mit von Wiese hielt unter diesen Umständen naturgemäß nicht lange an, und im September 1929 heiratete sie Günther Stern, den Sohn der Kinderpsychologiepioniere Clara und William Stern, der zudem ein Cousin Walter Benjamins war. Stern hatte sie erstmals in Marburg getroffen, wo er Postdoc-Student war und bei Heidegger arbeitete. In den 1930er Jahren entjudaisierte er seinen Namen auf hintergründige Weise zu «Anders», um seine journalistische Karriere zu schützen. Stern-Anders war ein witziger, kluger und zutiefst nachdenklicher Mensch. Er blieb, auch wenn ihre Ehe keinen Bestand hatte, ein lebenslanger Freund, der Arendt dabei half, aus Europa zu fliehen, und ihr in ihren ersten Jahren in New York finanzielle Unterstützung zukommen ließ. Im selben Jahr, in dem Arendt ihren Aufsatz in der *Partisan Review* publizierte, veröffentlichte Anders seine eigene Abrechnung mit Heidegger unter dem Titel «Nihilismus und Existenz», in der auch er der Nachkriegsphilosophie vorhielt, sich zu sehr auf den Nihilismus im Ich zu konzentrieren und nicht annähernd genug auf den moralischen, politischen und materiellen Nihilismus des Totalitarismus.[22]

Im September 1930 trafen Arendt und Anders sich in Heidelberg mit Heidegger, wo dieser Karl Jaspers einen Besuch abstattete. Anders nahm im Anschluss zusammen mit seinem alten Lehrer den Zug zurück nach Frankfurt. Als sich die beiden Männer auf dem Bahnsteig begegneten, zog sich Arendt zurück. In einem Moment sah Heidegger direkt durch sie hindurch: «ich stand schon sekundenlang vor Dir, Du hattest mich schon gesehen eigentlich – Du hattest flüchtig aufgeschaut. Und Du erkanntest mich nicht», wie sie ihm noch am selben Tag schrieb. Dies erinnerte sie, wie sie sagte, an ein grausames Spiel, das ihre Mutter einmal mit ihr gespielt hatte und in dem sie so tat, als erkenne sie ihr eigenes Kind nicht. «Und dann als der Zug fast schon fuhr. Und es so war, wie ich es ja auch gleich dachte […]: Ihr beide da oben und ich allein und ganz machtlos dem gegenüber. Es blieb nichts wie immer bei mir, als Geschehenlassen, als Warten, warten, warten» (*AHB* 67 f.). Noch einmal war sie aus der Welt verschwunden.

Nur dass sie natürlich eben nur für Martin Heidegger unsichtbar war. In Wahrheit war Hannah Arendt gerade dabei, die Kunst zu perfektionieren, in ihrem eigenen Denken zu verschwinden, nur um daraufhin wieder in der Welt zu erscheinen – diesmal aber unter ihren eigenen Bedingungen.

★

Die Wände der Alten Universität in Marburg zieren Fotografien und Biografien ihrer angesehenen Absolventinnen und Professorinnen. Hannah Arendt ist dort natürlich ebenfalls vertreten, in einem Gang im Erdgeschoss, der den Blick auf den Innenhof freigibt. Am Tag meines Besuchs dort verlieh ihr das gedämpfte Sonnenlicht des Winters, das sich in den Buntglasfenstern brach, einen Heiligenschein und ein Paar Flügel. Dieses Bild schickte ich ihrem früheren Schüler und heute renommierten Arendt-Forscher Jerome Kohn. Wir wollten uns eigentlich in New York treffen, doch der Anbruch der Corona-Pandemie machte uns einen Strich durch die Rechnung. «Ich habe dieses Bild von Arendt letzten Monat im Gebäude der Alten Universität von Marburg aufgenommen», schrieb ich ihm in einer E-Mail. «Das Licht, das durch die Fenster fiel, hat ihr diese entzückende Anmutung eines Engels der Geschichte gegeben.» Damit spielte ich auf Walter Benjamins berühmte Interpretation von Paul Klees kleinem Gemälde eines Engels mit großem Kopf und aufgeschreckter Haltung an, der in den Hintergrund geweht wird, während sich die Katastrophe der Geschichte zu seinen Füßen anbahnt. Benjamin war im Besitz dieses Gemäldes und hatte darüber in seiner Thesensammlung *Über den Begriff der Geschichte* geschrieben, deren Manuskript er Arendt im Jahr 1940 anvertraut hatte, als die beiden gerade Pläne zur Flucht aus Europa schmiedeten. Als sie 1967 an die Freiburger Universität zurückkehrte und dort die große Halle zu Füßen der gigantischen Prometheus-Skulptur durchquerte, dann deshalb, um über Walter Benjamin und seinen Engel einen Vortrag zu halten. Im Auditorium saß auch Martin Heidegger. «Ja», antwortete mir Jerome Kohn, «der Engel der Geschichte, aber nicht Klees

Engel ist es, der mit völliger Fassungslosigkeit Zeuge wird, wie er zurück in die Zukunft geweht wird und sich die Ruinen vor ihm immer höher auftürmen. HA scheint hingegen darüber nachzudenken, wie man sie wieder *zusammenfügen* könnte.»

3
Denken wie ein Flüchtling

«Vor der abstrakten Nacktheit des Menschseins
hat die Welt keinerlei Ehrfurcht empfunden [...].»

Hannah Arendt,
Elemente und Ursprünge totaler Herrschaft

An der Damascus Road in Beirut liegt hinter einer grauen Betonmauer versteckt ein selten besuchter jüdischer Friedhof. Der Dichter Yousif M. Qasmiyeh hatte mir schon seit Monaten versprochen, mich dorthin zu führen, doch als wir im Frühjahr 2018 tatsächlich da waren, war das Tor verschlossen und auch kaum etwas zu erkennen, sofern man sich nicht rückwärts auf die Fahrbahn der Straße begab – was in Beirut niemand bei klarem Verstand jemals tun würde. Also tippelten wir auf Zehenspitzen hin und her und reckten unsere Hälse, bis wir am Ende wirklich einen Blick auf einen vereinzelten Davidstern erhaschen konnten, der zwischen den alten und kahlen Ästen der Fliederbäume zu sehen war.

Yousif hatte kurz vorher eine Reihe von Gedichten über den Friedhof an seinem Geburtsort geschrieben, dem palästinensischen Flüchtlingslager Baddawi, das sich 80 Kilometer nördlich von Beirut befindet.[1] Es wurde 1955 eingerichtet, acht Jahre nachdem über 700 000 Palästinenser vor dem Krieg aus ihrer Heimat geflohen waren, der 1948 den neuen Staat Israel erschuf. Seit dem Beginn des Bürgerkriegs in Syrien im Jahr 2010 hat das Lager eine neue Generation von Flüchtlingen aufgenommen, und der Friedhof ist mittlerweile überfüllt. Die Geschichte wird nicht immer zusammen mit den Menschen begraben. Manchmal machen die Friedhöfe sie auch sichtbarer. «Geboren 1945 in Haifa [...], gestorben im Juli 2016 in Baddawi [...] Palästinenser aus Syrien», heißt es auf einem der neuen Gräber. Eine lebenslange Flüchtlingsgeschichte wird so auf einen einzigen Stein verdichtet.[2] Haifa war während der britischen Mandatszeit ein wichtiger Rohölhafen. Während des Zweiten Weltkriegs versuchten Boote mit jüdischen Flüchtlingen dort anzulegen, um dann von den Briten wieder aufs Meer hinausgeschleppt oder nach Europa zurückgeschickt zu werden. Zu Beginn des Jahres 1948 lebten etwa gleich viele Araber und Juden in der Stadt. Im Mai desselben Jahres war nicht einmal mehr ein Viertel der arabisch-palästinensischen Bevölkerung noch vor Ort.

Die Grenzen, die wir heute auf den Landkarten Europas, des Nahen Ostens und Asiens vorfinden, sind das Ergebnis von generationenübergreifenden Bevölkerungsbewegungen, von Menschen, die in neue Nationalstaaten hinein- und wieder hinausgedrängt wurden – manchmal durch Krieg, manchmal durch Verträge und politische Vereinbarungen, aber fast immer mit Gewalt. Die Karten geben keine Auskunft über die menschlichen Kosten des im späten 19. und frühen 20. Jahrhundert begonnenen Experiments, aus vermeintlich ethnisch gleichartigen Menschen neue Nationen zu errichten. Die Friedhöfe hingegen geben viel mehr Aufschluss. Im Winter des folgenden Jahres sollte eine heftige Überflutung die Mauer wegspülen, vor der wir an der Damascus Road auf und ab gehüpft waren. Der jüdische Friedhof lag plötzlich offen vor den Augen der Stadt, in der heute so gut wie keine Juden mehr leben. Er existiert zwar schon seit den 1820er Jahren, doch die Gräber, die durch die Erdbewegungen neu freigelegt wurden, gehörten denen, die in den 1940er Jahren dort begraben worden waren.

«Juden sterben in Europa und man verscharrt sie wie Hunde», stellte Hannah Arendt in einem Brief an den Philosophen und Historiker Gershom Scholem vom Oktober 1940 fest. Darin berichtete sie vom Tod ihres gemeinsamen Freundes, des so brillanten und so hoffnungslosen Walter Benjamin («Benji»), der sich gerade im französischen Portbou an der Grenze zu Spanien das Leben genommen hatte, nachdem man ihm gesagt hatte, dass die Papiere, die er sich in Marseille besorgt hatte, zwar noch die richtigen waren, als er abgereist war, dass sich die

Visabestimmungen mittlerweile aber geändert hatten und er nirgendwo mehr hingehen konnte außer zurück über die Berge. Schon länger hatte Benjamin mit dem Gedanken an Selbstmord gespielt. Als er 1939 im Colombes-Stadion am Rande von Paris interniert war, «setzte [er] sofort eine bestimmte Form von Askese ins Werk, rauchte nicht mehr, verschenkte alle seine Schokolade, weigerte sich, sich zu waschen oder zu rasieren oder überhaupt sich zu bewegen» (*ASB* 15). Wie viele Flüchtlinge versuchte auch er, sich selbst zum Verschwinden zu bringen, bevor andere die Gelegenheit erhielten, dies für ihn zu erledigen. Als er und Arendt sich nach der Niederlage Frankreichs in Lourdes wiedertrafen, wo sie ihre Tage mit Schachspielen und Zeitunglesen verbrachten, schien er sich allerdings erholt zu haben. Doch als sie hörten, dass andere jüdische Flüchtlinge anfingen, sich umzubringen, sprach auch er wieder von Selbstmord. Als Hannah Arendt vier Monate nach Benjamins Tod ihre eigene Reise mit dem Zug aus Frankreich antrat, machte sie in Portbou halt, um sein Grab zu besuchen. «Der Friedhof geht auf die kleine Bucht, direkt auf das Mittelmeer, er ist in Terrassen in Stein gehauen; in solche Steinwälle werden auch die Särge geschoben. Es ist bei weitem eine der phantastischsten und schönsten Stellen, die ich je in meinem Leben gesehen.» Doch Benjamin war nicht da. Er war, wie es schien, tatsächlich wie ein Hund verscharrt worden – «nirgends stand sein Name» (*ASB* 19).

Heute steht die Gedenkstätte des israelischen Künstlers Dani Karavan mit dem Titel *Passages – Homage to Walter Benjamin* an der Klippe in Portbou neben diesem Friedhof. Sie sieht aus wie eine kleine Zuflucht oder ein Schutzraum (und man könnte sie übersehen, wenn man nicht nach ihr sucht). Wenn man hineinblickt, lenkt ein Treppengang den Blick hinunter auf das Blau des Mittelmeers und auf dieselbe fantastische Schönheit, die Arendt in ihren Bann zog, als sie dabei war, Europa den Rücken zu kehren. Auf dem Sockel prangt (auf Deutsch) ein Zitat aus Benjamins geschichtsphilosophischen Thesen: «Schwerer ist es, das Gedächtnis der Namenlosen zu ehren als das der Berühmten. Dem Gedächtnis der Namenlosen ist die historische Konstruktion geweiht», heißt es dort. Benjamin hatte seine Thesensammlung im Januar 1940 in Paris verfasst und Arendt eine Abschrift zur Aufbewahrung in Marseille übergeben, während sie beide auf ihre Ausreisepapiere warteten.

Gut möglich also, dass sie dieses Manuskript in ihrem Koffer mit sich führte, als sie ihren Zwischenstopp in Portbou einlegte.

Benjamins Worte sind bedauerlicherweise gut gealtert. Karavans Monument wurde 1994 fertiggestellt, nur ein Jahr bevor das Schengener Abkommen in Europa in Kraft trat. Dank der Freizügigkeit innerhalb der Europäischen Union, die durch Schengen ermöglicht wurde, sind die Bahnsteige des Bahnhofs von Portbou, auf denen sich einst Reisende und Zollbeamte unter dem riesigen Glas- und Eisendach drängten, heute wie leergefegt – abgesehen von ein paar Einheimischen, einigen Wanderern und den Sonnenstrahlen, die dort im Sommer den Staub einfangen. An die Stelle der kleinen Grenzen, die sich früher wie ein Spinnennetz über den Kontinent zogen, ist eine große neue Grenze getreten. Diese Grenze ist teils Meer, teils altmodischer Stacheldraht, teils digital, teils legal, teils kriminell und dient einzig und allein dazu, Menschen aus dem Süden und Osten fernzuhalten. Zwischen 2014 und April 2022 wurden fast 24 000 Migranten im Mittelmeer als vermisst registriert.[3]

Hannah Arendt gehörte nicht zu Benjamins «Namenlosen», sondern zu den wenigen glücklichen «Ausnahmeflüchtlingen», die es geschafft hatten, Europa zu verlassen. Zwischen August und Dezember 1940 reichte das von Marseille aus operierende Emergency Rescue Committee unter der Leitung des legendären Menschenretters, des amerikanischen Journalisten Varian Fry, über 1137 Visumanträge beim US-Außenministerium ein. Nur 238 davon wurden bewilligt.[4] Arendt, die wie Hunderte andere regelmäßige und gefährliche Reisen zum südlichen Hafen unternommen hatte, um Druck zu machen, Formulare auszufüllen und Anträge zu stellen, war gerade gut genug vernetzt, um eine von ihnen zu sein. Ihre Mutter, die nach einer zweiten Ehe erneut verwitwet war, gehörte nicht dazu, so dass Arendt sie zurücklassen musste. Später sollte Martha zu ihrer Tochter nach New York ziehen, wo es ihr allerdings nicht gut ging. Sie starb 1948 auf einem Schiff in Richtung London, wohin viele aus der Familie Cohn-Arendt geflüchtet waren.

Heute hat sich ein sepiafarbener Schleier über Arendts Generation von flüchtenden Schriftstellern und Intellektuellen gelegt. Diese flohen zwar vor dem schändlichsten Moment des europäischen Faschismus, aber ihr Exil wird oft so behandelt, als sei es nur ein weiteres Kapitel in der Geschichte jener Literaten und Kosmopoliten, die die Welt des 20. Jahrhunderts so spannend und glamourös wirken lassen. Zudem wird üblicherweise angenommen, dass es sich hierbei um eine Geschichte handelt, die ausschließlich in Europa und den USA spielt – so als ob sich die brillanten Geister nur über den Atlantik bewegten und sich dort in glanzvollen neuen intellektuellen Konstellationen zusammenfanden, während unten auf der Erde die Massen in panischer Angst ihre Häuser verließen und über Grenzen hinweggezwungen wurden, von denen viele von ihnen nicht einmal wussten, dass es sie gab, bis sie eines Tages mit vorgehaltener Waffe zum Kofferpacken gezwungen wurden. Arendt verkehrte zwar durchaus in Kreisen, in denen die privilegierte Supermobilität des Kosmopoliten oft mit der tragischen Genialität des Exilanten verwechselt wurde. Sie selbst schreckte aber nie vor den Realitäten von Staatenlosigkeit und Migration zurück.

Stattdessen begriff sie aus eigener Erfahrung, dass es nicht einfach ein kriegsbedingter Unfall oder eine Naturkatastrophe war, die Menschen zu Flüchtlingen werden lassen, sondern dass dies strukturell in der Art und Weise begründet lag, wie die moderne Welt organisiert war. In ihren *Elementen und Ursprüngen totaler Herrschaft*, für das sie während ihrer Jahre auf der Flucht zu recherchieren begann, zeigt sie, wie die lange Geschichte, die die Massenvertreibung zu einer ganz normalen Erscheinung machte, mit Rassismus, Imperialismus und der anscheinend unersättlichen Ausbreitung des globalen Kapitalismus begonnen hat. Wie in der Gegenwart wurde auch die migrationsfeindliche Politik ihrer Zeit bereits von populistischen und nationalistischen Bewegungen in den Metropolen des globalen Nordens und Westens getragen, ebenso wie von der Bereitschaft politischer Opportunisten, sich über das Recht und über internationale Normen hinwegzusetzen. Zudem hegte sie wenig Vertrauen in die humanitären und menschenrechtlichen Regelungen der Nachkriegszeit. Es geht nicht nur darum, dass Flüchtlinge besonders vulnerable Menschen sind, die auf Aufnahmebereitschaft angewiesen sind. Wir müssen uns nicht einfach nur mehr kümmern. Hannah Arendt vertrat vielmehr eine härtere Wahrheit: Die Anonymität und Verletzlichkeit ortloser Menschen ist auch, zumindest potenziell, jedermanns Problem, weil sie die Schwachstelle im Herzen eines Systems offenbart, das sich allein auf die Zuverlässigkeit von Nationalstaaten – und den guten Willen der Menschen – stützt.

Exilanten galten einmal als die Glamour Boys – seltener auch als die Glamour Girls – aus Mythos und Geschichte: die Verbannten und die Genialen, die Traurigen und die Interessanten. Im Gegensatz dazu stellte Arendts Generation fest, dass alles, was es brauchte, um ein Flüchtling zu werden, darin bestand, in die falsche *race*, Religion, Klasse, den falschen Ort oder die falsche Zeit hineingeboren zu sein. «Überall erregt das Wort Flüchtling, das einst einen fast Ehrfurcht gebietenden Klang hatte, die Vorstellung von etwas zugleich Verdächtigem und Unglückseligem», schrieb sie 1944 in einem Artikel namens «Gäste aus dem Niemandsland».[5] Und später fügte sie in den *Elementen und Ursprüngen totaler Herrschaft* noch hinzu: «Daß die Chancen, zu überleben, sich für den berühmten Flüchtling unendlich verbessern, hat die Geschichte der letzten dreißig Jahre in zahllosen Fällen bewiesen; schließlich hat ein Hund mit Halsband und Namen eine bessere Chance als ein Straßenhund, der nichts ist als ein Hund überhaupt» (*TH* 597).

In ihren Überlegungen dazu, wie Europa an einen Punkt gelangen konnte, an dem das Verscharren von Flüchtlingen wie Hunden zu einer unbeachteten Selbstverständlichkeit geworden war, benutzte Arendt den Begriff des «Bumerangeffekts», um zu beschreiben, wie die besondere Art der administrativen und rassistischen Entmenschlichung des Imperialismus in den 1930er und 1940er Jahren wieder nach Europa zurückgekehrt war (*TH* 275). Sie war eine der ersten, ja sogar eine der wenigen europäischen Intellektuellen, die begriffen, dass die organisierte Barbarei des modernen Totalitarismus keine Anomalie war, die nur Nazideutschland oder den sowjetischen Bolschewismus betraf, sondern mit einer längeren imperialen und kolonialen Geschichte des Tretens und Vergrabens von «Hunden» zusammenhing. Die «Leichenfabriken» der Schoa waren mit nichts anderem vergleichbar, was jemals auf dem europäischen Kontinent geschehen war; das Unmögliche war möglich gemacht und eine Grenze für immer überschritten worden. Doch die Bedingungen, die in Europa zu einem Völkermord von industriellem Ausmaß führten, waren auch von anderswo her bekannt. Antikoloniale Denker aus der zweiten Hälfte des 20. Jahrhunderts wie Frantz Fanon,

Aimé Césaire oder der 2020 verstorbene Albert Memmi wiesen zudem darauf hin, dass die Vertreibung von Menschen von ihrem Land und aus ihrer Heimat, ihre Abschiebung in Lager und in die Sklavenarbeit sowie die Verwandlung von Leben in Waren und von Kriegen in Methoden zur ethnischen Säuberung in ihrer kaltblütigen Exekution weder etwas Neues noch in ihrer Grausamkeit etwas Beispielloses waren.

Nur wenige konnten im 20. Jahrhundert ahnen, dass das Zeitalter des Flüchtlings das des totalen Kriegs und des Völkermords überdauern würde. Die Bumerangs haben sich immer weitergedreht, und ihre Flugbahnen haben dem Elend, der Einsamkeit und der Anonymität neue Formen gegeben, während sie über die Erde sausten. Die Probleme, die Hannah Arendt im Hinblick auf Menschenrechte, nationale Selbstbestimmung und die Schwäche humanitärer Lösungen ausgemacht hat, bestehen fort – ebenso wie die unverhohlene Grausamkeit des Rassismus wieder da ist, von der viele gehofft hatten, dass das Menschenrechtsregime der Nachkriegszeit sie zumindest abmildern würde.

⋆

In den *Elementen und Ursprüngen totaler Herrschaft* schreibt Arendt von «Höhlen des Vergessens» (*TH* 900). Dies waren die Konzentrationslager und Ghettos, die Internierungslager ebenso wie die nicht gekennzeichneten Gräber, deren Ziel es war, diejenigen unsichtbar zu machen, die in ihnen untergebracht waren. Wie George Orwells «Gedächtnislöcher» in seinem Roman *1984*, in denen alle Bücher, Dokumente und Archivalien verbrannt wurden, die der Parteilinie widersprachen, sollten mit den «Höhlen des Vergessens» ganze Bereiche der Realität, der Geschichte und der Humanität vollständig aus dem Bewusstsein der Menschen getilgt werden. Dies waren keine Metaphern: Orwell und Arendt wollten der Welt begreiflich machen, dass sich etwas Neues und Ungeheuerliches ereignet hatte. Schon immer hatten die Menschen versucht, die Realität nach ihrem Willen zurechtzubiegen, doch jetzt versuchten sie, sie ganz und gar auszulöschen. Das Ziel war, die menschliche Erfahrung der Welt selbst überflüssig zu machen.

Die ultimativen Höhlen des Vergessens waren die Vernichtungslager der Nazis, die das jüdische Volk für immer dem Vergessen anheimstellen sollten. Der existenzielle, moralische und historische Schrecken dieser Tatsache bildete denn auch den Hintergrund für alles, was Hannah Arendt im Anschluss an den Krieg geschrieben hat. Trotzdem räumte sie ein, dass es anfangs noch andere Wege gab, Menschen zum Verschwinden zu bringen, als sie zu töten. Die «verhältnismäßig milden Formen des vernachlässigenden Aus-dem-Wege-Räumens», die in Arbeits- und Internierungslagern praktiziert wurden, drohten «auch in nichttotalitären Staaten» mit Blick auf «unerwünschte Elemente aller Arten – Flüchtlinge, Staatenlose, Asoziale, Arbeitslose – […] in Mode zu kommen» (*TH* 918).

Das Nazi-Vorhaben «Höhlen des Vergessens» wies allerdings einen entscheidenden und wertvollen Makel auf: Die Höhlen wurden von Menschen ausgehoben, aber «nichts Menschliches ist so vollkommen […]. Einer wird immer bleiben, um die Geschichte zu erzählen», schrieb sie in ihrem Buch *Eichmann in Jerusalem* (*EJ* 346). Zuvor hatte sie der Aussage von Zindel Grynszpan beigewohnt, der im Oktober 1938 zusammen mit 12 000 anderen über die Grenze des Deutschen Reichs nach Polen geprügelt wurde, in der ersten Phase der Massendeportationen, die die Nazis euphemistisch als jüdische «Auswanderung» bezeichneten (Eichmann war drei Monate zuvor zum Oberleutnant befördert und in die «Zentralstelle für jüdische Auswanderung» in Wien berufen worden). «Juden raus nach Palästina!», brüllte der Mob, als die Juden durch ihre Geburtsstadt Hannover zu einem wartenden Zug getrieben wurden. «Lauf schnell, Vater, sonst mußt du sterben!», rief Zindels ältester Sohn, als sie über die Grenze getrieben wurden, die deutschen Gewehre auf ihre Rücken gerichtet (*EJ* 342). Wie Arendt in Jerusalem erkannte, besteht der einfachste Weg, die Höhlen des Vergessens aufzubrechen, darin, über sie zu sprechen.

Damals wusste sie es noch nicht, aber in den frühen 1930er Jahren arbeitete sie bereits an der ersten von vielen Missionen, die jüdische Geschichte vor dem Vergessen zu bewahren. Sie und Günther Stern-Anders waren 1931 aus dem Süden zurückgekehrt und hatten sich in Berlin niedergelassen. Nachdem sie Heidegger endlich abgeschüttelt hatte, beschloss Arendt, sich von der Philosophie abzuwenden, vertiefte sich in die Lektüre der deutschen Romantik und begann mit der Arbeit an ihrer zweiten großen Untersuchung, ihrer *Habilitationsschrift* (die erste war ihre Dissertation über Augustinus), einer kritischen Biografie Rahel Varnhagens, der jüdischen Salondame des 18. und frühen 19. Jahrhunderts. Diese frühe Studie, die erst in den 1950er Jahren in Buchform veröffentlicht wurde, sollte eine ihrer persönlichsten Schriften werden.

Varnhagen ist heute vor allem als die intelligente und ergebene Bewunderin bekannt, die den Kult um den romantischen Schriftsteller Johann Wolfgang von Goethe begründet hat. In Romanen wie der Jugendtragödie *Die Leiden des jungen Werthers* (1774) und der eher präskriptiven Vorbereitung auf das bürgerliche Leben, *Wilhelm Meisters Lehrjahre* (1795 / 96), erfand Goethe Figuren, deren Leben real und gehaltvoll genug war, um darauf hinweisen zu können, dass es eine soziale Welt voller verallgemeinerbarer Menschlichkeit gab, der jeder angehören konnte – zumindest in der Fiktion. Goethe zeigte, so Arendt, «die Prosa unsers infamen, kleinen Lebens» auf, die Fiktionen, mit denen wir leben und lieben können.[6] Varnhagen, die kluge und komplizierte Tochter eines jüdischen Kaufmanns, wollte unbedingt an Goethes prosaische Existenz teilhaben. Sie gestaltete ihr Leben rund um Liebesaffären und intensive Freundschaften herum, von denen sie in Aberhunderten von Briefen berichtete. Sie führte einen Salon und füllte ihre winzige Berliner Wohnung in der Jägerstraße mit Schriftstellern, Politikern, Aristokraten und der Prominenz der deutschen romantischen Kultur. Mehr als alles andere jedoch wollte Varnhagen das Leben in einer Gesellschaft von Gleichen in vollen Zügen genießen, so wie sie in Goethes Romanen so verlockend dargestellt wird. Sie wollte dazugehören.

Allerdings gab es da ein Problem: Am Ende wollte jene aufgeklärte Gesellschaft der sogenannten Gleichheit und Rechte sie nicht. Aufgrund der «von außen bestimmten Unmöglichkeit», «dem Judenhaß ihrer Umgebung», war sie nicht in der Lage, «als Jude ein normaler Mensch zu werden».[7] Varnhagen wirkte deshalb darauf hin, diese «Unmöglichkeit» zu umgehen: Sie änderte ihren Namen, heiratete einen Nichtjuden und ließ sich taufen. Aber sie war nie nur ein Parvenü, weshalb die junge Hannah Arendt auch so fasziniert von ihr war. Varnhagens Mut, ihr unbeugsamer Wille, als gleichberechtigtes Individuum in der Welt zu existieren, ihre originelle Klugheit, all dies gab es nicht obwohl, sondern *gerade weil* sie eine Außenseiterin, ein Paria und eine Jüdin war.

Rahel Varnhagen konnte nicht anders, als die zu sein, die sie war, und das verschaffte ihr letztlich einen ungewöhnlichen, aber entscheidenden Vorteil. Sie verstand nämlich, wie die Welt aussah und wo genau sie sich in ihr befand, weil sie gar keine andere Wahl hatte, als dies zu tun. «Rahel kennt keine Heimat in der Welt, in die sie sich vor dem Schicksal zurückziehen könnte; sie hat ihm nichts entgegenzusetzen. Ihr bleibt nichts übrig, als die ‹Wahrheit zu sagen›.»[8] Die Wahrheit sagen ist das, was man tut, wenn man nichts anderes hat. Doch «was hilft es ihr, daß keiner so gut über das Wetter Bescheid weiß, daß keiner so deutlich zeigt, was Wetter ist als der, welcher zufällig keinen Schirm hat und ganz naß wird?»[9]

Varnhagen hatte die Forderung nach universellen Menschenrechten aus dem 18. Jahrhundert aufgegriffen und ihre Hoffnung auf eine bessere und gerechtere Gesellschaft gesetzt. Mit ihrer aufrichtigen und in gutem Glauben unternommenen Anstrengung hatte sie jedoch die Schwachstellen des größten humanistischen politischen Projekts in Europa aufgedeckt. In Wirklichkeit blieb sie nämlich schlicht eine Ausgestoßene. Der Vorteil war, dass sie nun die europäische Kultur immerhin als das sehen konnte, was sie war.

Den gleichen Paria-Standpunkt entdeckte Arendt in den Schriften von Franz Kafka, dessen Werk sie in Berlin durch Walter Benjamin, Günther Stern-Anders' Cousin, kennenlernte, der als einer der Ersten das Genie Kafkas erkannte. Mitte der 1940er Jahre, als sie gerade in New York angekommen war, bestand eine ihrer ersten Tätigkeiten darin, für den Verlag Schocken Books zu arbeiten, wo sie mit der Herausgabe von Kafkas Tagebüchern betraut wurde. In dieser Zeit schrieb sie zwei Essays über sein Werk (teilweise als Hommage an Benjamin), in denen sie aufzeigte, dass das, was anderen Lesern surreal erscheinen mochte, in Wirklichkeit eine Beschreibung der jüdischen Lebensrealität im Europa des 20. Jahrhunderts war. In Kafkas *Schloss*, so schreibt sie, taucht die Figur «K.» in einem Dorf auf, von dem sie fälschlicherweise annimmt, dass man sie zum Arbeiten dorthin beordert hat. K.s darauffolgendes albtraumhaftes Abenteuer in der labyrinthischen und sinnlosen Bürokratie des Schlosses und seine Frustration mit den naiven und abergläubischen Dorfbewohnern offenbaren das Schicksal nicht nur der Juden, sondern auch von Migranten, Flüchtlingen und Fremden überall. «Sie sind nicht aus dem Schloß, Sie sind nicht aus dem Dorfe, Sie sind nichts», schreit die Wirtin K. an einer Stelle des Buchs an. «Leider aber sind Sie doch etwas, ein Fremder, einer, der überzählig und überall im Weg ist, einer, wegen dessen man immerfort Scherereien hat [...].»

Das wirklich Bedeutsame an K. ist Arendt zufolge nun aber der Umstand, dass er weder ein Held noch ein Pionier ist, sondern ein gewöhnlicher Mensch guten Willens, der an einem neuen Ort ankommt und lediglich darum bittet, dass seine Menschenrechte geachtet würden. Indem er seinen Roman mit dieser stillen Bitte um Menschenwürde beginnt, zeigte uns Kafka in ihren Augen, wie leer die Rede von den Menschenrechten eigentlich war. Für Hannah Arendt bestand der springende Punkt dieser Geschichte darin, dass man nie aufhören dürfe, Menschenrechte einzufordern, auch wenn der Beweis für ihre Anwendbarkeit auf einen selbst eklatant abwesend sei. Die bloße Forderung selbst ist, wie sie feststellte, schon das Privileg – und vielleicht auch das einzige Privileg – der Fremden und Ausgestoßenen, denen ihre Menschenwürde regelmäßig vorenthalten werde.

Das Nachdenken über andere Autoren war für Arendt gleichzeitig eine Übung der Einbildungskraft, ein Akt der Solidarität oder Freundschaft und ein Sprungbrett für Kritik, Verständnis und, wenn nötig, Dissens. Sie hatte ein seltenes Talent für literarische Biografien und sollte später regelmäßig Charakterporträts ihrer Zeitgenossen und Freunde sowie historischer Persönlichkeiten schreiben. Viele davon fasste sie letztlich in dem erstmals 1968 erschienenen Band *Menschen in finsteren Zeiten* zusammen. Die Bandbreite ihrer Gegenstände war dabei groß. So schrieb sie über Bertolt Brecht, Walter Benjamin, Rosa Luxemburg, Karl Jaspers, Hermann Broch und über den dänischen Schriftsteller Isak Dinesen (alias Karen Blixen), aber auch über Papst Johannes XXIII. und, in den *Elementen und Ursprüngen*, mit Witz und Scharfsinn über den britischen Premierminister und Romancier Benjamin Disraeli sowie über den englischen Kolonialabenteurer Lawrence von Arabien, die beide im 19. Jahrhundert gelebt hatten.

Die Fähigkeit, sich in andere hineinzuversetzen, war für sie zwar eine lebenslange ethische, intellektuelle und politische Verpflichtung, doch dieses frühe biografische Experiment war anders. Arendt wollte *exakt* so wie Rahel Varnhagen denken, ihr Denken und ihre Erfahrungen so genau wie möglich nachempfinden, um ihr eigenes emotionales, intellektuelles und zu jener Zeit oft verwirrendes Leben besser zu verstehen. Ein großer Teil des letzteren Buchs besteht aus direkten Versatzstücken von Zitaten aus Varnhagens eigenen Schriften, als ob Arendt bereits geahnt hätte, dass die Dokumente, aus denen sie zitiert, ebenfalls verschwinden würden, wie es im Zuge der Plünderung jüdischer Archive durch die Nazis denn auch wirklich bald geschehen sollte (viele von Varnhagens Papieren gingen dabei für immer verloren).

Einen großen Teil des Manuskripts stellte sie noch in Berlin zusammen. Die letzten beiden Kapitel, die zugleich die am unumwundensten polemischen sind, stellte sie hingegen in ihrem Pariser Exil fertig, als bereits offensichtlich war, wie sehr die Juden Europas zu leiden haben würden. Das letzte Kapitel ihres Buchs nannte sie «Aus dem Judentum kommt man nicht heraus». Liest man es heute, so ist oft schwer zu sagen, wo Varnhagens Stimme aufhört und die Arendts einsetzt. Denn als sie über Rahel Varnhagen im 19. Jahrhundert schrieb, schrieb sie auch über sich selbst in den 30er Jahren des 20. Jahrhunderts.

Weil sie leidenschaftlich, engagiert und neugierig war, akzeptierte Varnhagen schließlich die Lebenswirklichkeit einer jüdischen Frau im frühen 19. Jahrhundert. Hannah Arendt half das Schreiben über Varnhagens Leben Mitte des 20. Jahrhunderts dabei, das Gleiche zu tun. Eine leidenschaftliche Liebesaffäre, die Ersatzheirat mit einem Freund, viel intensive Lektüre, nervöses Träumen und ernsthaftes Infragestellen hatten Arendt in ihren Zwanzigern in Berlin auf sich selbst zurückgeworfen. Doch erwies sich genau dies als die Lage, in der sie sich befinden musste, um das Folgende zu erfassen und überleben zu können. Tatsache war, dass eine Jüdin nicht aufhören konnte, Jüdin zu sein – nicht in einer antisemitischen Gesellschaft, die von einer immer brutaleren rassistischen Ideologie beherrscht wurde. «Jüdin, Jüdin!», hatten die Jungen auf der Königsberger Brücke ihr hinterhergerufen. «Hier bin ich!», antwortete sie nun, 15 Jahre später, mit dem Geist von Rahel Varnhagen an ihrer Seite.

Das Manuskript wurde erst 1958 veröffentlicht. Als es ein Jahr später

Rahel Levin Varnhagen, Zeichnung von Wilhelm Hensel, 1822 (links)
Hannah Arendt, Passfoto, 1933 (rechts)

in Deutschland publiziert wurde, kürzten die Lektoren des Piper Verlags den englischsprachigen Untertitel «Die Lebensgeschichte einer deutschen Jüdin aus der Zeit der Romantik» zu «Eine Lebensgeschichte». Arendt protestierte heftig dagegen.[10] Rahel Varnhagens Jüdischsein sollte nie wieder in ein Erinnerungs- oder Vergessensloch fallen.

⋆

Nach der Wahl Adolf Hitlers im Jahr 1933 setzten in Berlin die massiven Konsequenzen ein. Sein Judentum, seine rote Politik und seine noch röteren Freunde wie der Dramatiker Bertolt Brecht trieben Günther Stern-Anders dazu, im Februar nach der Reichstagsbrandverordnung die Stadt zu verlassen. Willkürliche Festnahmen und Inhaftierungen, das Verbot politischer Organisationen und die Zensur folgten auf dem Fuße, als sich der deutsche Staat über Nacht in einen Polizeistaat verwandelte. «Was dann losging», so erinnerte sich Arendt an die ersten Tage des Terrors nach dem Reichstagsbrand, «war ungeheuerlich [und] für mich ein unmittelbarer Schock, und von dem Moment an habe ich mich verantwortlich gefühlt. Das heißt, ich war nicht mehr der Meinung, daß man jetzt einfach zusehen kann.»[11] Die existenzielle Grundlosigkeit, von der sie bei Heidegger in Marburg erfahren hatte, war zu einer grotesken historischen Realität geworden. Nun gähnte unter ihr und ihren Freunden tatsächlich nichts anderes als ein Abgrund, und es war nicht mehr nur existenzieller, sondern auch politischer Mut gefragt.

Arendt verbrachte nur noch ein paar Monate in Berlin und half anderen heimlich beim Verlassen der Stadt. An der Wende zum 19. Jahrhundert wimmelte es in Rahel Varnhagens kleiner Wohnung nur so von Menschen, die verzweifelt versuchten, in der Gesellschaft gesehen zu werden. Im Frühjahr 1933 war Hannah Arendts kleine Wohnung in der Opitzstraße ein sicherer Ort für Juden, Linke und Antifaschisten, die verzweifelt versuchten, *nicht* gesehen zu werden. In jenen Tagen rief sie sich die Lektion wieder ins Gedächtnis, die sie von Varnhagen gelernt hatte: «Ich gelangte zu einer Erkenntnis, die ich damals immer wieder in einem Satz ausgedrückt habe, darauf besinne ich mich: ‹Wenn man als Jude angegriffen ist, muß man sich als Jude verteidigen.› Nicht als Deutscher oder als Bürger der Welt oder der Menschenrechte oder so. Sondern: Was kann ich ganz konkret als Jude machen?»[12] Die Gelehrte und Denkerin wurde zur Aktivistin.

Angesichts ihres späteren Eintretens für die Relevanz politischer Sichtbarkeit liegt eine gewisse Ironie in der Tatsache, dass Hannah Arendts erster Aktivismus im Verborgenen stattfand. Kurt Blumenfeld, der Vorsitzende des Zionistischen Vereinigung für Deutschland, nahm ihre Hilfe bei der Zusammenstellung eines Dossiers über antisemitische Aussagen in Anspruch, die nicht von den bekannten NS-Ideologen stammten, sondern auch von Berufsverbänden, staatlichen Organisationen, Vereinen, Zeitschriften, Wohlfahrtsverbänden und so weiter vorgebracht wurden. Das Ziel war es, diese Dokumente auf dem 18. Zionistenkongress in Prag im Spätsommer des Jahres 1933 vorzulegen. Die staatlichen Archive brachten ans Licht, was die Zeitungen nicht berichteten: dass der Antisemitismus, lange Zeit der Fluch Europas, sich zu einer allgemein verbreiteten und zielgerichteten politischen Bewegung verfestigt hatte. Blumenfeld war schon in Königsberg ein Freund ihrer Familie gewesen, und erneut begegneten sie sich, als Arendt und Hans Jonas ihn 1926 einluden, vor Studierenden in Heidelberg über den Zionismus zu sprechen. Seine Argumente für die jüdische Nationalbewegung überzeugten sie zwar nie, aber stets empfand sie Sympathie für diesen gutaussehenden und belesenen Blumenfeld, mit dem sie noch spät in der Nacht über ihre improvisierten Gedicht- und Gesangswettbewerbe lachen konnte. So wie die anderen Männer, die Hannah Arendt im Laufe der Jahre nahestanden, nahm auch er sie von der ersten Begegnung an ernst. Kurz vor seinem Tod jedoch brach ihre Verbindung aufgrund der Kontroverse ab, die auf die Veröffentlichung von *Eichmann in Jerusalem* folgte. Blumenfeld war nämlich zu Ohren gekommen, dass ihr Buch das Wirken der Judenräte während des Holocausts angeblich falsch dargestellt habe. Sie war am Boden zerstört und zornig darüber, dass ausgerechnet der Mann, der ihr als Erster beigebracht hatte, wie Fehlinformation funktioniert, auf seinem Sterbebett so derart falsch informiert worden war.

Blumenfeld brauchte jemanden, der sich gut in der Archivarbeit auskannte. Zudem musste diese Person eine weiße Weste haben, denn wenn man sie erwischte, würde man die Vereinigung beschuldigen, Falschnachrichten zu fabrizieren. Arendts Verhältnis zum Zionismus war zwar kompliziert und kritisch, aber sie billigte es voll und ganz, den Juden Europas 1933 die politischen Grundwahrheiten mitzuteilen, und unterstützte öffentlich die zionistische Sache, von der sie glaubte, dass sie im Gegensatz zu anderen politischen Bewegungen zu jener Zeit zumindest Hitler richtig einschätzte. Sie fing also an, in den Archiven der Preußischen Staatsbibliothek zu arbeiten, und verbrachte mehrere Wochen damit, mit großer Sorgfalt eine «schöne Sammlung» von Materialien zusammenzutragen.[13]

Dann wurde sie beim Überqueren des Alexanderplatzes verhaftet, als sie auf dem Weg zum Mittagessen mit ihrer Mutter war, die ebenfalls in Gewahrsam genommen wurde. Bei der Durchsuchung ihrer Wohnung wurden akademische Aufzeichnungen und einige Seiten auf Griechisch gefunden, für deren Identifikation – *als* in griechischer Sprache verfasst – die Polizei mehrere Stunden benötigte. Die Befragung von Martha Arendt ergab nichts, weil sie nichts wusste. Arendts Verhör, das sich über acht Tage hinzog, hatte hingegen eine Reihe von gut abgewogenen sowie äußerst überzeugend und charmant vorgetragenen Lügen zum Resultat.

Als ich noch als Studentin vor über 30 Jahren zum ersten Mal von diesem Vorfall in der Biografie von Elisabeth Young-Bruehl las, fragte ich mich, warum es überhaupt noch nötig war, in den Archiven nach handfesten Beweisen für einen programmatischen Antisemitismus zu suchen, von dem ich fälschlicherweise annahm, dass er für die meisten jüdischen Menschen in Europa in den 1930er Jahren offensichtlich gewesen sein musste. Damals hatte ich selbst noch nicht die Erfahrung gemacht, wie sehr es einem den Kopf verdreht, in einem politischen Zeitalter zu leben, in dem den Tatsachen so schwer beizukommen ist. 1933 hatten viele Menschen, darunter auch Juden, echte Schwierigkeiten, jene Gefahren zu erkennen, die Arendt und andere klar vor Augen hatten. Das «Dritte Reich» achtete sorgfältig darauf, seine blanke Grausamkeit zu verschleiern – es sei denn, sie diente dazu, seine Opfer noch weiter zu terrorisieren. So putzte Eichmann 1943 das sogenannte Ghetto Theresienstadt (Terezín) in Nordböhmen für eine Inspektion des Internationalen Roten Kreuzes als eine Art Musterghetto heraus. In New York spekulierte die deutsch-jüdische Wochenzeitung *Aufbau*, dass dieses «Musterghetto» später als Alibi genutzt werden könnte. Hannah Arendt schrieb daraufhin einen Brief an diese Zeitung, in dem sie darauf hinwies, dass selbst diese Interpretation der nationalsozialistischen Lügen noch am tatsächlichen Geschehen vorbeigehe. Theresienstadt sei kein Vorbild, sondern eine bewusst erzeugte, ablenkende Täuschung. Tatsache sei, dass die Juden massenhaft ermordet wurden. Vielleicht war dies das erste Mal, dass sie von Eichmann las. Schon jetzt zweifelte sie jedenfalls nicht mehr an dessen Fähigkeiten zur mörderischen Verschleierung.[14] Mehr als viele andere war Hannah Arendt immer bereit, vom Schlimmsten auszugehen.

Es gab noch ein weiteres rätselhaftes Problem im Zusammenhang mit dem Aufstieg der nationalsozialistischen Ideologie zu dieser Zeit, das sie in den kommenden Jahren beschäftigen sollte. Wie konnte die politische Lüge so gut funktionieren? An welchem Punkt begann die Fabrikation von Bildern, Einfluss auf die Wirklichkeit zu nehmen? Die Nazis waren nicht nur geschickt darin, hasserfüllte Fiktionen zu ersinnen. Sie verwandelten ihre Lügen auch in Fakten. In den *Elementen und Ursprüngen* nannte sie dies «den schlagenden Erfolg» der Unfehlbarkeitsbehauptung – den Trick, allmächtig zu erscheinen, indem man eine

Zukunft prophezeit, die man dann selbst Wirklichkeit werden lässt. Hitler wollte die Welt glauben machen, dass das jüdische Volk eine globale Bedrohung darstelle. Daher schob er sie in den ersten Phasen der später so genannten «Endlösung» zunächst über seine Grenzen ab, um sie zu einem «Flüchtlingsproblem» und einer «Migrationskrise» auch für andere werden zu lassen. Und dies sollte nicht das letzte Mal gewesen sein, dass zynische politische Akteure Flüchtlinge auf diese Weise als Propaganda einsetzen, auch wenn die damit verbundenen Absichten zumindest bis jetzt nie wieder derart monströs gewesen sind.

Arendt hatte das Glück, von einem Gestapo-Beamten verhaftet worden zu sein, der noch nicht in der Kunst bewandert war, bei jeder Begegnung mit einem jüdischen Menschen sofort eine Verschwörung zu wittern. Er kaufte ihr Zigaretten und guten Kaffee. Sie blies ihren Rauch aus, gerade nah genug an seinem Gesicht, dass er eine Verbindung zwischen ihnen spürte, während er überlegte, was er tun sollte. «‹Ich habe Sie hier hereingebracht. Ich kriege Sie auch wieder raus›», sagte er ihr, und das gelang ihm auch irgendwie.[15] Arendt verließ Deutschland mit ihrer Mutter und folgte der immer stärker frequentierten Route der «Grünen Front» durch die Wälder des Erzgebirges. Ihre letzte Nacht in Berlin verbrachten sie damit, den Inhalt eines Weinkellers zu konsumieren, der von einem anderen jüdischen Flüchtling zurückgelassen worden war. Es war, so erinnerte sich Anne Mendelssohn später, «die größte Sauforgie unseres Lebens». «Bis jetzt jedenfalls», hätte Hannah Arendt hinzusetzen können, die ihr ganzes Leben lang nie die Lust daran verlor, sich mit engen Freunden heftig zu betrinken.[16] An der deutschen Grenze schlüpften sie durch die Vordertür eines sicheren Hauses, um zu Mittag zu essen. Am Abend verließen sie es durch die Hintertür, die schon in der Tschechoslowakei lag. Franz Kafka hätte die Geschichte von Hannah Arendts finaler Flucht aus Deutschland nicht treffender erzählen können.

★

Im Januar 1961, als sie sich gerade auf ihren Besuch des Eichmann-Prozesses in Jerusalem vorbereitete, schickte Arendts enger Freund, der amerikanische Dichter Robert Lowell, ihr ein neues Gedicht namens

«Pigeons (for Hannah Arendt)», das Bestandteil einer Reihe von losen Übertragungen von Rainer Maria Rilke war, den sie in den 1930er Jahren in Berlin für sich entdeckt hatte. «Ich hoffe, Sie erlauben mir, es Ihnen aus Dankbarkeit zu widmen», schrieb er, «und ich frage mich, ob es nicht (unter uns) eines meiner besten Gedichte ist?»[17]

> The same old flights, the same old homecomings,
> dozens of each per day,
> but at least the pigeon gets st heof the pigeon house …
> What is home, but a feeling of homesicst heor the flight's lost moment
> of fluttering terror?

Tauben fliegen und Tauben kehren wieder heim. Doch in Lowells Gedicht ist es der Augenblick des Flugs selbst, der die Bedeutung sowohl des Zuhauses als auch der Freiheit offenbart. Das Verlassen des Taubenschlags ist sein eigener «Moment», den es zu begreifen – und zu verlieren – gilt.

Arendt liebte Rilke dafür, wie er die grundlegende Unbehaustheit der modernen Zeit zum Ausdruck brachte.[18] Ein Augenblick auf einem Berg, ein anderer mit einer Rose, ein Gespräch mit einem Engel, der Moment, in dem eine Taube zum Flug ansetzt – die Bilder seiner Gedichte sind Punkte des Widerstands und des Trosts in einer Welt, die sich zu schnell und zu unbarmherzig bewegt. Wie Friedrich Nietzsche lehnte auch Rilke die Vorstellung ab, dass die Geschichte unweigerlich eine Geschichte des Fortschritts und der Entwicklung sei, und genauso tat es Hannah Arendt auch (die von 1933 bis 1941 ständig auf gepackten Koffern saß).

Ihr Musterbeispiel für einen Historiker war vielmehr Homer – der Erste, der, wie sie später sagte, die Ereignisse aus verschiedenen Perspektiven betrachtete. Die Geschichte begann daher «mit der Entstehung des homerischen Epos», in dem der Dichter beschloss, «die Taten der Trojaner nicht weniger [zu besingen] als die der Achäer, die für Hektor zeugen wie für Achill».[19] Damit zog sich der Dichter selbst aus dem Verhältnis der kriegführenden Parteien heraus und erzählte die Geschichte der Trojanischen Kriege wie von oben betrachtet, gewissermaßen aus der Vogelperspektive. Wie die französische Philosophin und Mystikerin Simone Weil, die ebenfalls exiliert war, in den 1940er Jahren bemerkte,

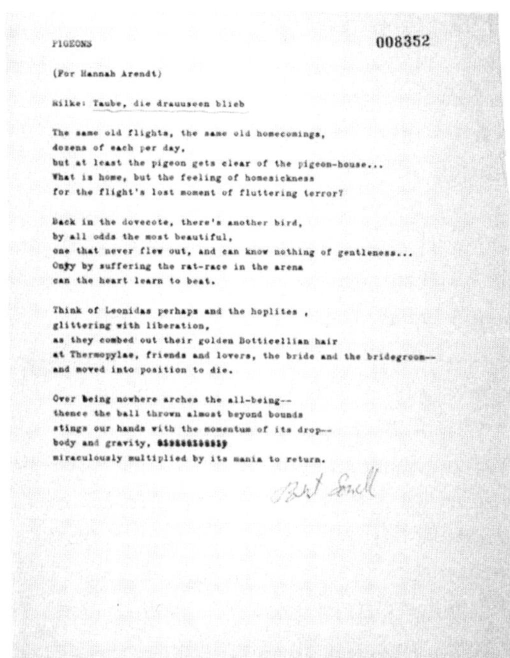

PIGEONS 008352

(For Hannah Arendt)

Rilke: Taube, die drauuseen blieb

The same old flights, the same old homecomings,
dozens of each per day,
but at least the pigeon gets clear of the pigeon-house...
What is home, but the feeling of homesickness
for the flight's lost moment of fluttering terror?

Back in the dovecote, there's another bird,
by all odds the most beautiful,
one that never flew out, and can know nothing of gentleness...
Only by suffering the rat-race in the arena
can the heart learn to beat.

Think of Leonidas perhaps and the hoplites ,
glittering with liberation,
as they combed out their golden Botticellian hair
at Thermopylae, friends and lovers, the bride and the bridegroom--
and moved into position to die.

Over being nowhere arches the all-being--
thence the ball thrown almost beyond bounds
stings our hands with the momentum of its drop--
body and gravity,
miraculously multiplied by its mania to return.

Faksimile der ersten Seite von «Pigeons (For Hannah Arendt)», Übersetzung des Rainer Maria Rilke-Gedichts «Taube, die draußen bleibt» von Robert Lowell

könnte Homer diese Sichtweise von den vielen Generationen der durch die Kriege entwurzelten Flüchtlinge übernommen haben.[20]

Im 20. Jahrhundert hatten die Historiker Homers Verpflichtung auf die Unparteilichkeit jedoch aufgegeben. Die Menschen begannen, die Geschichte eigenmächtig zu erzählen, und strebten die Kontrolle über die Zukunft an, indem sie die Vergangenheit zunächst der Philosophie und der Theologie entsprechend interpretierten und später dann – in Arendts Augen verhängnisvollerweise – gemäß den Ideologien des 19. Jahrhunderts, die auf Ökonomie, Technologie, «Rasse» und Nationalismus fußten. Die Geschichte wurde «der ungeheure, allumfassende Prozeß», der «von Menschen ‹gemacht›» wird und «nur im Medium menschlicher Existenz zustande kommen konnte».[21] Und je dichter die Erzählungen wurden, desto loser wurden die Verbindungen mit der Wirklichkeit.

Wie Lowells Taube den «Augenblick des Fluges» zu erfassen bedeutet dagegen, mit der Ungewissheit der Gegenwart zu leben, zwischen

Vergangenheit und Zukunft. Es handelt sich um eine andere Art und Weise, in der Zeit zu existieren, mit der Sichtweise eines Taubenauges auf die Weltgeschichte. Hannah Arendts eigener Moment des «flatternden Terrors» nötigte sie dazu, den Taubenschlag anders zu betrachten: Staatenlosigkeit ließ (und lässt) die Geschichte anders erscheinen. Daher war die Geschichte, die sie ab 1933 erzählte, in gewisser Weise immer auch eine Flüchtlingsgeschichte. Was wäre, so fragte sie, wenn die Idee einer politischen Heimat gar nicht zwangsläufig in den europäischen Ideen von Nation, Nationalismus und Souveränität zu finden wäre? Was, wenn die Flüchtlinge etwas Neues darüber zu sagen hätten, wie wir unsere Politik gestalten sollten?

Nach Inkrafttreten der Nürnberger Gesetze wurde Arendt 1938 formell die Staatsbürgerschaft entzogen. Ihre offizielle Ausweisung wurde am 27. April 1938 im *Deutschen Reichsanzeiger* bekanntgegeben. Mit einem Federstrich war sie, wie Millionen andere auch, damit staatenlos geworden. Die Veröffentlichung der Liste in der Presse diente der Demütigung. Denn zu dieser Zeit sollten die Juden noch dazu gezwungen werden, freiwillig zu verschwinden («auszuwandern»), auch wenn die finanziellen Bedingungen für ihre Ausreise viele von ihnen ins Elend stürzten und sie überhaupt keine Wahl hatten. Nicht lange danach begann Adolf Eichmann in seiner Rolle als führender «Experte» des Reichs für die «Judenfrage» aktiv mit der Suche nach alternativen Bestimmungsorten für die Auswanderer, einschließlich jüdischer «Reservate» im polnischen Nisko und auf der Insel Madagaskar. In Wirklichkeit gab es für die europäischen Juden 1938 keine Heimat (mehr), in die sie hätten gehen können. «Wen immer die Ereignisse aus der alten Dreieinigkeit von Volk-Territorium-Staat, auf der die Nation geruht hatte, herausgeschlagen hatten, blieb heimat- und staatenlos; wer immer einmal die Rechte, die in der Staatsbürgerschaft garantiert waren, verloren hatte, blieb rechtlos», wie die Situation in den *Elementen und Ursprüngen totaler Herrschaft* beschrieben wurde, deren Verfasserin ihre Koffer gerade erst zum letzten Mal ausgepackt hatte (*TH* 560).

Staatenlosigkeit war eine neue Waffe im modernen Arsenal der menschlichen Grausamkeiten des 20. Jahrhunderts. Für Hannah Arendt versetzte ihre bittere Realität dem aufklärerischen Traum von universellen Menschenrechten endgültig den Todesstoß. Ohne die bürgerlichen und politischen Rechte, die mit der Staatsbürgerschaft einhergehen, sind die Menschenrechte ihrer Auffassung nach praktisch bedeutungslos. Die meisten Flüchtlinge werden eher nach einer nationalen Heimat als nach Menschenrechten verlangen, und das aus gutem Grund. Denn in einem Heimatland hat man gesetzliche und politische Rechte. Die Menschenrechte waren (und sind) hingegen etwas weitaus Schwächeres, wie es uns die Flüchtlinge der 1930er Jahre in aller Deutlichkeit vor Augen geführt haben. «Der Begriff der Menschenrechte brach», wie sie 1949 schrieb, «in der Tat in dem Augenblick zusammen, wo Menschen sich wirklich nur noch auf sie und auf keine national garantierten Rechte mehr berufen konnten [...]. Vor der abstrakten Nacktheit des Menschseins hat die Welt keinerlei Ehrfurcht empfunden», und das tut sie bis heute nicht (*TH* 619 f.).

Nach dem Zweiten Weltkrieg haben die Staaten für lange Zeit Menschen nur in Ausnahmefällen ihre Staatsbürgerschaft entzogen, da sie nicht den Eindruck erwecken wollten, sie würden sich bei der Sicherung ihrer Grenzen Nazi-Methoden bedienen. Es wurden menschenrechtliche Bestimmungen gegen die Aberkennung der Staatsbürgerschaft erlassen, Konventionen unterzeichnet und Protokolle vereinbart, darunter die Menschenrechtserklärung der Vereinten Nationen (1948) sowie die Genfer Flüchtlingskonvention von 1951 und das Übereinkommen zur Verminderung der Staatenlosigkeit der Vereinten Nationen aus dem Jahr 1961. Der Schutz der Staatsbürgerschaft blieb für Hannah Arendt zeitlebens eine moralische und politische Grundbedingung. Daher zeigte sie sich auch entsetzt über die Pläne, während der antikommunistischen Säuberungsaktionen von Senator Joseph McCarthy in den 1950er Jahren amerikanischen Bürgern ihre Staatsbürgerschaft zu entziehen. «Die Zwangsausbürgerung ist [...] zu den Verbrechen gegen die Menschheit zu zählen», wie sie forderte. Deshalb setzte sie sich auch für die Einführung eines Verfassungszusatzes ein, der den Besitz der Staatsbürgerschaft als ein unveräußerliches Recht festschreiben sollte.[22]

In den ersten beiden Jahrzehnten des 21. Jahrhunderts kehrte die Praxis der Ausbürgerung allmählich wieder zurück. So verabschiedete die britische Regierung im April 2022 ein Gesetz, das es den Ministern erlaubte, Menschen die Staatsbürgerschaft zu entziehen, ohne sie vorher zu informieren. Begründet wurde diese Regelung mit der nationalen Sicherheit: Nach dem Erstarken des sogenannten Islamischen Staats wollte die Regierung niemanden ins Land zurückkehren lassen, von dem sie wusste, dass er schwer, wenn nicht gar unmöglich zu überwachen sein würde. Außerdem war nicht sicher, dass genügend stichhaltige Beweise für eine Verurteilung der betreffenden Personen gesammelt werden könnten, da viele mutmaßliche Verbrechen in Kriegsgebieten stattfanden. Die Politik hinter diesem Gesetz war allerdings auch nationalistisch und populistisch, was für Hannah Arendt Grund genug gewesen wäre, Alarm zu schlagen. Auch von den Vorteilen solcher Bestimmungen für die öffentliche Sicherheit wäre sie nicht überzeugt gewesen, zumindest nicht von deren langfristiger Haltbarkeit. Denn durch die Vertreibung von Menschen erschafft man bloß neue Generationen staaten- und rechtloser Menschen, und der Glaube, dass dies irgendjemandes Sicherheit erhöhen würde, ist schlicht dumm.

★

Nach ihrer Zeit in Berlin ließ sie sich in Paris nieder, wo sie zunächst in kleinen Hotelzimmern im 5., dann im 15. und schließlich im 16. Arrondissement in der winzigen, verwinkelten Rue Servadoni gegenüber dem Jardin du Luxembourg wohnte – zufälligerweise in derselben Pension, in der einst William Faulkner abgestiegen war. In Paris wimmelte es nur so von regulären und illegalen Flüchtlingen, die mit hochgeschlagenen Kragen durch die Straßen zogen und sich in den verrauchten Bars und Metro-Stationen gegenseitig verstohlene Blicke zuwarfen. Ab und zu marschierte die «Action française» unter dem Banner «La France aux Français» («Frankreich den Franzosen») die Boulevards herunter, um sie daran zu erinnern, dass der Ultranationalismus, vor dem sie geflohen waren, sie schon bald wieder einholen würde.

Arendt traf sich regelmäßig mit anderen Exilanten in einem Café in der Rue Soufflot auf der Anhöhe, die zur Sorbonne hinaufführt. Zu diesem Kreis gehörte auch der österreichische Schriftsteller Stefan Zweig, dessen melancholische Klagen über eine verlorene europäische literarische Kultur sie sehr ärgerten. Später brachte sich Zweig wie Benjamin um, und Arendt verfasste eine vernichtende Kritik über sein letztes

Buch, *Die Welt von Gestern*, in dem er wohlwollend an das Leben in Wien in den ersten Jahrzehnten des 20. Jahrhunderts zurückdachte. Doch wie Arendts ärgerlich konstatierte, war Zweig nie wirklich in dieser gestrigen Welt der Kunst, der Liebe und der Bücher beheimatet gewesen, der er nachtrauerte. Die kosmopolitische Kultur Europas war für die Juden stets nur eine Illusion.[23] Sie besuchte die Vorlesungen des Hegel-Forschers Alexandre Kojève. Am Institut pour L'Etude du Fascisme hörte sie einen Vortrag von Walter Benjamin, der später zu einem seiner bekanntesten Essays werden sollte: «Der Autor als Produzent», in dem es darum ging, wie man die Welt so umgestalten konnte, dass man nicht den faschistischen Erzählungen auf den Leim gehen würde.

Paris bedeutete für die Flüchtlinge in den 1930er Jahren weniger Glanz und Glamour, wie es die zeitgenössische populäre Vorstellungskraft annimmt, sondern vielmehr Schmutz und Dreck. Sie waren dort auch eher geduldet als willkommen. Der Schriftsteller und Journalist Arthur Koestler etwa beklagte sich, dass er von seinen französischen Bekannten nie zum Essen eingeladen wurde (obwohl das vielleicht einfach Koestlers privates Problem war, da er auch nicht immer der beste Gast war). Im Großen und Ganzen lebten die Flüchtlinge im Verhältnis zu den Pariser Denkern und Schriftstellern in intellektuellen Parallelwelten. Hannah Arendt lernte zwar solche aufstrebenden Persönlichkeiten des Geisteslebens wie Simone de Beauvoir, Jean-Paul Sartre oder Albert Camus kennen (den sie lieber mochte), verbrachte ihre Zeit aber nicht damit, sich mit ihnen in Bars und Cafés zu treffen. Sie hatte andere Dinge zu tun.

Zu diesen Dingen gehörte auch, dass sie sich in den marxistischen Kabarettkünstler Heinrich Blücher verliebte, der ihr zum ersten Mal im Café Le Soufflot aufgefallen war. Blücher war bei ihrer Begegnung 37 Jahre alt und blickte auf eine Vergangenheit als kommunistischer Aktivist sowie auf eine frühere Ehe zurück, die er ihr ein wenig zu lange verschwieg. Da er sich in Paris illegal aufhielt, kleidete er sich mit der einstudierten Nonchalance eines gewöhnlichen Bürgers und verbrachte seine Tage damit, als Einheimischer kostümiert durch die Kunstmuseen der Stadt zu flanieren. Sie nannte ihn «Monsieur». Blücher war ein politischer Straßenkämpfer mit dem Kopf voller Bücher und einer Leidenschaft für das Leben – sowie vor allem für sie –, und es gab wirklich nichts, was an ihm nicht liebenswert gewesen wäre. Martin Heidegger war in ihrer Ehe mit Günther Stern-Anders immer ein störender Dritter gewesen, und als der Nationalsozialismus sich anschickte, der Vierte zu werden, drohte ihre Beziehung zu scheitern. Das erotische Verlangen, das ihre Beziehung zu Heidegger hervorrief, hat Hannah Arendts besondere romantische Leistung stets überschattet: sich nämlich dauerhaft in einen witzigen, cleveren und nachdenklichen Mann verliebt zu haben, der sie auch liebte (wenn er ihr auch nicht immer ganz treu war – ihr Verhältnis war eine für das europäische 20. Jahrhundert typische Liebesbeziehung). Er war für sie ihre «vier Wände», schrieb sie ihm, wenige Tage nachdem sie Heidegger 1950 in Freiburg wiedergetroffen hatte, nur um etwaigen Zweifeln vorzubeugen. «‹Wo ich bin, bin ich nicht zu Hause›», antwortete er ihr, doch «wo Du mit mir bist, da ist mein Haus» (*ABB* 208, 213).

Hannah Arendt war eine ernsthafte Liebhaberin, wie Heidegger zu seinem Nachteil feststellen musste. Nie hat sie daran gezweifelt, dass die Liebe ein Bereich der authentischen Existenz ist, fürchtete aber, wie viele Frauen, dass sie durch die Hingabe an die Liebe ihren eigenen Verstand und ihre Unabhängigkeit verlieren könnte. Deshalb hat sie auch nie aufgehört, sich glücklich zu schätzen, dass es ihr «unglaubhaft» erschien, «daß ich beides habe kriegen können, die ‹große Liebe› und die Identität mit der eigenen Person» (*ABB* 83). In Blücher erkannte sie einen intellektuellen Außenseiter wie sich selbst. Da er Autodidakt aus der Arbeiterklasse war, vollzogen sich sein Lesen und Verstehen außerhalb der Hierarchien und des Snobismus der akademischen Institutionen. Alles, was sie und Blücher gemeinsam lasen und diskutierten, konnten sie auf neue Weise angehen.

Später berichtete sie, dass es Blücher gewesen sei, der sie an Politik und Geschichte herangeführt habe, und ihre Biografinnen und Biografen haben diese Aussage zumeist bereitwillig übernommen: er der marxistische Materialist, der die Philosophentheologin auf den Boden der Tatsachen zurückholte. Doch das ist so nicht ganz richtig. Arendt las bereits in Berlin ihren Marx, ihre Luxemburg, Lenin und Trotzki, und außerdem gab es im Jahr 1933 wohl kaum eine direktere Begegnung mit der Politik der Gegenwart als die, die man im Inneren einer Gestapo-Zelle hatte. Richtig ist allerdings, dass die beiden ihre Lektüre und ihre Empfindsamkeiten in dem Bemühen zusammenführten, die immer seltsamer werdende Welt um sie herum zu verstehen.

Die *Elemente und Ursprünge totaler Herrschaft* wären zweifellos ein anderes Buch geworden, wenn Arendt nicht verstanden hätte, wie der Imperialismus die Bedingungen für den Totalitarismus geschaffen hatte. Das heißt aber nicht, dass sie es nicht auch ohne Blüchers Einfluss hätte schreiben können. Es heißt vielmehr etwas anderes: Wenn zwei Menschen, denen der Sturm direkt ins Gesicht bläst, sich daranmachen, das Wesen des Sturms zu verstehen, weil zufälligerweise ihr Leben davon abhängt, wird am Ende möglicherweise einer von ihnen eines der bedeutendsten Werke der politischen Theorie und Geschichte des 20. Jahrhunderts verfasst haben.

Hannah Arendt war nicht nach Paris gekommen, um sich zu verlieben. «Ich wollte in die praktische Arbeit und – ich wollte ausschließlich und nur in die jüdische Arbeit», wie sie später sagte.[24] Ihre Spezialität war die Jugendarbeit. Schon vor dem Machtantritt der Nazis waren jüdische Einwanderer aus ganz Osteuropa nach Paris geströmt. Nach 1933 folgten ihnen dann Familien aus Polen, Deutschland und Ungarn. Viele schickten ihre Kinder allein weiter. Eines dieser Kinder war Herschel Grynszpan, der jüngste Sohn von Zindel Grynszpan, dessen Zeugenaussage sie später in Jerusalem hören sollte. Herschel kam im Alter von nur 15 Jahren illegal nach Paris, um dort so lange auszuharren, bis er alt genug war, um allein nach Palästina reisen zu dürfen. Währenddessen wurde er für staatenlos erklärt und im Jahr 1937 zum Verlassen Frankreichs aufgefordert. Er ging in den Untergrund, schnitt sich selbst von jeglicher Unterstützung ab und verlor sich langsam völlig in seiner eigenen Gedankenwelt. Ende Oktober 1938 erhielt er einen Brief von seinem Vater, in dem dieser die brutale Abschiebung der Familie nach Polen beschrieb. Am 7. November betrat Herschel die deutsche Botschaft in der Rue de Lille und erschoss einen untergeordneten Nazi-Diplomaten, Ernst vom Rath. Eigentlich war er auf der Suche nach dem Botschafter selbst, Johannes von Welczeck, gewesen. Die «Rache» für Herschels Verzweiflungstat war die sogenannte Kristallnacht, die rauschhafte Zertrümmerung jüdischer Geschäfte, Synagogen und Schädel, die in der Nacht zum 9. November in Deutschland und Österreich stattfand.

Arendts Arbeit mit jüdischen Jugendlichen geschah nicht aus einer humanitären Gesinnung heraus. Ihre Motivation war vielmehr eine politische und existenzielle: Das jüdische Volk musste existieren, so einfach war das. Sie hatte Heideggers Lektion über die Bedeutung des In-der-Welt-Seins aufgegriffen und auf ihr eigenes Volk angewandt. Im Gegensatz zu ihm verstand sie jedoch, dass es nicht irgendein völkischer Nationalismus war, der einem Volk seine Existenz ermöglichte, sondern eine moralisch komplexere Politik.

Zunächst arbeitete sie für Agriculture et Artisanat und anschließend für die Jugend-Alijah – beides Organisationen, die junge Menschen für die Auswanderung nach Palästina rekrutierten und ausbildeten. Viele der für diese Gruppen tätigen Personen verfolgten ausdrücklich und engagiert eine zionistische Agenda, während andere, so etwa ihr Freund Chanan Klenbort, von dem sie ein wenig Hebräisch lernte, dies ebenso ausdrücklich und engagiert nicht taten. Arendt selbst konzentrierte sich darauf, die «heimatlosen Jungmenschen» oder «*Waifs*», wie sie sie in einem 1935 verfassten Propagandatext nannte, an einen Ort zu bringen, an dem sie die Chance haben würden, nicht nur als Überlebende oder Almosenempfänger, sondern mit Würde *als* Juden zu existieren.[25] Dies war der gleiche gedankliche Ansatz, der sie später dazu brachte, sich während des Kriegs für den Aufbau einer jüdischen Armee einzusetzen. Revisionistische Zionisten, die einen rein jüdischen Staat anstrebten, machten sich im Rahmen eines prophylaktischen Anspruchs auf jüdische territoriale Souveränität für einen solchen Staat stark. Arendts Argument für eine jüdische Selbstverteidigung war einfacher: Wenn man als derjenige angegriffen wird, der man ist, dann hat man auch das politische Recht dazu, sich als derjenige zu verteidigen, *der man ist*. Alles andere hieße, sich den Wünschen des Faschismus zu beugen und einfach zu verschwinden.

Ein Foto aus dem Jahr 1935 zeigt Hannah Arendt in Begleitung einiger Kinder auf dem Schiff von Marseille nach Haifa in Palästina. Sie waren auf dem Weg zum Kibbuz En Charod, einem der ersten Kibbuzim, die in den 1920er Jahren in Palästina gegründet wurden und in den beiden folgenden Jahrzehnten ein wichtiges Ziel für viele Flüchtlinge aus Europa waren. Die Aufnahme zeigt Arendt und die Kinder auf einem der unteren Decks, wo sie sich vor der Sonne schützen. Die Kinder sind hübsch anzusehen: braungebrannt, mit breitem Grinsen

Hannah Arendt und die Kinder der Jugend-Alijah auf einem Schiff in Richtung Palästina, 1935

im Gesicht und sehr lebendig. Ihre Hemden sind akkurat gebügelt und die Ärmel hochgeschoben. Die Jungen wuseln herum. Alle blicken in die Kamera, so als ob sie damit bestätigen wollten, dass dies ein Moment in ihrem Leben ist, in dem sie gesehen werden müssen. Alle außer Hannah Arendt wohlgemerkt, die zwar ein Lächeln andeutet, aber ihre Augen geschlossen hält gegen den Wind, der vom Mittelmeer heranpeitscht.

Aus israelischer, europäischer oder amerikanischer Sicht zeigt das Foto jüdische Flüchtlinge, die um ihr Leben fürchten und in diesem Moment sowohl in die Sicherheit als auch in ein Heimatland fliehen. Aus palästinensischer Sicht dagegen sollte sich diese Geschichte ganz anders darstellen: Dieselben Flüchtlinge waren nämlich auch eine neue Generation von Kolonialisten, die gekommen waren, um sich in ihrem Land anzusiedeln. Es geht nicht darum festzustellen, welche Perspektive nun eher berechtigt ist, so als ob ganz unterschiedliche Flüchtlingsgeschichten vor einer Art Berufungsgericht hierarchisiert werden könnten. Die Herausforderung besteht vielmehr darin, beide Geschichten zugleich zu betrachten – gewissermaßen die Taubenperspektive einzunehmen, wie Lowell es in Anlehnung an Rilke und Arendt genannt haben könnte.[26]

Zehn Jahre nach dieser Schiffsreise nach Palästina setzte sich Arendt erneut dem Gegenwind aus, als sie sich dafür aussprach, dass die Gründung eines jüdischen Staates Israel eine existenzielle Bedrohung nicht nur für die Palästinenser, sondern auch für das jüdische Volk darstelle. Nach ihrer Ankunft in New York schrieb sie mit unermüdlichem Eifer über jüdische Politik und führte Kampagnen. Aufgrund ihrer Schlagfertigkeit und der originellen Intelligenz ihrer Prosa erlangte sie schnell Anerkennung in den sich überschneidenden Szenen des migrantischen, des jüdischen und des literarischen New York, in denen die Palästina-Frage von großer Dringlichkeit war. Regelmäßig schrieb sie für den *Aufbau* und engagierte sich zusammen mit anderen Aktivistinnen und Aktivisten, die sich zwar für eine jüdische Heimat einsetzten, von der Schaffung eines rein jüdischen Nationalstaats aber zusehends beunruhigt waren.

Auf der Biltmore-Konferenz – benannt nach dem berühmten Hotel, in dem sie ausgetragen wurde – nicht lange nach Arendts Ankunft kam es zum Traditionsbruch in der zionistischen Bewegung: Die Gründung eines «*Jewish Commonwealth*» in Palästina wurde offiziell gefordert. Arendt war entsetzt, ebenso wie andere Anhängerinnen und Anhänger der Idee eines binationalen Staats, etwa Judah Magnes und Henrietta Szold, die eine Aktivistin und Leiterin der Jugend-Alijah war. Zu Recht prophezeite sie, dass dieser neue Staat auf ewig in Spannungen mit seinen Nachbarn leben würde, und auch das Problem der Staatenlosigkeit würde auf diese Weise nicht gelöst werden. «Im Gegenteil [hat] die Lösung der Judenfrage, wie nahezu alle Ereignisse unseres Jahrhunderts, auch nur zur Folge gehabt [...], daß eine neue Kategorie, die arabischen Flüchtlinge, die Zahl der Staaten- und Rechtlosen um weitere siebenhundert- bis achthunderttausend Menschen vermehrte», wie sie schrieb (*TH* 601).

Die «Judenfrage» war mittlerweile durch die «Einwandererfrage» ersetzt worden. Arendt hätte nun mit Recht darauf hinweisen können, dass neben dem Wort «Frage» immer noch das falsche Substantiv stand und es weder Migranten noch Flüchtlinge sind, die einer «Lösung» bedürfen. Vielmehr braucht die Frage eine Antwort, wie wir eigentlich Politik machen. Nie würde sie die Überzeugung ablegen, dass es möglich sein könnte, Kants Forderung, jeden Menschen als Zweck an sich zu betrachten, mit den Mitteln der Politik zu verwirklichen. Wir sind auf die Erde gesetzt worden, um zu versuchen, einander Gerechtigkeit widerfahren zu lassen. Auf diese Weise erzeugen wir eine Welt. Aber Arendt bezweifelte dennoch sehr, dass die kühnen humanitären und menschenrechtlichen Initiativen der Nachkriegszeit das würden heilen können, was zerstört worden war. Und sie machte sich Sorgen, dass in einigen Hinsichten eine solche Heilung alles nur noch schlimmer machen könnte – und zwar vor allem deshalb, weil die humanitären Organisationen immer größer, internationalisierter und bürokratisierter wurden. Die Höhlen des Vergessens können ihre Gestalt durchaus wandeln.

Das Problem lag in ihren Augen nicht darin, wie wir die weniger Glücklichen behandeln, sondern bestand in der grundsätzlicheren Frage, in was für einer Art von politischer Gemeinschaft wir eigentlich leben wollen. «Daß es so etwas gibt wie ein Recht, Rechte zu haben – und dies ist gleichbedeutend damit, in einem Beziehungssystem zu leben [...], wissen wir erst, seitdem Millionen von Menschen aufgetaucht sind, die dieses Recht verloren haben und [...] nicht imstande sind, es wiederzugewinnen», schrieb sie im Jahr 1949 (*TH* 614). Damit meinte sie das Recht, in einem «Beziehungssystem» zu leben, «in dem man aufgrund von Handlungen und Meinungen beurteilt wird» (ebd.), das heißt das Recht, sich zu äußern, gesehen zu werden und vor anderen als eine Person aufzutreten. Das «Recht, Rechte zu haben», garantiert das einzige Recht, das möglicherweise überhaupt von Bedeutung ist: das Recht, am politischen Austausch teilzunehmen.

Zu Recht haben sich politische Theoretikerinnen und Theoretiker seither darüber beklagt, dass Arendts Auskünfte mit Blick auf die Art der politischen Gemeinschaft, die ein solches Recht auf Rechte am ehesten verbürgen könnte, immer frustrierend vage geblieben sind. Dabei verfügte sie über eine Reihe von Vorbildern. Ihr gefiel die bewegliche Demokratie der sowjetischen Räte in den ersten Monaten der Russischen Revolution ebenso wie die Arbeiterräte, die sich während des kurzlebigen Ungarnaufstands von 1956 gebildet haben. Zudem bewunderte sie die Vorgehensweise jener revolutionären Zusammenschlüsse, die schließlich der Gründung der Vereinigten Staaten von Amerika den Weg ebnen sollten. Daher unterstützte sie auch den Gedanken einer Föderation der europäischen Nationen in der Nachkriegszeit (hätte die überbürokratisierte Europäische Union der 2000er Jahre allerdings abgelehnt) und vertrat für eine Weile die Idee eines Staats Palästina, der sich in den Rahmen eines größeren Zusammenschlusses postkolonialer Staaten einfügen sollte. Was ihre Sympathien für die moderne Demokratie anging (wie viele politische Denkerinnen und Denker ihrer Generation war auch sie dem Mehrheitsprinzip und dem Parteiensystem gegenüber skeptisch eingestellt), sollte sie in ihren Augen so direkt, lebendig und unberechenbar wie möglich sein. Von Hannah Arendt ein kohärentes politisches Modell zu fordern würde jedoch das Risiko in sich bergen, ihre Lektionen aus der Fluchterfahrung zu übergehen. Politische Modelle sehen aus der Perspektive derjenigen, die von ihnen ausgeschlossen werden, sehr anders aus. Was könnte passieren, wenn wir über unsere Politik von außerhalb unseres Taubenschlags nachdenken würden?

★

Paris beherbergt heute eine neue Generation von Flüchtlingen und migrantischen Jugendlichen – Jungen, seltener auch Mädchen, aus dem nördlichen und subsaharischen Afrika, aus Syrien, Palästina und Afghanistan. Ganz zu Beginn der Corona-Pandemie gehörten sie zu den Ersten, die auf der Straße Masken trugen. Der Rest von Paris war im «Hausarrest». In den Monaten vor der Entwicklung des Impfstoffs war eine Maske jedoch ein besserer Schutz als nichts, wenn man keinen sicheren Ort irgendwo im Inneren hatte. Aus ähnlichen Gründen begaben sich auch die Flüchtlinge im libanesischen Lager Baddawi schon lange vor den USA und vielen europäischen Staaten in den selbstverordneten Lockdown.[27] Migranten und Flüchtlinge brauchten keine von der Regierung bestellten Verhaltensforscher, um sich von ihrer Vulnerabilität zu überzeugen. Sie waren sich dieser allzu sehr bewusst.

Die Masken dienten den Pariser Jungs aber auch als Distinktionsmittel: Sie trugen sie über Nase und Mund, manchmal aber auch unter dem Kinn, wenn sie redeten, oder sie ließen sie von einem Ohr baumeln wie ein Accessoire – *gestes barrières* mit zusätzlichem Coolness-Faktor. Die Masken boten die Möglichkeit, zugleich gesehen und nicht gesehen zu werden. In jenen ersten Monaten der Pandemie, als man auf den Straßen nicht mehr im Schutz der Masse verschwinden konnte, trug sie sonst kaum jemand. Zudem hat eine Maske auch dann Vorteile, wenn man ohnehin stets unter Beobachtung steht und Gefahr läuft, verhaftet zu werden, Polizeigewalt zu erfahren oder abgeschoben zu werden. Die Jungs verbargen sich also vor aller Augen, demonstrierten aber zugleich sowohl der Stadt als auch dem jeweils anderen, dass sie da waren.

Vielleicht haben Flüchtlinge auch schon immer Masken getragen. 1943 befand sich Arendt zwar schon in New York und damit in Sicherheit, war allerdings erschüttert von den Berichten über die Vernichtungslager und verfasste in diesem Zustand ihren meiner Meinung nach schärfsten und zugleich schönsten Essay. Er trug den Titel «Wir Flüchtlinge» und beginnt mit dem bemerkenswerten Satz «Vor allem mögen wir es nicht, wenn man uns ‹Flüchtlinge› nennt». Dies ist ein Satz, der die Realität des Flüchtlingsdaseins zugleich maskiert und demaskiert. Arendt bauchredet hier, wie so oft, wenn sie einen ernsten Punkt machen will. In allererster Linie wollen «wir» nicht als Flüchtlinge bezeichnet werden, weil wir uns assimilieren wollen und nicht gesehen werden möchten. Doch *als* Flüchtling gesehen zu werden ist die Realität, der sich jede heimatlos gewordene Person stellen muss. Ihre ironische Abwertung der Parvenus unter den Geflüchteten, die diese Realität leugnen, fällt gnadenlos aus:

> Eines Tages wird jemand die wahre Geschichte dieser jüdischen Auswanderung aus Deutschland schreiben; und er wird mit der Beschreibung jenes Herrn Cohn aus Berlin, der immer ein 150prozentiger Deutscher, ein deutscher Superpatriot war, beginnen müssen. 1933 fand Herr Cohn Schutz in Prag und wurde recht schnell zu einem überzeugten tschechischen Patrioten […]. Die Zeit verging […]. Unser Herr Cohn ging nach Wien; um sich dort einzufügen, brauchte es einen entschiedenen österreichischen Patriotismus. Die deutsche Invasion zwang Herrn Cohn, dieses Land zu verlassen. Er kam zu einem ungünstigen Zeitpunkt nach Paris und erhielt nie eine reguläre Aufenthaltsgenehmigung. Da er nun schon große Begabung im Wunschdenken ausgebildet hatte, weigerte er sich, bloße Verwaltungsmaßnahmen ernst zu nehmen, und war überzeugt, dass er sein zukünftiges Leben in Frankreich verbringen würde.[28]

Im Jahr 1943 wusste Arendt, dass sich hinter den vielen Masken des Herrn Cohn Selbstmorde, unmarkierte Gräber an den Klippen des Mittelmeers und der pure Schrecken verbargen.

Allerdings war ihr auch bewusst geworden, dass für Flüchtlinge die beste Verteidigung darin bestand, die Realität ihrer Existenz anzuerkennen, ohne sich der Verzweiflung hinzugeben. Es war möglich, die Maske des Flüchtlings mit jenem kreativen und kritischen Trotz zu tragen, der sich aus der genauen Kenntnis dessen speist, wo in der Welt der eigene Platz ist und was das über die Zustände dieser Welt aussagt. Der letzte Absatz aus «Wir Flüchtlinge» ist zugleich eine Mini-Biografie ihrer eigenen Flüchtlingsreise und ein Aufruf aus ihrem Jahrhundert an jene Einwanderer, Flüchtlinge und Aktivisten unserer Zeit, die ebenfalls begreifen, dass es ihre Existenzen und ihre Rechte sind, die die Wahrheit unserer verfahrenen gegenwärtigen Situation am eindrücklichsten verdeutlichen:

> Jene wenigen Flüchtlinge, die darauf bestehen, die Wahrheit zu sagen, auch wenn sie anstößig ist, gewinnen im Austausch für ihre Unpopularität einen unbezahlbaren Vorteil: die Geschichte ist für sie kein Buch mit sieben Siegeln und Politik kein Privileg der Nichtjuden mehr. Sie wissen, dass unmittelbar nach der Ächtung des jüdischen Volkes die meisten europäischen Nationen für vogelfrei erklärt wurden. Die von einem Land ins andere vertriebenen Flüchtlinge repräsentieren die Avantgarde ihrer Völker – wenn sie ihre Identität aufrechterhalten.[29]

★

Von Portbou reisten Arendt und Blücher nach Lissabon. In den stillen Momenten jener Tage Anfang 1941, als sie auf das Schiff warteten, das sie im Mai nach New York bringen sollte, beobachtete Arendt die Lastwagen, die den Müll, die Wäsche und die Leichname durch die hinteren Tore des Hospitals Santa Marta abtransportierten, das direkt neben ihrem Zimmer in der Rua da Sociedade Farma 6a am höchsten Punkt der Stadt lag. In Lissabon konnte man leicht die Orientierung verlieren. Zwar war es recht einfach, sich durch die Stadt zu bewegen – entweder steigt man einen Hügel hinauf oder hinab, und alles ist hübsch anzusehen –, aber die Mündung des Rio Tejo ist so riesig, dass sie wie das offene Meer erscheint, so dass es eine Weile dauern kann, bis der Besucher herausfindet, in welcher Richtung es zum Atlantik hinaus respektive, wie in Arendts Beispiel, nach Amerika geht und welcher Weg ihn zur portugiesisch-spanischen Grenze und damit zurück nach Europa führt.

Portugals Staatschef António de Oliveira Salazar war zwar ein Faschist und ein autoritärer Herrscher, aber weder antisemitisch noch daran interessiert, in den Krieg verwickelt zu werden. Deshalb blieb sein Land neutral und hielt seine Häfen offen. Als Arendt und Blücher 1941 in Lissabon ankamen, war die Stadt voller Flüchtlinge, englischer Spione, Geheimpolizei, Menschenschmuggler und Nazis. Sie schlugen die Zeit tot, während sie auf ihr Schiff warteten, bestaunten auf ihren Spaziergängen die sanfte Eleganz, die der Sklavenhandel der Stadt eingebracht hatte, und tranken zu einer womöglich etwas zu frühen Stunde bereits Portwein in den billigeren Bars, da ihr Zimmer beengt war und es ansonsten nicht viel zu tun gab, als abzuwarten und den wie aus dem Nichts aufsteigenden Dunst zu betrachten. Ihre Bücher hatten sie bei ihrer Pariser Vermieterin in einer Kiste zurückgelassen. Neun Jahre später sollte Hannah Arendt sie bei ihrer ersten Rückkehr nach Europa wieder abholen.

Heute kann man den «*Chemin Walter Benjamin*», den «Walter-Benjamin-Pfad», erwandern, der, gut ausgeschildert, vom Amtssitz des Bürgermeisters in Banyuls-sur-Mer an der südfranzösischen Grenze durch die Weinberge hoch in die Pyrenäen über die Baumgrenze hinweg und dann wieder hinab durch die Kakteen nach Portbou und damit nach Spanien führt. Die Route ist von beeindruckender Schönheit, wenn auch nicht gerade leicht zu bewältigen. Für einen schlanken Mann mittleren Alters, der sich seit mehreren Monaten auf sein endgültiges Verschwinden aus der Welt vorbereitet hat, wäre sie allerdings keine große Herausforderung gewesen. Wenn man die Spitze der Berge erreicht hat, dann sind da nur noch Gestein und vollkommene Stille. Und nicht ein Vogel im Himmel blickt auf einen hinab.

4
Wie man liebt

«Menschen finden zueinander als Personen, weil sie einander bedürfen (Liebe).»

Hannah Arendt, Denktagebuch

Am 15. Mai 1940 wurde Hannah Arendt auf Geheiß des Pariser Gouverneur Générale im Vélodrome d'Hiver vorstellig, einem überdachten Sportzentrum nahe dem Eiffelturm, wobei sie eine Decke und einen kleinen Koffer mit sich führte, in dem sich ein paar Kleidungsstücke, ihre Papiere sowie ein paar Taschenbücher des populären belgischen Kriminalschriftstellers Georges Simenon befanden. Wie sie sich später erinnerte, war dies ein guter Moment, um zu studieren, wie die Arbeit der Polizei eigentlich genau ablief. Zwei Jahre später quoll das Stadion nur so über vor jüdischen Gefangenen, die auf Befehl der Nazis im berüchtigten *Rafle du Vél' d'Hiv* zusammengetrieben wurden und nach Auschwitz transportiert werden sollten, nachdem auf der Wannseekonferenz im Januar beschlossen worden war, ganz Europa von den Juden zu «befreien» und die sogenannte Endlösung umzusetzen. Der sogenannte Judenreferent bei Adolf Eichmanns Dienststelle IV-J, SS-Hauptsturmführer Theodor Dannecker, gab der französischen Polizei die entsprechende Anweisung, nachdem er die Zahl der von ihm abzuliefernden Opfer mit seinem Chef ausgehandelt hatte. Darunter waren auch über 4000 Kinder.

Arendt hatte das Glück, hier noch vor der Besetzung durch die

Nazis inhaftiert worden zu sein, und zwar nicht als Jüdin, sondern als «feindliche Ausländerin». Gemeinsam mit anderen deutschen und österreichischen Frauen, Jüdinnen und Juden, Flüchtlingen, Dissidenten und auch ein paar waschechten Nazis wurde sie von Paris aus ins Internierungslager von Gurs im Pyrenäenvorland in Südwestfrankreich geschickt. Wie diejenigen wissen, die in dieser Gegend leben, steht ein Wetterumschwung bevor, wenn man die Berge sehen kann. Meistens sind sie in ihr eigenes Wettersystem gehüllt, so dass der Horizont flach erscheint. Bläst jedoch der heiße Wind in den langen Sommern, dann kann es sich manchmal so anfühlen, als würde sich nie wieder etwas verändern.

Arendt blieb nur sechs Wochen in Gurs. Als Frankreich im Juni 1940 kapitulierte, gehörte sie zu einer kleinen Gruppe von Frauen, die ihr Schicksal in die eigene Hand nahmen und flüchteten. Arthur Koestler erinnerte sich später daran, diese Frauen, *Gursiennes* genannt, gesehen zu haben, wie sie die Landstraßen entlangwanderten, das ungeschnittene und nicht gefärbte Haar in jene Turbane gehüllt, die unter den europäischen Frauen in den Kriegsjahren in Mode waren.[1] Sie ging zunächst nach Lourdes, von dem sie wusste, dass Walter Benjamin dorthin geflohen war, und anschließend in die etwa 150 Kilometer weiter östlich gelegene Stadt Montauban. Dort wurde sie wieder mit Heinrich Blücher vereint, als sie einander auf der Straße begegneten. Dieser Umstand wird in Arendt-Biografien häufig wie ein Wunder dargestellt. Allerdings waren in jenen ersten Kriegstagen – ganz so wie heute – die Netzwerke von Flüchtlingen und Überlebenden eng geknüpft, so dass die Leute wussten, wo sie einander finden konnten. Montauban war damals als ein sicherer Zufluchtsort bekannt und hatte schon seit 1933 spanische, deutsche und jüdische Flüchtlinge willkommen geheißen. Im Sommer 1940 war die Stadt voller Menschen – besonders die Bibliothek, die die Menschen aufsuchten, um sich vor der Hitze zu schützen und um zu lesen, nachzudenken oder einfach in der Kühle der Innenräume beieinanderzusitzen.

Trotzdem musste, wie ich bei einem Spaziergang durch die engen Straßen der Stadt zu meinem Ehemann sagte, es sich für Arendt wie ein Wunder angefühlt haben, an einem Fußgänger vor sich auf dem Gehweg plötzlich einen so vertrauten Gang zu bemerken und anschließend zu erkennen, dass es sich tatsächlich um Heinrich Blücher handelte, der immer noch seine bürgerliche Pariser Verkleidung trug, die mittlerweile allerdings eindeutig fehl am Platze war. Wir besuchten die Stadt während jener kurzen sommerlichen Verschnaufpause, die das Coronavirus in seinem ersten Jahr in Europa eingelegt hatte. Die Zeitungen meldeten, die Menschen bräuchten den Kontakt zu anderen Menschen. Wir sollten uns treffen, so die Behörden, und dabei Vorsicht walten lassen. Die heiße Luft war schwer von der lebendigen Intensität eines vergessenen öffentlichen Alltagslebens. Ich wusste von der Bibliothek und dass Arendt und Blücher über dem Atelier eines Fotografen gewohnt hatten. Mein Mann hatte sich ein wenig als Detektiv versucht und überreichte mir ein Reisegeschenk: die Adresse ihrer Wohnung – Côte de Bonnetièrs Nummer 3 –, die, wie sich herausstellte, direkt gegenüber der alten *Bibliothèque municipale* lag. Sorgfältig zählte ich die 60 Schritte quer über den Platz mit, die Arendt zurücklegen musste, um von ihrem stickigen Zimmer aus in die kühle Gesellschaft der Bibliothek zu gelangen. Am nächsten Tag fuhren wir nach Gurs.

In der Bibliothek las Hannah Arendt Carl von Clausewitz' *Vom Kriege*, seine klassische politische Abhandlung über die internationalen Beziehungen, und Marcel Prousts *Auf der Suche nach der verlorenen Zeit*. Sie hielt sich bedeckt, wachsam, ihre inneren Bögen gespannt. Eine ihrer Freundinnen aus dem Lager von Gurs, Lisa Fittko, die später Walter Benjamin über die Pyrenäen führen sollte, erinnerte sich daran, ihr einmal zufällig begegnet zu sein, als sie gerade allein auf einer Wiese am Stadtrand von Montauban spazieren ging. «Wollen Sie mit uns nach Lourdes?», fragte sie sie. Arendt entgegnete: «Ich fühle mich sicherer allein.»[2]

Die Mehrheit der Frauen war in Gurs geblieben, da sie annahmen, dass sie dort von der Familie oder den Freunden einfacher gefunden werden könnten. In jenem Herbst stießen 6000 Juden zu ihnen hinzu, deren (illegale) Deportation aus Baden und der Saarpfalz in den Südwesten unter Mitwirkung des Vichy-Regimes von Adolf Eichmann persönlich beaufsichtigt worden war. Diejenigen, die nicht an Ruhr, Typhus, Hunger, Wahnsinn oder Traurigkeit starben, wurden schließlich in den Jahren 1942 und 1943 zusammengetrieben, in Viehwaggons gezwungen und in Auschwitz ermordet. Im Sommer 1945 befreiten die

Blick auf das Transitlager Gurs mit den Pyrenäen im Hintergrund, 1940/41

Maquisards das, was vom Lager noch übrig war. In der Folge wurden dort kurzzeitig Kollaborateure und vereinzelte deutsche Soldaten inhaftiert, doch schon im Winter waren die niedrigen Baracken des aus Holz zusammengezimmerten Lagers als Brennholz verfeuert worden. Später wurde an ihrer Stelle ein Wald angepflanzt.

Heute spenden hohe Bäume jenen Schatten, der den Insassen des Lagers damals verwehrt wurde, und der Gesang der Vögel begleitet das sanfte Knirschen der Schritte auf den Kieswegen, die die wenigen Besucherinnen und Besucher über die Freiflächen führen, wo einst die Baracken standen. Im Jahr 1994, als er auch den Walter-Benjamin-Gedenkort in Portbou fertigstellte, errichtete Dani Karavan hier einen Nachbau einer dieser Hütten, an die er ein Bahngeleis anschloss. Das Gleis erstreckte sich von ihrer Tür aus nach Osten und schlängelte sich erratisch zwischen den Gärten der Häuser hindurch, die in den ersten Nachkriegsjahren rund um das Lager gebaut worden waren – noch bevor das dezidierte Erinnern einsetzte und das Vergessen noch bedeutete, dass man günstig an Baugrund herankam.

Lili Andrieux, Woman on Straw Sack Reading II, Lager Gurs

Als der Gouverneur Générale im Mai 1940 den Befehl erteilte, dass alle feindlichen Ausländer im Alter zwischen 17 und 55 Jahren zwecks Internierung bei den Behörden vorstellig werden sollten, versammelte er damit auch einige der schillerndsten und tatkräftigsten Flüchtlinge von Paris: Schriftsteller, Wissenschaftlerinnen und Wissenschaftler, Tänzerinnen, Musikerinnen und Musiker, Maler, Ingenieure, Arbeiter, Lehrerinnen und Lehrer, Ärztinnen und Ärzte, Bauunternehmer und Intellektuelle, die sich mit ihrer Ankunft in den überall in Südfrankreich verstreuten Lagern daranmachten, das zu dokumentieren, was sie sahen, und es irgendwie zu erklären – füreinander und für die Zukunft. Die Gefangenen von Gurs arbeiteten hart, um sauber zu bleiben, das Abwasser zu beseitigen, Frischwasser aus den in schikanöser Weise am hintersten Ende des Lagers angelegten Brunnen zu schöpfen, zu kochen, zu beten, einen Rückzugsraum zu finden, zu schlafen und bei klarem Verstand zu bleiben. Im Zuge dieses Kampfes kamen einige von ihnen auch zum Malen, Zeichnen, Schreiben, Sprechen oder Komponieren. «Ich kann sie nicht mehr seh'n die Pyrénéen» hieß eines der Lagerlieder. Andere unterwiesen ihre Nachbarn in dem, was sie aus Philosophie, Literatur, Kunst, Politik und der Welt gelernt hatten. In der Frauenbaracke gab Arendt einen Mini-Kursus zur politischen Theorie.

Die Künstler Jacob Barosin, Eva Liebhold und Karl Schwesig waren in Gurs interniert, ebenso wie Charlotte Salomon, Malerin und genialer Geist, die dort gemeinsam mit ihrem Großvater eingesperrt war. In ihrem Meisterwerk *Leben? oder Theater?* erinnerte sie sich an die ständigen Einladungen ihres Großvaters, sich zu ihm ins Bett zu legen, und gestand, ihn nach ihrer Flucht nach Nizza vergiftet zu haben. 1943 wurde sie mit ihrem ungeborenen Kind im Leib in Auschwitz vergast. Eine der profiliertesten Künstlerinnen im Lager war Lili Andrieux, die das Lagerleben in über 100 kunstvoll gearbeiteten Bleistiftzeichnungen festhielt. Sie zeichnete jeden Tag, wobei sie mit ihrem Skizzenbuch durch das Lager ging, schauend, beobachtend, hier eine Pose, dort eine gemeinsam verrichtete Arbeit einfangend, ein Gespräch, einen müden Leib. Unter denen, die sie mehrere Male gezeichnet hat, ist eine lesende Frau. Ich habe mir oft vorgestellt, dass es Hannah Arendt sein könnte, die Georges Simenon liest.

★

Ein ehemaliges Konzentrationslager ist ein merkwürdiger Ort, wenn man anfangen will, über die Liebe nachzudenken. Wie Hannah Arendt allerdings in Gurs beobachtet hat, ist Liebe manchmal nicht alles, was man braucht, sondern vielmehr alles, was man hat. In ihrem Denken ist sie ein Paradox. Als Philosophin, Existenzialistin und Theologin vertritt sie die Auffassung, dass die Liebe im Mittelpunkt des menschlichen Daseins steht. So wollte sie ihr 1958 entstandenes Buch *Vita activa oder vom tätigen Leben* eigentlich *Amor Mundi – die Liebe zur Welt* nennen. Die Liebe ist es, was uns menschlich, vielfältig und lebendig macht, gegenüber unseren Nächsten und der Conditio humana selbst. Wenn man an einen Ort wie Gurs geworfen ist, dann mag die Liebe alles sein, was man hat. Als Historikerin und politische Theoretikerin konnte Arendt aber auch erkennen, dass gerade weil die Liebe so eine irdische Macht besitzt, sie mehr als menschlich – vielleicht unmenschlich, monströs, tödlich – und damit überirdisch und in politischer Hinsicht also tatsächlich sehr gefährlich sein kann.

Dieser Doppelcharakter – die Duplizität der Liebe – ist nicht bloß eine trockene theoretische Angelegenheit. Die Liebe ist für unsere Politik von Relevanz, weil sie uns auf der basalsten Ebene unseres Lebens wichtig ist. Wie wir heute lebte auch Hannah Arendt in einer Welt, in der es viel zu viel leidenschaftliche Intensität der schlimmsten Art und nicht annähernd genug Nächstenliebe gab. Heute bersten unsere Timelines in den sozialen Medien nur so vom Wutgeschrei verletzter Empfindsamkeiten, während Politikberaterinnen und Politikberater täglich den Kesseldruck einer noch unausgegorenen Wut im Auge haben, von der sie zu Recht glauben, dass sie die billigste Quelle politischer Macht sei. Viele Kampagnenführer und Aktivisten, die von der Politisierung extremer Emotionen zermürbt sind, aber gleichzeitig keinen Zugang zu sinnvollen politischen Handlungsmöglichkeiten haben, verlangen nach Solidarität, Empathie und Gemeinschaft. «Liebt mehr!», rufen die Leute, und das nicht ohne Grund. Nur: Wie soll das vor sich gehen? Und würde es die Welt besser machen, wenn wir es täten? Könnte das Lieben nicht, wie Arendt befürchtete, die Lage manchmal sogar verschlimmern?

Hannah Arendt hat aufrichtig und nach allen Regeln der Kunst geliebt. Sie ging eine gute Ehe mit einem klugen Mann ein, der ihr intellektueller Begleiter und Liebhaber war und sich ihrem Geist und Erfolg verpflichtet fühlte. Sie ging Freundschaften ein, die ein Leben lang hielten, und brillierte in Sachen Intimität, Loyalität, Hilfsbereitschaft, Koketterie, Intensität und vor allem Ehrlichkeit. Hannah Arend hat, wie wir heute sagen könnten, an der Liebe gearbeitet, weil sie begriffen hatte, dass die Möglichkeit, überhaupt zu existieren, manchmal nur den Beziehungen zu anderen Menschen geschuldet ist. Das war erneut eine Einsicht ihrer Flüchtlingserfahrung. «Unsere Briefe sind wie ganz dünne feste Fäden», schrieb sie aus New York an Gershom Scholem, «von denen man sich einreden möchte, dass sie einen Rest unserer Welt noch zusammenhalten könnten» (*ASB* 28).

In ihrer neuen Stadt versammelte sie mit großem Engagement alte und neue Freunde um sich. In den vollgestopften Zimmern der Arendt-Blüchers in der West Street Nr. 95 und später in ihrem gemütlichen Apartment am Morningside Drive an der Upper West Side, dessen Eingangstür durch zwei Schlösser und einen Riegel gut gesichert war, wurden andere Flüchtlinge willkommen geheißen – wie etwa ihr Marburger Freund, der Philosoph Hans Jonas, der existenzialistische Theologe Paul Tillich und später dessen Freundin Hilde Fränkel, zu der Arendt ein sehr enges Verhältnis entwickelte (sie hielt sie für «erotisch genial veranlagt»). Daneben waren auch die Journalistin (und begnadete Frisörin) Charlotte Beradt sowie Blüchers alter Berliner Freund Robert Gilbert regelmäßig zu Gast. Außerdem waren da noch jene aufstrebenden literarischen und intellektuellen New Yorker Stars wie zum Beispiel Alfred Kazin, Dwight Macdonald, Philip Rahv, Randall Jarrell, Lionel Trilling, Robert Lowell, seine Frau Elizabeth Hardwick (deren Roman *Schlaflose Nächte* von 1979 ihr später ein Stipendium der Rockefeller Foundation verschaffte), der Maler und Medizinforscher Alcopley (Alfred Copley) und Mary McCarthy, jene Frau, die für die zweite Hälfte ihres Lebens zu ihrer besten Freundin werden sollte. Die Flüchtlingsfreunde waren neu in Amerika. Die New Yorker Freunde repräsentierten häufig die erste intellektuelle Generation in ihren Familien, sie waren jung und ebenfalls darum bemüht, die Welt auf neue Weise zu begreifen.

Zu dem Zeitpunkt, als das Paar im Jahr 1959 in ihr geräumigeres Apartment am Riverside Drive zog, war dieser legendäre *tribe* («Stamm») schon zu einer festen Institution geworden. Mit den Jahren gewannen Arendts Partys eine gewisse Reputation. «I set my drink down, hard», schrieb John Berryman in seinem Gedicht von 1968 über eine solche Party, das er «New Year's Eve» nannte.[3] Alle haben sich ordentlich einen reingestellt. Arendt hatte sehr genaue Vorstellungen davon, was Gastfreundschaft verlangte, und drängte ihre Gäste dazu, von kleinen Tellerchen mit Nüssen, kandiertem Ingwer, Kuchen, Crackern und Käse zu naschen, «von praktisch allem auf einmal, ungeachtet der üblichen Speisefolge und oft auch der Tageszeit».[4] Ihre vorletzte Silvesterparty wurde sogar in der *New York Times* kommentiert, wo außerdem in Form einer rassistisch angehauchten Verklausulierung vermeldet wurde, die Upper West Side habe sich zu einem Anziehungspunkt für «europäische» (alias «jüdische») Intellektuelle entwickelt, seit die weiße Mittelklasse fort-

und Puerto Ricaner und Afroamerikaner zugezogen seien, was niedrige Mieten bedeutete.[5]

Doch so shabby-chic dies alles auch wirken mag – dass der Jack Daniel's und die Eiscreme auf demselben Tablett serviert werden wie der Sliwowitz und die Schokolade, dass W. H. Auden der Einzige im Raum ist, der einen (abgewetzten) Anzug und selbst darüber noch eine verkrustete Lederjacke trägt –, Tatsache war, dass Arendt im Stillen hart daran arbeitete, die Verbindungen zwischen den Menschen und damit in ihrer Welt aufrechtzuerhalten. «Ihre Präsenz an der Upper West Side war wie die König Lears auf der Heide», so erinnerte sich Alfred Kazin. «Das Königreich ist zerrissen [...], und sie scheint ein wildes dringendes Verlangen nach Beständigkeit im Leben in die Welt hinauszuschreien, in jeder Facette des Lebens. Sie war eine leidenschaftliche und ängstliche Freundin.»[6] Das war allerdings etwas übertrieben. Hannah Arendt wurde zwar zur unmittelbaren Zeugin der Tragödie ihres Zeitalters, knickte dieser gegenüber aber niemals ein. Feststellen kann man hingegen, dass die Weise, wie sie liebte und über die Liebe dachte, möglicherweise ihre vehementeste und konsistenteste Erwiderung auf den Totalitarismus war.

Im Jahr 1946, fünf Jahre nachdem sie aus Gurs entkommen war, fand sie sich in einem weiteren heißen Sommer und in einem anderen Hannover wieder – diesmal in Hanover, Connecticut, wo sie die Kühle genoss und mit der Lektüre von Alexis de Tocqueville begann, des großen Theoretikers der amerikanischen Demokratie, und zudem wieder ihren Shakespeare las. Die Friedlichkeit des Sommers gefiel ihr immer sehr. Die ersten Jahre in New York waren chaotisch gewesen. Neben ihrer journalistischen und aktivistischen Betätigung war sie auch noch die Hauptverdienerin in ihrer kleinen Familie. Heinrich Blücher hatte sowohl mit dem Erlernen der englischen Sprache als auch mit dem Kulturschock zu kämpfen. Ihrer Mutter, die am Ende sicher aus Europa angekommen war, ging es schlecht. Erst nach dem Krieg fand Arendt die Zeit, um die *Elemente und Ursprünge totaler Herrschaft* zusammenzustellen. In jenem Sommer 1946 arbeitete sie am Mittelteil des Buchs, der «Imperialismus» heißt. Die langen Tage waren ihr eine Hilfe, aber sie hatte trotzdem Mühe, wie sie Blücher nach New York schrieb, ihren Überlegungen zu den Menschenrechten den richtigen Ausdruck zu geben («[I]ch […] murkse an den Menschenrechten verzweifelt rum. Die Geschichte krieg und krieg ich nicht klar», so Arendt wörtlich) (*ABB* 141). Der Punkt am Überflüssigsein – in einem Lager eingesperrt, auf der Flucht, am Rand sich herumdrückend – ist der, wie sie argumentierte, dass man nicht mehr wirklich in der Welt ist – man existiert bloß, eine undeutliche Silhouette im dunklen Hintergrund, vor dem alle anderen einfach damit weitermachen, den Rest ihres Lebens zu verbringen; eine Schattenperson inmitten der Schatten. Gerade arbeitete sie an der Begründung dafür, warum dies die Politik nur umso relevanter machte. Die dunklen Orte der Welt können nicht wie von Zauberhand ausgeleuchtet werden, ebenso wenig wie man die Menschenrechte einfach aus einem guten Willen heraufbeschwören kann. Rechte müssen gemacht und festgezurrt werden vermittels der Zustimmung und der Ablehnung, die mit der Politik, dem Recht und der Tradition einhergehend in die Welt kommen, wie sie schreibt. Dann hält sie inne. Das Schattenleben ist nichts, ist disparat, ist totale Entbehrung, und trotzdem gibt es da etwas – nämlich Liebe:

> Diese bloße Existenz, das heißt all das, was uns auf geheimnisvolle Weise von Geburt an mitgegeben ist und worunter die Gestalt unserer Leiber ebenso zählen wie die Talente unseres Geistes, kann nur durch die unberechenbaren Wagnisse der Freundschaft und Sympathie angemessen gewürdigt werden, oder von der großen unermesslichen Anmut der Liebe, die mit Augustinus gesprochen sagt: «*Volu ut sis*» [«Ich will, dass du bist»], ohne in der Lage zu sein, irgendeinen konkreten Grund für eine so hervorragende und unübertreffliche Zuneigung angeben zu können (*OT* 382).

Ich will, dass du bist, *volo ut sis*. Ich denke an die alkoholisierten, verrauchten Partys an der Upper West Side, aber auch an Lili Andrieux, die an der Eingangstür der Frauenbaracken in Gurs mit ihrem stumpf gewordenen Bleistift auf dem Boden herumkrabbelt, um den Schwung des nackten Arms ihrer Nachbarin zeichnerisch einzufangen, während diese sich an einem Gemeinschaftswaschbecken wäscht, und an den ruhigen Atem konzentrierter Leserinnen und Leser in der geselligen Kühle der Bibliothek von Montauban.

★

Die «große unermessliche Anmut der Liebe, die mit Augustinus gesprochen sagt: ‹*Volu ut sis*›» – ein wunderschöner Satz, genauso anmutig und schlicht wie die Liebe, die er anempfiehlt. Arendt sollte ihn im Laufe ihres Lebens noch oft wiederholen. Augustinus selbst hat dies allerdings nie gesagt. Es war Heidegger, der seiner studentischen Freundin in einem seiner frühen Briefe im verführerischen Ton des weisen Mannes erklärte, dass «in der Liebe sein = in die eigenste Existenz gedrängt sein» bedeute. «Amo heißt volo, ut sis, sagt einmal Augustinus: ich liebe Dich – ich will, daß Du seiest, was Du bist» (*AHB* 31). Jetzt wusste sie das also. Nur: Heidegger hat an dieser Stelle doch recht überschwänglich extrapoliert. Augustinus hat diese Aussage *niemals* genauso getätigt, zumindest nicht nach der Auskunft von Experten, die angeben, dass der Heilige von Hippo zwar eine Menge über die Liebe zu sagen hatte, aber nie die Worte *volu ut sis* geschrieben hat. (In seiner achten Predigt über den 1. Johannesbrief schrieb er: *non enim amas in illo quod est; sed quod vis ut sis* [«Du liebst in jenem nämlich nicht, was er ist, sondern was du willst, dass er es sei»]. Damit meinte er aber eben nicht, dass man jemanden für das lieben sollte, was er ist, sondern für das, zu dem Gott ihn machen würde, was ein erheblicher Unterschied ist.)[7]

Heidegger erkannte einen guten romantischen Satz, wenn er ihn geschrieben hatte – wer würde nicht um seiner bloßen Existenz willen geliebt werden wollen? Vier Jahre später benutzte er dieselbe Phrase in einem Brief an eine andere Geliebte, Elisabeth Blochmann, eine ebenfalls brillante jüdische Denkerin (und eine Freundin seiner Frau Elfride Heidegger schon seit Kindertagen) und Pädagogin, die in Marburg studiert hatte, wohin sie nach dem Krieg zurückkehrte, um dort zu lehren.[8] Blochmann ging 1933 von Deutschland nach England, kurz nachdem Heidegger seine Rektoratsrede gehalten hatte.

Hannah Arendts intellektuelles Interesse an der Liebe begann, als sie ihre zum Scheitern verurteilte Liebesaffäre mit Heidegger sehr vernünftig in eine Dissertation über die Liebe im Werk von Augustinus transformierte und damit die Qualen des Verliebtseins geschickt in die Frage nach dem Sein in der Liebe verwandelte. Heidegger argumentierte, dass wir unser Sein nur deshalb in seiner vollen und tiefgreifenden Authentizität erfassen können, weil es auf die eine absolute Tatsache unseres Todes gerichtet ist. «Entscheidend ist dieses urgewaltige *Negative*: *nichts* in den Weg legen der Tiefe des Daseins», schrieb er 1929 an Elisabeth Blochmann.[9] Genau zu diesem Zeitpunkt saß die 22-jährige Arendt allein an ihrem Heidelberger Schreibtisch, schrieb unter der Ägide von Karl Jaspers an ihrer Dissertation und nahm gerade die letzten Korrekturen an einer Arbeit vor, die genau das Gegenteil besagte: Nein, nicht nur der Tod, Martin, erwiderte sie, das Nichts, aus dem wir kommen, ist aus der Liebe heraus geboren; es ist die Liebe selbst, die unsere Existenz und, was entscheidend ist, auch die Existenz der anderen bedeutsam macht. In Heideggers Hauptwerk *Sein und Zeit* von 1927 taucht der Begriff der Liebe nur ein einziges Mal auf, was einer der Gründe dafür war, dass Jaspers das ganze Buch für ungenießbar hielt.

Heidegger hatte sie gelehrt, dass die traditionelle Philosophie tot sei und ihre metaphysischen Begriffe ihre Bedeutung verloren haben. Was bleibe, sei ein Archiv von Worten und Gedanken, deren man sich bedienen könne. In ihrer Dissertation stürzte sich Arendt nun mit der ganzen Anmut und Unerschrockenheit einer jungen Frau in das augustinische Archiv, die begriffen hatte, dass dies auch bedeutete, dass die großen Texte der Weltgeschichte und der Philosophie nun auch ihr gehörten – sie musste sie nur so sorgfältig und unvoreingenommen lesen und deuten, wie sie konnte. Die Frage, mit der sie sich in ihrer Dissertation über Augustinus zum ersten Mal beschäftigt hatte, sollte sie fortan ihr ganzes Leben lang begleiten: Welche Bedeutung haben andere Menschen für unser Leben? Warum sind sie relevant? Warum *sollten* sie relevant sein? Oder, um eine oft anzutreffende Beschwerde aus der öffentlichen Sphäre unserer Tage zu paraphrasieren: Was geht mich das an?

Die Antworten von Augustinus auf diese Fragen muten zunächst nicht sehr vielversprechend an. Er ist, wie man es von dem großen Autor der christlichen Lehre vermuten könnte, doch recht doktrinär, wenn es um die Liebe geht. Du sollst deinen Nächsten lieben wie dich selbst, denn so liebt dich Gott. Die weltliche Liebe, die Begierde nach anderen, ein zwanghaftes Begehren, die Äpfel im Obstgarten eines anderen, eine erektile Überfunktion und die «falsche» Art der Liebe, die den jungen Augustinus mehr als einmal in ernsthafte Schwierigkeiten gebracht hatten – all dies ist nichts im Vergleich zu der Liebe Gottes, die unser ganzes Sein bestimmt und uns in der Ewigkeit erwartet. Nicht die *cupiditas*, die Liebe, die uns alle zu willenlosen Narren macht – so lustig diese auch sein mag –, sondern die *caritas*, die Liebe zu den anderen um der Liebe zu Gott willen, das ist die wahre Liebe. Wenn wir mit Gott lieben, dann ist es uns «in erhabener Weise gleichgültig», wer unser Nächster ist, so wie wir auch gleichgültig gegenüber unseren eigenen Begierden sein sollten. Wir müssen als Gleiche vor Gott lieben – das ist der ganze Sinn des Gebots.[10] Es ist ein kluger Schachzug, sich nicht mit der Liebe der christlichen Lehre anzulegen. Sie besitzt moralische und überirdische Schlagkraft. Sie ist eine strenge und oft mutige, bewundernswerte Art von Liebe. Sie ist die Liebe derer, die glauben, dass es ihre Pflicht ist, andere so zu lieben, wie sie glauben, dass Gott sie liebt – was immer es ihnen auch abzuverlangen vermag.

Wie die junge Arendt einsah, während sie Augustinus' Argumentation nachzeichnete, ist es aber letztendlich schwierig zu erkennen, wo genau andere Menschen in ihrer tatsächlichen Existenz (als «anders», «schwierig», ja vielleicht sogar «nicht liebenswert») in diese Liebesbeziehung mit Gott hineinpassen, zumal Augustinus auch sagt, dass es in Ordnung sei, Menschen gegenüber gemein zu sein, gerade weil es zu ihrem eigenen Wohl geschieht und man sie liebt, wie Gott einen selbst liebt. Was aber, wenn die Liebe im Namen Gottes der Beziehungsfähigkeit unter den Menschen schaden würde?

Augustinus war der erste Semiotiker in der modernen Geschichte. Für ihn bestand die Welt aus einer Verkettung von Zeichen, die alle auf geheimnisvolle Weise miteinander verbunden sind und vor Wunder und Gnade nur so strotzen. Ein guter Christ zu sein hieß für ihn, diese Zeichen richtig zu deuten, nämlich als Beleg für die Liebe Gottes. In diesem Sinne sind daher auch andere Menschen Zeichen dieser göttlichen Liebe. Deshalb ist es akzeptabel, sie zu benutzen und auf weltliche Weise zu lieben: weil sie letztlich, wer auch immer sie sind, für die eine Liebe stehen, die wirklich zählt. Die Liebesgeschichte ist sozusagen schon von vornherein fertig geschrieben.

Und hier begann für Arendt in Ansätzen auch schon das Problematische an der Liebe. Denn mit einer solchen übergeordneten Erzählung im Hintergrund kann der Interpretationsspielraum beängstigend schnell zusammenschrumpfen. Sobald man anfängt, mit Menschen im Namen der Liebe umzugehen und sie für die Ziele der Liebe zu benutzen, besteht die Gefahr, dass man die Einzigartigkeit derer auslöscht, die man zu lieben vorgibt, indem man ihre Unterschiede und damit die menschliche Vielfalt selbst im Namen ihrer Rechte, ihrer Menschlichkeit, ihrer Sünden, ihrer Unsterblichkeit, ihrer *race*, ihrer Verletzlichkeit, ihrer Armut oder im Namen von allem anderen, was die eigene öffentliche Leidenschaft befeuert, einebnet. Millionen Menschen mehr wurden von Ideologien, Religionen und Revolutionen zu Tode geliebt als von ihren Liebhabern (und Millionen von Frauen von Liebhabern, die nach patriarchalen Ideologien handeln). Im Namen der Liebe wird ein gewaltiger Schaden angerichtet. Liebe du nur, aber gib acht, wen du liebst, hat Augustinus bekanntlich gelehrt. Liebe du nur, aber achte darauf, *wie* du liebst, fügte Hannah Arendt hinzu. Du willst ja niemanden zu Tode lieben.

Ihr, die sie Augustinus zeit ihres Lebens immer wieder und oft auch auf schöpferische Weise neu gelesen hat, war sich darüber im Klaren, dass dieser zu verschiedenen Zeitpunkten seines Lebens viele verschiedene Dinge über die Liebe gesagt hatte. Am Ende war es denn auch nicht der geheiligte und frömmlerische Augustinus, der sie wirklich interessierte. Jener Denker, in den sich die junge Arendt verliebt hatte und den sie für den Rest ihres Lebens nahe an ihrem Herzen tragen sollte, war vielmehr der eher unsichere Sterbliche, jener Mensch, der sich stets «selbst ein Rätsel» bleiben sollte, wie er es auf brillante Weise ausgedrückt hat – jener Existenzialist *avant la lettre* also, der zuerst kraftlos liebte, seinen besten Freund verlor, ins Nichts versank, dann durch Gott sich selber fand und schließlich über all dies schrieb – endlos oft, geduldig, liebevoll und aufrichtig. Dieser Augustinus war es, der für Hannah Arendt ein paar substanzielle Dinge über die Liebe zu sagen hatte.

Die Liebe ist bei Augustinus auch der Sinn des Seins. Das war für Arendt seine wichtigste Botschaft. Heidegger hatte recht damit: Wenn wir verliebt sind, sehnen wir uns nach dem, was abwesend ist. In diesem Sinne zwingt uns die Liebe dazu, in der Zeit zu existieren, denn

Zufriedenheit in der Liebe ist immer nur etwas, was wir uns für die Zukunft vorstellen können. Man sehnt sich nicht nach dem, was man schon hat, und so ist es zumindest für den gläubigen Christen eine gute Sache, zu einem nicht genau festgelegten, aber definitiv kommenden Zeitpunkt für alle Ewigkeit in Gottes Liebe vereint zu sein. Doch da Augustinus sowohl ein moderner als auch ein antiker Denker ist, weiß er, dass es nicht ausreicht, wenn uns gesagt wird, dass wir irgendwann einmal geliebt werden; als denkende Wesen brauchen wir dafür einen Beweis. Und dieser Beweis besteht ihm zufolge allein in der Vergangenheit. Wir wissen nie mit Sicherheit, wohin wir gehen – deshalb haben wir den Glauben –, aber wir wissen mit Sicherheit, dass wir einst aus dem absoluten Nichts auf die Welt gekommen sind. Erst waren wir nicht da und dann doch. Alle Menschen teilen diese seltsame Geschichte. Das ist eine Tatsache. Für Augustinus bedeutet diese Schöpfung *ex nihilo*, dass wir herausfinden können, dass wir Geschöpfe der Liebe Gottes sind – denn warum sollten wir sonst hier sein? Für Hannah Arendt bedeutete sie hingegen, dass die Liebe und nicht das Nichts in den Tiefen des «Daseins» existierte.

Später schrieb sie in einer Notiz an sich selbst, dass wir «auf eine nicht auszudenkende ironische Weise» erst wirklich zu Menschen werden, wenn wir uns verlieben.[11] Diese Bemerkung gefällt mir fast so gut wie das «*Volu ut sis*». Tatsächlich sagen beide Sätze das Gleiche aus: Die Liebe ist etwas Singuläres. Das ist sowohl ihre Achillesferse als auch ihre schönste Eigenschaft. Liebe ist das unendlich kostbare Erkennen des menschlichen Andersseins und das Vergnügen an ihm. Auf den Topf des Liebenden passt eben nicht irgendein anderer Deckel, denn ich will dich – genau diesen Deckel in all seiner herrlichen Deckeligkeit. Aber gerade dieser Einzigartigkeit wegen bedeutet Liebe auch, die Vielfältigkeit der Welt zu bejahen: unsere Unterschiede und unsere Fähigkeit, diese Unterschiede zu lieben. Gerade weil die Liebe einzigartig ist, weil niemand je geliebt hat wie wir beide, zählen auch wir zu den vielen.

Liebe ist also die private Leidenschaft, die uns beide zu Individuen und, ob wir es wollen oder nicht, auch zu einem Teil einer größeren gemeinschaftlichen menschlichen Geschichte macht. Wenn wir lieben, bringen wir auch etwas Neues in die Welt: ein Paar, vielleicht ein Kind, vielleicht auch nicht, vielleicht etwas anderes – ein Haus, ein Projekt, ein lebenslanges Gespräch, einen Garten, ein ganzes Sortiment an blöden Kosenamen und belanglosen Streitereien, was auch immer –, aber immer etwas fraglos Neues. «Natalität» sollte Arendt dies in ihrem Buch *Vita activa* nennen: Liebe als Anfang der Welt.

Dies sind tröstliche Gedanken für diejenigen von uns, die bisher nur auf ironische Weise verliebt sein konnten und nie wirklich in der Lage waren, die ganze Sache ernst zu nehmen – wobei es uns egal war, dass wir wochenlang nicht geschlafen haben und nicht die Finger vom Telefon lassen konnten. Vielleicht sind wir nicht einfach nur beschädigt, zynisch oder gehemmt; vielleicht heißt sich zu verlieben tatsächlich, sich in dem ältesten Klischee zu verfangen, das es gibt, oder zumindest in dessen Arendt'scher Variante: «Die Liebe ist Leben ohne Welt. Als solche zeigt sie sich als welt-schöpferisch; sie erschafft, erzeugt eine neue Welt.»[12] Es ist egal, ob man sich dabei albern vorkommt: Man ist verliebt und damit Teil der Welt, und genau aus diesem Grund fühlt man sich auch so albern. Allerdings darf auch diese alltägliche und manchmal wundersame Liebe nicht auf die leichte Schulter genommen werden. Den Insassen des Lagers von Gurs war ebenso wie den New Yorker Freunden sehr bewusst, dass ohne eine Welt, in der andere Menschen sind und in der es Geschichten gibt, in denen man ein Leben erkennen kann, Erzählungen mit Anfang und Ende, nichts anderes existiert als «‹ewig[e] Wiederkehr›», «das todlose Immersein des Menschengeschlechts wie jeder anderen Gattung tierischen Lebens», wie sie es später in der *Vita activa* formulieren sollte (*VA* 132).

In ihrer Dissertation schälte Hannah Arendt aus Augustinus den existenzialistischen Humanisten heraus und verwandelte ihn in einen durch und durch modernen Liebhaber für eine Epoche der Extreme. Sie nahm auch Heideggers amourösen Einzeiler und wandte ihn stillschweigend gegen ihn zurück: Es reicht eben nicht aus, den eigenen Weg von den Angst machenden Menschen in der Welt freizuräumen, während man mit seinem Dasein zielstrebig und kühn auf den Tod zusteuert. Die Welt – das sind andere Menschen, deine Nächsten; und sowohl sie als auch du existieren – wenn die Umstände es erlauben – der Liebe wegen. *Volu ut sis* ist keine blinde Liebe, die aus einem verzweifelten Glauben an eine liebeslose Welt entsteht. Ich möchte, sagt

Arendt – obwohl, nein, nicht nur «ich möchte» –, ich *will*, dass du existierst (wie sie in ihrem unvollendeten Buch vom *Leben des Geistes* noch ausführlicher darlegen würde). Für sie lieben wir nicht allein aus dem Glauben heraus. Vielmehr ist da auch eine unermüdliche moralische Vernunft am Werk, die mit der Erkenntnis anhebt, wie sinnlos unsere Existenz tatsächlich sein kann, und zwar nicht nur für uns selbst, sondern für alle Menschen. Wir *alle* sind Fremde, die das Bedürfnis haben, willkommen geheißen zu werden, weshalb «Ich will, dass du bist» stets eine der stärksten Botschaften von Arendts Denkens bleiben wird.

Mit gerade einmal 22 Jahren nahm sie also die Worte zweier Männer auf – der eine ein manchmal überstrenger Heiliger, der andere jener Denker, der die metaphysischen Grundlagen der Philosophie zerstört hatte, beide allerdings außergewöhnlich selbstverliebt und mehr als nur ein wenig sexistisch –, und münzte sie in eine moderne Schöpfungsgeschichte über die Conditio humana selbst um.

★

Als Hannah Arendt im Sommer 1946 in Connecticut über ihren *Elementen und Ursprüngen* brütete, war Heinrich Blücher sehr darum bemüht, ihr Mut zuzusprechen. Er schrieb ihr, dass ihr gemeinsamer Freund Robert Gilbert ihre Fassung von «Ich will, daß Du seiest» als «das größte und schönste Liebesgedicht der Welt» bezeichnet habe (*ABB* 150). Doch wie Arendt nun feststellte, war die Poesie ein weiterer Teil des Problems mit der Liebe. Poesie ist nicht Politik. «Wir müssen einander lieben oder sterben», hatte ihr lieber Freund W. H. Auden mit seinem speckigen Anzug in seinem berühmten Gedicht «September 1, 1939» geschrieben, nur acht Monate bevor Arendt sich im Vél' d'Hiv einfand. Auden hasste sich später dafür, diese Zeilen verfasst zu haben. «Das ist eine verdammte Lüge», sagte er und schrieb sie zu «Wir müssen einander lieben *und* sterben» um. Doch selbst das war für die Zeiten, in denen er lebte, noch zu hübsch formuliert, so dass er das gesamte Gedicht verwarf. Der Kritiker Ian Sansom nannte «September 1» «das größte Zombiegedicht aller Zeiten»: Es würde einfach nicht sterben, weil die Leute stets glauben wollten, dass uns die Liebe davor zu bewahren vermöge, uns gegenseitig umzubringen. Schöne Gedanken in einem perfekten Satz bündeln zu können war Audens Begabung und Fluch zugleich.[13] Oder wie Arendt in ihrem schönen Nachruf auf den Dichter aus dem Jahr 1973 über seine Poesie schrieb: «Solche Perfektion ist sehr selten.»[14]

«Ich will, daß Du seiest» verweigerte sich in Arendts Denken ebenfalls dem Sterben. Einerseits erlaubte sie es ihm nicht; ohne Liebe gab es keine Conditio humana, ohne Natalität keine Zukunft für die Welt. Liebe ist überhaupt die «vorpolitische» Bedingung für unser gemeinsames In-der-Welt-Sein. Andererseits nahm Arendt die Liebe mit entschiedenem Eifer in Schutz: Sie ist am besten, wenn sie da und zugleich nicht da ist. Gerne führte sie in dieser Sache einen anderen Dichter ins Feld, nämlich William Blake:

> «Willst Du Dein Herz mir schenken, so fang es heimlich an.
> Never seek to tell thy love / Love that never told can be» (*VA* 76).

Liebe ist wortlos, am besten auch öffentlich. Doch dadurch wird sie nicht auch im historischen Sinne wortlos. Der christliche politische Grundsatz, nach dem uns die Nächstenliebe als Gemeinschaft konstituieren kann, wurde (zum Teil von Augustinus) mit einer bestimmten Absicht konzipiert: Werden wir verfolgt, für vogelfrei erklärt und verachtet, dann sorgt unsere Liebe zum Nächsten dafür, dass wir menschlich und lebendig bleiben und füreinander da sind.

An dieser Stelle kommt allerdings Arendts zweites Problem mit der Liebe ins Spiel. Denn jener Liebe gegenüber, die sich als *caritas* in die Welt ergoss, war sie zutiefst misstrauisch. «Natürlich bin ich voreingenommen», schrieb sie am Valentinstag 1960 in einem Brief an Auden, in dem es um das Wesen der Vergebung ging, «nämlich gegen die Nächstenliebe.»[15] Sie und er waren enge Freunde geworden, nachdem Auden eine begeisterte Rezension der *Vita activa* verfasst hatte – eines Buchs, von dem er behauptete, es habe auf ihn «den Eindruck gemacht, speziell für [ihn selbst]» geschrieben worden zu sein.[16] Später, genauer nach Blüchers Tod 1970, als Audens miserable letzte Lebensjahre begannen, machte er Arendt einen Heiratsantrag, den sie sofort und unmissverständlich ablehnte. Sie hätte es sich zwar niemals verziehen, wenn sie Auden allein gelassen hätte, doch ebenso wenig hätte sie es sich jemals erlaubt, jemanden nur aus der *caritas* heraus zu lieben.

Dies alles waren private Gründe. In intellektueller Hinsicht war sie einfach nicht der Meinung, dass die Nächstenliebe ein politisches Prinzip sein sollte. Viel besser wäre es, die Dinge so zu regeln, dass Menschen erst gar nicht in Vernichtungs- und Internierungslagern oder als vulnerable Exilanten enden. Nächstenliebe war für sie, wie sie später sagte, ebenso wie Gewalt ein Politikversagen.

Diese spätere Einsicht gab ihr sogar noch mehr Gründe an die Hand, skeptisch gegenüber jener erhabenen Gleichgültigkeit der Liebe als *caritas* zu bleiben, die ihr erstmals schon als Studentin bei ihrer Augustinus-Lektüre übel aufgestoßen war. Die Abfassung ihres Buchs über die Geschichte der Revolutionen in den späten 1950er und frühen 1960er Jahren brachte ihr dann endlich Klarheit in Bezug auf die Frage, warum sich eine politische Liebe am Ende weder als liebevoll noch als politisch entpuppen könnte. Aufstände in Algerien, Kenia, Kuba und Ungarn sowie die amerikanische Bürgerrechtsbewegung machten deutlich, dass ein neues Zeitalter der Revolutionen bevorstand. Arendt war begeistert: Revolutionen könnten, wie sie dachte, die beste Art von politischen Neuanfängen sein. Gleichzeitig war sie aber auch auf der Hut. Denn die Geschichte hatte sie gelehrt, dass es gute und schlechte Revolutionen gab. Die schlechten Revolutionen krankten gerade daran, dass die Menschen dem Gebot gefolgt waren, mehr zu lieben. «*Par pité, par amour pour l'humanité, soyez inhumains!*», rief Maximilien Robespierre, der Architekt der Terrorwelle, die im Zuge der Revolution über Frankreich hinwegrollte: Um der Liebe zur Menschheit willen, seid unmenschlich! Das ist eben das Problem an der Zombie-Liebe: Einmal losgelassen, und ehe man sich's versieht, türmen sich in den Straßen schon die Leichen auf.

⋆

In ihrer ersten New Yorker Zeit ging Hannah Arendt gerne in den Parks spazieren. Riverside und den Hudson Park am Fluss mochte sie am liebsten. Dort flanierten Heinrich und sie in einträchtigem Schweigen entlang, wobei sie Elegien auf Freundinnen und Freunde ersann, die sie in Europa verloren hatte. Da ist in einem Walter Benjamin gewidmeten Gedicht die Rede von den «Stimmen jener Toten», die «als

Boten [u]ns leiten [...] in den Schlummer», und an anderer Stelle heißt es: «Müde wurden auch wir der Strassen, der Städte, des raschen / Wechsels der Einsamkeit.» Eine dieser Dichtungen schließt mit dem Titel, den sie ursprünglich für die *Elemente und Ursprünge totaler Herrschaft*, des Kreuzes unserer Tage, vorgesehen hatte: «Geht ein liebend Paar vorüber, / Trägt der Zeiten Last.»[17] Gespenster gewordene Gefährten aus Europa, verlorene Nachbarn und Freunde tauchten aus den Nebeln des Hudson River auf, um noch einmal mit Worten geliebt zu werden.

Irgendwann hörten diese Spaziergänge auf. Ich bin mir sicher, dass sie nie jenen Park durchwandert hat, der sich unterhalb jener künstlichen Felswand erstreckt, die sich den Morningside Drive entlangzieht, wo sie in den 1950er Jahren gelebt hat – jenen zerklüfteten Morningdrive Park, der das Gebiet zwischen Morningside Heights und Harlem im Osten durchschneidet. Ich frage mich, wie lange sie wohl gebraucht hat, um jene rassifizierten Eintritts- und Ausgangscodes zu entschlüsseln, die mit unsichtbarer Tinte unter den mit durchdachtem Fingerspitzengefühl konzipierten New Yorker Straßenkarten geschrieben stehen und die die Frage der Nächstenliebe so unendlich viel komplizierter machen, als es sich die 22-Jährige in Heidelberg jemals hätte vorstellen können. Nicht sehr lange, nehme ich an. Im Jahr 1955, in dem sie in den Morningside Drive umzog, genehmigte die Stadt das Vorhaben, die Columbia University auf dem Gebiet des Parks zu errichten. Daran schloss sich ein 15 Jahre währender Kampf gegen Landraub und Gentrifizierung an, der 1968 in einem organisierten zivilen und studentischen Ungehorsam (den Arendt unterstützte) und, zumindest für einen kurzen Moment, dem Siegeszug der Idee gipfelte, dass der Park den Menschen von Harlem und nicht nur denen auf den Heights gehörte.

Im November 1962 veröffentlichte James Baldwin den Essay «Vor dem Kreuz. Brief aus einer Landschaft meines Geistes», der den zweiten Teil seines Buchs *Nach der Flut das Feuer* (*The Fire Next Time*) bildete – ein bahnbrechender Text des modernen Humanismus und ein zentrales Dokument im Archiv der afroamerikanischen Kämpfe im 20. Jahrhundert.[18] Baldwin wusste alles, was es von der Realität der New Yorker Straßenkarten zu wissen gab, und bildete deren Wirklichkeit mit einer so luziden Prosa ab, dass man, wenn man ihn liest, tatsächlich auf den Gedanken kommen könnte, dass die menschliche Liebe am Anfang durch Worte in die Welt gekommen ist, dass alles, was wir heute zu tun haben, darin besteht, diese Worte wiederzufinden, und dass Baldwin genau das geschafft hat. Seine semiautobiografische Novelle *Gehe hin und verkünde es vom Berge* aus dem Jahr 1953 schildert den Weg, den John Grimes im Laufe eines Tages durch die Straßen von Harlem nimmt, wobei jeder Schritt Teil einer übergeordneten historischen und existenziellen Reise ist, in deren Zuge Baldwin sich in die Geschichte seiner Eltern, der Südstaaten und des langen Elends hineinwühlt. Am Anfang des Buchs kommt Grimes aus Harlem und lässt seinen Blick durch den Central Park schweifen: «Verwirrt stand er noch einen Augenblick in dem schmelzenden Schnee, dann lief er den Hügel hinunter, immer schneller, bis er das Gefühl hatte, zu fliegen. Ich kann ja wieder hinaufklettern, dachte er bei sich, wenn es falsch ist, kann ich immer wieder hinaufklettern.»[19]

Nur eine Woche nachdem sie zuerst Baldwins Essay gelesen hatte, schrieb Arendt an ihren Redakteur William Shawn beim *New Yorker*, der ihn veröffentlicht hatte: «Lieber Mr. Shawn, als wir gestern miteinander sprachen, habe ich ganz vergessen, Ihnen zu erzählen, wie beeindruckt ich von dem Stück von James Baldwin in Ihrem Magazin bin. Ich kann seitdem kaum mehr an etwas anderes denken.»[20] Das klang fast so, als hätte sie sich verliebt. Doch was Arendt hieran so sehr berührte, war nicht nur die lyrische Qualität von Baldwins Aufsatz. Es war vielmehr seine Aussage, die ihr so unmittelbar zu Herzen ging: *Nach der Flut das Feuer* ist eine Anklageschrift gegen die Ansprüche des Weißseins darauf, die Conditio humana zu repräsentieren, und zudem an einigen Schlüsselstellen auch eine Ermahnung zur Liebe.

«Die Verantwortung freier Menschen liegt darin, den Konstanten des Lebens zu trauen und sie zu feiern», wie Baldwin dort schrieb. «Geburt, Kampf und Tod sind Konstanten genau wie die Liebe, auch wenn uns das nicht immer so scheinen mag – und das Wesen von Veränderung zu erfassen, zur Veränderung fähig und bereit zu sein.» Diese Passage hätte auch aus Arendts Feder stammen können. Der Teil des Essays, der sie so begeistert hatte, steht allerdings nicht weit vom Ende entfernt, wo der Autor von der Liebe als einem «Gnadenstand» spricht:

> Wir wissen alle, ob wir es zugeben oder nicht, dass Spiegel nur lügen können, dass uns dort einzig der Tod durch Ertrinken erwartet. Aus diesem Grund wird die Liebe so verzweifelt gesucht und so raffiniert gemieden. Die Liebe nimmt uns die Masken ab, von denen wir fürchten, dass wir ohne sie nicht leben können, und von denen wir wissen, dass wir hinter ihnen nicht leben können. Ich benutze das Wort «Liebe» hier nicht nur im persönlichen Sinn, sondern als Seinszustand oder Gnadenstand – nicht im kindlichen amerikanischen Sinn des Glücklichgemachtwerdens, sondern im universellen herben Sinn des Suchens, Wagens und Wachsens. Und ich unterstelle, dass die Rassenspannungen, die Amerikaner heutzutage bedrohen, wenig mit echter Abneigung – eher im Gegenteil – und nur symbolisch mit Hautfarbe zu tun haben. Diese Spannungen wurzeln in denselben Tiefen wie jene, denen Liebe entspringt, oder Mord. Die uneingestandenen – und für ihn offenbar unaussprechlichen – persönlichen Ängste und Sehnsüchte des Weißen werden auf den Schwarzen projiziert.

Liebe reißt die Masken herunter. Liebe als Seinszustand, als Gnadenstand – hart, universell, wagemutig und tapfer, Liebe als der Wille, dass andere sein mögen. Liebe als genau das, was – sofern die «einigermaßen bewussten Weißen und die einigermaßen bewussten Schwarzen» nicht bei ihren Pflichten versagen – Amerika menschlich machen könnte. Sollten wir jemals die Absicht haben, diese Vision Wirklichkeit werden zu lassen, dann müssen, wie Baldwin schließt, die Weißen aufhören, ihre eigene Dunkelheit in die Körper Schwarzer Männer und Frauen einzuschießen. Sie müssen die Maske des Weißseins fallen lassen. Liebt ein bisschen, forderte Baldwin:

> Von der tyrannischen Macht des Schwarzen über ihn kann [der Weiße] genau genommen nur befreit werden, indem er selbst schwarz wird, indem er Teil dieses leidenden, tanzenden Landes wird, das er heute wehmütig von der Höhe seiner einsamen Macht aus betrachtet und, mit geistigen Reiseschecks bewaffnet, nach Einbruch der Dunkelheit heimlich besucht.[21]

Als sie Baldwins Essay las, hatte Arendt gerade die letzten Korrekturen für ihr Buch *Über die Revolution* vor sich. Auch sie hatte erneut über die Liebe und die stille Würde des Mitgefühls geschrieben, das im Zentrum der Conditio humana steht. Was die Liebe jedoch nicht vermag, ist die

Umgehung jener «langwierigen und langweiligen Prozess[e] des Überredens, Überzeugens, Verhandelns und Kompromisseschließens» (*ÜR* 110), wie sie schrieb. Es ist einfach zu gefährlich. Das stimmt immer noch, wie sie meint. Wir können, ja, *dürfen* nicht Politik im Namen der Liebe betreiben. Doch Baldwins Worte hallen trotzdem in ihr nach. Sie legt ihren Stift ab, zündet sich eine Zigarette an, zieht ihre Schreibmaschine über den großen Schreibtisch zu sich heran und fängt an zu tippen.

«Lieber Mr. Baldwin», schreibt sie. Ihr Essay ist ein höchst bedeutsames politisches Ereignis. Sie haben mich auf eine andere Art und Weise gelehrt, worum es in der amerikanischen Politik von *race* geht. Einige ihrer Worte besorgen, ja, «beängstigen» mich allerdings. «Die Liebe ist ein Fremdkörper in der Politik, und wenn er in sie eindringt, dann wird dadurch nichts erreicht außer Heuchelei …».

> All die Eigenschaften des schwarzen Volks, auf die Sie hinweisen – ihre Schönheit, ihre Veranlagung zur Freude, ihre Wärme und ihre Menschlichkeit – sind die wohlbekannten Merkmale aller unterdrückten Völker. Sie erwachsen aus dem Leid und sind der stolzeste Besitz aller Parias. Unglücklicherweise haben sie die Stunde der Befreiung jedoch nie auch nur fünf Minuten überlebt. Hass und Liebe gehören zusammen, und beide sind sie zerstörerisch; man kann sie sich nur im Privaten erlauben und als Volk nur, so lange man nicht frei ist.

Das ist nun nicht gerade ein Liebesbrief. Vielleicht hatte sie ihre Schreibmaschine gar nicht an sich herangezogen. Vielleicht hatte sie diesen Brief einem Assistenten diktiert (am selben Tag schrieb sie ihren Brief an Shawn), weil sie es nicht erwarten konnte, diese Angelegenheit, die sie belastete, zu erledigen und Baldwins Liebe vom Tisch zu bekommen. Wie wir noch sehen werden, gibt es genug Stellen in ihren Schriften über Gewalt, Bürgerrechte, die Studentenunruhen der späten 1960er Jahre und über die Revolution, um behaupten zu können, dass es nicht einfach schlechthin die Liebe in der Politik war, die Arendt beunruhigte (oder eben sogar «beängstigte»), sondern die Schwarze Liebe und die Schwarze Macht – in der Politik, aber auch auf den Straßen, an den Universitäten und draußen im Morningside Park. «In aufrichtiger Bewunderung, herzlich (für den Fall, dass Sie sich erinnern, dass wir einander flüchtig bekannt sind) Ihre Hannah Arendt.»[22]

Baldwin antwortete ihr nicht oder zumindest nicht direkt. Später jedoch, im Jahr 1969, reagierte er auf die Bemerkung eines Interviewers hin, dass es für ihn, Baldwin, aufgrund seines Leids ja «einfacher» sei «zu wissen, wer er ist», mit der Erwähnung von Hannah Arendts Brief, um der zweifelhaften Vorstellung etwas entgegenzusetzen, dass die Unterdrückung der Schwarzen Amerikanerinnen und Amerikaner irgendwie kompensiert werden könnte. «Hannah Arendt hat mir mitgeteilt, dass die Tugenden, die ich in meinem Text für den *New Yorker* beschrieben habe [...], typisch für alle unterdrückten Völker sind. Und wie sie – meiner Meinung nach absolut zu Recht – sagte, überdauern diese positiven Eigenschaften leider nicht einmal die ersten fünf Minuten nach dem Ende ihrer Unterdrückung.»[23] Vielleicht gingen Hannah Arendt und James Baldwin am Ende also doch im selben Park spazieren, auch wenn sie dabei auf unterschiedlichen Pfaden und in verschiedene Richtungen unterwegs waren und sich dabei nicht unbedingt direkt in die Augen sahen.

Ich glaube, es ist wichtig, dass Arendts historisch womöglich wichtigste Konversation über die Liebe nicht mit Heidegger oder gar mit Augustinus, sondern mit James Baldwin stattfand, einem schwulen afroamerikanischen Schriftsteller, der nur ein paar Blocks von ihrer Wohnung im Exil geboren worden war. Baldwin und Arendt (und bis zu einem gewissen Punkt auch Auden) begriffen, was es hieß, vor dem dunklen Hintergrund von Rassismus, Faschismus und Homophobie im 20. Jahrhundert Liebe zu finden, und wertschätzten sie genau deshalb auf ihre je eigene Weise ganz besonders.

1965 übersetzte Arendt ihre Dissertation über Augustinus ins Englische. «Es ist eine Art traumatischer Erfahrung», schrieb sie währenddessen an Mary McCarthy. «Ich überarbeite die ganze verflixte Sache und versuche, nichts Neues zu machen, sondern nur in Englisch (und nicht in Latein) zu erklären, was ich dachte, als ich zwanzig war [...], aber nun hat mich dieses Rencontre auf sonderbare Weise gefangen genommen» (*AMB* 288 f.). Vielleicht war es aber auch nicht allein die Begegnung dieser Frau mittleren Alters mit ihrem jüngeren Ich, was so traumatisch war. Möglicherweise war diese Erfahrung auch dem Umstand geschuldet, dass sich die Frau in ihren Zwanzigern niemals hätte vorstellen können, wie notwendig die unberechenbaren Wagnisse der

Freundschaft und der Liebe einmal sein würden, und das nicht nur für ihr eigenes Leben, sondern auch für ihr Überleben und ihr Denken. Die Übersetzung ins Englische war zugleich auch eine Übersetzung dessen, welche Bedeutung das Lieben mit den Jahren für Hannah Arendt angenommen hatte. Deshalb bekräftigte sie in ihrer Übertragung auch die moralische Überlegung, die hinter dem *volu ut sis* stand: Wir müssen wollen, dass der andere sei. Dies wird uns zwar weder unsterblich machen noch unsere Politik umgestalten, aber es kann dafür sorgen, dass wir uns unsere Menschlichkeit bewahren.

Die ältere Frau blickte auf die jüngere zurück und teilte ihr mit, dass sie gar nicht wusste, wie recht sie hatte, als sie behauptete, dass Liebe Sein bedeutete und Sein etwas war, was wesentlich mit anderen Menschen stattfand. Arendts Hinwendung zur Politik in den 1930er Jahren ließ sie nicht an der Bedeutsamkeit von Liebe zweifeln, sondern verstärkte sogar noch ihre Sympathien mit der Idee, dass Liebe ein Garant von Pluralität ist. Die Liebe zur menschlichen Verschiedenheit, die Liebe, die uns alle zu Menschen von dieser Welt macht, ist zwar eine Voraussetzung für die Gestaltung einer besseren Politik, kann aber selbst kein politisches Ziel sein, ohne genau diese Prämisse zu zerstören. Fragen nach Macht und Differenz, danach, wer Liebe verdient oder nicht oder wer liebenswert ist oder nicht, sind keine Fragen der Politik und sollten es auch niemals werden – und zwar aus dem einfachen Grund nicht, dass die Antworten auf diese Fragen nur zur Tyrannei führen können. Wenn man nicht will, dass Menschen in Lagern sterben oder unter Armut, Vertreibung und Demütigung leiden, dann wäre es nach Arendt besser, sie nicht zu lieben, sondern sich besser direkt auf jene «langwierigen und langweiligen Prozess[e] des Überredens, Überzeugens, Verhandelns und Kompromisseschließens» einzustellen, «welche die der Politik gemäßen Handlungen sind» (*ÜR* 110) – das heißt darauf, in einer verkommenen Welt zu agieren und moralische Verantwortung zu übernehmen.

5
Wie man über *race* nachdenkt – und wie nicht

«Denn die Rasse ist […], politisch gesprochen, nicht der Anfang, sondern das Ende der Menschheit, nicht der Ursprung des Volkes, sondern sein Untergang, nicht die natürliche Geburt des Menschen, sondern sein unnatürlicher Tod.»

Hannah Arendt,
«Über den Imperialismus»

Arendt schrieb Baldwin aus einer starken politischen Identifikation heraus. Liebe ist das Privileg von Paria-Völkern, solange diese nicht frei sind, wie sie ihm mitteilte. Sie wusste das aus Berlin, Paris, Gurs und Montauban. 1959, also drei Jahre zuvor, hatte sie einen Essay mit dem Titel «Reflections on Little Rock» veröffentlicht und darin die Kampagne gegen die Segregation an den Schulen des Jim-Crow-Südens kritisiert. Es sei, wie sie argumentierte, falsch und grausam, im Kampf gegen den Rassismus die Kinder an die vorderste Front zu zerren. Und obgleich sie selbst es nicht so explizit formuliert hat, beanspruchte sie, dies aufgrund ihrer eigenen Kindheitserfahrungen und von ihrer Arbeit mit den jüdischen Kindern in Paris her zu wissen. Aber weder kannte Hannah Arendt die Kinder von Little Rock, Arkansas, noch begriff sie die Geschichte ihres Kampfes. Dieser in einem pathetischen und tadelnden Tonfall gehaltene Aufsatz sorgte denn auch für einen Skandal, weil sie darin eine ihrer eigenen Lehren missachtet: Recht und Freiheit kann man nicht gemeinsam mit Menschen erzeugen, die man nicht sehen kann.

Mit Hannah Arendt über *race* nachzudenken bedeutet auch oft, gegen sie zu denken. Einerseits ist sie zwar eine originäre und beeindruckende Historikerin des modernen Rassismus und des entsprechenden Denkens, deren Paria-Perspektive bei ihrer Ankunft in New York 1941 bereits nahezu vollständig ausgeformt war. Über die nächsten 30 Jahre hinweg sollte sie denn auch immer wieder neue Wege finden, um diese Perspektive in ihrem Schreiben ins Werk zu setzen. Zuerst kamen 1951 die *Elemente und Ursprünge totaler Herrschaft*, gefolgt von der *Vita activa*, ihrem Liebeslied an die Welt sieben Jahre später. In *Über die Revolution* griff sie dann die historischen Fäden von Terror und Freiheit wieder auf. Dieses Buch erschien 1963, in demselben Jahr, in dem ihre kühnste Abrechnung mit dem totalitären Denken, nämlich ihr Report *Eichmann in Jerusalem*, sie ins Bewusstsein der Öffentlichkeit katapultierte. In jedem dieser Bücher brachte sie die Pluralität gegen den Terror und die Tyrannei und die Conditio humana gegen rassistische und unmenschliche Ideologien in Stellung. Ihr Essay über «Little Rock» war allerdings nicht der einzige Fall, in dem sie den amerikanischen Rassismus und den Schwarzen Widerstand dagegen nicht begriff. Kommentatorinnen und Kommentatoren haben angemerkt, dass ihre Begeisterung für die Demokratie in den USA sie für die weißen Mythologien des Landes hat blind werden lassen. Das ist sicherlich richtig, doch diese Blindheit bedeutet, dass da manchmal etwas anderes in ihr brodelt, wenn sie über *race* schreibt. Hannah Arendt war zwar eine überzeugte antirassistische Denkerin, aber das heißt nicht, dass sie auch immer scharf genug über *race* nachgedacht hätte.

*

Arendt war in ihren ersten Jahren in den Vereinigten Staaten noch in ihren Dreißigern. Diese Jahre verbrachte sie damit, zu schreiben, zu lehren und Englisch zu lernen – ihre dritte Sprache (oder ihre vierte, wenn man das Griechische hinzuzählt) –, und damit, wieder auf die Beine zu kommen. Für ihre journalistische Arbeit beim *Aufbau* war sie mit ihrer eigenen Kolumne namens «This Means You!» belohnt worden. Seit 1944 hatte sie bei der in New York ansässigen Organisation Jewish Cultural Reconstruction gearbeitet, die gegründet worden war, um geplünderte und gestohlene jüdische religiöse und kulturelle Artefakte, Bücher, Handschriften und Kunstwerke aufzuspüren. Das Team arbeitete mit Flüchtlingen und Institutionen zusammen, um ein Verzeichnis eines verborgenen Archivs erhaltener Schätze anzulegen. Nach dem Krieg würde Arendt eine auf die Dauer von sechs Monaten angelegte Mission anführen, die in Deutschland das ausfindig machen sollte, was geraubt worden war.

Ihr erstes reifes Buch, die *Elemente und Ursprünge totaler Herrschaft*, war ihre bis dahin größte geschichtliche Bergungsaktion. Da sie noch jung genug war, um sich frei und flexibel zu fühlen, verschaffte New York ihr jene Unabhängigkeit und Distanz, die sie brauchte, um einen Blick zurück auf Europa zu werfen – auf sein kollabierendes System der Nationalstaaten, seine in Scherben liegende politische Kultur und sein gebrochenes philosophisches Herz. In seinem Buch *Dem Archiv verschrieben* von 1995 beschrieb der französische Philosoph Jacques Derrida, inwiefern die Leidenschaft zur Konservierung der Vergangenheit auch ein Symptom des Triebs zur Zerstörung dessen ist, was uns hervorgebracht hat. Und Hannah Arendt archivierte eine Geschichte, die des Totalitarismus nämlich, um jene Denkgewohnheiten, Gefühlsstrukturen und Unterdrückungsgeschichten zu zerstören, die ihn möglich gemacht hatten.

Die *Elemente und Ursprünge totaler Herrschaft* sind ein zugleich sperriges und fiebriges Buch. Nie wieder sollte seine Verfasserin ihre Gelehrtheit durch das Anführen einer derartigen Masse an historischen Belegen unter Beweis stellen. Allein der Fußnotenapparat ist gewaltig. Ihre Thesen untermauerte sie mit Zitaten, Detailstudien, Statistiken und unendlich vielen Nachweisen – und holte die Zeit nach, die ihr die Gestapo 1933 im Archiv der Preußischen Staatsbibliothek verwehrt hatte. Einige ihrer Quellen waren gerade erst frisch aus der Druckerpresse gekommen, als sie sie bereits zitierte; andere, so etwa die lange Geschichte des europäischen Rassismus, reichte bis ins 18. und 19. Jahrhundert zurück. Ihr Hauptziel war es, dem Totalitarismus seine mythische Macht zu nehmen, und ihre Waffe der Wahl war dabei die Geschichte.

Derrida merkte auch an, dass der Akt des Archivierens unsere Verpflichtung aufs Überleben und auf die Zukunft bezeuge. Arendt wusste das auch. Sie fürchtete, dass die von ihr offengelegte Geschichte in jedem Moment verschwinden könnte, so wie es die meisten der europäischen Juden und um Haaresbreite auch sie selbst getan hatten. Ihre *Elemente und Ursprünge* sind dafür bekannt, eine der ersten und die sicherlich originellste Studie eines neuen politischen Phänomens zu sein. Zugleich erzählen sie aber auch eine Geschichte des Überlebens, in der eine Geflüchtete die historischen Ursachen ihrer Entwurzelung dokumentiert. Kein Wunder also, dass dieses Buch so leidenschaftlich und sperrig daherkommt. Wie würde man selbst denn von seinem eigenen gerade noch abgewendeten Verschwinden berichten? Dieser riesige, fast uferlose Text war Hannah Arendts bis dato ambitionierteste Feier ihres eigenen (Über-)Lebens. Manchmal erscheint er mir vor meinem inneren Auge als ein im Gewand der Gelehrtheit daherkommender Akt der Liebe.

Bei der Veröffentlichung des Buchs wurde Arendt für ihre Leidenschaftlichkeit ebenso gelobt wie kritisiert. Das *Times Literary Supplement* tadelte ihre «gequälte und selbstquälende Aufrichtigkeit»,[1] während andere ihr Sentimentalität und mangelnde akademische Interesselosigkeit vorwarfen. Darauf erwiderte sie, dass ihr Thema eine stilistische Herangehensweise erfordere, die auf stille Weise ebenso angewidert sei, wie der Totalitarismus selbst ungeheuerlich war. Alles andere wäre eine Leugnung dessen, was wirklich geschehen ist.[2]

Der Status dieses Buchs als Klassiker des Denkens zur Zeit des Kalten Kriegs hat zudem das Ausmaß verschleiert, in dem es, unter anderem, auch eine Untersuchung zum modernen Rassismus ist. Tatsächlich widmet sich der Großteil des Buchs dieser Geschichte. Die Forschung für den ersten, mit «Antisemitismus» überschriebenen Teil hatte sie noch in Paris und Berlin begonnen. Die religiöse Diskriminierung jüdischer Menschen hatte sich im Laufe des 19. und frühen 20. Jahrhunderts zu einer Ideologie des rassistischen Hasses ausgewachsen («ich war dabei und habe es selbst erlebt», hätte sie an dieser Stelle hinzufügen können). Im zweiten Teil, der den Titel «Imperialismus» trägt, zeichnete sie nach, wie der französische und britische Imperialismus Afrika und Indien mit Hilfe von Ideologien einer rassischen Überlegenheit ausplünderte, die dabei sowohl als Vorwand als auch als nachträgliche Rechtfertigung dienten. Als Deutschland, Österreich und Russland dann den imperialen Rassismus auf Europa selbst richteten, brachten sich jene Elemente in Stellung, die sich später zum Totalitarismus kristallisieren sollten. «Die elementare Struktur des Totalitarismus stellt die verborgene Struktur des Buches dar, während seine mehr sichtbare Einheitlichkeit durch bestimmte grundsätzliche Vorstellungen, die das Ganze wie rote Fäden durchziehen, gegeben ist», wie sie erklärte.[3]

Einer dieser roten Fäden, ja vielleicht sogar *der* rote Faden, waren Rassismus und *race*-bezogenes Denken. Dieser zog sich auch durch die Politik des Landes, in dem sie nun schrieb. Adolf Hitler hatte die Unterdrückung der Afroamerikanerinnen und Afroamerikaner unter den Jim-Crow-Gesetzen der Südstaaten wohlwollend kommentiert, und viele weiße Amerikaner hatten in den 1930er und frühen 1940er Jahren ebenso wohlwollend von ihm gesprochen. Doch dass diese Stimmen nun verstummt waren, hieß nicht zwangsläufig, dass die Betreffenden auch ihre Einstellungen verändert hätten.

In der Frühphase seiner Entstehungsgeschichte war die nun eher verborgene Struktur des Buchs – ebenso wie die fiebrige Empörung seiner Verfasserin – noch viel deutlicher zu erkennen. Eigentlich hatte sie vorgehabt, es *Elements of Shame: Anti-Semitism – Imperialism – Racism* (*Elemente der Schande. Antisemitismus – Imperialismus – Rassismus*) zu nennen. Mir gefällt der Ausdruck «Schande» an dieser Stelle, weil er ihre Überzeugung widerspiegelt, dass eine so grundlegende moralische Grenze überschritten worden war, dass sich die Menschen kaum dazu überwinden können, darüber zu sprechen. Die Beschämten sind für gewöhnlich still, so wie sie es auch in diesem Fall sein könnten. Arendts Elemente der Schande waren Antisemitismus, Imperialismus und Rassismus, von denen keines mit dem Sieg über den Nazismus vom Antlitz der Erde verschwunden ist. Ein weiterer, an Dante gemahnende früherer Arbeitstitel lautete *The Three Pillars of Hell: Anti-Semitism – Imperialism – Racism* (*Die drei Säulen der Hölle: Antisemitismus, Imperialismus, Rassismus*). Der tatsächlich gewählte Titel bis zum Stadium der Druckfahnenkorrektur lautete jedoch *The Burden of our Time. Anti-Semitism – Imperialism – Totalitarianism* (*Die Plage unseres Zeitalters. Antisemitismus – Imperialismus – Totalitarismus*) (was auch der offizielle Name der ersten britischen Ausgabe war). Arendt hatte mittlerweile begriffen, wie Antisemitismus und Imperialismus die elementaren Strukturen darstellten, aus denen schließlich der Totalitarismus hervorgehen sollte. *The Burden of our Time*, eine Wendung, die ihrem Gedicht über ihren Spaziergang mit Blücher am Hudson River entnommen ist, erinnert daran, wie zutiefst persönlich dieses Buch über inhumane und fundamental unpersönliche politische Strukturen eigentlich doch war.

Das Wort «Totalitarismus» fand erst ganz knapp vor Drucklegung des Buchs im Herbst 1950 seinen Weg in den Haupttitel. Ihr US-amerikanischer Verleger war es, der Arendt *The Origins of Totalitarianism* vorschlug. Das ist ein fantastischer Titel. Zudem war es auch ein geschickter Schachzug, die ausdrückliche Erwähnung von Rassismus und Antisemitismus auf dem Cover des Buchs zu vermeiden. 1951 hätten viele Amerikaner nämlich noch davor zurückgeschreckt, eines davon als Kernelement eines politischen Systems zu betrachten, das angeblich die Antithese zu ihrer eigenen liberalen Demokratie war. Von daher war es klug, diese Leserschaft erst einmal dazu zu bringen, das Buch überhaupt aufzuschlagen.

Dass Rassismus, Imperialismus und Antisemitismus auf diese Weise stumm gestellt werden, hatte und hat allerdings bis in die Gegenwart Konsequenzen dafür, wie dieses Buch gelesen wird. Der letzte und heutzutage meistgelesene Teil des Buchs namens «Totale Herrschaft» ist eine erschreckende und erregende Schilderung eines politischen Systems, in dem die menschliche Spontaneität nahezu eliminiert worden ist. Tod und Schrecken durchziehen diese Seiten, auf denen Arendt brillant umreißt, wie Ideologie die Welterfahrung der Menschen in Fetzen reißt, ihren Geist niederdrückt und sich mit einer unerbittlichen dunklen Energie in das Gesetz und in die Institutionen hineinfrisst, bis sie dann am Ende in Gestalt von Vernichtungslagern und Gulag ihren Kulminationspunkt erreicht. Dies war der Albtraum einer «totalen Herrschaft», die mittlerweile in die Welt gekommen war und dort auch bleiben würde, wie sie fürchtete, wenn auch vielleicht nicht in so dramatischer und extremer Form. Aber ein erlahmter Schrecken kann, wie sie weiter behauptete, ebenso, wenn nicht sogar noch stärker moralisch korrumpierend wirken als die energiegeladene Gewalt des puren Terrors.

Arendts Überlegungen implizierten allerdings die These, dass die Elemente, die am Ende zum Totalitarismus zusammenlaufen würden, den meisten modernen politischen Systemen innewohnen. Nicht allein auf überbordende Propaganda, namenlosen Terror, konstantes Ausspioniertwerden, Angst, Zensur, schwarze Flaggen, Konzentrationslager und öffentliche Hinrichtungen müssen wir Acht geben; Rassismus sowie politische und ökonomische Gier waren auch alle schon von Anfang an da. Sie bildeten die Wurzeln.

Die ersten überschüssigen Menschen in der Moderne wurden nach Arendt durch das Verlangen nach überflüssigem Reichtum erzeugt. Will man die Ursprünge des Totalitarismus verstehen, muss man sich die des Imperiums ansehen. «Ich würde die Planeten annektieren, wenn ich könnte», wie der Pfarrerssohn, Bergbaumagnat und Ideologe der weißen Vorherrschaft Cecil Rhodes einmal sagte, als sich seine Mission, die Ressourcen des afrikanischen Kontinents in puren Reichtum und seine Menschen in das dafür nötige Arbeitskräfteheer zu verwandeln, auf ihrem Höhepunkt befand. Und das meinte er vollkommen ernst. Arendt eröffnete den mittleren Teil ihres Buchs, in dem es um den Imperialismus geht, mit diesem irrsinnigen Ausspruch. Vieles von dem, was dann folgte, zielte darauf ab, ihn und alles, für das sein verstörender Eifer standen, in den Staub zu werfen. (Immer wenn ich den Businessmogul Elon Musk davon sprechen höre, wie er als «Lösung» für die Klimakatastrophe seine Pläne für die Kolonisierung des Weltraums ausführt, muss ich an Rhodes' Worte denken.[4])

Ein anderer Engländer, nämlich George Orwell, der so oft mit Arendt im Einklang ist, hatte zuvor schon die in Afrika und Asien wohlbekannte These formuliert, dass die Menschenrechte nicht erst im Europa des mittleren 20. Jahrhunderts, sondern schon mindestens 100 Jahre früher niedergerissen worden waren. Welches war denn die Freiheit, für die der Westen kämpfte, fragte er im Jahr 1939. Wessen Leben genau wurden im Namen der weißen Demokratie geopfert?[5] «[D]a schienen in der Tat alle Elemente für jedermann greifbar vorzuliegen, die nur zusammengeschmolzen werden brauchten, um ein totalitäres Regime auf der Basis einer Rassendoktrin zu errichten», wie Arendt über den britischen Imperialismus schrieb (*TH* 471) und (in der englischen Originalausgabe) noch bemerkte: «Von indischen Bürokraten wurde der ‹Verwaltungsmassenmord› ins Spiel gebracht, während afrikanische Beamte erklärten, man werde nicht erlauben, dass ‹moralische Überlegungen wie etwa das Menschenrecht im Weg› der weißen Vorherrschaft stehen würden» (*OT* 286).

Die lebendige Darstellung und die Neuartigkeit des dritten Teils, «Totale Herrschaft», ließ am Ende vieles von dem historischen Material in den Hintergrund treten, das ihm vorangegangen war, und erzeugte den Eindruck, als seien die Schrecken des Imperialismus in Afrika und Indien bloße Bausteine eines noch größeren Schreckens gewesen – wobei mit diesem «Größeren» gemeint war, dass sein mörderischer Charakter nun auch weiße Menschen betraf. Der Grund dafür, dass die Europäer von Hitler derart angewidert waren – so der martiniquische Dichter und Politiker Aimé Césaire in seinem Buch *Über den Kolonialismus* –, lag darin, dass er «kolonialistische Methoden auf Europa angewendet hat», denen bislang nur Menschen aus Algerien, Indien und Afrika ausgesetzt gewesen waren.[6]

In Großbritannien und in Frankreich hatten imperialistische und koloniale Mythen der weißen Überlegenheit dazu beigetragen, einen Sinn für eine in sich schlüssige nationale Identität zu stiften – und zwar in Ländern, die in Wirklichkeit weit davon entfernt waren, sich ihrer selbst so gewiss zu sein. An anderen Orten in diesem zunehmend verarmenden und instabilen Europa wurden neue Narrative über ethnische Differenzen erfunden, die erklären sollten, warum einige weiße Menschen anderen überlegen waren. Panslawische und pangermanische Bewegungen hatten Ende des 19. Jahrhunderts begonnen, ein Denken in Rassen als Vorwand für Eroberungen und Unterwerfungen auf dem Kontinent selbst anzuführen. Als der jugendliche Adolf Eichmann einige Jahre vor dem Aufstieg der nationalsozialistischen Partei seine kurzen Hosen anzog und mit dem *Österreichischen Wandervogel* die Wälder seiner Heimat erkundete, da wusste er zwar vielleicht nicht viel, aber er glaubte ganz fest und mit Feuereifer daran, dass er für eine größere und vereinigte deutsche Herrenrasse marschierte, damit diese ihren rechtmäßigen Platz im Herzen von Europa einnehmen konnte.

Arendt war sich darüber im Klaren, dass der Rassismus nicht einfach nur Beiwerk jener Katastrophe war, die den Westen im 20. Jahrhundert heimgesucht hatte. *Er selbst* war die Katastrophe. «[Der] wirkliche

Untergang des Abendlandes [wird] sich in der Form des Unterganges oder der Verwandlung von Völkern in Rassen vollziehen […]», wie sie schrieb. «Denn die Rasse ist – was immer auch die Gelehrten von den natur- und geschichtswissenschaftlichen Fakultäten dazu sagen mögen –, politisch gesprochen, nicht der Anfang, sondern das Ende der Menschheit, nicht der Ursprung des Volkes, sondern sein Untergang, nicht die natürliche Geburt des Menschen, sondern sein unnatürlicher Tod.»[7] Die ganze Idee der *race* war ein Mythos, und das Rassendenken hat diesen Mythos zum ideologischen Flügel einer Politik beispielloser administrativer Barbarei gemacht. *Race* war der rote Faden, der von den Lagern in Afrika zu denen in Europa verlief – und die Menschenschlächterei, die in Memoranden und auf Karteikarten im imperialen London und Paris aufgezeichnet wurde, mit der im Berlin der NS-Zeit verband.

Die Welt war noch keine postimperialistische und erst recht keine postrassistische, als Arendt 1946 anfing, an ihrem Buch zu arbeiten. In der Nachkriegszeit festigte die Sowjetunion ihre Herrschaft über den Osten unter dem Banner des Bolschewismus und orientierte sich dabei an alten slawischen Verwandtschaftsverhältnissen. (Kurz zum Vergleich: Wladimir Putins Ansprüche auf die Ukraine sind sogar noch imperialistischer als die der Bolschewisten; dass 1924 eine Klausel in die Verfassung der UdSSR aufgenommen wurde, durch die die einzelnen Republiken ein Recht auf Sezession bekamen, kommentierte er in einem polternden Essay von 2021 mit den Worten: «Russland wurde beraubt.»[8]) In Südafrika, wo Rhodes zuerst damit experimentiert hat, die Hölle auf Erden zu errichten, wurde die Architektur der Apartheid just in dem Moment in Stellung gebracht, in dem Arendt an ihrer letzten Manuskriptfassung saß. 1948 übernahm dort nämlich die National Party die Macht. Im Folgejahr wurde der Prohibition of Mixed Marriages Act verabschiedet, der «gemischtrassige» Ehen verbot, wodurch sich das Land den amerikanischen Südstaaten unter der Jim-Crow-Gesetzgebung deutlich annäherte. Auf dieses Gesetz folgte 1950 der Group Areas Act, der die ethnische Säuberung kleiner und großer Städte legitimierte, der Population Registration Act, der alle Südafrikanerinnen und Südafrikaner nach ihrer *race* kategorisierte, und der Immorality Act, der Geschlechtsverkehr zwischen Angehörigen verschiedener *races* verbot. Wie Arendt sehr genau wusste, waren ähnliche juristische Verbote der *race*-übergreifenden Ehe und der «Rassenmischung» auch in weiten Teilen den USA nach wie vor in Kraft.

Aus Prinzip hat sie den nordamerikanischen Süden nie besucht. Ebenso wenig hätte sie sich auch nur im Traum vorstellen können, Südafrika unter der Apartheid zu bereisen. Sie war von beiden abgestoßen, weil diese auf die totale ideologische Beherrschung des gesellschaftlichen und privaten Lebens durch eine rassistische Ideologie abzielten. Die Zerstörung des Privatlebens durch den Rassismus war auch ihr Ansatzpunkt für ihren Essay «Little Rock». Warum bekämpfen die amerikanischen Liberalen die Existenz von Gesetzen gegen die «Rassenmischung» nicht mit dem gleichen Eifer, mit dem sie die Desegregation von Schulen unterstützen, fragte sie. «Nicht Diskriminierung und gesellschaftlich praktizierte Rassentrennung in allen möglichen Formen, sondern Rassengesetze stellen die Verlängerung des Verbrechens [d. h. die Sklaverei; Anm. d. Ü.] dar, das mit der Gründung dieses Landes einherging.»[9] So wie Jefferson und die Founding Fathers bei der Sklaverei versagt hatten, so scheitert ihr zufolge auch diese Generation von Progressiven daran, sich der ununterbrochenen Geschichte der rassistisch motivierten Gewalt in den USA zu stellen.

Der Schutz des Privaten, der Liebe und der Intimität war ein weiterer Aspekt von Hannah Arendts antitotalitärer Grundhaltung. Sie glaubte nicht, dass uns Gesetze gleich machen könnten oder sollten – dies allerdings nicht deshalb, weil sie nicht an Gerechtigkeit geglaubt hätte, sondern weil sie aus erster Hand jene Gewalt miterlebt hat, die vom Social Engineering ausgeht. Ihr zufolge *muss* das Gesetz vielmehr unser Recht zu lieben schützen, eine Haltung, die sie sowohl in den Vereinigten Staaten als auch in Israel nie müde wurde zu bekräftigen. Denn auch dort waren nach der Staatsgründung 1948 *race*-basierte Gesetze über Mischehen verabschiedet worden, die die Bürgerrechte der aus solchen Verbindungen hervorgehenden Nachkommen einschränkten. Allerdings war Arendt nicht nur um die Stiefel des Fanatismus in Sorge, die in die Schlafzimmer einmarschierten. Gesetze gegen «Rassenmischung» waren für sie vielmehr deshalb so ein hervorstechendes Merkmal von Tyrannei, weil sie versuchten, schon die bloße Möglichkeit einer Politik der Pluralität zu verhindern. Ohne Kinder der Liebe kann es keine Neuanfänge geben.

★

Als Arendt 1946 am «Imperialismus»-Teil ihres Buchs schrieb, veröffentlichte der Historiker und Soziologe W. E. B. Du Bois seine große Studie *The World and Africa. An Inquiry into the Part Which Africa has Played in World History*. In den ersten beiden Kapiteln brachte dieser Autor das Abkippen Europas in die totalitäre Barbarei ebenfalls mit der Geschichte des Imperialismus und Kolonialismus in Verbindung, die von diesem Kontinent ausging. Seine Darstellung ging dabei allerdings tiefer und weiter als die von Arendt. «Eine der Hauptursachen, die [...] die Entwicklung Europas pervertiert hat, war der afrikanische Sklavenhandel», so Du Bois, «und wir waren stets darum bemüht, seinen Verlauf und seine Relevanz umzudeuten und ihm eine viel weniger gewichtige Rolle in der Weltgeschichte zuzuschreiben, als er verdient.»[10] Du Bois' Mission war es, deutlich zu machen, wie *alle* roten Fäden in der Geschichte des Rassismus eigentlich miteinander verbunden waren. Die Sklaverei war nicht nur Amerikas «Gründungsverbrechen», wie Arendt behauptete, sondern auch dasjenige Europas. Denn sie stiftete eine Verbindung zwischen den weißen Mittelklassebürgern beider Kontinente ebenso zuverlässig, wie sie ihren Wohlstand und ihr kulturelles Selbstbewusstsein hervorbrachte. So betrachtet, war es auch nicht richtig, was Arendt in ihrem Essay «Little Rock» behauptet hatte. Anders als sie meinte, waren Imperialismus und Faschismus zwei europäische *race crimes*, deren sich Amerika durchaus auch schuldig gemacht hatte.

Arendt hat *The World and Africa* nicht gelesen, als es 1946 erschien. Ich wünschte, sie hätte es getan, nicht zuletzt deshalb, weil Du Bois sie dazu hätte anstiften können, genauer darüber nachzudenken, wie ihre neue Heimat ebenso sehr in die rassistischen Ursprünge des Totalitarismus verwickelt war wie der Kontinent, von dem sie geflohen war. Das Werk war ihr mit Sicherheit bekannt, und sie hatte auch sein 1935 publiziertes Buch *Black Reconstruction* über den afroamerikanischen Beitrag zur Demokratie in der Zeit nach dem Bürgerkrieg genau gelesen (ihr mit Anmerkungen versehenes Exemplar befindet sich in ihrer Bibliothek, die am Bard College verwahrt wird). Es war auch nicht so, als hätte sie nichts von schwarzer Geschichte gewusst – sie glaubte eben nur nicht, dass dies ihre Geschichte war. So wie viele europäische Autorinnen und Denkerinnen des 20. Jahrhunderts war auch Arendt darauf erpicht, die Mythen von der Überlegenheit der Weißen in Fetzen zu reißen. Doch es war das dunkle Herz des tödlichen Narzissmus dieser Idee, die ihre Aufmerksamkeit anzog, und nicht die historischen Realitäten – oder Humanitäten – der Schwarzen Leben, die verloren gingen, damit jenes Herz weiterhin schlagen konnte.

In den *Elementen und Ursprüngen* kommen Schwarze Leben höchstens im Rückspiegel von Arendts Argumentationsgang vor. Dem in Südafrika ansässigen Volk der Khoikhoi (von Arendt noch als «Hottentotten» bezeichnet), das ein Opfer sowohl der Buren als auch der Engländer geworden war, spricht sie «Irrealität» und ein «gespenstisch erscheinendes Treiben» zu und spiegelt damit genau die kolonialistische Perspektive wider, aus der heraus diese Menschen wie Primitive erscheinen. Ich glaube nicht, dass sie damit sagen wollte, die Khoikhoi seien nicht real gewesen, wobei sie ausreichend Raum selbst noch für diese Vermutung lässt. «Sie waren anscheinend ‹natürliche› Menschen, denen der spezifisch menschliche Charakter, die spezifisch menschliche Realität abging, so dass, als europäische Männer sie abschlachteten, es diesen irgendwie noch nicht einmal bewusst war, dass sie gemordet hatten» (*OT* 251).[11] Der vernichtende ironische Tonfall dieses Satzes ist typisch Hannah Arendt und illustriert den empörten Grundcharakter ihres gesamten moralischen Unterfangens: Was ist dieses «irgendwie», das es Menschen «anscheinend» erlaubte, andere auf diese Weise zu massakrieren – unterschiedslos, rücksichtslos und methodisch, mit Todeslisten in der Hand, die man abends zu Hause gegen den Cricketschläger eintauschte? Wie konnte diese Obszönität direkt vor unserer aller Augen Wirklichkeit werden? 15 Jahre später bewogen die gleichen Fragen sie dazu, dem Eichmann-Prozess in Jerusalem beizuwohnen, da sie immer noch auf der Suche nach Antworten war. Im selben Satz erstreckt sich jenes «irgendwie» jedoch (irgendwie) auch auf die Gemordeten und Massakrierten selbst. Trotz deren in Anführungszeichen gesetzter «Natürlichkeit» und trotz Arendts Kritik am rassistischen Primitivismus haben die Khoikhoi nichts weiter zu sagen oder zu tun. In Arendts Darstellung ihrer Entmenschlichung kommen ihre eigenen

Wahrnehmungen nicht vor. Ungehört und ungesehen verschwinden sie einfach in jener irrealen, gespenstischen Welt des imperialen Rassismus.

*

36 Jahre nachdem Hannah Arendt durch die Straßen von Königsberg gelaufen war, befand sich ein anderes kluges 15-jähriges Mädchen auf dem Heimweg, ihre Bücher fest ans Herz gepresst. Sie war ebenfalls nachdenklich und ernst, und manchmal nutzte sie auch die Zeit ihres Fußwegs von der Schule nach Hause, von zu Hause zum Einkaufen oder von der Kirche nach Hause dazu, sich in ihren Gedanken zu verlieren und zu verschwinden. Doch da sie in Little Rock, Arkansas lebte, waren die Momente, in denen Elizabeth Eckford sich in sich selbst zurückziehen konnte, rar gesät und kostbar. Nur selten war es ihr möglich zu vergessen, dass sie für andere sichtbar war: dass sie ein Schwarzes Mädchen war, das im Süden unter Jim Crow allein umherspazierte.

Am Morgen des 3. September 1957 kämpfte Elizabeth Eckford nicht nur um ihre Gedanken, sondern um ihr Leben. Und für den Fall, dass sie das vergessen sollte, erinnerte sie der johlende Mob aus weißen Jugendlichen daran, der sie umringte – genauer gesagt, riefen sie, dass sie sie lynchen wollen. Elizabeth wusste, dass der Staat Arkansas sie nicht beschützen würde, denn als sie ein paar Minuten zuvor die Stufen der Central High School emporgestiegen war, hatten sich die Bajonette der Nationalgarde auf ihren Körper gerichtet. In den weiteren fünf Minuten, die sie brauchte, um die Treppe wieder hinab, durch die vorgelagerten Grünanlagen hindurch und zurück auf die Straße zu gehen, stellte sie auch fest, dass man, wenn man mit den Augen um Hilfe bittet, wie es Kinder tun, und zwar bei der nächstbesten erwachsenen Frau mit einem freundlichen Gesicht, man als Antwort ihre Spucke ins Gesicht bekommt, wenn diese Frau weiß ist. Und da sie dies nun alles begriffen hatte, wusste sie, dass sie um jeden Preis weitergehen musste, was sie auch tat, mit hinter der Sonnenbrille verborgenen Augen und gekleidet in jenes besondere Kleid, das sie in der Nacht zuvor noch genäht hatte und dessen Petticoat aus Tüll ihre zitternden Knie bedeckte.

Elizabeth Eckford war das öffentlich präsenteste Mitglied der Little

Rock Nine, einer Gruppe schwarzer Teenager, die es wagten, darauf zu bestehen, dass das Recht zählte – dass sie zählten –, und die daher ihre Plätze an der Central High von Little Rock einnehmen wollten. 1954 hatte der Oberste Gerichtshof der USA im berühmten Verfahrenskomplex *Brown v. Board of Education* entschieden, dass segregierte Schulen gegen die Equal Protection Clause im 14. Verfassungszusatz verstießen und desegregiert werden mussten. Die Stadt Little Rock entschied sich darauf, die Umsetzung des Urteils zu verschleppen, was, als Aktivisten und die örtliche Schulbehörde dies monierten, in eine aktive Ausschlusspolitik überging. Als sich das neue Schuljahr 1957 näherte, rief Gouverneur Orval Faubus die Nationalgarde auf den Plan, «um den Frieden zu wahren» – was letztlich bedeutete, die neun neu angemeldeten schwarzen Kinder von der Central High fernzuhalten.

Die Fotos von Elizabeth Eckfords langem Weg von der Schultreppe zur Bushaltestelle wurden auf der ganzen Welt publik gemacht. Niemand konnte verkennen, was geschah, wenn eine junge schwarze Frau ihre Rechte einforderte und allein in den Südstaaten umherging. Da die Familie Eckford kein Telefon besaß, hatte sie die Nachricht nicht erhalten, dass die Polizei die Kinder an diesem ersten Tag zur Schule begleiten würde, und war deshalb allein losgegangen. Das Taxi, zu dem sie von der Aktivistin Grace Lorch geführt wurde, weigerte sich, sie nach Hause zu bringen. Die Journalisten, die sie umringt hatten – hochgewachsene weiße Männer in Anzügen – hielten zwar den Mob von ihr fern, hielten ihr aber direkt mit ihren Kameras ins Gesicht und fragten sie nach ihrem Namen, was sie nun zu tun gedenke und wie verängstigt sie tatsächlich sei. Einer von ihnen, Benjamin Fine, setzte sich neben sie auf die Bank an der Bushaltestelle, legte seinen Arm um sie und flüsterte ihr eindringlich zu: «Zeig ihnen nicht, dass du weinst!» – «Dieses kleine Mädchen, dieses zarte kleine Ding, geht mit dieser ganzen Meute im Schlepptau, die sich wie ein Rudel Wölfe auf sie stürzt», schrieb er später.[12] Elizabeth Eckford zeigte ihnen nicht, dass sie weinte. Sie schloss sich innerlich ab und wartete auf den Bus, der sie zu der Schule für Gehörlose bringen sollte, in der ihre Mutter arbeitete.

Alle interessierten sich für Elizabeth Eckford, aber irgendwie auch wieder nicht. Bei all den Ansprüchen, die an und ab diesem Tag an sie gestellt wurden, machten sich nur wenige weiße Beobachter die Mühe,

Elizabeth Eckford, umgeben von Journalisten, Little Rock, Arkansas, 3. September 1957

die eine Frage zu stellen, die laut Hannah Arendt in der *Vita activa* jedem Neuankömmling – und jeder Person, die eine Veränderung verkörpert – in einer wirklich pluralen Welt gestellt werden müsste: Wer bist du? Was sagen uns, die wir die Welt mit dir teilen, deine Worte und Taten – deine Handlungsfähigkeit – über dich?

Arendt selbst, die mit ihren 51 Jahren in ihrer neuen Heimat zu einer etablierten öffentlichen Intellektuellen geworden war und die Ereignisse im Süden von New York aus mit Sorge betrachtete, stellte diese Frage jedenfalls nicht. «Ich glaube, niemand kann so leicht die überall im Land in Zeitungen und Illustrierten abgedruckte Fotografie vergessen, die ein schwarzes Mädchen zeigt, wie es [...] hautnah von einer Horde johlender und grimassierender Jugendlicher verfolgt wird», schrieb sie in ihrem Essay «Little Rock», der ursprünglich in der jüdischen Zeitschrift *Commentary* erscheinen sollte. Arendt erblickte Eckford und sah ein kleines Mädchen, ein schrecklich verletzliches kleines «schwarzes Mädchen». Doch verzweifelt setzte sie hinzu: «Sind wir heute an dem Punkt angelangt, wo man von den Kindern verlangt, daß sie die Welt verändern oder verbessern sollen? Haben wir die Absicht, künftig unsere politischen Gefechte auf Schulhöfen austragen zu lassen?»[13] Die Antwort auf beide Fragen lautete, wie die Little Rock Nine und zahllose andere Bürgerrechtlerinnen und Bürgerrechtler in den folgenden Monaten und Jahren demonstrieren sollten: ja.

Aber das war nicht die Antwort, die Arendt hören wollte. In einer Prosa, die Ralph Ellison, der Autor von *Der unsichtbare Mann*, als «olympisch» bezeichnet hatte (was er durchaus nicht als Kompliment verstanden wissen wollte), argumentierte sie, dass das Bildungswesen der falsche Kampfplatz sei, um die Segregation zu bekämpfen. Die Bilder von Eckford und dem Mob weißer Jugendlicher seien die schlimmsten Karikaturen einer progressiven Erziehung, in der sich die Erwachsenen jeglicher Verantwortung entledigen würden, indem sie Schwarze Kinder der Gnade der Meute und die Kinder im Mob selbst ihren schlimmsten Instinkten überlassen hätten, warnte sie. Elizabeth Eckford sei im Stich gelassen worden – von ihrer Community, von der NAACP (der National Association for the Advancement of Colored People) und in einem, wie sie meinte, wirklich skandalösen Akt der Gefühllosigkeit auch von ihren Eltern.

In den Tagen vor dem 3. September hatte die Mutter von Elizabeth Eckford, Birdie Eckford, mit der Redakteurin und Journalistin Daisy Bates, die auch Präsidentin der NAACP von Arkansas war, über die Gefahren des Schulbesuchs ihrer Tochter gesprochen. Mrs Eckford erinnerte sich daran, wie sie als Kind mit ihrer Mutter spazieren ging und mit ansehen musste, wie ein Lynchmob sein Opfer durch die Straßen von Little Rock zerrte: «Uns wurde gesagt, wir sollten von der Straße verschwinden. Wir rannten. Und es gelang uns, durch die Seitenstraßen und Hinterhöfe bis zum Haus eines Freundes zu kommen. Aber wir waren nah genug dran, um das Gebrüll des Mobs zu hören […] und den ekelhaften Geruch von brennendem Fleisch zu riechen. Und, Mrs Bates, sie nahmen die Kirchenbänke aus der Bethel Church mit.»[14] Beide Frauen wussten, dass das, was ihren Kindern eventuell bevorstand, weit über die angebliche Anarchie der progressiven Erziehung hinausging. Hannah Arendt jedoch sah dies – und auch Elizabeth Eckford – nicht richtig.

Commentary brachte ihren Beitrag nicht. Am 23. September beorderte Präsident Eisenhower die 101. Luftlandedivision nach Little Rock, und am 24. schritten die Neun endlich durch die Türen der Central High School. Bis zum Ende des Schuljahres hatten sie mit regelmäßigen physischen und psychischen Gewalttaten zu kämpfen. Im Sommer 1958 unternahm Gouverneur Faubus einen weiteren Versuch, die Desegregation zu verzögern, und es gelang ihm, das gesamte Schulsystem für ein Jahr stillzulegen. Die Little Rock Nine, ihre Fürsprecher und die örtliche Schulbehörde richteten sich daher auf einen langen Kampf ein.

Überraschenderweise tat dies auch Hannah Arendt und veröffentlichte ihren Aufsatz in einer anderen Zeitschrift, dem linksgerichteten Magazin *Dissent*, ein ganzes Jahr nachdem sie ihn fertiggestellt hatte. Die zu erwartende Empörung trat denn auch umgehend ein. Arendt war nicht nur zu weit gegangen; viele konnten gar nicht erkennen, wohin sie überhaupt gegangen war. Für die meisten Menschen, zumindest die im Norden, waren die Gründe für die Aufhebung der Segregation ganz eindeutig valide. Der Kern des Problems lag in einer Nation, die es zuließ, dass einige ihrer Kinder glaubten, sie seien es weniger wert, Bildung zu erhalten als andere. Die Beschädigung des Selbstwertgefühls Schwarzer Kinder durch die Segregation war in aktuellen und vielbeachteten Studien nachgewiesen worden, die zudem geholfen hatten, die diesbezügliche liberale Position zu konturieren und die Entschlossenheit der Aktivistinnen und Aktivisten zu stärken. Gegen die Desegregation der Schulen zu argumentieren war schlicht monströs.

Arendt stützte ihre Thesen auf zwei Argumente. Das erste war die Sorge um Gleichheit, Sichtbarkeit und soziale Rechte. In Vorwegnahme von auch zu Beginn des 21. Jahrhunderts geäußerten Bedenken hinsichtlich der Art und Weise, wie ein erfolgreicher Progressivismus konservative Gegenreaktionen hervorrufen kann, befürchtete sie, dass die verpflichtende Aufhebung der «Rassentrennung» in den Schulen die Gefahr in sich birgt, der weißen Wut eine vorgeschobene Rechtfertigung zu geben. Der Widerstand der Weißen gegen Schwarze, die zu sichtbaren Akteuren der politischen Macht werden, war ihrer Meinung nach wohl unvermeidlich, obwohl es nicht zwangsläufig so sein musste. Der Siegeszug des Trumpismus in Amerika hätte sie nicht überrascht. Was sie im Jahr 1957 erschreckte, ebenso wie viele in den Jahren zwischen 2016 und 2020, war die antipolitische Besinnungslosigkeit dieser Wut. Warum sollte man es also riskieren, eine Mob-Mentalität zu entfachen, die das umfassendere Projekt der Herstellung politischer Gleichheit in Gefahr brachte, fragte sie. Und warum sollte man dies tun, während man gleichzeitig schwerwiegende Menschenrechtsverletzungen – vor allem jene Gesetze in den Südstaaten, die den Geschlechtsverkehr und die Ehe von *mixed race* Paaren untersagten – unangetastet lässt? Wenn verhindert werden soll, dass gesellschaftliche Vorurteile sich zur Tyrannei auswachsen, dann sollten wir den Menschen also vielleicht ihre Unterschiedlichkeit und ihre Diskriminierung zugestehen, auch wenn wir sie abstoßend finden.

Arendts Erfahrung mit dem Nationalsozialismus hatte sie für die Gefahren pauschaler gesellschaftlicher Lösungskonzepte sensibilisiert, und ihre Migrationserfahrung in der amerikanischen Massengesellschaft hatte dies noch verstärkt. Sozialer Konformismus war eines der ersten Dinge, die ihr in ihrer neuen Heimat auffielen. «Der Grundwiderspruch des Landes ist politische Freiheit bei gesellschaftlicher Knechtschaft», schrieb sie im Januar 1946 an Karl Jaspers (*AJB* 67). Als sie zum ersten Mal in die USA kam, wurde sie im Rahmen eines Programms zur Flüchtlingsunterbringung von einem Ehepaar in Massachusetts aufgenommen. Die Vereinbarung sah vor, dass sie im Gegenzug für Englischunterricht im Haushalt helfen würde. Dabei entpuppte sie sich, wenig überraschend, als das schlechteste Au-pair-Mädchen und zugleich der wohl interessanteste Hausgast. Sie erledigte so gut wie gar keine Hausarbeit und kochte auch nicht (obwohl sie ihr ganzes Leben lang behaupten sollte, dass sie eine hervorragende Köchin sei; ihre Freunde waren in dieser Hinsicht hinter vorgehaltener Hand allerdings anderer Meinung). Sie blieb lieber bis spät in die Nacht wach, um mit ihren Gastgebern über Politik zu reden, besonders mit dem Ehemann. Sie konnte nicht herausfinden, ob die beiden jüdisch waren oder nicht, aber sie vermutete, dass es da eine Geschichte gab. Arendt war tief beeindruckt davon, wie selbstverständlich das Ehepaar Verantwortung für kommunale und nationale Angelegenheiten übernahm. Sie nahmen an Zusammenkünften teil und schrieben an Abgeordnete, ganz so, als ob das, was sie taten, tatsächlich etwas bewirken würde –

was es auch tat. In Europa hatten sich die Menschen nicht so verhalten. War dies womöglich gelebte politische Freiheit?

Was sie dann allerdings verwunderte, war, dass ein politisch so engagiertes Volk in sozialer Hinsicht gleichzeitig so konservativ sein konnte. Das Recht, Rechte zu haben, war theoretisch vorhanden und wartete darauf, wahrgenommen zu werden. Aber die Stimmung war verhalten und gesellschaftlich erdrückend. Arendt war dabei nicht einfach nur eine snobistische Vertreterin der Alten Welt. Im Hinterkopf hatte sie vielmehr die berühmte Bemerkung des französischen politischen Philosophen des 19. Jahrhunderts, Alexis de Tocqueville, über das Paradox der amerikanischen Demokratie: Die Demokratie verleiht den Menschen zwar eine einzigartige und kostbare Macht, doch stets droht die Tyrannei der Mehrheit. In einer demokratischen Republik, die, wie die USA, sich der Gleichheit verschrieben hat, braucht es nicht viel, damit die Forderung nach sozialer Gleichheit, ja sogar nach Gleichheit im Elend und in der Unterdrückung – eben gesellschaftliche Knechtschaft –, ihren Druck ausübt. Mit anderen Worten: Demokratie ist keine Garantie für politische oder persönliche Freiheit. Die Schriftstellerin Chimamanda Ngozi Adichie hat dieses Paradoxon im Jahr 2022 treffend so paraphrasiert: «Wir fürchten den Mob, aber der Mob sind wir.»[15]

Die Tyrannei des Mobs ist daher auch kein Phänomen, das nur in faschistischen und totalitären Gesellschaften zu beobachten ist. Sie tritt auch in gesellschaftlichen Demokratien auf. Arendt war fest davon überzeugt, dass, sobald Menschen zu ihrer eigenen Geheimpolizei werden, Politik wirklich anfängt, sich zum Schlechten zu wenden. Die sozialen Medien sind, wie sie wohl gesagt hätte, nur das aktuellste Beispiel dafür, wie das, was wie gesellschaftliche Freiheit anmuten mag, auch einen gefährlichen repressiven Konformismus hervorbringen kann. Kaum jemandem muss man heutzutage noch erklären, dass das Internet zur Mob-Bildung führen kann. Wir können Leute anprangern, ihnen folgen und entfolgen, aber wir müssen bedenken, dass die wirkliche politische und wirtschaftliche Macht dabei im Verborgenen bleibt. Eine der wichtigsten geschichtlichen Lehren, die Arendt für die heutige Zeit bereithält, lautet: Jedem sein soziales Umfeld – seine eigenen Clubs, Tinder-Accounts, Partys und Dresscodes –, aber alle müssen mit aller Kraft für das politische Recht auf Anderssein kämpfen.

Diese Lehre ist der Kern ihrer Unterscheidung zwischen der privaten, sozialen und politischen Welt. Stets hegte sie die Sorge, dass sowohl das persönliche als auch das politische Leben in eine zu stark vergesellschaftete Existenz abgleiten könnten. In dieser mittlerweile vielleicht vertrauten Dystopie würden gesellschaftliche Konformisten diktieren, was man sagen oder nicht sagen darf, wie man es sagen darf, was man besser hätte wissen müssen, wie man aussieht, welche Freunde man hat, mit wem man Sex haben sollte und wahrscheinlich sogar auch, wie man ihn haben sollte. Die Moral – das Denken – würde niemals die Chance bekommen, das Thema eines Gesprächs unter vier Augen zu sein, das man in aller Zweisamkeit führt, denn die Gerichte der öffentlichen Meinung hätten darüber bereits entschieden – was bedeutet, dass es überhaupt keine Moral wäre. («Ich würde den Mob weniger fürchten», sagte Adichie, «wenn mein Nachbar nicht schweigen würde, falls ich an den Pranger gestellt werde.») Die politische Macht bliebe in diesem Fall da, wo sie immer schon war, nämlich bei den Eliten, die die Menschen gerne glauben lassen, sie hätten gesellschaftliche Handlungsmacht, während sie in Wirklichkeit nur das Recht haben, sich im Recht zu fühlen – und den Eindruck haben, rechtschaffen oder empört oder zumindest nicht verachtet und einsam zu sein. Im Gegensatz dazu bedeutete Freiheit für Hannah Arendt, sich über die Abstände zwischen den Menschen bewusst zu sein und gemeinsam auf ein kollektives Wohlergehen hinzuarbeiten, wenn es darauf ankam.

Aber die Little Rock Nine verlangten nicht, in ein besonderes Ferienlager aufgenommen zu werden – eines von Arendts eher abseitigen Beispielen für jene Art von zulässiger sozialer Segregation, die wir ständig praktizieren –, ebenso wenig wie ich verlangen würde, dass mir die Conservative Women's Organisation in den sozialen Medien folgt. Sie verlangten vielmehr bloß die Einhaltung des Gesetzes und das Recht auf die gleichen Bildungsprivilegien wie ihre Mitschüler. Sie wollten nicht, dass alle so sein oder denken sollten wie sie. Sie wollten einfach junge Staatsbürgerinnen und Staatsbürger sein.

Ironischerweise war die Lücke in Arendts Argument genau das, was sie schützen wollte: die politischen und individuellen Rechte aller Amerikanerinnen und Amerikaner, einschließlich, und das ist besonders wichtig, der Schwarzen. Auch ihr zweites Argument in diesem Beitrag, das die politische Macht betraf, war in dieser Hinsicht eigenartig. Die amerikanische Republik trug in ihrer föderalen Struktur den Keim des Antitotalitarismus – gerade das ließ sie für sie so attraktiv erscheinen. Eine beständige politische Macht konnte, wie die Gründerväter erkannt hatten, weder durch Zwang noch durch Gewalt etabliert werden, sondern beruhte auf der Macht, die von Menschen und Vereinigungen geschaffen wird. Wo andere politische Systeme sich auf höhere Mächte beriefen – auf Gott, die Herrscherpersönlichkeit, die Geschichte, die Natur, den Terror oder den Staat –, nimmt die republikanische Tradition ihren Ausgang von der Einsicht, dass nur das gemeinsame Handeln der Menschen die Macht auf Dauer stellt. Das heißt allerdings nicht, dass die Macht des Volkes notwendigerweise eine gute Sache ist. Die Bürger können ihre Regierenden auch ganz einfach dazu ermächtigen, schreckliche Dinge zu tun – zu denen es auch gehören kann, sie ihrer eigenen Freiheiten zu berauben und sie in eine gesellschaftliche Knechtschaft zu zwingen. Das Verdienstvolle an einem föderalen und konstitutionellen System liegt für sie allerdings darin, dass es ein System der *checks and balances* vorsieht, um die Staatsmacht für ihr Handeln in die Verantwortung zu nehmen. Es machte die Politik menschlich, das heißt zerbrechlich und stark zugleich – eben lebendig.

Was den Fall *Brown v. Board of Education* anging, so befürchtete sie, dass der Oberste Gerichtshof die Republik durch Überregulierung in Gefahr bringen würde. Dies war allerdings eine recht eigentümliche Auslegung des verfassungsmäßigen Rechts, die Macht und Fähigkeit der einzelnen Bundesstaaten zu unverantwortlichem Handeln zu beschränken, vom 14. Verfassungszusatz einmal ganz zu schweigen. Denn auch wenn man die Autonomie der Bundesstaaten verteidigen wollte, ist es schwer vorstellbar, wie man das tun könnte – wenn, wie Arendt ebenfalls betonte, ebendiese Staaten das Wahlrecht der Schwarzen Bevölkerung beschnitten (und dies bis heute tun), indem sie häufig einen unzureichenden Bildungsgrad als Hinderungsgrund für die Eintragung in das Wählerverzeichnis anführen. Arendt wusste das alles, wollte es aber nicht sehen, als sie die Fotos von Elizabeth Eckford betrachtete.

«Meine erste Frage war: Was würdest du tun wenn du eine N****-Mutter wärst?», erwiderte sie auf ihre Kritiker in ihrem Beitrag für *Dissent*, und zwar mit der Geste eines letzten Worts zu diesem Thema, von dem sich selbst die passioniertesten Arendt-Fans wünschen müssen, sie hätte es nicht gesagt:

> Den Ausgangspunkt meiner Überlegungen bildete ein Zeitungsfoto, das ein N****-Mädchen auf dem Nachhauseweg von einer soeben integrierten Schule zeigte; ein weißer Freund ihres Vaters schützte sie vor einer Horde weißer Kinder, die sie verfolgte, und ihr Gesichtsausdruck war ein beredtes Zeugnis für die offenkundige Tatsache, daß sie nicht gerade glücklich war. [...] Antwort: Ich würde mein Kind unter keinen Umständen Verhältnissen aussetzen, die ihm zumuten, so aufzutreten, als wolle es sich in eine Gruppe, in der es nicht erwünscht ist, hineindrängen.[16]

Hannah Arendt war aber nicht Elizabeth Eckfords Mutter. Sie musste sich nicht ausmalen, was Birdie Eckford getan oder nicht getan hätte. An anderer Stelle fordert Arendt selbst die Kultivierung und Weiterentwicklung einer «erweiterten Form des Denkens», damit wir uns die Erfahrungen anderer Menschen vergegenwärtigen und die Welt aus Blickwinkeln betrachten können, die nicht unsere eigenen sind. Und Arendt ist es auch, die uns immer wieder lehrt, dass das Urteilen eine Sache der Prüfung der Wirklichkeit ist, der Bestimmung der Fakten und des Umgangs mit ihnen, ganz gleich, wie schwer er uns fällt – eine Sache, bei der es darum geht, die Welt so zu schildern, wie sie wirklich ist, um gerade damit den Widerstand gegen sie einzuläuten und sie zu verändern.

Aber sie hat die Fakten eben nicht geprüft. Elizabeth Eckford war *nicht* «auf dem Nachhauseweg von einer soeben integrierten Schule». Sie wurde vielmehr nach Hause gejagt, weil die Schule eben gerade nicht integriert war. Schwarze Eltern, Aktivistinnen und Anwohner waren angewiesen worden, sich an diesem Tag von der Central High fernzuhalten, weil man befürchtete, ihre Anwesenheit könnte noch mehr Gewalt provozieren. Deshalb stimmte es auch nicht, dass «weder weiße noch schwarze Bürger [...] es für ihre Pflicht [hielten], die N****-Kinder sicher zur Schule zu geleiten».[17] Und Elizabeth Eckford wurde auf dem Foto auch nicht von «einem weißen Freund ihres Vaters beschützt», sondern von einem weißen Journalisten abgeschirmt. Benjamin Fine, der für das Bildungsressort zuständige Redakteur der *New York Times*, der mit ihr auf jener Bank saß, war ein Freund von Daisy Bates (aber nicht von Mr. Eckford). «Daisy, sie haben mir ins Gesicht gespuckt. Sie haben mich einen ‹dreckigen Juden› genannt», berichtete er ihr später. «‹Ein dreckiger New Yorker Jude! Schnappt ihn euch!›»[18] Die Nationalgarde reagierte darauf mit der Androhung, Fine wegen Aufwiegelung festzunehmen. Ein jüdischer Mann, der neben einer jungen Schwarzen auf einer öffentlichen Bank saß und ihr sagte, sie solle nicht weinen, war für die weißen Bürger von Little Rock also offenbar Anlass genug, die Bürgersteige aufzureißen.

Arendt wäre zwar nicht überrascht gewesen zu erfahren, dass die gesellschaftlichen Vorurteile des rassistischen Mobs von Little Rock auch einen gewaltsamen Antisemitismus umfassten, thematisierte diese Verbindung in ihrem Aufsatz allerdings nicht. Ebenso wenig hat sie die persönliche Identifikation näher untersucht, die sie so offensichtlich zur Verteidigung der Kinder von Little Rock genötigt hat, wie sie es verstand. Sich selbst zu fragen, was sie anstelle von Elizabeth Eckfords Mutter getan hätte, war eine Möglichkeit, sich daran zu erinnern und zugleich nicht daran zu erinnern, wie es war, als jüdisches Mädchen in den 1920er Jahren allein auf den Straßen Königsberg herumzugehen, zu versuchen – und manchmal daran zu scheitern –, in den eigenen Gedanken zu verschwinden; wie es war, das Recht abgesprochen zu bekommen, bei ihrem eigenen höchstpersönlichen Versuch, die Welt zu verstehen, unsichtbar zu sein.

«[Ich] möchte [...] gern klarstellen, daß ich es als Jüdin für selbstverständlich halte, daß meine Sympathien der Sache der N**** wie aller unterdrückten oder unterprivilegierten Völker gilt», schrieb Arendt am Schluss ihrer «Vorbemerkung» zu ihrem Essay.[19] Doch manche Arten von Sympathie können einem guten politischen Urteilsvermögen im Wege stehen. Die eine und vielleicht wichtigste Sache, die uns Arendts Leben und Werk lehren, ist, dass wir *nichts* als selbstverständlich betrachten sollten. Unterstelle nichts und nimm nichts als gegeben an – überprüfe vielmehr deine Gedanken an der Realität, stelle in Frage – streng dich an. Denke. Aber sie selbst tat es nicht. Im Geheimen erkannte Arendt sich selbst in Elizabeth Eckford wieder, das steht fest, aber es bleibt festzuhalten, dass sie eben Elizabeth Eckford nicht sah. «Weder das ‹schwarze Mädchen› noch das, was sie tat, nahm Arendt wahr», notierte der Philosoph und Schriftsteller Fred Moten. «Eckford ist unsichtbar, weil man sie weder sehen noch hören kann.»[20]

★

«Es gibt keine abstrakten Regeln», hat der Romancier Ralph Ellison einmal erklärt, als er beschrieb, dass antirassistische Kämpfe in ihrem Kontext stets einzigartig sind, obwohl sie alle das gleiche Ziel verfolgen. «Und obgleich das menschliche Ziel einer höheren Humanität für sie alle das gleiche ist, muss jede Gruppe mit den Karten spielen, die die Geschichte an sie austeilt.» Und das, so fügt er hinzu, «verlangt Verständnis». Sein Gesprächspartner war der ebenfalls aus dem Süden stammende Schriftsteller und Literaturkritiker Robert Penn Warren, der wie Arendt zur festen Autorenschaft der *Partisan Review* gehörte. Penn Warren war 1964, dem Jahr, in dem der Civil Rights Act amerikanisches Gesetz wurde, quer durch die USA gereist und hatte Interviews mit führenden Persönlichkeiten der Bewegung wie eben Ellison, aber auch mit lokalen Aktivistinnen und Aktivisten geführt, die in der Anthologie *Who speaks for the Negro?* zusammengefasst wurden.[21]

Ellison hatte wenig Geduld mit Intellektuellen aus dem Norden mit Tendenz zum *Whitesplaining*. «Warum passiert es so oft, dass Kritiker, wenn sie mit dem Amerikaner als *Negro* in Berührung kommen, plötzlich ihr progressives kritisches Handwerkszeug über Bord werfen und mit einer selbstsicheren Überlegenheit wieder auf ziemlich primitive Analysemethoden zurückgreifen?», fragte er in demselben Essay, in dem er Arendts Prosa als «olympisch» bezeichnet hatte. «Warum machen sich so viele von denen, die uns die Bedeutung des schwarzen Lebens erklären wollen, nie die Mühe, in Erfahrung zu bringen, wie vielfältig es wirklich ist?»[22] Genau dieser so gedanken- wie sorglose Mangel an Aufmerksamkeit habe Arendt auch dazu veranlasst, in ihrem Essay «Little Rock» «weit nach links abzudriften», wie er Penn Warren gegenüber erklärte.

Hannah Arendt hatte vergessen, dass niemand mehr über die Tyrannei des gesellschaftlichen Lebens weiß als diejenigen, die in ihm zwar keine Stimme haben, aber gezwungen sind, unter seinen Bedingungen zu leben. Diejenigen, die sie einst als Menschen beschrieben hatte, welche ohne Schirm im Regen leben, verstehen genauer, weil sie völlig durchnässt sind. Die schwarzen Amerikaner *lebten* die Wahrheit des Rassismus, so Ellison, und seien nass bis auf die Knochen.

Für ihn müssen Minderheiten jenes erwähnte «Verständnis» nicht aufgrund irgendeines Gefühls der verständnisvollen liberalen Gutmütigkeit gegenüber den Menschen aufbringen, die ihnen das Leben zur Hölle machen, sondern weil man – wenn man nicht ständig überlegt, nicht permanent über seinen eigenen Platz innerhalb des ganzen Irrsinns reflektiert – Gefahr läuft, genau der Niemand, die überflüssige Person zu werden, die der Rassismus sich vorstellt und die man ihm zufolge sein soll. Ein Übermaß an Verständnis ist damit eine Überlebensstrategie. «Das ist eine schwere Last – ja, es ist eine große Belastung für den Einzelnen», so Ellison gegenüber Penn Warren. «Aber ist das nicht das, worum es in der Zivilisation geht? Ist es nicht das, was uns die Tragödie immer gelehrt hat?»

Die Tragödie lehrt uns, dass die Opfer, die wir bringen, niemals nur individuell, sondern gerade deshalb von Bedeutung sind, weil wir gemeinsam mit anderen existieren. Wenn wir handeln, machen wir uns in der Welt real, sichtbar, ja sogar mutig (Arendt betrachtete, im Anschluss an Aristoteles, den Mut als die wichtigste politische Tugend). Wenn Menschen ihre Wohnung verlassen, den Bus nehmen und sich den Toren einer High School nähern, wenn sie die Gesellschaft herausfordern, dann verlieren sie ihre Privatheit, entblößen sich, setzen alles aufs Spiel, und das nicht einfach für sich selbst, weil sie Helden sein wollen (obwohl auch das vorkommen kann), sondern aus einem impliziten und manchmal sogar unbewussten Verständnis für ihre Position im Verhältnis zu anderen heraus. So jedenfalls argumentierte Hannah Arendt in der *Vita activa*, dem Buch, das sie nach den *Elementen und Ursprüngen totaler Herrschaft* schrieb. Wenn ihr erstes großes Buch die Geschichte erzählte, wie die Hölle auf Erden erschaffen wurde, so war ihr zweites eine Beschreibung jener Art von politischem Humanismus, der diese Hölle wieder aus der Welt schaffen könnte – oder zumindest ihre Ausmaße verringern würde.

Arendts politische Helden in der *Vita activa* sind wir selbst – Akteure in der Welt, ob es uns gefällt oder nicht. Manchmal sind wir uns nicht bewusst, was unsere Handlungen auslösen könnten, und oft verlieren wir uns in den Geschehnissen und wissen nicht, wie es weitergehen soll. Manchmal wissen wir sogar nur, dass wir Teil der Geschichte sind und handeln müssen. Und auch wenn wir der Welt durch unsere Handlungen zeigen, wer wir sind, so «ist [es] im Gegenteil sehr viel wahrscheinlicher, daß dies Wer, das für die Mitwelt so unmißverständlich und eindeutig sich zeigt, dem Zeigenden selbst gerade und immer verborgen bleibt» (*VA* 246). Handeln ist jene Art von Selbstdarstellung, die deshalb wichtig ist, *weil* sie von anderen verstanden wird.

Und das, so Ellison in seinem Interview mit Penn Warren, war mehr oder weniger genau das, was Elizabeth Eckford tat, als sie am 3. September 1957 vor den Toren der Central High erschien: ein Opfer in der Tragödie namens Amerika zu bringen; ein «Wer» zu sein, das sich anderen zeigt. In dieser Hinsicht war sie tatsächlich gar nicht so allein, wie sie aussah. «Die Sache ist die», erklärte Ellison, «meine Mutter hat immer gesagt: Ich weiß nicht, was aus uns wird, wenn ihr jungen Schwarzen nicht dies und das und jenes tut. Der Befehl ist ergangen, und er ergeht immer noch. Ihr solltet jemand sein, und zwar in Bezug auf die Gruppe. Das ist Teil der schwarzen Lebensrealität in den USA, und das bedeutet auch, dass die Idee des Opfers stets präsent ist.»

Mit anderen Worten: Weil sie nicht sehen konnte, wie Elizabeth Eckford als schwarze Amerikanerin unter anderen schwarzen Amerikanern lebte und agierte, erkannte Arendt auch nicht, dass Eckford genau die Wege beschritt, die sie selbst als Umsetzung des Versprechens der Politik verstand. Als sie im Sommer 1965 nach New York zurückgekehrt war, las Arendt Ellisons Interview mit Penn Warren in *Who speaks for the Negro?*, und schon zum zweiten Mal in zwei Jahren drückte sie ihre Zigarette aus, zog ihre Schreibmaschine zu sich heran und tippte einen Brief an einen führenden afroamerikanischen Schriftsteller, der unbeantwortet bleiben sollte:

> Lieber Mr. Ellison,
>
> bei der Lektüre von Robert Penn Warrens *Who speaks for the Negro* bin ich auf das sehr interessante Interview mit Ihnen gestoßen und habe auch Ihre Bemerkungen zu meinen alten Überlegungen zu Little Rock gelesen. Sie haben völlig recht: Es ist genau das «Ideal des Opfers», das ich nicht verstanden habe, und da mein Ausgangspunkt eine Überlegung zu schwarzen Kindern in zwangsweise integrierten Schulen war, hat mich dieses Unverständnis tatsächlich in eine völlig falsche Richtung geführt. Mich erreichte natürlich viel Kritik zu diesem Artikel seitens meiner «liberalen» Freunde oder besser gesagt Nicht-Freunde, die mich, wie ich gestehen muss, nicht weiter gekü m-

mert hat. Aber ich wusste, dass ich irgendwie falsch lag und dachte, dass ich das Element der krassen Gewalt, der elementaren körperlichen Angst in der Situation nicht richtig begriffen hatte. Ihre Ausführungen dazu scheinen mir aber nun so vollkommen zutreffend zu sein, dass ich die Komplexität der Situation einfach nicht verstanden hatte.

Mit freundlichen Grüßen
Ihre
Hannah Arendt[23]

★

Zehn Jahre zuvor, im Frühjahrssemester 1955, hatte Hannah Arendt an der University of California, Berkeley, in San Francisco gelehrt. Ohne Blücher und ihre New Yorker Freunde war sie so allein, wie sie es seit ihrem Aufenthalt auf der Wiese außerhalb von Montauban im Jahr 1940 nicht mehr gewesen war. Sie mochte den Zirkus des Universitätsbetriebs nicht, die sinnlose Schwerfälligkeit der komplizierten Verwaltung, die Wichtigtuerei ihrer Kollegen und die zermürbende Notwendigkeit, ständig auf dem Präsentierteller zu sitzen (die Veröffentlichung der *Elemente und Ursprünge* hatte sie zu einer kleinen akademischen Berühmtheit werden lassen). Ihr alter Lehrer Karl Jaspers versuchte, ihr ein angenehmes europäisches Umfeld zu verschaffen, und schrieb Briefe, um sie bei dem Romanisten Leonardo Olschki und seiner Frau Kate einzuführen, die früher in Heidelberg gelebt hatten und jetzt auch an der Universität lehrten. Das Treffen verlief nicht gut. Kate Olschki sagte gleich zu Beginn in einem konspirativen Ton, sie kämen sich in Berkeley vor «wie in einem ‹N****dorf›» (*AJB* 294). Arendt war angewidert. «Man muß immer von Zeit zu Zeit die Gebildeten sehen, um zu wissen, wo man unter keinen Umständen zurück will», schrieb sie an Heinrich Blücher (*ABB* 350 f.). Daher zog sie sich in ihre holzvertäfelten Räumlichkeiten im Faculty Club zurück, versteckt unter den Bäumen in einer kleinen Senke mitten auf dem Campus, wo wenigstens das Essen gut war, auch wenn dort stets ein leichter Modergeruch in der Luft lag.

Als sie ein Graduiertenseminar über den Totalitarismus gab, lernte sie einen jungen Mann aus Kenia namens Julius Gikonyo Kiano kennen. Kianos Familie gehörte zu den Kikuyu, von denen viele am Mau-Mau-

Aufstand gegen die britische Kolonialherrschaft maßgeblich beteiligt gewesen waren. Nach seiner Rückkehr nach Kenia arbeitete Kiano an den Luftbrücken mit, über die Studentenführer an ausländische Universitäten entsandt wurden, um sie auf eine dekoloniale Regierungsform vorzubereiten (Arendt schrieb Briefe zur Unterstützung dieser Mission). Schließlich wurde er Minister in der unabhängigen Regierung von Jomo Kenyatta. Erstmals imponiert hatte er ihr mit einem Referat über Stalin. «Das war der beste Report, der bisher in diesem Seminar gegeben worden ist. Der Bursche hat einfach alles verstanden und dabei eine Souveränität der Anordnung und des Vortrags, gegen die meine sonstigen graduate students wie kleine Pinscher aussehen», schrieb sie Blücher, der in einem immer noch winterlichen New York festsaß. «Was ist bloß mit der Welt los, daß das möglich ist! Schöne Welt!» (*ABB* 381) Abends und am Wochenende veranstaltete Arendt für Kiano zusätzliche Tutorien über Kant.

Außer über die nicht dokumentierten Szenen aus dem Berliner Gefängnis, wo sie 1933 mit jenem jungen Gestapo-Offizier im Dialog stand, denke ich manchmal auch über die Gespräche und Interaktionen nach, die zwischen Julius Gikonyo Kiano und Hannah Arendt hinter den Mauern ihres Büros in Berkeley stattgefunden haben könnten. Hat er ihr von den Folterlagern erzählt, die von den Briten betrieben wurden? Von Freunden und Verwandten, die verschwunden waren? Von seinem Heimweh? Und hat sie darauf erwidert, dass sie sich selbst an Ähnliches erinnerte, als sie in seinem Alter war? Haben sie darüber gesprochen, wie man die Demokratie am besten vor dem Totalitarismus schützen kann? Hat Kiano, als sie zusammen über ihrem Kant brüteten, gefragt, wie Arendt die Forderung des Philosophen, jeden Menschen als Zweck an sich selbst zu behandeln, mit seinem Rassismus in Einklang gebracht hat? Hat er vielleicht höflich eingewandt, dass er gar nicht so klug sei, wie sie zu glauben schien, und ihre Unterstellung infrage gestellt, dass sein akademischer Fleiß etwas Außergewöhnliches, ja sogar Schönes sei? Hat sie dann geschnaubt und ihm geantwortet, sie wisse sehr wohl, wie es sei, wenn man als Jüdin und als Frau als «Ausnahme» behandelt werde, und das tue sie in seinem Fall ganz gewiss *nicht*? Hat er die Brauen ein wenig gehoben? Hatte er sich vielleicht mit ihrer gönnerhaften Herablassung abgefunden, weil er erkannte, dass sie einsam war und dass diese Einsamkeit tief in ihrem Inneren einen alten Schrecken wachgerüttelt hatte, den er wiedererkannte? Waren sie Freunde?

6
Wie man nicht denkt

«Der ideale Untertan einer totalitären Herrschaft ist nicht der überzeugte Nazi oder der engagierte Kommunist, sondern ein Mensch, für den die Unterscheidung zwischen Tatsache und Erfindung (d. h. die Realität der Erfahrung) und die zwischen wahr und falsch (d. h. Normen des Denkens) nicht mehr existiert.»

Hannah Arendt,
The Origins of Totalitarianism

Als Wladimir Putin im Februar 2022 zum Angriff auf das ukrainische Volk blies, tauchten in den Zeitungen und auf den Bildschirmen so häufig Landkarten mit den Grenzen Osteuropas auf wie seit den Monaten nach dem Ende des Kalten Krieges nicht mehr. Im Osten befanden sich Russland, rot und groß, sowie Estland, Lettland, Weißrussland und die Ukraine, die unmittelbar angrenzten. Dann lag da im Westen, viele Kilometer vom eigentlichen Russland entfernt, direkt an der Ostseeküste und eingequetscht zwischen Litauen und Polen, ein weiterer roter Abschnitt, rechteckig und in seiner Form an einen Panzer erinnernd. Dies ist die russische Exklave Kaliningrad, früher bekannt als Königsberg. Die Stadt mit ihrem strategisch wichtigen Zugang zur Ostsee war auf der Potsdamer Konferenz der Siegermächte des Zweiten Weltkriegs der Sowjetunion «zugefallen» und nach Michail Kalinin benannt worden, dem ehemaligen Vorsitzenden des Obersten Sowjets, der im Juni 1946 gestorben war. Die sowjetische Invasion hatte 1945 mit der Operation «Heilige Rache» und der massenhaften Vergewaltigung der Frauen und Mädchen in der Stadt begonnen. Dies war bereits das zweite Mal, dass Russland die Stadt eingenommen hatte. Das erste Mal war zwischen 1758 und 1762, als eine weitgehend gewaltfreie Koexistenz aufrechterhalten wurde. Im Gegensatz dazu war die sowjetische Besatzung total: Durch massenhafte Vertreibungen wurde die Stadt rasch von den meisten verbliebenen ethnischen Deutschen gesäubert, während aus dem Norden und Osten Menschen zugladungsweise eintrafen, um auf den Straßen und in den leerstehenden Häusern eine neue sowjetische und slawische Realität zu erschaffen. Das eine totalitäre Regime war also an die Stelle des besiegten anderen getreten.

Im Jahr 1924, dem Jahr, in dem Hannah Arendt Königsberg verließ, um in Marburg zu studieren, errichtete die Stadt zur Feier des 200. Geburtstags von Immanuel Kant ein großes neoklassizistisches Mausoleum über dessen Grab direkt neben dem Dom auf der Kneiphofinsel. Bei den Bombenangriffen der britischen Luftwaffe im Sommer 1944 wurde das Gotteshaus genauso wie alle sieben Brücken der Stadt beschädigt, so dass das Denkmal nun einsam in den grauen Himmel ragte. Während der Schlacht um Königsberg hatte sich ein sowjetischer Soldat über das Grab geworfen, um Kants Andenken vor dem Beschuss der Wehrmacht zu schützen. Stalin, so wurde gemunkelt, hatte angeordnet, dass das Mausoleum unangetastet bleiben sollte; ohne Kant hätte es schließlich auch Marx nicht gegeben. Ein erhalten gebliebenes Foto aus der Zeit um 1951, dem Jahr der Veröffentlichung der *Elemente und Ursprünge totaler Herrschaft*, zeigt jedoch auch, wie das Denkmal von sowjetischen Besatzungssoldaten beschmiert wurde. «Hast du gedacht, dass der russische ‹Iwan› einmal auf deinem Grab stehen wird?», hatte einer geschrieben, und «jetzt verstehst du, dass die Welt materiell ist» ein anderer.[1]

Wenn Königsberg der Ort war, an dem Hannah Arendt zum ersten Mal lernte, wie Kant zu denken, so war Kaliningrad der Ort, an dem der Totalitarismus sowjetischer Prägung die Wiege des europäischen kosmopolitischen Denkens von der Welt isolierte und damit einen seiner symbolischsten, aber auch strategisch bedeutsamsten Siege errang. Die Tatsache, dass ihre Heimatstadt nicht nur von einem, sondern gleich von zwei totalitären Regimen okkupiert wurde, ist eine so überbordende historische und biografische Ironie, dass nicht einmal Hannah

Arendt selbst imstande schien, darüber unmittelbar zu schreiben. Tatsächlich vermochte sie es aber auch gar nicht. Es war nämlich schwer, dokumentarische Zeugnisse über die Stadt in den 1940er und 1950er Jahren zu finden. Karl Jaspers schickte ihr zwar eine kleine frühe Studie über die Geschichte Königsbergs während des Krieges, aber für den größten Teil des späteren 20. Jahrhunderts wurden die Geschicke der Stadt von genau denjenigen historischen Kräften verfinstert, die zu begreifen sie angetreten war.

In einem anderen Sinne hat Hannah Arendt aber auch nie aufgehört, über Königsberg-Kaliningrad zu schreiben, einfach weil sie nie aufgehört hat, das totalitäre Denken zu bekämpfen. Die Antwort auf einen sich abschottenden Geist, so insistierte Arendt, muss ein Geist sein, der noch offener für Irritation, Fluidität und eine Infragestellung der Dinge ist. Gegen die Dumpfheit des Dogmas führte sie ihre revitalisierte Auffassung von Kants *Verstand* ein – die Kraft des Denkens, der Reflexion und der unermüdlichen Suche nach Sinn, die ideologische Klischees auflösen und falsche Prämissen zerschmettern kann. Dem gewaltsamen Verschwinden setzte sie den Mut zu erscheinen entgegen, und gegen die Beschneidung der Bewegungs- und der Redefreiheit bekräftigte sie Kants Beharren auf der «Freiheit [...], von seiner Vernunft in allen Stücken öffentlichen Gebrauch zu machen». «Niemand hat das Recht zu gehorchen!» Sie wollte einen kühneren, revolutionäreren Kant repräsentieren, um sich ihrer beider Stadt zurückzuholen – wenn schon nicht in der Realität, so doch wenigstens in ihren Worten.

Nach dem Ende des Kalten Kriegs öffnete sich Kaliningrad für die Welt. 1996 wurde Kants Mausoleum sorgfältig restauriert. Heute ist sein Grab wieder von zartrosa Säulen umkränzt, und das Denkmal erstrahlt in voller Pracht. Hotels und Wohnblocks mit Blick auf die Hochstraße des Lenin-Prospekts, die in den 1970er Jahren zwei der alten Stadtbrücken ersetzt hat, wurden renoviert und auf TripAdvisor gelistet. Touristen kamen, um zu sehen, ob sie Eulers Theorem auch noch mittels der verbliebenen Brücken der Stadt nachvollziehen konnten. Im Jahr 2016 stellte der niederländische Künstler Ram Katzir im dortigen Museum Friedländer Tor ein Denkmal für Hannah Arendt aus, das den Titel «Petrification [Versteinerung] 2016» trägt. Dabei handelte es sich um einen Koffer, der aus schweren Jerusalem-Steinen bestand und mit Draht zusammengebunden war. «Kann man einen Ort mit sich herumtragen?», fragte eine Beschriftung. Ja, das kann man: Hannah Arendt trug die philosophischen Grundsteine von Königsberg ein Leben lang mit sich.

Allerdings stellte sich auch heraus, dass Kaliningrad noch nicht bereit war für Hannah Arendts Rückkehr. Die Anzeichen dafür, dass die Stadt dem Ende ihrer totalitären Geschichte doch noch nicht so nahe war, wie manche gehofft hatten, waren schon vor den 2020er Jahren deutlich geworden. So kam es 2018 zu einem öffentlichen Streit über den Vorschlag, den Flughafen der Stadt nach Immanuel Kant zu benennen. Auf YouTube wurde ein Vizeadmiral der russischen Marine, Igor Muchametschin, bei einer wüsten Schimpftirade gegen Kant gezeigt. Seinen Matrosen erklärte er: «Der hat irgendein unverständliches Buch geschrieben, das keiner der heute Anwesenden gelesen hat und auch nicht lesen wird.» Der russische Nationalismus der Gegenwart teilt eben weder mit Immanuel Kant noch mit Hannah Arendt das gleiche moralische Universum.[2] Als ich in Vorbereitung auf die Abfassung dieses Kapitels die *Elemente und Ursprünge* noch einmal las, fand ich die Passage am schockierendsten, in der Arendt vorhersagt, wie das Vermächtnis des Totalitarismus noch lange nach dem Fall der totalitären Regime erfahren werden wird:

> Demgegenüber unterstellen wir, daß die heutige Krise so wenig mit dem Wegräumen Stalins erledigt sein wird, wie sie nach dem Fall Hitlers erledigt war. Es könnte sogar sein, daß die wirklichen Probleme der Zeit sich in ihrer wahren Gestalt (wenn auch keineswegs notwendigerweise weiterhin in ihren blutigsten Formen) erst zeigen werden, wenn die totalitären Diktaturen eine Sache der Vergangenheit geworden sind.[3]

⋆

Das Buch ist «wie ein Roman», stellte Mary McCarthy über die erste vollständige Ausgabe der *Elemente und Ursprünge totaler Herrschaft* fest. Arendt und sie waren bei ihrer ersten Begegnung im Jahr 1945 auf einer Party in New York zunächst aneinandergeraten, die Philip Rahv, McCarthys Ex-Liebhaber von der *Partisan Review*, veranstaltete. Die Schriftstellerin, die wie Arendt einen scharfen Verstand besaß und sich selten die

Butter vom Brot nehmen ließ, machte bei ihrer gegenseitigen Vorstellung eine sarkastische Bemerkung über die Unbeliebtheit Hitlers in Paris. Aus Arendt, die erschöpft war von der Arbeit, dem Krieg und der Trauer um ihre Toten, platzte daraufhin ein für sie untypischer und dramatisch wichtigtuerischer Satz hervor: «Wie können Sie so etwas vor mir sagen – einem Opfer Hitlers, einer Person, die in einem Konzentrationslager war!»[4] Einige Jahre später trafen sie sich wieder, stellten fest, dass sie sich eigentlich ganz gerne mochten, und tauschten Entschuldigungen und kurz darauf die ersten von vielen Büchern aus. McCarthy schickte Arendt ihren knackigen dünnen Schlüsselroman *The Oasis* (1949), der auf satirische Weise selbstherrliche amerikanische Intellektuelle aufs Korn nimmt, während Arendt durch die Übersendung der weder knackigen noch dünnen *Elemente und Ursprünge* ihre frühe Freundschaft gleich anfangs schon auf eine höhere Ebene brachte.

«Liebe Hannah», so beginnt McCarthys erster Brief in ihrer langen, intimen Korrespondenz, «in den letzten beiden Wochen war ich ganz versunken in Dein Buch [*The Origins of Totalitarianism*], habe es in der Badewanne, im Auto, in der Schlange im Lebensmittelgeschäft gelesen. Ich halte es für eine wahrhaft außergewöhnliche Arbeit [...], und zugleich ist es fesselnd und faszinierend wie ein Roman; es bringt fast auf jeder Seite etwas Neues, das man aufgrund des Vorhergegangenen nicht erwartet hätte, was man dann aber als absolut schlüssig und von der Grundidee her bereits angelegt erkennt» (*IV* 47).

Ein Buch, das so fesselnd ist, dass man es in der Badewanne liest, muss eine erhebliche Strahlkraft besitzen, und tatsächlich ist der Argumentationsgang der *Elemente und Ursprünge totaler Herrschaft* auf eine düstere Weise zwingend. Arendt beschreibt darin eine Gesellschaft von einsamen, atomisierten, leblosen Menschen, «eine unorganisierte, unstrukturierte Masse verzweifelter und haßerfüllter Individuen», die von Wut, Angst, organisiertem Terror, massenhaftem Tod und unaussprechlichen Leiden gezeichnet sind (*TH* 677). Dies ist eine Welt des Horros auf Science-Fiction-Niveau: vollkommen fremdartig, unfassbar und empörend. Doch je mehr man von der Geschichte darüber erfährt, wie sich der Keim dieser Hölle auf Erden entfalten konnte, umso eher bekommt man, wie McCarthy schreibt, den wachsenden, unangenehmen Eindruck, dass dem Ganzen eine gewisse Zwangsläufigkeit eignet. Ich glaube, das liegt zum Teil daran, dass die in dem Buch dargelegte Historie zwar drastisch ist, das ihr zugrunde liegende Ideengemisch uns aber vertraut erscheint. Die *Elemente* lesen sich deshalb wie ein guter Roman, weil sie Lesern und Leserinnen eine Erfahrung offenbaren, die sie zwar schon kennen, dank dieses Buchs aber nun auch begreifen können. Aus demselben Grund kann seine Lektüre aber auch noch im 21. Jahrhundert genauso bestürzend sein wie im 20.

Erzählt wird die Geschichte, wie Millionen Europäerinnen und Europäer im letzten Jahrhundert die Bereitschaft dazu entwickelten, in einer mörderischen ideologischen Fantasiewelt zu leben. Schluss mit der epischen Vorstellung, dass die totalitären Massen von einem gemeinsamen Ziel angetrieben worden wären, von einem großen und uniformen idealistischen Engagement für eine kühne, leidenschaftliche, aber leider böse Idee. Schluss auch mit dem gotischen Schreckensbild von den verschlagenen und manipulativen Machthabern, die von einem Heer dummer und leichtgläubiger Erfüllungsgehilfen unterstützt worden wären. Die Geschichte, die Arendt im letzten, mit «Totale Herrschaft» überschriebenen Teil ihres Buchs schildert, ist sowohl prosaischer als auch kitschiger – und deshalb ist sie uns auch so vertraut.

Es gab diverse Vorzeichen, die die Herausbildung des Totalitarismus ankündigten. Es gab den Rassismus und den Imperialismus, wie wir gesehen haben, aber auch den Mob und den Nationalismus in Frankreich, im vornazistischen Deutschland und in Österreich. Demagogen heizten die Emotionen auf dem ganzen Kontinent an, und autoritäre Politiker versprachen, sich um die Belange der einfachen Leute in Portugal, Ungarn und Polen zu kümmern. In Spanien und Italien herrschte ein Faschismus, der zwar brutal und bösartig war, aber noch nicht den totalen Angriff auf die Politik selbst darstellte, der mit den totalitären Regimen verbunden war. Überall auf der Welt gab es totalitäre Bewegungen, die den Augenblick der finsteren Unzufriedenheit ausschlachteten, indem sie ihm den Anschein eines unaufhaltsamen Momentums gaben – das allerdings sehr wohl hätte gebremst werden können, nämlich dann, wenn es genügend politischen Raum für Widerstand gegeben hätte.

Der Ausgangspunkt für all diese Phänomene in Europa war die Entwurzelung der Menschen, die mit dem Kapitalismus, Imperialismus,

Nationalismus und der Revolution einhergegangen war. Der Endpunkt der totalitären Regime bestand darin, die Überflüssigkeit des Menschlichen zu einem Dauerzustand der absoluten Herrschaft zu machen: Die Anonymität des modernen Lebens erreicht ihren Höhepunkt in einem politischen System, in dem der Mensch überhaupt keine Rolle mehr spielt.

In Westeuropa untergrub die gesellschaftliche Desintegration die Versprechen der liberalen Demokratien, bevor Letztere überhaupt richtig in Gang gekommen waren. Zuvor hatte das Gefühl der Zugehörigkeit zu einer Klasse oder Gruppe die Tatsache zugedeckt, dass es trotz der Ausweitung des Wahlrechts und der politischen Emanzipation auf dem gesamten Kontinent kaum echte repräsentative demokratische Aktivitäten gegeben hatte. Eine Zeit lang konnten es sich die Menschen erlauben, sich nicht für ihre nationale Politik zu interessieren, weil sie ihr gesellschaftliches Selbstwertgefühl von anderswoher bezogen. Als das Versprechen auf soziale Wertschätzung und Selbstbestimmung, das die Väter von Hannah Arendt und Adolf Eichmann gleichermaßen angespornt hatte, unter den Bedingungen des wirtschaftlichen Chaos und des Kriegs in den ersten Jahrzehnten des Jahrhunderts jedoch zu zerbröckeln begann, wurde deutlich, wie hohl die Politik der damaligen Zeit tatsächlich war. Das schmutzige Geheimnis der Demokratie wurde gelüftet. In Arendts Worten bestand es darin, «daß politische neutrale und indifferente Massen die Mehrheit der Bevölkerung auch in einer Demokratie bilden können und dass es also demokratisch regierte Staaten gibt, die zwar im Sinne des Mehrheitsprinzips funktionieren, in denen aber dennoch nur eine Minderheit herrscht oder überhaupt politisch repräsentiert ist» (*TH* 670). Eine kleine Anzahl von Menschen regierte, um es ganz kurz auf den Punkt zu bringen, weitgehend aus Eigeninteresse. Und als sich herausstellte, dass die politischen Parteien nicht das taten, was sie angekündigt hatten, nämlich die Interessen bestimmter Gruppen oder Klassen zu vertreten, entstand ein Vakuum im Zentrum der politischen Macht. Eine andere Art von antidemokratischer Politik entwickelte sich, in deren Mittelpunkt «eine furchtbare negative Solidarität» (*TH* 678) der einstmals «politisch Neutralen und Indifferenten» stand. Die dumpfen grauen Massen, die die populäre Vorstellungswelt mit der totalitären Herrschaft des 20. Jahrhunderts assoziiert, waren nie wirklich uniformer Natur, wie uns Arendt erklärt. Massenbewegungen setzten sich vielmehr aus isolierten Einzelgängern und den Verlierern der Demokratie zusammen.

Und genau das passierte tatsächlich in Westuropa. Um den Totalitarismus in der Sowjetunion möglich zu machen, musste Stalin die gesellschaftliche Atomisierung nachbilden, die die historischen Umstände den Nazis in Deutschland beschert hatten. Die Russische Revolution hatte bereits eine zentralisierte, unberechenbare, despotische Herrschaft beseitigt. Stalin musste nun eine neue erfinden. Wladimir Lenin, der erste Regierungschef des neuen Staats, war der Ansicht, dass die Stärkung gesellschaftlicher Gruppen und Organisationen der beste Weg sei, die Revolution zu schützen, und förderte daher (für kurze Zeit) die Gewerkschaften und das Bewusstsein für die kulturellen und historischen Unterschiede zwischen den sowjetischen Teilrepubliken. Stalin, der 1924 die Führung übernahm, bolschewisierte allerdings die kommunalen politischen Strukturen der Revolution und ersetzte sie durch seine berüchtigte zentralisierte Parteibürokratie, deren «Neigungen zur Russifizierung» sich, wie Arendt feststellte, «nicht allzu sehr von der des zaristischen Regimes unterschieden» (*OT* 425). Die Liquidierung der Klassen, erst der der Grundeigentümer und des Bürgertums und dann der Bauernklasse, setzte bald danach ein. Jene «Russifizierung», die unter der Ägide Putins in den ersten Jahrzehnten des 21. Jahrhunderts erneut einsetzte, wäre in Hannah Arendts Augen wahrscheinlich weniger eine unerwartete Wendung der Geschichte denn eine fantasielose Wiederholung derselben gewesen.

In Romanen gibt es oft einen Moment, in dem die Figuren erkennen, dass sie in einem Traum (oder Albtraum) gelebt haben, in dem ihnen die Schuppen von den Augen fallen und eine neue Richtung eingeschlagen wird. Dies geschieht manchmal auch in historischen Ereignissen, dauert aber meist länger, und der Moment der Erkenntnis kommt fast immer zu spät. «Nichts, was getan wurde, egal wie dumm es war, und ganz gleich, wie viele Menschen die Folgen kannten und voraussahen, konnte rückgängig gemacht oder verhindert werden», schrieb Arendt über die Zwischenkriegszeit. «Jedes Ereignis besaß die Endgültigkeit eines finalen Urteils […], das weder von Gott noch vom Teufel gefällt wurde, sondern eher wie der Ausdruck eines unrettbar dummen Schicksals wirkte» (*OT* 341). Der Erste Weltkrieg, die Massenarbeitslosigkeit, die Inflation, der Bürgerkrieg, die Revolution, Pogrome, Massendeportationen und Massenauswanderungen – statt einen Realitätscheck zu bewirken, geriet die Wirklichkeit umso weiter aus dem Blickfeld, je extremer die Umstände wurden. Künstler und Schriftsteller trugen auf schöpferische Weise zum Gefühl der Aussichtslosigkeit des Ganzen bei. In Nachtlokalen und Kneipen sangen die Menschen mit müdem Vergnügen von der Hoffnungslosigkeit. Und je stärker die Menschen entfremdet wurden, umso mehr sickerte auch das Ressentiment in den Alltag ein. Nichts, so Arendt, «veranschaulicht den allgemeinen Zerfall des politischen Lebens vielleicht besser» als ein «vager, alles durchdringender Hass auf alle und alles» (*OT* 342).

Ein ungerichteter Hass schuf allerdings auch politische Gelegenheiten. Hetzer und Demagogen drangen in die vom demokratischen Scheitern hinterlassene Leerstelle ein und ebneten den Weg für die großen Männer, die im Folgenden zu derart tödlichen Stereotypen werden sollten. Die auf den Kopf gestellte Logik des totalitären Denkens nahm langsam Gestalt an. In Europa und Amerika verbündeten sich wohlhabende Eliten mit Ideologen, um den Elenden und Entrechteten einzureden, dass die bürgerliche Gesellschaft und die Institutionen des Rechts und der Demokratie der wahre Feind seien. Die «Wahrheit», so hieß es, sei all das, was die «verlogenen» liberalen und bürgerlichen politischen und gesellschaftlichen Klassen – die globalen Eliten, die Banker, die Juden, die Bürger von Nirgendwo – lieber verheimlichen wollten.

Verschwörungstheorien breiteten sich deshalb massenhaft aus, weil sie eine Kohärenz und Konsistenz vorlegten, die in der echten Welt nicht existierte. Die berühmteste aller Verschwörungstheorien, die *Protokolle der Weisen von Zion*, in denen detailliert ein jüdisches Komplott zur Erlangung der Weltherrschaft beschrieben wird, tauchte erstmals 1902 in Russland auf. Nach der Revolution brachten antikommunistische Exilanten das Dokument mit in den Westen, wo es in Umlauf geriet. Die Tatsache, dass es 1921 als Fälschung entlarvt wurde, hinderte Hitler und Goebbels nicht daran, es später als Beweis für eine kommunistisch-jüdische Bedrohung anzuführen. In den USA veröffentlichte und verteilte Henry Ford über 500 000 Exemplare der *Protokolle*, die auch von Pater Coughlin, dem antisemitischen Anführer der National

Union for Social Justice, im landesweiten Radio erörtert wurden. Die gegenwärtig aktive rechtsgerichtete amerikanische QAnon-Bewegung entwickelte 2017 ihre eigene Version der *Protokolle*: Amerika werde, so die Behauptung, von einer Kabale satanischer, pädophiler Menschenfresser gesteuert, finanziert von jüdischen Geldgebern.

Die extreme Lächerlichkeit dieser Verschwörungsideologien ist genau der springende Punkt: Sie sollen Menschen ansprechen, für die der demokratische Diskurs versagt hat, Menschen, die sich nicht nur nicht für die herkömmliche Politik interessieren, sondern sie oft auch vehement ablehnen. Die totalitäre Propaganda hält sich nicht an die üblichen Regeln der politischen Überzeugungs- und Widerlegungsarbeit, sondern macht den Anschein, als stünde sie außerhalb der traditionellen Parteipolitik. Die Ideologen der 1930er Jahre stellten politische Debatten so dar, als hätten sie ihren Ursprung in «unabänderliche[n] Unterschiede[n] sozialer oder völkischer oder psychologischer Natur» – in *race*, Klasse, Mythos und historischem Schicksal, deren Kämpfe, wie Arendt es ausdrückte, als etwas dargestellt wurden, was «weder von der Natur erfaßt noch von dem Individuum kontrolliert werden konnt[e]» (*TH* 669). Und auch die Ideologen des 21. Jahrhunderts preisen ihre eigenen Kämpfe auf ähnliche Weise als episch und existenziell an. Nach wie vor populär sind die Topoi *race* und historisches Schicksal, ebenso aber auch Gender-Absolutismus, Sexualität, die Familie, Gott und eine zwar diffuse, aber leidenschaftlich propagierte *«greatness»*. Diese Art von «Politik» soll mit voller Absicht verrückt sein, denn je wilder die Theorie, desto weiter kann man sich mit ihr von der allgemein verhassten Wirklichkeit entfernen. «Die besessene Blindheit [...] der Realitätsflucht der Massen», so Hannah Arendt in einem Satz, dessen Geltung sich vom 20. bis ins 21. Jahrhundert erstreckt, «entspricht ihrer Heimatlosigkeit in einer Welt, in der sie nicht mehr existieren können» (*TH* 746).

Die Propagandisten der Nazis und der Bolschewiki verstanden es schnell, aus Zufällen ein Komplott zu konstruieren und die Verschwörungen real erscheinen zu lassen. Zufällige Ereignisse wurden als Anzeichen und Bestätigungen gedeutet. Doch obwohl sie kurzzeitig den Anschein von Folgerichtigkeit erweckten, beendeten die Lügengeschichten das Chaos nicht. Es mussten ständig neue Feinde und deren Machenschaften erfunden werden. Von denen konnte es nie genug geben. Das war anstrengend (und ist es auch heute noch). Die Realität, mit einer Vielzahl von Lügen leben zu müssen, hat nicht im Ansatz dazu beigetragen, isolierte, verängstigte und wütende Menschen zu einer großen Nation oder einer Befreiungsbewegung zusammenzuführen, sondern die Situation noch chaotischer gemacht. Stets mussten mehr Märchen, mehr Hass und noch größere Lügen her. Und irgendwann war es so schwierig geworden, Fakten von Fiktion zu unterscheiden, dass ganze Bevölkerungsgruppen es schon gar nicht mehr versuchten. «Die Erfahrung einer zitternden, schwankenden Bewegung von allem, worauf wir uns mit unserem Richtungs- und Realitätssinn stützen, zählt zu den geläufigsten und eindrücklichsten, die Menschen unter totaler Herrschaft machen», so Arendt in den 1960er Jahren.[5]

Dieselbe komplexe Realität, die die Menschen für Propaganda empfänglich machte, ließ sie auch zynisch werden. Inmitten des Strudels von Märchen, Verschwörungen, Fake News, Lügen und Superlügen waren die Leute bereit, das Unglaubliche zu glauben – dass nämlich die Klassen- und Rassenfeinde durchweg verschlagen und hinterhältig waren –, während sie sich ein Fünkchen ihrer Menschenwürde dadurch bewahrten, dass sie sich sagten, sie wussten die ganze Zeit über, dass es sich dabei nur um Lügen und politische Winkelzüge handelte. Die Zyniker waren nicht die Schlauen und die Massen nicht die Dummköpfe. Alle hatten sich schlicht so weit von der Realität entfernt, dass nichts von ihr mehr wirklich von Bedeutung war, auch wenn die Fahnen immer größer und die Forderungen nach Treueschwüren immer unverhohlener wurden.

Der Zynismus erwies sich als eines der fatalsten Merkmale des Totalitarismus und könnte sich dennoch als eines seiner beständigsten Vermächtnisse erweisen. Die Männer, die Hitlers und Stalins Politik umsetzten, glaubten nicht unbedingt an Rassismus oder Sozialismus, an jüdische Verschwörungen oder Klassenfeinde, ebenso wenig wie viele Anhänger der republikanischen Partei daran glaubten, dass Donald Trump die Wahlen 2020 gewonnen habe, oder das russische Oberkommando wirklich der Meinung war, dass der jüdisch-ukrainische Präsident Wolodymyr Selenskyj ein Nazi sei. Aber sie alle glaubten – und glauben noch – an eines ganz bestimmt: an die menschliche Allmacht und dabei vielleicht ganz besonders, auch wenn Arendt diesen

Zusammenhang nicht anspricht, an die männliche Omnipotenz. «Dem moralischen Nihilismus des ‹Alles ist erlaubt› haben sie durch den sehr viel radikaleren Nihilismus eines ‹Alles ist möglich› erst seine wirkliche Grundlage gegeben», so ihr Urteil dazu (*TH* 811). Und tatsächlich war alles möglich.

Die Gulags und die Vernichtungslager der Nazis waren die Schauplätze, an denen die brutale Realität all dieser Fiktionen schließlich manifest wurde. Nach Arendt dienten sie keinem anderen Zweck als dem, die Wahrheit der ungeheuerlichsten Behauptung des Totalitarismus zu demonstrieren: dass nämlich der Mensch nunmehr überflüssig geworden war. «Darf ich fragen, zu welchem Zweck es die Gaskammern gibt?», so eine Frage, die den Erinnerungen des französischen Überlebenden David Rousset zufolge in den Todeslagern gestellt wurde. «Zu welchem Zweck wurdest du geboren?», lautete die Antwort (*OT* 579).

Es «übersteigt das menschliche Begriffsvermögen», schrieb Arendt in einer Besprechung eines frühen Berichts über die Vernichtungslager. In den Archiven kann man an ihrem Manuskript erkennen, wie sie den Schlitten ihrer Schreibmaschine wieder über die Worte zurückgeschoben und dann kräftig auf die Unterstreichen-Taste gedrückt hat: « … *übersteigt das menschliche Begriffsvermögen*». Sie waren alle zusammen gestorben: Kinder, Männer, Frauen, die Sterbenden und die Neugeborenen, die dort «auf den kleinsten gemeinsamen Nenner organischen Lebens zurückgeführt und in den finstersten und dunkelsten Abgrund ursprünglicher Gleichheit hinuntergestoßen» wurden.[6] Als sie später in den *Elementen und Ursprüngen* «die Höllenvorstellung benutzte», so habe sie das, wie sie später betonte, «nicht allegorisch, sondern wortwörtlich gemeint».[7]

Mary McCarthy hatte allerdings auch eine Kritik am Buch ihrer neuen Freundin: Wie hatte das alles funktioniert? Verfügten Hitler und Stalin über ein alles umfassendes Erkenntnisvermögen, das es ihnen erlaubte, andere so zu manipulieren, dass sie sich ihren wahnsinnigen Plänen anschlossen? Waren sie die dämonischen Erben jenes Philosophen bei Platon, der die Höhle verließ, die Sonne erblickte und dann zurückkehrte, um auf der Grundlage seiner überlegenen Kenntnisse von der Realität zu regieren? (*AMB* 48) Wer also verfasst für den Totalitarismus die Narrative, Hannah? – so ihre Frage.

Niemand, lautete Arendts Antwort. Deshalb war der Totalitarismus auch so fundamental antipolitisch: Am Ende gibt es da eben keine Meinungen, keine Debatten, kein zurechenbares Handeln, keine … Menschen. Politische Prinzipien sind durch pure Ideologie ersetzt worden. Ihr wollt, dass die Leute nicht mehr hungern? – fragte Stalin 1932. Dann müssen die konterrevolutionären ukrainischen Bauern hungern – das war die Logik jener menschengemachten Hungersnot, die als Holodomor bekannt ist und der Millionen Menschen zum Opfer fielen. Ihr meint, die Welt werde von nicht zu fassenden Finanzunternehmen regiert? – fragte Hitler. Dann müsst ihr mit uns gemeinsam die Juden eliminieren. «Hitler wie Stalin hatten immer eine besondere Vorliebe dafür, ihre Argumentationen mit dem ‹Wer A sagt, muß auch B sagen› zu unterbauen […], und so weiter bis zum Ende des mörderischen Alphabets», wie Arendt dies formulierte (*TH* 968, 970). Doch man brauchte nicht einmal einen Hitler oder Stalin, um dieser Logik zu folgen. Beiden war es nämlich gelungen, «ihre Untertanen mit dem spezifischen Virus des Totalitarismus zu infizieren» (*OT* 408). Die Narrative hatten angefangen, sich selbständig zu reproduzieren.

Mary McCarthys Bedenken bezogen sich aber nicht allein darauf. Ich habe den Verdacht, dass sie auch auf Arendts eigenes überzeugendes – und vielleicht zu überzeugendes – «Ideengemisch» anspielte, das dem Buch zugrunde lag. Sowohl Karl Jaspers als auch später der französische politische Philosoph Claude Lefort wiesen darauf hin, dass Arendts eigene Argumentation, derer sie sich bei ihrer Erzählung der Geschichte des Totalitarismus bedient, einer Reproduktion der von ihr beschriebenen Logik manchmal bedenklich nahekommt – da sie für eine alternative antitotalitäre Historie des Widerstands und der Infragestellung keinen Raum lässt. Fairerweise muss man sagen, dass Arendt diese Geschichte zumindest teilweise in *Über die Revolution* erzählen sollte. Den *Elementen und Ursprüngen totaler Herrschaft* eignet allerdings etwas Klaustrophobisches – eine furchtbare Unabwendbarkeit der Ereignisse in der Art und Weise, wie sie hier nacherzählt werden, weshalb man auch (wie manche Politologinnen und Politologen) darauf verfallen kann, Hannah Arendts narrative Fähigkeiten als einen Mangel ihres Werks zu beschreiben. Es ist ein sehr bewegendes Buch über ein sehr bewegendes historisches Phänomen. Man könnte aber (wie ich) die

Autorin auch so lesen, dass sie einem Gefühl des ohnmächtigen Schwindels in einer Welt Ausdruck verleiht, die offenbar einem rücksichtslos grausamen Plan unterworfen worden ist. «Nichts, was getan wurde, egal wie dumm es war, und ganz gleich, wie viele Menschen die Folgen kannten und voraussahen, konnte rückgängig gemacht oder verhindert werden», wie sie schrieb, und viele von denen, die das Weltgeschehen zwischen der Wahl von Donald Trump zum US-Präsidenten im Jahr 2016 und dem Überfall auf die Ukraine im Jahr 2022 beobachtet haben, hätten genau verstanden, was sie meinte.

★

Im Sommer 1949 hatte Hannah Arendt endlich eine komplette Entwurfsfassung ihrer *Elemente und Ursprünge* fertiggestellt. Im Herbst des Jahres kehrte sie zum ersten Mal seit 1933 wieder nach Deutschland zurück und hielt sich die anschließenden sechs Monate in Europa auf. Nur wenige Monate später, genauer am 14. Juli 1950, überquerte Adolf Eichmann den Atlantik in entgegengesetzter Richtung und traf in Argentinien ein. Für eine kurze Zeit hatten sie sich also beide gleichzeitig in Deutschland aufgehalten. Eichmann hatte zurückgezogen im Nordosten Niedersachsens gelebt und zur Verschleierung seines Aufenthaltsorts auf die Fehlinformation vertraut, dass er in den Nahen Osten entkommen sei. Anders als bei Arendt waren die Organisation und Durchführung seiner finalen Flucht aus Europa nicht sonderlich schwierig gewesen. «Eine Kette von deutschen Helfern, argentinischen Stellen, österreichischen Grenzern, italienischen Meldeämtern, dem Roten Kreuz, Männern aus dem Umkreis des Vatikans und einflussreichen Reedern ermöglichte die Flucht» für ihn und andere Nazis, wie eine seiner Biografinnen schreibt.[8]

Es war eine furchtbare Zeit. Arendt, erschöpft, aber immer noch wild entschlossen, hatte die zweite Hälfte der 40er Jahre damit verbracht, den massenhaften Tod zu studieren, und nun verfolgte sie dieser bis in ihre neue Heimat. In New York lagen zwei ihrer engsten ebenfalls geflüchteten Freunde im Sterben. Den österreichischen Dichter und Schriftsteller Hermann Broch hatte sie 1946 kennengelernt, zu einem Zeitpunkt in ihrem Leben, an dem sogar die Ersatzväter ausgetauscht werden mussten. Brochs eigenwillige Liebenswürdigkeit erinnerte an die Walter Benjamins, ebenso wie die Weltenthobenheit seiner Schriften, die, wie sie in einer Kritik schrieb, einen «‹leere[n] Raum›» umspannten, der «nur mit Bestimmungen wie ‹nicht mehr und noch nicht› umschrieben werden kann».[9] 18 Monate später, im Mai 1951, starb Hermann Broch.

Eine andere enge Freundin, das «erotische Genie» Hilde Fränkel, hatte Krebs und lag ebenfalls im Sterben. Erstmals begegnet waren sie und Arendt sich noch in Frankfurt und hatten ihre Freundschaft wieder aufleben lassen, nachdem ihr Liebhaber, der Philosoph Paul Tillich, Fränkel in den New Yorker Freundeskreis um Blücher und Arendt eingeführt hatte. Sie war zehn Jahre älter als Letztere, gutaussehend, leichtfüßig, charmant, grazil, sehr witzig und gab Arendt Halt in ihrer ersten Zeit in New York. Ihre Freundschaft bestand aus gegenseitigen Neckereien, Geständnissen, Indiskretionen und hemmungslosem Gelächter, das für gewöhnlich die Männer in ihrem Leben betraf. Fern von der neuen amerikanischen Heimat vermisste Arendt sie mit einer schrecklichen Vorahnung auf ihr Fehlen, von dem sie wusste, dass es schon bald bevorstehen würde.

In Deutschland waren die Trümmer zwar beseitigt und die Leichen begraben worden, doch die Spuren des Totalitarismus blieben. Die Menschen lebten immer noch in einer Fantasiewelt – jetzt allerdings in einer neuen, in der der Nazismus, der Holocaust und die Zerstörung von allem irgendwie gar nicht wirklich stattgefunden hatten. Die Leute schickten sich gegenseitig Ansichtskarten «von den Kirchen und Marktplätzen, den öffentlichen Gebäuden und Brücken, die es gar nicht mehr gibt», so als wäre ihr Leben immer noch auf diesen Pappstücken gebannt, statt von jetzt an und für alle Zeiten durch die letzten zehn Jahre definiert zu werden.[10] Der Krieg war zu Ende, aber das Gefühl der Unwirklichkeit hatte sich nicht verflüchtigt. Arendt kam nicht so sehr nach Hause, sondern betrat vielmehr einen neuen Raum der Staaten- oder Zustandslosigkeit zwischen Welten und Zeiten, Fakten und Fiktionen – einen Raum, der «nicht mehr und noch nicht» war.

Sie war in Europa, um dort ihre Arbeit an der Rückführung gestohlener Güter abzuschließen, die sie 1944 bei der Organisation Jewish Cultural Reconstruction aufgenommen hatte. Ihre Arbeit an den *Elementen und Ursprüngen* war noch vom Archivfieber befeuert gewesen, doch nun war sie in Trauer. Denn jede wiedergewonnene Bibliothek brachte das Gespenst des Gelehrten oder Rabbiners mit sich, dem sie einst gehört hatte. Jedes Judaica-Stück rief das Bild einer dem Erdboden gleichgemachten Synagoge hervor, und jede Menora ließ die Erinnerung an eine Familie aufkommen, die nie wieder zusammen essen würde. Als sie und ihre Kollegen fertig waren, hatten sie über 1,5 Millionen Bücher sowie Tausende Artefakte und Hunderte von Schriftrollen zurückgeholt.[11] In Berlin traf sie Ernst Grumach, ihren alten Königsberger Freund. Dieser war mittlerweile Wissenschaftler und Archivar und zur Arbeit im Reichssicherheitshauptamt herangezogen worden. Seine Tätigkeit bestand darin, die von den Nazis in ganz Europa zusammengestohlenen Bücher, Texte und Manuskripte zu archivieren. Als die Sammelstelle bombardiert worden war, wurde die «Grumach-Gruppe» zu schweren körperlichen Arbeiten verpflichtet. Anlässlich ihres Wiedersehens schrieb er ein Gedicht: «Denn hielten wir uns nicht in diesem Zugewandten, / wir schweiften lange nur in einem Unbekannten, / Verirrte nur in einem fremden Land.» – «Du siehst», schrieb sie an Blücher, «in Ostpreußen hält man etwas auf Kontinuität» (*ABB* 216).

Arendt blieb in Bewegung. Sie passierte die Skelette von Kathedralen, überquerte die leeren Marktplätze, klopfte an die Türen von Bibliotheken ohne Dach, um dort nach Registern, Aufzeichnungen und Manuskripten zu fragen, kauerte unbequem in kalten Eisenbahnwaggons, ergatterte Mitfahrgelegenheiten bei den alliierten Truppen und hämmerte in einsamen Hotelzimmern ihre Augenzeugenberichte in die Maschine. Von ihrem Hauptquartier in Wiesbaden aus reiste sie nach Frankfurt, Würzburg, Nürnberg und Erlangen und fuhr dann über ihre alten Reiserouten aus Studententagen über Freiburg und Heidelberg letztlich nach Berlin. Häufig schrieb sie Briefe an Heinrich im neuen Zuhause in New York. «Denn Berlin: Stups [Arendts Kosename für Blücher; Anm. d. Ü.], von Spandau bis Neukölln ein einziges Trümmerfeld; nichts wiederzuerkennen; wenig Menschen auf der Straße [...]. Alexanderplatz, Lützowufer, Tiergarten (das Unheimlichste die stehenden Statuen, wie Gespenster im leeren Feld)» (*ABB* 214). «Wenn ich müde bin, fühle ich mich ganz verloren», schrieb sie einmal zuvor. In Deutschland zu sein erzeuge in ihr die primitive existenzielle «Angst sofortiger Verlassenheit» (*ABB* 175, 177). Was verlassen wurde, war jedoch die Realität – ihre eigene und die aller anderen auch. «Und man möchte aufschreien: Aber das ist doch alles gar nicht wirklich – wirklich sind die Ruinen, wirklich ist das vergangene Grauen, wirklich sind die Toten, die Ihr vergessen habt», wie sie verzweifelt bekundete. «Doch die Angesprochenen [Deutschen; Anm. d. Ü.] sind lebende Gespenster, die man mit den Worten, mit Argumenten, mit dem Blick menschlicher Augen und der Trauer menschlicher Herzen nicht mehr rühren kann.»[12]

Allein unter Gespenstern und mit der Verdrängung, schrieb sie in Freiburg an Heidegger, um ihm mitzuteilen, dass sie da war. Dies war ihr erster Kontakt seit ihrer Flucht im Jahr 1933. 1945 war Heidegger von der Freiburger Universität entlassen (und 1951 wieder aufgenommen) worden. In den Anhörungen im Rahmen seiner Entnazifizierung behauptete er, dass er im Anschluss an die Nacht der langen Messer im Jahr 1934 auf Distanz zum Nationalsozialismus gegangen sei, wodurch er beim Regime in Ungnade gefallen sei und sich wieder ganz dem Philosophieren gewidmet habe. Das mag so gewesen sein. Trotzdem blieb er Parteimitglied bis 1945. Und obwohl er – üblicherweise in selbstgerechter Manier – anerkannte, dass Fehler gemacht worden waren, erkannte er bis zum Ende seiner Karriere die Opfer des Holocaust nicht ein einziges Mal an. Die Anhörungen zu seiner Entnazifizierung waren erst im März 1949 zu Ende gegangen, wenige Monate bevor Arendt wieder nach Deutschland kam. Die Kommission war zu dem Schluss gekommen, dass Heidegger ein «Mitläufer» gewesen sei, und entzog ihm vorübergehend die Lehrerlaubnis.[13] Als Arendt in Freiburg ankam, war er verarmt, einsam und nicht nur ein wenig indigniert und selbstmitleidig. Ich weiß nicht, warum sie ihm geschrieben hatte. Leichter für mich und unzählige andere Arendt-Forscherinnen und -Forscher wäre es gewesen, wenn sie ihn nie wiedergesehen, sondern weiterhin seine Philosophie gelesen und sie dazu verwendet hätte, dem Existenzialismus eine andere politische Ausrichtung zu geben. Doch wie so oft gibt es unerwartete Wendungen im Leben und Schreiben der Hannah Arendt, die nicht immer einfach sind.

Beide sehen sich also wieder, und nachdem sie eine Wanderung durch den Wald zum Schlossberg hinauf unternommen und von oben auf die Ruinen und durch die gotischen Gitterfenster des Freiburger

Münster geblickt hatten, die die alliierten Bombenangriffe irgendwie überstanden hatten, nahm er sie mit zu sich nach Hause und stellte sie seiner Frau Elfride Heidegger-Petri vor. Diese war Lehrerin, Nationalsozialistin und eine unbeirrbare Antisemitin. «Wir kämpfen mit Wort und Tat, mit allen uns zu Gebote stehenden Mitteln gegen den jüdisch-marxistischen Geist», schrieb sie einmal in einem Propagandaaufsatz.[14] Elfride Heidegger war eisenhart. Abgesehen davon, dass sie ein nachvollziehbares Problem damit hatte, dass ihr Mann die Liebe seines Lebens zum Kaffeetrinken nach Hause eingeladen hatte, war sie auch empört zu erfahren, dass diese Liebe immer noch genauso jüdisch war wie eh und je. Die beiden Frauen stritten. Für Arendt war es eine Sache zu wissen, dass der Antisemitismus nicht mit Hitler aus Deutschland verschwunden war. Aber es muss etwas anderes gewesen sein, seinen Atem auf ihrem Gesicht zu spüren.

Briefe, leidenschaftliche Briefe, und (viele) Gedichte folgten daraufhin von Heidegger, darunter auch eines, das er für die sterbende Hilde Fränkel geschrieben hatte («Für die Freundin der Freundin»). Diese hatte er nie kennengelernt und nannte sie «Tod». Arendt schickte ihm einen Essay namens «Organisierte Schuld», den sie erstmals 1945 in der Zeitschrift *Jewish Frontier* veröffentlicht hatte.[15] Darin vertrat sie die Position, dass die totale Übernahme der Kontrolle durch den nationalsozialistischen Totalitarismus in den letzten Phasen des Krieges die These problematisch werden lässt, dass alle Deutschen schuldige Nazis waren, ohne damit ausgerechnet jener Nazilogik auf den Leim zu gehen, die besagt, dass selbstverständlich alle Deutschen Nazis waren. «Wer A sagt, muss auch B sagen» eben. Der Nazismus hat ja *tatsächlich* jeden zum Komplizen der Kriegsmaschinerie und des Massenmords gemacht. Alle waren damit zu verschiedenen Graden verantwortlich, auch jene (wie etwa Heidegger, obwohl sie ihn hier nicht namentlich erwähnte), die Hitlers Aufstieg unterstützt und Vorschub geleistet haben. Eingesehen werden musste aber nicht, dass alle Deutschen so böse und schuldig waren wie ihre Anführer. Das waren sie eindeutig nicht. Irritierender war vielmehr, wie der normale gutbürgerliche Deutsche zum Scharfrichter geworden war, und zwar ohne dass man ihm eine Pistole an den Kopf hielt, sondern weil er sich selbst mit bemerkenswerter Mühelosigkeit eingeredet hatte, dass ein Auftrag nun mal ein Auftrag war und die Versorgung der eigenen Familie Priorität hatte. Wie konnte das Böse so organisiert werden, dass es zum Normalfall wurde? Das war hier die Frage.

Heidegger hielt den Aufsatz für kühn und lobenswert mutig in seinem Bestreben, nicht alle Deutschen zu verurteilen, wie er es wohl hätte tun können. Eine «nur moralische Haltung» dazu «genügt [nicht]», schrieb er ihr zurück. «[D]ie Menschheit» müsse «dem Geschick des Seyns gewachsen [sein] und darin sich rette[n]» (*AHB* 81). Einen existenziellen Freispruch von den unaussprechlichen Verbrechen hatte Arendt nun aber gerade nicht im Sinn.

Was folgte daraus, dass man in einer Welt lebte, in der der Mensch ein so monströses Verbrechen ersonnen hat, wenn überhaupt nicht klar war, ob es überhaupt jemals aufgearbeitet werden könnte? Wenn wir nicht mehr unterscheiden können, was real ist und was Blendung, wie können wir dann beurteilen, was richtig ist? Wie kann man die Basis für eine neue politische Wirklichkeit schaffen, wenn der gesunde Menschenverstand selbst bombardiert worden ist? Das waren die Fragen, die Hannah Arendt nach 1945 durch den Kopf gingen und die sie bis zu ihrem letzten Atemzug nicht aufhören sollte zu stellen. Der Totalitarismus hatte moralische Verantwortlichkeit aus den menschlichen Angelegenheiten herausgedrängt. Kants Welt in Königsberg / Kaliningrad war tot. Das Urteilen war nun weder eine Sache der Vernunft noch der Einbildungskraft, sondern etwas schon von vornherein Festgeschriebenes. Es gab Feinde (aber nur wenige Freunde), Opfer und Henker, aber nichts, woran man erkennen konnte, wer wer war, abgesehen von der «kalten Vernunft» wahnsinniger Ideologien. Der Nazismus war nicht bloß unmoralisch, gesetzlos und böse. Er hatte vielmehr die Kategorien selbst erschüttert, mit denen überhaupt moralische Bestimmungen vorgenommen werden können. «In ihrem Bestreben, unter Beweis zu stellen, daß alles möglich ist, hat die totale Herrschaft, ohne es eigentlich zu wollen, entdeckt, daß es ein radikal Böses wirklich gibt und daß es in dem besteht, was Menschen weder bestrafen noch vergeben können», heißt es dementsprechend in den *Elementen und Ursprüngen* (*TH* 941). Wie konnte die Geschichte – die Politik, das moralische Leben und die menschliche Gemeinschaft – nach all dem überhaupt noch weitergehen?

Auf ihrer Suche nach Antworten darauf beobachtete Arendt intensiv die Vorbereitungen für die Nürnberger Prozesse im Sommer und Herbst 1945 und griff morgens zunächst einmal nach den Zeitungen, ihrem Kaffee und ihren Zigaretten, bevor sie überhaupt ein einziges Wort sprach. Fürs Denken, mit dem sie ihre Tage stets begann, brauchte es Rauch, Ruhe und vor allem Ungestörtheit.

Adolf Eichmann war zuvor in diesem Sommer aus dem amerikanischen Kriegsgefangenenlager verschwunden, in dem er unter falschem Namen inhaftiert war. Im November desselben Jahres fiel sein echter Name jedoch häufig auf jener eng besetzten Nürnberger Anklagebank, auf der seine früheren Kameraden Platz zu nehmen hatten. Einer seiner Untergebenen, Dieter Wisliceny, tat sich dabei besonders hervor. Er erinnerte sich daran, wie Eichmann mit seiner Durchführung der Endlösung gegen Ende des Krieges geprahlt habe. «Ich werde lachend in die Grube springen, denn das Gefühl, fünf Millionen Menschen auf dem Gewissen zu haben, ist außerordentlich befriedigend», teilte ihm sein Vorgesetzter mit.[16]

Im August 1946 schrieb Arendt Karl Jaspers einen langen und sorgenerfüllten Brief über den bevorstehenden Prozess: «Diese Verbrechen lassen sich, scheint mir, juristisch nicht mehr fassen, und das macht gerade ihre Ungeheuerlichkeit aus. Für diese Verbrechen gibt es keine angemessene Strafe mehr. [...] Mit einer Schuld, die jenseits des Verbrechens steht, und einer Unschuld, die jenseits der Güte oder der Tugend liegt, kann man menschlich-politisch überhaupt nichts anfangen. Dies ist der Abgrund, der sich vor uns schon 1933 öffnete (eigentlich schon viel früher mit dem Beginn der imperialistischen Politik) und in den wir nun schließlich hineingeraten sind. Wie wir aus ihm wieder herauskommen sollen, weiß ich nicht» (*AJB* 90 f.). Das «radikale Böse» nannte Arendt es damals.

Jaspers' Antwort sollte seine Wirkung nur langsam, aber auf höchst nachhaltige Weise in Arendts Denkwelt entfalten. «Ihre Auffassung ist mir nicht ganz geheuer, weil die Schuld, die alle kriminelle Schuld übersteigt, unvermeidlich einen Zug von ‹Größe› – satanischer Größe – bekommt, die meinem Gefühl angesichts der Nazis so fern ist, wie das Reden vom ‹Dämonischen› in Hitler und dergleichen», warnte er (*AJB* 98 f.). Warum die führenden Mythenspinner mythologisieren? Hermann Göring, der sich sehr in seiner Rolle des theatralischen Bösewichts gefiel, unterstrich Jaspers' Punkt am Prozessende dadurch, dass er sich in der Nacht vor seiner Hinrichtung auf dramatische Weise mit Zyankali das Leben nahm. Und auch Eichmann genoss es sehr, seinem Ruf als obsessiver Judenmörder gerecht zu werden, der im langen Ledermantel umherlief und sich vorstellte, beim Betreten eines Raums tatsächlich wahrnehmen zu können, wie die Anwesenden ein kalter Schauer überkam – «gefürchtet und geheimnisvoll wie aus einem Film der Schwarzen Serie».[17] Mehr Melodramatik war jedenfalls keine Antwort auf das Melodrama der Nazis, so Jaspers. Man sollte ihnen nicht das geben, wonach sie dürsteten.

Er selbst hatte einen anderen Vorschlag: «Mir scheint, man muß, weil es wirklich so war, die Dinge in ihrer ganzen Banalität nehmen, ihrer ganz nüchternen Nichtigkeit – Bakterien können völkervernichtende Seuchen machen und bleiben doch nur Bakterien» (*AJB* 99). Erst 16 Jahre später, als sie in einem außerordentlich kalten April im Jerusalemer Gerichtssaal saß und Adolf Eichmann endlich sprechen hörte, fing sie an zu begreifen, was ihr «Lieber Verehrtester» gemeint hatte: eine Bösartigkeit, so banal wie Bakterien.

*

Nach ihrer Rückkehr aus Europa verbrachten Blücher und sie den Sommer 1950 in Manomet, einem hübschen Küstendorf in Plymouth, Massachusetts. Im Frühjahr war Hilde Fränkel gestorben. Alfred Kazin und eine weitere Freundin, Rose Feitelson, kamen zu Besuch, um am Englisch (oder «Denglish», wie Arendt es nannte) der finalen Druckfahnen der nun *The Origins of Totalitarianism* getauften Schrift zu arbeiten. Die Landschaft erinnerte sie an die Umgebung von Königsberg, wo an den bewaldeten Seen der Halbinsel Samland oder an der Küste mit ihren weltbekannten Bernsteinminen und dem weiten Blick über das graublaue Meer Familien ihre Sommerfrische verbrachten. «See, Dünen, Wald, ein bißchen wie die Samlandküste, an der ich aufgewachsen bin», schrieb sie an Jaspers. «Besonders schön, viele Seen» (*AJB* 189).

Sie war nun zwar fertig mit ihrem Buch, aber ihr Buch noch nicht mit ihr. In einer Ecke von Amerika, die der Gegend um die nunmehr

Kaliningrad genannte Stadt ähnelte, wo sie sich endlich etwas erholen und ihr geselliges, angenehmes Leben mit Blücher und ihren engen Freundinnen und Freunden fortsetzen konnte, fing sie an, mit der ernüchternden Erinnerung an ihre Deutschlandreise im Hinterkopf sich wieder mit den einzelnen Themen des Buchs zu befassen, das sie gerade abgeschlossen hatte.

Unter den Angriffen auf die Demokratie im 20. Jahrhundert stach der Totalitarismus besonders hervor, und zwar aufgrund der Heftigkeit seiner Attacke nicht nur gegen die Sinnhaftigkeit des Politischen, sondern auch des Daseins überhaupt. Er war weniger ein System denn eine Macht, und keine Institution, kein Gesetz und keine Tradition konnten sich dem rücksichtslosen Vollzug seiner wahnsinnigen Logik entgegenstellen. Arendt erkannte allmählich immer besser, wie gefährlich dies den totalitaristischen Präzedenzfall gemacht hat.

In freien Gesellschaften legt das Recht Grenzen fest, innerhalb derer sich die Freiheit betätigen darf. Der Totalitarismus aber war selbst das Gesetz, wurde durch staatliche Gewalt erzwungen und war eine Art von Terror, die die Menschen durch «ein eisernes Band [...] so eng zusammenschließt», dass die leeren Räume zwischen ihnen verschwanden, ebenso wie der «Lebensraum zwischen Menschen, der der Raum der Freiheit ist». Die Vielfalt «verschwindet, und es ist, als seien alle zusammengeschmolzen in ein einziges Wesen von gigantischen Ausmaßen» (*TH* 958). Doch dieses Riesenwesen war ein Fake (es ist schwer, an dieser Stelle nicht an Trump zu denken). In Wahrheit bestand es aus Millionen vereinzelter, ausgeplünderter Männer und Frauen. Der Terror war zwar die treibende Kraft, aber die wahre existenzielle Erfahrung des Totalitarismus war die Verlassenheit.

Dies war nicht ein Ausdruck jenes zarten Verdrusses, der auch schon das unzufriedene Bürgertum des späten 19. und frühen 20. Jahrhunderts befallen hatte, sondern ein immer weiter anwachsender Terror der totalen Isolation, so überwältigend, dass seine Opfer alles dafür tun würden, ihn nicht wahrzunehmen. Bestimmte die Verlassenheit also «die wirklichen Probleme der Zeit», wie sie sich nun fragte – liegt darin das verdorbenste Erbe des Totalitarismus?

Der Einsamkeit kann man nicht entkommen. Angesichts der Gewissheit des Todes fühlt sich jeder Mensch am Ende allein. Leiden und

Schmerzen lassen sich nie im vollen Umfang mitteilen. Heutzutage hat die moderne gesellschaftliche Atomisierung das existenzielle Alleingelassensein allerdings demokratisiert. «Was die modernen Menschen auf die totale Herrschaft in der nicht totalitären Welt vorbereitet, ist der Umstand, dass die Verlassenheit – einst eine Grenzerfahrung, die man normalerweise nur unter den Bedingungen einer gewissen gesellschaftlichen Randständigkeit machte, etwa im hohen Alter – mittlerweile zu einer alltäglichen Erfahrung der immer weiter anwachsenden Massen in unserem Jahrhundert geworden ist» (*OT* 615). *Die einsame Masse*, so hatte sie ihr Freund, der Soziologe David Riesman, in seinem 1950 erschienenen Gemeinschaftswerk dieses Namens genannt. Dieser hatte die Korrekturfahnen der *Elemente und Ursprünge* gelesen und die Ähnlichkeiten zwischen den sozialen und existenziellen Lebensumständen festgestellt, die er mit seinen Ko-Autoren in Amerika und sie in Europa vorgefunden hatte.[18] War Verlassenheit vielleicht die «wahre Gestalt» der modernen Erfahrung, die der Totalitarismus einfach nur sichtbar gemacht hat – weniger grausam natürlich als der staatliche Terror, aber dennoch zutiefst inhuman? Ich denke daran, wie Arendt allein im kriegszerstörten Berliner Tiergarten steht und die gespenstischen Statuen betrachtet, die in den Himmel ragen, und ich denke an die schon erwähnte plastische Formulierung von den «Gespenster[n] im leeren Feld», die sie zu deren Beschreibung in einem Brief an Blücher benutzt.

Ohne echten Kontakt zu anderen «gehen Selbst und Welt, und das heißt echte Denkfähigkeit und echte Erfahrungsfähigkeit, zugleich zugrunde» (*TH* 977). Der gemeinsame Sinn für die Realität der Welt, den Kant nicht nur für das politische, sondern für das gesamte «vernünftige» Leben einer Gemeinschaft für unabdingbar erachtet hatte, verschwand. Die Menschen wussten nicht mehr, ob es dieselbe Welt war, die sie sahen, hörten, schmeckten, fühlten oder erlebten. Auf diesem Wege konnte eine postfaktische Politik Fuß fassen. Wird sie nicht in Frage gestellt, dann gehen die Lügen immer weiter, werden größer und absurder – und der Raum für die Möglichkeit, «aber das ist offensichtlich lächerlich» zu sagen, schrumpft. Zusammen mit ihm verabschieden sich dann auch die Möglichkeiten für ein echtes öffentliches Leben.

Jeder ist von allen anderen verlassen. Für das einsame Kind auf dem Spielplatz ist es ratsamer, wenn es die populistischen und autoritären Spiele mitspielt, so grausam und abstoßend sie auch sind, als sich in die völlige Isolation zu begeben. Die Verlassenheit ist der Schlägertyp, der uns dazu zwingt, die Demokratie aufzugeben.

Für Arendt lag die Gefahr darin, dass die Verlassenheit an die Stelle der völlig anders gearteten Einsamkeit treten könnte. Verlassenheit ist das Gefühl, das man in einer Gruppe empfindet, in der man nicht darauf vertrauen kann, dass die anderen einem freundlich gesinnt sind. Einsamkeit ist hingegen die viel angenehmere Erfahrung, allein zu sein mit sich selbst und seinen Gedanken und in Ruhe intensiv nachdenken zu können. Ohne Einsamkeit ist es unmöglich, überhaupt zu denken. Und wenn wir nicht denken können, dann können wir nicht sein – weder mit uns selbst noch mit anderen.

Einsames Denken in diesem Sinne ist die Voraussetzung für das Nachdenken über andere. Denken besteht unter anderem in der Praxis, die Überzeugungen anderer Menschen im eigenen Geist abzubilden, im Ausprobieren von Sichtweisen und dem Experimentieren mit möglichen neuen oder fremdartigen Gedanken. Im Gegensatz dazu ist die Verlassenheit etwas Niederschmetterndes. Sie lässt das Denken abstumpfen und das Wagnis des Kontakts mit anderen als zu gefährlich erscheinen. Oder wie es Arendt am Ende im möglicherweise traurigsten Satz ihres ganzen Buchs ausdrückte: In der Verlassenheit sind die Menschen «unfähig, die eigene, von den anderen nicht mehr bestätigte Identität mit sich selbst aufrechtzuerhalten. [...] An der Wirklichkeit, die keiner mehr verläßlich bestätigt, beginnt der Verlassene mit Recht zu zweifeln; denn diese Welt bietet Sicherheit nur, insofern sie uns von anderen mit garantiert ist» (*TH* 977).

Wie Arendt jedoch feststellte, waren der Verlust des Selbst und des gegenseitigen Vertrauens nicht auf totalitäre Regime beschränkt, sondern schälte sich auch als Charakteristikum der westlichen Konsumgesellschaften heraus. Als Václav Havel in seinem bemerkenswert mutigen Essay «Die Macht der Mächtigen oder Die Macht der Machtlosen» im Jahr 1978, nur drei Jahre nach Arendts Tod und fast dreißig Jahre nach der englischsprachigen Erstveröffentlichung der *Elemente und Ursprünge*, vom «Posttotalitarismus» sprach, wies er darauf hin, dass die Tschechoslowakei zwar nicht mehr vom «unbändigen» Bolschewismus der unmit-

Hannah Arendt, Manomet / Massachusetts, 1950

telbaren Nachkriegszeit beherrscht wurde, eine furchtbare existenzielle und politische Verarmung jedoch weiterbestand, von der er pointiert herausarbeitete, dass sie keineswegs auf Osteuropa beschränkt war, sondern auch in kapitalistischen Gesellschaften vorlag. Arendt hätte sowohl Havels These als auch ihre politische Dringlichkeit unterstrichen: Die Machtlosen, wo immer sie sich aufhielten, waren nicht so hilflos, wie sie befürchteten; sich aber die politische Macht zurückzuholen bedeutete, als Erstes das Denken selbst wieder für sich zu reklamieren.

Mary McCarthy stellte fest, dass Arendt einer jener Menschen war, die man wirklich denken *sehen* konnte. Regelmäßig lag sie mit geschlossenen Augen, Zigarette in der Hand und bereitgestelltem Aschenbecher auf ihrer Schlafcouch in ihrem Apartment am Riverside Drive, und das manchmal über eine Stunde lang, während andere Personen in der Wohnung auf Zehenspitzen um sie herumschlichen.[19] «Wo ist Hannah?» – «Denken.» – «Immer noch?» Im Sommer 1950, nach Abschluss ihres ersten großen Buchs, lag sie in Manomet unter den Pinien, mit Meersalz im Haar, und lauschte ihren Gedanken, dachte über das Denken nach, über Freundschaft, Verlassenheit und alles, was sie verloren hatte und was der Welt künftig noch abhandenkommen mochte.

Der Essay, den sie in jenem Sommer schrieb, hieß «Ideologie und Terror». Zwei Jahre später kehrte Arendt erneut nach Deutschland zurück und präsentierte diesen Text in Form einer Vorlesung, zuerst in Marburg und anschließend in Heidelberg. Als die erste deutsche Ausgabe der *Origins of Totalitarianism* unter dem Titel *Elemente und Ursprünge totaler Herrschaft* erschienen, nahm sie diesen Aufsatz als letztes Kapitel darin auf, wo er seither in allen Auflagen enthalten ist.

Weil totalitäre Regierungen – wie alle tyrannischen Regime – auf Angst und Terror fußten, trugen sie den Keim ihrer eigenen Vernichtung immer schon in sich. Sie würden scheitern – zwar nie früh genug, aber dennoch historisch ziemlich zuverlässig. Die atomisierten Bedingungen des Lebens in der Gegenwart und das Unvermögen der modernen Demokratien, auf diese Bedingungen zu reagieren, ist jedoch noch eine andere Sache.

★

Das Erscheinen der englischsprachigen Ausgabe ihres Buchs bestätigte Arendts Aufstieg zu einem Star des intellektuellen Lebens in Amerika. «Mit diesem Buch weist sich Hannah Arendt als die originellste und profundeste – und daher wertvollste – politische Theoretikerin unserer Zeiten aus», schrieb Dwight Macdonald in *The New York Leader*. «Ich kann sie nur mit einer anderen Frau vergleichen: Simone Weil.» Auf die Idee, sie mit einem Mann zu vergleichen, kam er offenbar nicht, ihrer hochgelobten Sachkenntnis zum Trotz. Al Alvarez, der englische Dichter, Kritiker und spätere Dauergast auf ihren Silvesterpartys, nannte das Buch «das einzige Werk eines Genies, das in diesem Jahrzehnt [in Amerika] erschienen ist» – versehen allerdings mit der etwas snobistischen Einschränkung, dass Arendt eigentlich eine Europäerin war, so dass ihr Genie nicht als Beleg für die amerikanische Kreativität in den 1950er Jahren betrachtet werden sollte. Viele lobten ihre moralische und geschichtliche Klarsicht, während andere beklagten, dass sie schwer zu verstehen sei. «Hm ...», notierte sie am Rand einer Rezension, die mit den Worten «Hannah Arendt ist nicht leicht zu lesen» anfing.[20]

Einladungen und Auszeichnungen schlossen sich an. Die Tage des Lebens vom Stift in den Mund waren vorüber. 1953 war sie eingeladen, die angesehenen *Gauss Seminars in Criticism* an der Universität von Princeton zu geben – als erste Frau, wie ihr zu ihrer großen Verärgerung wiederholt mitgeteilt wurde. Sechs Jahre später bot Princeton ihr – wiederum als erster Frau, wie man ihr immer wieder sagte – die Position eines Full Professor an. Nachdem ihre Berufung in der *New York Times* unter der Schlagzeile «Fakultät beschäftigt Frau» bekannt gegeben worden war, drohte sie mit ihrer Absage. «Mich stört es überhaupt nicht, als Frau Professor zu sein», informierte sie einen Journalisten, «weil ich mich an das Frausein ganz gut gewöhnt habe.»[21] Trockener Witz war Arendts bevorzugtes Idiom, wenn sie mit Fragen nach dem Geschlecht konfrontiert wurde. Auf die Frage jüngerer Frauen nach dem Feminismus antwortete sie angeblich: «*Vive la petite différence!*» Dies wurde von manchen als Beleg für ihren Konservatismus interpretiert. Ich hingegen fand das «*petite*» in diesem Satz immer herrlich schlagfertig.[22]

In den Gauss Seminars warnte sie vor «einem apolitischen Zustand im Sinne der (wie wir heute sagen würden) Staatenlosigkeit».[23] Die Staatenlosen der 1930er waren zu den einsamen und leeren Menschen der 1950er geworden. Wie könnte eine menschliche Existenz zurückgewonnen werden? Durch Politik? Aber durch welche, wenn man sich das Versagen der Demokratie in Europa vor Augen hält? Diese Vorlesungen sollten für Arendt als ein erster Schritt auf dem Weg zu einer geplanten, aber unvollendeten Untersuchung zu Marx, dem Marxismus und seiner Mutation zum sowjetischen Totalitarismus im 20. Jahrhundert sein. Wie, so fragte sie, konnte die Gelegenheit zur Umsetzung einer versprochenen politischen Freiheit auf katastrophale Weise scheitern? Und was wäre aus diesem Scheitern für eine künftige antitotalitäre Politik zu lernen? Diese Fragen sollten Arendt die gesamten 1950er Jahre über beschäftigen und letztlich ihren Weg in die *Vita activa*, ihr Buch *Über die Revolution* und eine (nie vollendete) Untersuchung mit dem Titel *Einführung in die Politik* finden.

Im Frühjahrssemester 1955 reiste sie nach Berkeley – so weit nach Westen wie nie zuvor – und fand dort, wie so häufig, wenn sie Amerika am schönsten fand, ein Fleckchen Europa vor. San Francisco war «sehr, sehr schön, wie ein ungeheuer vergrößertes Lissabon», schrieb sie an Heinrich Blücher (*ABB* 337). Neben ihrem Seminar für Fortgeschrittene zum Totalitarismus, in dem sie Julius Gikonyo Kiano kennenlernte, gab sie auch einen Kurs für Politikstudierende mit dem Untertitel «Contemporay Issues».

Der Seminarplan für diese Veranstaltung sticht dadurch hervor, dass er nahezu gar keine politische Theorie umfasst. Stattdessen wies Arendt ihre Studierenden an, Romane, Gedichte, philosophische Schriften, Augenzeugenberichte und politikhistorische Arbeiten zu lesen. Und so lasen sie eben William Faulkner und Ernest Hemingway, um sich ein lebendiges Bild von den Ereignissen des Ersten Weltkriegs zu machen. Bertolt Brecht führte sie in die revolutionäre Vorstellungswelt und Czesław Miłosz, David Rousset und George Orwell in die unglaublichen Welten des Totalitarismus ein. Albert Camus und Jean-Paul Sartre lehrten sie in Sachen existenzieller Rebellion, und David Riesman brachte ihnen mit der *Einsamen Masse* die Verhältnisse in ihrer eigenen Heimat ein Stück näher. Und der selbst in Berkeley ansässige Atomforscher J. Robert Oppenheimer beschloss die Veranstaltung mit seiner deutlichen Warnung vor dem steigenden Risiko eines technologisch herbeigeführten Weltuntergangs.

Ein Jahr zuvor, also 1954, war Oppenheimer im Zuge von Senator Joseph McCarthys antikommunistischen Säuberungsaktionen die Sicherheitsfreigabe entzogen worden. Arendt war angewidert von der expliziten Bedrohung für die amerikanische Demokratie, die vom McCarthyismus ausging (und fürchtete auch um Blücher und sich selbst). Hier also war es wieder, das Fingerzeigen auf vermeintliche Feinde, die Unterstellung von Verschwörungen, die Fabrikation von Angst. Und in Amerika konnte man all das, wie es schien, sogar ohne Konzentrationslager und stampfende Stiefel haben.

Der eigentliche Titel ihres Seminars in Berkeley lautete «Political Science 110 A» – so steht es auf dem Lehrplan. In erster Linie ging es Hannah Arendt jedoch darum, dass sich ihre Studierenden in die menschlichen Erfahrungen der vergangenen 30 Jahre einfühlten – und sie sich wieder aneigneten. Ihr Unterricht war explizit und ganz bewusst antitotalitär ausgerichtet und nahm seinen Anfang mit Romanen, Biografien, Dramen und Zeitzeugenberichten.

‹Die Erfahrungen, von denen Sie lesen werden, ähneln nicht im Entferntesten den Ihren, aber ein wenig den meinen›, teilte sie ihren sonnigen kalifornischen Studierenden bei der ersten Seminarsitzung im Frühjahr 1955 in ihrem breiten deutschen Akzent mit, verborgen hinter dem üblichen Schleier aus Tabakqualm. ‹Aber ich möchte nicht Ihr Mitleid erregen, auch wenn die beschriebenen Erfahrungen oft furchtbar sind und großes Mitgefühl verdienen›, setzte sie hinzu. ‹Ich möchte, dass Sie sie verstehen.› «Die Einbildungskraft ist», und ich zitiere hier direkt aus ihren Unterrichtsnotizen, «Bedingung fürs Verstehen. Sie sollen sich ausmalen, wie die Welt vom Standpunkt dieser Leute aus betrachtet aussieht.» Und dieses Vermögen könnte wichtiger nicht sein, denn «[d]ie These lautet: Es geht um die uns allen gemeinsame Welt, die genau das ausmacht, was zwischen Ihnen und diesem anderen Standpunkt liegt», erklärte sie.

Arendt bediente sich ihrer eigenen Texte, um eine solche gemeinsame Welt wieder aufs Tapet zu bringen – ja, eigentlich *war* diese Welt das Tapet oder der Tisch, auf dem wir verhandeln. Ihre Studierenden sollten sich nicht einfach in Mitgefühl ergehen, weil sie sowohl erkennen sollten, was menschliche Erfahrungen voneinander unterscheidet, als auch, was sie gemeinsam haben – das Differierende wie das Ähnliche. «Es geht um die uns allen gemeinsame Welt, die genau das ausmacht, was zwischen Ihnen und diesem anderen Standpunkt liegt, wie dieser Tisch» – und an dieser Stelle male ich mir aus, wie sie auf den vor ihr im Seminarraum stehenden Tisch geklopft hat –, «wie dieser Tisch, der uns sowohl von ihm trennt als auch uns zugleich an ihn bindet. Und das», so sagte sie abschließend, «ist gemeint mit EINER Welt»[24] – der Tisch, um den herum wir sitzen, um über Bücher zu sprechen, zuzuhören, uns mitzuteilen und zu streiten.

Arendt brachte Kants «erweiterte Denkungsart» aus Königsberg mit nach Kalifornien: das Vermögen, die Erfahrungen anderer im eigenen Geist zu repräsentieren, auch wenn man diese Erfahrungen gar nicht selbst gemacht hat.

Immer wieder machte Arendt den Punkt stark, dass der Totalitarismus sich den klassischen Weisen des Verstehens entzieht. Wie erklärt man die Lager, ohne irgendwie stillschweigend zuzugestehen, dass sie überhaupt erklärbar waren? Was für ein Denken war das? Man braucht eine andere Art von Einbildungskraft, um das Unbegreifliche zu verstehen, so Arendts Behauptung, und ihre Antwort auf das totalitäre Denken war daher die Forderung nach mehr Verständnis, nach mehr Denken – in der Hoffnung, dass wir in der Lage sein werden, neue Formen des moralischen und politischen Urteilens hervorzubringen. Arendts Forderung war also nicht die nach einer Rückkehr zur politischen Vernunft (wie man sie heute oft vernehmen kann), sondern nach einer Art Notfalldenken, das am Ende, wie sie sagte, vielleicht sogar alles ist, was wir haben. «Der Wind des Denkens offenbart sich nicht in Erkenntnis und Wissen, sondern in der Fähigkeit, Richtiges vom Falschen, Schönes vom Häßlichen zu unterscheiden», schrieb sie 1971. «Und damit mögen in der Tat Katastrophen verhindert werden, zumindest für mich selbst – in jenen seltenen Augenblicken, in denen alles auf dem Spiel steht.»[25]

Gegen Ende ihres Kalifornien-Aufenthalts unternahm Arendt einen Ausflug an die Stanford University, wo sie ein neues Zentrum für Verhaltensforschung besuchte, das keinen sonderlichen Eindruck auf sie machte. ‹Man verhält sich auf Weise A, so dass sich B daran anschließt und dann C …› Die Logik wirkte vertraut. «Das Beunruhigende an den modernen Theorien des Behaviorismus ist nicht, daß sie nicht stimmen, sondern daß sie im Gegenteil sich als nur zu richtig erweisen könnten», wie sie später einmal bemerkt hat (*VA* 456). Der Gedanke, dass Regierungen und große Unternehmen in der Zukunft sich einmal ganz selbstverständlich der Verhaltensforschung bedienen würden, um Prognosen über das Leben ihrer Bevölkerungen respektive Kundschaft anzustellen und es zu regulieren, hätte ihre schlimmsten Alpträume über jene «Problem-Löser» bestätigt.[26]

Hannah Arendt fand in Stanford aber auch noch etwas anderes vor. In der Hoover Institution Library and Archives stieß sie auf einen Bericht über die letzten Tage, bevor Königsberg in die Hand der Sowjets fiel. Am 27. Januar 1945 hatte die SS 3000 jüdische Frauen aus der Stadt in den kleinen Ort Palmnicken an der Ostsee getrieben. Diese waren die Überlebenden der rund 13 000 Häftlinge, die zuvor in Todesmärschen aus KZs im Osten nach Königsberg geführt worden waren. Die SS verpflichtete alte Männer und männliche Jugendliche aus der Stadt zur Hilfe, und viele der Frauen wurden in einer Grube am örtlichen Bernsteinwerk erschossen. Die Übriggebliebenen wurden vier Tage später unter Maschinengewehrfeuer auf die zugefrorene Ostsee hinausgetrieben.

In den Archiven fand sie heraus, dass die Rekrutierungsversuche der Nazis in ihrer Heimatstadt nicht sonderlich erfolgreich gewesen waren. 2000 Jungen und Männer hatte die SS einberufen, aber nur 1000 tauchten tatsächlich auf, und von diesen waren letztlich nur 82 tauglich (*ABB* 372 f.). Es ist gut möglich, dass die Männer zu verängstigt oder zu erschöpft waren, um der Aufforderung zur Musterung nachzukommen. Für Arendt deuteten diese Zahlen aber auch auf möglichen Widerstand hin – ein Ungehorsam vielleicht. Der eiserne Griff hatte seine Kraft verloren. Etwas anderes nahm in Königsberg seinen Anfang – zumindest für einige hatte sich das Blatt gewendet.

7
Was tun wir, wenn wir tätig sind?

«Was ich vorschlage, ist etwas sehr Einfaches, es geht mir um nichts mehr, als dem nachzudenken, was wir eigentlich tun, wenn wir tätig sind.»

Hannah Arendt,
Vita activa oder Vom tätigen Leben

Erfolgreich, sicher, geliebt und auf dem Gipfel ihrer intellektuellen Leistungsfähigkeit besuchte Hannah Arendt im Oktober 1955 kurz vor ihrem 49. Geburtstag das Archäologische Nationalmuseum in Athen. Dort stand sie vor einem beeindruckenden Grabstelenrelief, das man Ende des 19. Jahrhunderts aus dem Fluss Ilissos geborgen hatte. Die Abbildung zeigt einen hübschen, wagemutigen jungen Mann, der den Betrachter direkt anblickt und sich seines Verschwundenseins von dieser Welt offenbar bewusst ist. Zu seinen Füßen sitzt ein trauriger Sklavenjunge und lässt den Kopf auf seinen angezogenen Knien ruhen, während ein verzagter Hund den letzten Spuren seines Herren hinterherschnüffelt. Zur Rechten blickt ein älterer Mann, vielleicht sein Vater, vielleicht aber auch sein Liebhaber oder sein Lehrer, aufmerksam auf die Gestalt, von dem Umstand irritiert, wie sein hübscher Jüngling gleichzeitig so präsent und so abwesend sein kann.

Athen war eine Station auf ihrer Reise durch drei antike Städte, die Arendt sich selbst versprochen hatte, als sie im Frühjahr 1955 in Berkeley unterrichtete. «Rom – Athen – Jerusalem», schrieb sie an Karl Jaspers. «Dann habe ich in einem Jahr die ganze abendländische Welt mir

Fotografie der Ilissos-Stele, Archäologisches Nationalmuseum, Athen

angeguckt. Und dann hat die liebe Seele ja wohl wieder einmal Ruhe. Die Welt ist eben doch zu schön» (*AJB* 290). Rom war fantastisch, wenn auch karg; Venedig, wo sie mit Mary McCarthy in einem angemieteten Apartment auf dem Campo San Lorenzo wohnte, war «unbeschreiblich, zauberhaft schön», doch Athen, Athen war fesselnd.

Es gibt viele Gründe, aus denen Arendt speziell von dieser marmornen Stele so fasziniert gewesen sein könnte. Das Museum ist mit jenen Grabsteinen übersät, die populär geworden waren, als eine Pestepidemie im Jahr 420 vor Christus einen neuen Markt für die Bildhauer erschloss, die zuvor an der Akropolis gearbeitet hatten. Es ist anzunehmen, dass Arendt noch als Studentin erstmals in Adolf von Hildebrands einflussreicher Studie *Das Problem der Form in der bildenden Kunst* aus dem Jahr 1893 von den Reliefs gelesen hat. Hildebrand sah in der klassischen griechischen Form die Aufhebung der Kant'schen Unterscheidung zwischen unserer Anschauung von den Dingen – die darauf basiert, was wir mit unseren Augen vor uns sehen – und der Art und Weise, wie wir sie intellektuell erfassen – die darauf fußt, was wir tatsächlich über die Form wissen, die die Dinge in der Welt annehmen. Seine These lautete, dass die klassischen Reliefs diese Aufhebung ganz besonders gut exemplifizieren, da sie den zweidimensionalen Umriss, den wir normalerweise sehen, wenn wir Dinge aus größerer Entfernung betrachten, mit den dreidimensionalen Formen kombinieren, von denen wir wissen, dass sie Hunde, kleine Jungen und rätselnde alte Männer in der Realität besitzen. Anschauung und Verstand fallen hier somit in eins.

Es gab aber noch einen weiteren Grund dafür, warum Arendt die Stelenreliefs so gefielen. Anders als die freistehenden, ehrerbietenden Statuen großer Männer oder Götter und die Grabdenkmale für Krieger und bedeutende Würdenträger, die an anderer Stelle im Museum anzutreffen waren, zeigten sie das Leben und die Haushalte der normalen Bürger von Athen zu Perikles' Zeiten. Die dargestellten Figuren sind, so der amerikanische Kunsthistoriker Richard Neer, «genauso fest in die Gesellschaft der Polis verwoben wie in einen Steinbrocken eingemeißelt».[1] Verwoben in die Polis und trotzdem individuell, gleich, aber dennoch verschieden, kollektiv und zugleich singulär, einer von uns, aber auch einzigartig – in einem Wort: Pluralität. Arendt war so angetan von den Athener Grabsteinen, weil sie ihr einen Eindruck davon vermittelten, was sie als die Conditio humana verstand.

Für Karl Jaspers erwarb sie eine Ansichtskarte mit einer recht missratenen Reproduktion der Ilissos-Stele und sandte sie ihm zu. «Dafür ist die Grabstele in Wirklichkeit ungeheuer schön und eindringlich», versicherte sie ihm. Es war allerdings nicht die Ästhetik des Reliefs, von der sie ihm berichten wollte: «Der junge Tote ins Unbestimmte blickend, ihm zu Füßen der trauernde kleine Sklave und der trauernde Hund; und dann der Alte – *nicht* trauernd, sondern die ganze Gestalt eine einzige Frage!» (*AJB* 306) Warum trauert der alte Mann nicht? Was hat er *nicht* verloren? ‹Sind Sie das?›, hätte Arendt Jaspers fragen können. ‹Oder bin ich es vielleicht selbst?›

In der Ilissos-Stele kommt vieles von dem zusammen, was sie an der griechischen Welt liebte. Die private, untröstliche Trauer des Sklavenjungen, der am Rand sichtbar, aber zurückgezogen auf den Stufen hockt, bildet zwar eben keinen zentralen, aber dennoch einen für seine Vollständigkeit unerlässlichen Teil des Bilds. Niemand hat durch den Tod eines athenischen Bürgers mehr zu verlieren als diejenigen unter seinen Haushaltsangehörigen, die von ihm abhängig sind.

Der Jüngling wirkt so präsent in der Welt, obwohl er tot ist. Die selbstbewusst übereinandergeschlagenen Füße, dieser indifferente Blick – dieser junge Mann weiß, dass er da ist, um gesehen zu werden. Seine Tapferkeit soll sich zeigen, seine Handlungen sollen beurteilt und seine Taten erinnert werden, und von all dem ist er so wenig beeindruckt, dass er einfach dasteht, so als würde er irgendwo in einer Bar an der Agora in lässig angelehnter Pose ein Glas Wein trinken. Er ist von Kopf bis Fuß ein Mann der Polis: bereit dazu, seine Meinung gegen die anderer zu verteidigen, und für ein wenig Agon, also musischen oder sportlichen Wettkampf.

Der traurige Hund deutet darauf hin, dass der Jüngling ein Jäger oder ein gefallener Krieger gewesen sein könnte – einer der Helden der Peloponnesischen Kriege vielleicht, denen Perikles versprach, dass ihrer durch den Fortbestand der Polis selbst auf ewig gedacht werden würde. Die Worte und Taten von Männern, die in Eintracht miteinander frei handeln, seien, wie er erklärte, ein lebendiges Denkmal für den Mut derer, die ihr Leben gaben, damit es überhaupt eine freie Politik geben konnte – zumindest für die Männer, die aufgrund ihrer absoluten Herrschaft über ihren Haushalt sowie über die endlose Arbeit der Sklaven und Frauen die Zeit und die Muße besaßen, um im vollen Sinne demokratisch partizipierende Bürger sein zu können.

Und dann steht dort auf dem griechischen Tableau an der Seite neben allem anderen der für Arendt interessanteste Charakter, nämlich jene sinnierende Gestalt, die nicht nur einen grübelnden alten Mann, sondern eine Person zeigt, deren ganzer Körper ein einziges fleischgewordenes Fragezeichen darstellt. Er ist da, weil nichts von alldem – das Leben, der Tod, das Haus, das Erscheinen in der Welt oder der Mut – überhaupt irgendeinen Sinn ergäbe, wenn es nicht im menschlichen Geist gedacht und geprüft würde und Form sowie Präsenz bekäme.

Man könnte fast annehmen, dass die Philosophin die ganze Szene durch ihr Denken überhaupt erst existent gemacht hätte, so perfekt verkörpert die Stele den Moment, in dem für Arendt wie für viele moderne Hellenisten ihrer Generation das Sein – im Sinne des vollen Glanzes und Potenzials des *Menschseins* – geboren wurde. Diese Deutung würde allerdings den entscheidenden Arendt'schen Punkt außer Acht lassen, dass der Denker weder oberhalb noch außerhalb der Szene steht und sie mit seinen feinen und überlegenen Gedanken heraus erschafft, als würde er die Welt mit seinem Geist ordnen und beherrschen. Vielmehr steht er einfach da, im Bild selbst – eine verwirrte Gestalt, zu deren Füßen ein kleiner trauriger Hund herumschnüffelt.

Er könnte Sokrates sein: Das ist es, was meiner Ansicht nach Arendt dachte. Sokrates hatte die Angewohnheit, in der Werkstatt von Simon dem Schuhmacher am Rande der Agora Audienz zu halten, einem beliebten Treffpunkt für die ruhelose Jugend, die er zum gefährlichen Denken anstiftete. «Es ist nicht so, daß ich die Antworten weiß und deshalb andere Menschen in Verwirrung bringe», wie Sokrates zugab. «Vielmehr stecke ich in Wahrheit auch sie mit der Verwirrung, die ich selbst fühle, an.»[2] Und dabei war er so erfolgreich, dass die Athener Elite die Geduld mit ihm verlor und von ihm einen Treueschwur auf die Polis verlangte, den er durch das Trinken des Schierlingsbechers ableisten musste. Indem er der Anweisung folgte, stellte Sokrates jedoch sowohl seinen Gehorsam gegenüber dem Staat als auch die Treue zu seinem eigenen Denken unter Beweis. Bei der Herbeiführung seines eigenen Tods handelte er nämlich frei und praktizierte damit seine Unabhängigkeit vom Gemeinwesen. Es ist leicht zu verstehen, warum das Athener Establishment nicht wollte, dass dies Schule machte. Athen war eine Demokratie der Elite, in der Wahlen schon vorab entschieden waren, zweifelhafte Losverfahren durchgeführt wurden und Männer an ihren Machtpositionen klebten. Sokrates hingegen stachelte die Leute dazu an, in Akten des überlegten Widerstands die Freiheit zu entdecken.

Nach seinem Tod trat sein Schüler Platon aus dem Hintergrund hervor und behauptete, es sei besser, wenn das politische Leben fortan von Ideen und nicht mehr von gewöhnlichen Bürger-Denkern regiert werden würde. Die Wahrheit hinter diesen Ideen sollte ein Verbund von überlegenen Philosophenkönigen ermitteln, die furchtlos genug waren, um in die Sonne zu blicken, und geschickt genug, um diejenigen im Schatten davon zu überzeugen, ihrer Herrschaft zuzustimmen. An diesem Punkt begann eine Art der Regierung von Ideen mit dem Ziel, die Politik zu einer Sache zu machen, um die sich gewöhnliche Menschen gar nicht zu scheren haben. Für Arendt war dies Grund zu der Annahme, dass Sokrates' Tod den Anfang vom Ende der eigentlichen politischen Verheißung markiert hat, für die Athen einmal stand.

Sokrates hätte mit ziemlicher Sicherheit nicht getrauert, sondern alles genau erforscht: die Schönheit des Jungen, seinen Tod, das Wunder der menschlichen Präsenz, wie sie in der Welt und in den Gedanken anderer vorliegt, und die Liebe, die den Abwesenden anwesend werden lässt. Die bloße Tatsache, dass es eine menschliche Welt gab, die überhaupt betrauert werden konnte, hätte ihm schon gereicht, um tagelang glücklich vor sich hinzumurmeln. Doch hat Hannah Arendt eigentlich getrauert?

Einerseits überhaupt nicht. «Ich habe so spät, eigentlich erst in den letzten Jahren, angefangen die Welt wirklich zu lieben», schrieb sie kurz vor ihrer Reise an Jaspers. «Aus Dankbarkeit will ich mein Buch über politische Theorien ‹Amor Mundi› nennen» (*AJB* 301). Es gibt ein Foto ihres Besuchs, das sie zusammen mit Freunden vor dem Parthenon zeigt (ich glaube, dass es das Parthenon ist, bin mir aber nicht ganz sicher), wie sie den Hügel am Tempel der Athena Nike hinabblicken. Arendt hält natürlich eine Zigarette in der Hand und wirkt sehr deutlich ziemlich entrückt. «Dies alles hier bedeutet mir noch mehr, als ich schon wußte. Kann, kann mich nicht trennen», schrieb sie an Jaspers aus Athen (*AJB* 306). Alles bedeutete mehr, als sie schon wusste.

Andererseits war sich Arendt bewusst, dass sie hier in eine verlorene Welt blickte. Das moderne Leben hatte sämtliche versprochenen Freiheiten der athenischen Polis außer Reichweite gedrängt. Mitte des 20. Jahrhunderts hatten sich viele Frauen, Sklaven und Arbeiter von der Arbeit der Bereitstellung der lebensnotwendigen Güter für privilegierte männliche Bürger «emanzipiert» – nur um dann festzustellen, dass sie überhaupt nicht sonderlich frei waren, zumindest nicht politisch. Die Leute schufteten immer noch tagein, tagaus, jetzt aber im Dienste einer Konsumkultur, die nicht nur ihre Arbeitskraft, sondern auch die Intimi-

Hannah Arendt in Griechenland, 1955

täten ihres privatesten Lebens ausbeuteten. In Arendts Augen hatte das ganze moderne soziale Leben den Marginalisierten, die mit Versprechungen auf Autonomie und Selbstbestimmung aus dem Schatten hervorgelockt wurden, nichts anderes zu bieten als die Freiheit, mit dem eigenen Selbstsein zu experimentieren – und zwar in einer Welt, die die Bedingungen dafür diktiert, unter denen diese Freiheit akzeptabel war. Frauen und Sklaven hatten auf die harte Tour lernen müssen, besser misstrauisch zu sein, wenn sie am Ende auch auf die Party eingeladen wurden.

In dem Moment, in dem sich die Demokratien im späten 19. und frühen 20. Jahrhundert zu öffnen begannen, verschwand die Macht allmählich immer weiter in den Schatten. Das soziale Leben mit seinen Konformismen und Beschränkungen, seiner geschäftigen Sichtbarkeit und Geschwätzigkeit, wurde größer und größer, bis die Menschen anfingen zu glauben, dass dies der Ort sei, an dem die ganze Macht tatsächlich beheimatet sei. So kamen wir denn auch bei einer Politik heraus – wobei Arendt sich dagegen sträuben würde, sie so zu nennen –, in der wir ohne Unterlass dazu aufgefordert sind, unsere privaten Identitäten in aller Öffentlichkeit auszuleben, während Politiker und die

Superreichen scheinbar ein absolutes Anrecht auf Privatsphäre haben. Erzähle uns, wen du gerade liebst und auf welche Weise, zeige uns deine Körperform und die Güte deiner Seele, willige ein in die gesellschaftlich vorgeschriebenen Lebens- und Sterbensweisen, aber glaube nicht, dass du eine Offenlegung der Regeln erreichen wirst, nach denen du regiert wirst (geschweige denn der Steuererklärung von Politikern), weil das nichts ist, was dich kümmern müsste.

Arendt war zwar bewusst, dass das athenische Versprechen einer machtvolleren politischen Freiheit obsolet geworden war, dachte aber zugleich nicht daran, diese Verheißung einfach abzutun. «Die griechische Polis wird so lange am Grunde unserer politischen Existenz, auf dem Meeresgrunde also, weiter da sein, als wir das Wort ‹Politik› im Munde führen», schrieb sie später in einem Aufsatz über Walter Benjamin.[3] Solange wir das klägliche bisschen akzeptieren, was das Wort «Politik» heute bezeichnet, wird das griechische Vorbild verloren bleiben. Doch wie Walter Benjamin war auch Arendt eine Perlentaucherin: Gerne tauchte sie tief auf den Grund der Geschichte und Tradition hinab, um herauszufinden, welche Perlen die Vergangenheit auf dem Meeresboden hinterlassen hat. Und in Griechenland gibt es reichlich Meer. «Wo ich nur kann, bade ich», schrieb sie an Jaspers. «Schwimmen gibt mir immer ein Heimatgefühl» (*AJB* 306).

*

Im September 2021, im zweiten Jahr der Covid-Pandemie, ging ich ins Archäologische Nationalmuseum von Athen, um Arendts Schritte nachzugehen. Das Museum hatte, ebenso wie die Stadt Athen selbst, ein Touristenaufkommen zu verzeichnen, das dem Niveau von 1955 ähnlich gewesen sein dürfte, sprich, es war nicht groß. Die meisten von uns, die an jenem Morgen in den nahezu leeren Räumen des Museums umherschlenderten, waren Europäerinnen und Europäer mittleren und höheren Alters, die, da sie nun schon so weit gekommen waren, den festen Entschluss gefasst hatten, einmal – oder vielleicht auch letztmalig – Athen zu sehen. Wir bewegten uns leise durch die Gänge, maskierte Kulturplünderer, die sich im Stillen darüber freuten, draußen in der Welt unterwegs zu sein. Ich strich ziemlich atemlos durch die

Räume, weil ich unbedingt Arendts Stele finden wollte und befürchtete, sie könne nicht mehr da sein – und ich nicht dort stehen, wo sie gestanden hat, wo ihr Körper ein einziges fleischgewordenes Fragezeichen bildete und wo ich mir überlegen könnte, ob ich glücklich und erfreut oder bedrückt und traurig sein sollte. Nach etwa zehn Minuten dieser Kopflosigkeit zeigte ich einer Aufsichtsperson ein Foto von der Ilissos-Stele auf meinem Telefon, woraufhin mich die freundliche Dame in Raum 22 führte. Ich nehme an, dass das immer noch derselbe Raum ist wie damals, als Arendt hier zu Besuch war.

Ich stand eine Zeit lang vor der Stele und experimentierte mit Adolf von Hildebrands Spiel, sich rückwärts vom Werk fortzubewegen, damit die Figuren zweidimensional wirken, und sich ihm dann wieder zu nähern, um sich ihrer Dreidimensionalität zu vergegenwärtigen, weil ich wissen wollte, ob ich bei mir Anschauung und Verstand zum Ineinanderfließen würde bringen können.

Erst nachdem ich ein paar Mal in dem Raum hin- und hergegangen war, wurde mir wirklich bewusst, was ich da eigentlich vor Augen hatte. In Raum 22 des Archäologischen Nationalmuseums gibt es etwa 20 Stelen, und sie alle zeigen auf die eine oder andere Weise, wie sich die Lebenden von den Toten verabschiedeten – Männer von Männern, Frauen von Männern, Babys und Kleinkinder von ihren Müttern, Jungen von älteren Männern und Haustiere von ihren Besitzern, darunter Hunde, Vögel, Katzen und ein Kaninchen. Ich war umringt von der Trauer alles Lebendigen. Dennoch war der auf den Stelen dargestellte Kummer keine bodenlose Verzweiflung. Als ich eine nach der anderen betrachtete, stellte ich fest, dass sie alle von einer Annahme dieses Schmerzes gekennzeichnet waren – von der Akzeptanz einer bitteren Realität. Und was diese Akzeptanz so echt wirken ließ, war die menschliche Verbundenheit, die auf jeder der marmornen Platten zum Ausdruck kam. Denn wie Arendt erkannte, waren dies keine Monumente für das Leben und Wirken individueller Menschen, sondern für die Pluralität selbst.

Während ich den Raum abschritt, fiel mir auf, dass eines der am häufigsten dargestellten Motive ein Handschlag zwischen den Toten und den Lebenden war: eine letzte Berührung von Händen, die gemeinsam schwere und leichte Arbeit verrichtet haben, die Dinge in die

Welt brachten und sie wieder herausnahmen – eine letzte Berührung zwischen Freunden, Liebenden und Familienmitgliedern. Auf der Wand direkt links neben dem Ilissos-Relief befand sich die «Abschieds-Stele», die zwei Frauen zeigt, die letztmalig gegenseitig ihre Unterarme umfassen. Ihre Hände waren so stark, so präsent, so real, dass man sie mit den eigenen berühren wollte. Ich konnte meinen Blick gar nicht abwenden. Verstärkend kam noch hinzu, dass die Frauen unglaublich hübsch waren, mindestens ebenso sehr wie Arendts Jüngling. Sie musste sie auch gesehen haben, aber vielleicht gab es 1955 keine Ansichtskarten von diesem Abschied unter Frauen, kein Andenken an ihre außerordentliche Stärke noch in der Trauer.

Wie uns die Forscherinnen und Forscher mitteilen, ist es einer Seuche geschuldet, dass wir heute so viele der Stelen bewundern können. Mehrere Räume des Museums sind ihnen gewidmet, und im Untergeschoss gibt es anscheinend noch mehr von ihnen. Was ich da im Raum 22 des Archäologischen Nationalmuseums erblickte, war nicht nur die ferne Vergangenheit. Ich sah auch die Gegenwart.

In der *Vita activa* gibt es einen Satz, zu dem ich immer wieder zurückkomme. Es ist ein langer und komplizierter Satz, aber er fließt ziemlich elegant dahin, wenn man ihn im eigenen Kopf hört, und ich hörte ihn an jenem Morgen in Athen ganz deutlich. Arendt schreibt:

> Die Art und Weise, in der Menschen Wirkliches als wirklich erfahren, verlangt, daß sie die schiere Gegebenheit der eigenen Existenz realisieren, nicht etwa weil sie sie ändern könnten, sondern um zu artikulieren und zu aktualisieren, was sie sonst nur erleiden und erdulden würden (*VA* 295).

Wir können das menschliche Leid nicht ändern, denn es ist die Bedingung dafür, dass wir überhaupt existieren. Aber wir können es zum Ausdruck bringen – wir können den Verlust, den Tod und damit auch das Leben präsent, spürbar und real machen und auf diese Weise etwas Unerträgliches in etwas Menschliches verwandeln. Das ist aber nur mit anderen möglich. Deshalb die Berührungen, die Hände, die fragenden Blicke, das Zusammen- und das Getrenntsein. Das ist es, was die Stelen mir gezeigt haben.

Das Fehlen einer Antwort nicht nur auf die Wirklichkeit, sondern auf das, was Arendt einen «menschlichen Wirklichkeitssinn» nennt [oder, wie es in der deutschen Fassung der *Vita activa* heißt, «die Art und Weise, in der Menschen Wirkliches als wirklich erfahren»; Anm. d. Ü.], ist ein Merkmal unserer verarmten Politik der Gegenwart. Die Pandemie hat dies erneut deutlich gemacht: Überall auf der Welt wurden Maßnahmen zur Rettung von Menschenleben ergriffen, die eine menschliche Berührung zum Abschied ausdrücklich untersagten. Gleichzeitig wurden Tausende von Menschenleben geopfert, um die Wirtschaft in Gang zu halten, denn, so wurde uns oft gesagt, das Sterben und das Leiden würden sich nicht von selbst finanzieren. Selten in der jüngeren Vergangenheit haben sich die Menschen so machtlos gefühlt, schon gar nicht im Westen. Das erste Gefühl von Machtlosigkeit war ein existenzielles: Eine Seuche ist eine Extremsituation – wir können auf sie reagieren, aber sie nicht kontrollieren. Das zweite war politischer Natur: Unser intimstes Leben – wo wir hingehen, wen wir berühren und wie wir sterben durften – wurde reglementiert, ja überreglementiert, wie manche sagen würden, und daneben ökonomisiert und rationalisiert. Und die Menschen fügten sich in ihr Schicksal – weil sie leben wollten, aber auch, was noch viel wesentlicher ist, weil sie die eine Sache erkannten, die in der Politik vieler Regierungen so eklatant zu fehlen schien: eine kollektive Verletzlichkeit, ein menschlicher Zustand, der eine menschliche Antwort erforderte.

Die menschliche Zerbrechlichkeit steht im Mittelpunkt der *Vita activa*, jenes Buchs, dessen Planung Arendt auf ihrer Reise durch das antike Europa im Jahr 1955 gedanklich umgetrieben hat. Nachdem sie die dunkle Geschichte der *Elemente und Ursprünge totaler Herrschaft* geschrieben und in gewissem Maße auch selbst erlebt hatte, schob sie alles beiseite, damit sie die Welt neu betrachten konnte, gereinigt von Ideologie, Geschichte und Metanarrativen. Dieses neue Buch ist eine kulturelle Phänomenologie der menschlichen Existenz, wie sie sich ihr in Griechenland und Rom, aber auch anderswo darstellte, und zwar aus dem Blickwinkel der «Erfahrungen und […] Sorgen der gegenwärtigen Situation», wie sie es ausdrückte (*VA* 19).[4] Arendt ging also wieder zurück zu den Anfängen, um zu versuchen, die Welt neu zu denken.

Die *Vita activa* ist ein Buch über die Räume, in denen sich unser Leben abspielt – das private, das öffentlich-politische und das gesellschaftliche. Und es handelt von der Art und Weise, wie wir uns in diesen Räumen bewegen, nämlich durchs Arbeiten, Herstellen und Handeln. Es ist ein Buch über das Leben, das wir führen müssen, um zu überleben; über die Welt, die wir zwischen uns erschaffen und die die Zeiten überdauern wird; und über die Pluralität, die uns ausmacht und die uns vielleicht eines Tages eine Politik bescheren wird, die mit Sorgfalt und einem scharfen Blick für die kleinen Dinge menschengemäß gestaltet ist.

Arendt arbeitet mit Kategorien und Definitionen. «Die Grundbedingung, unter der die Tätigkeit des Arbeitens steht, ist das Leben selbst», teilt sie uns mit. «Die Grundbedingung, unter der die Tätigkeit des Herstellens steht, ist Weltlichkeit», während die des Handelns «das Faktum der Pluralität» ist (*VA* 23 f.). Allerdings bilden diese Kategorien keine Hierarchie. Die *Vita activa* handelt nicht davon, wie man vom Arbeiten zum Handeln kommt, von der Unsichtbarkeit des Zuhauses zum Glanz des öffentlich-politischen Raums – wobei Arendt immer wieder betont, dass man, wenn man zu viel Zeit damit verbringt, sich der Gesellschaft anzupassen, die Freiheiten und Annehmlichkeiten weder des einen noch des anderen Raums wird genießen können. Erst recht verweigert sie den Dingen, die wir tun, einen absoluten Wert: Arbeit ist zwar Plackerei, aber auch der Wesenskern des Lebens; das Herstellen ist wichtig, weil wir damit greifbare Dinge schaffen können, die der Welt Beständigkeit verleihen, aber die Zerstörung ist ebenfalls Teil der Schöpfung; und das Handeln ist zwar das Beste, was wir tun können, aber dafür stets gefährlich und immer riskant, weil wir nie wissen können, worin die Konsequenzen unseres Handelns bestehen werden.

Wenn wir wirklich frei sein wollen, dann können, ja dürfen wir uns in ihren Augen nicht mit Theorien und hochtrabenden politischen Philosophien aufhalten, denn spätestens seit dem Tod von Sokrates sind diese ganz offensichtlich ein Teil des Problems. Die «Bedingungen menschlicher Existenz» können nach Arendt nicht erklären, wer wir sind, oder uns mitteilen, wie wir sein sollen, «und zwar aus dem einfachen Grunde, weil keine von ihnen [uns] absolut bedingt» (*VA* 28 f.). Wenn wir menschlich bleiben wollen, dann müssen wir daher zuerst lernen, den Wunsch aufzugeben, die Welt um uns herum vollständig zu erkennen, zu kontrollieren oder ihr zu entkommen – und das meint auch den Wunsch, uns selbst zu kennen, zu kontrollieren oder zu entkommen.

Am 4. Oktober 1957, fast auf den Tag genau zwei Jahre nach ihrem Besuch im Archäologischen Nationalmuseum von Athen, sah Hannah Arendt von ihrem Fenster in der Upper West Side in den nächtlichen Himmel empor und fragte sich, ob sie einen Blick auf *Sputnik* erhaschen könnte, den ersten Satelliten auf einer Erdumlaufbahn, der an diesem Abend von der Sowjetunion gestartet worden war. Hätten die Amerikaner zuerst einen Satelliten auf seinen Weg um die Erde herum geschossen, dann wäre die Stimmung in New York an diesem Abend vielleicht ausgelassener gewesen. Es war das Zeitalter des *space race*, des Wettlaufs ins All, eine Zeit großer Männer und großer Wissenschaft, von Raketen und Sternen, in der wirklich nur der Himmel die Grenze war. Doch Arendt erkannte in dem fehlenden Triumphgefühl der Menschen um sie herum etwas, was sie stärker beschäftigte als deren bloße Enttäuschung. Denn da war ein Gefühl der Erleichterung darüber zu vernehmen, dass es nun möglich geworden war, die Erde hinter sich zu lassen. Und das war verrückt, dachte sie, denn «die Erde [stellt] solchen Wesen, wie Menschen es sind, die Bedingungen berei[t], unter denen sie […] leben und sich bewegen und atmen können» (*VA* 14). Die Welt, der die Menschen entkommen wollten, war genau die, die sie selbst erschaffen hatten. Und so blickte Hannah Arendt also in den bestirnten Himmel über sich, formte ihren Körper zu einem einzigen fleischgewordenen Fragezeichen, kehrte an ihren Schreibtisch zurück und tippte in das Vorwort zur *Vita activa* den Satz hinein: «Was ich vorschlage, ist etwas sehr Einfaches, es geht mir um nichts mehr, als dem nachzudenken, was wir eigentlich tun, wenn wir tätig sind» (*VA* 19 f.).

⋆

Als Arendt Athen 1955 besuchte, befand sich die Stadt gerade in einer Phase der rasanten Industrialisierung. Nach dem Krieg waren die Menschen auf der Suche nach Arbeit und einer Perspektive vom Land in die Großstadt gekommen, und die engen Straßen füllten sich bereits mit Beton und Autoverkehr, während Arendt sie entlangging. Später wünschten sich die Kinder dieser ersten Gruppe von Migranten wieder die Kiefern und das Meer zurück, so dass rund um Athen neue Siedlungen und Strandbäder entstanden. Doch der Bauboom war nicht nachhaltig. Mit der Erwärmung des Planeten verstärkten sich die Brände, die einst Teil der normalen Ökologie der Kiefernwälder waren, und zudem entwickelte sich auch die griechische Wirtschaft, wodurch immer noch mehr gebaut und erschlossen wurde. Dann kamen die Finanzkrise von 2008 und verheerende Kürzungen bei essenziellen Dienstleistungen der Daseinsvorsorge, darunter auch bei der Forstwirtschaft und der Feuerwehr. Im Jahr 2018 verwandelte sich der Ferienort Mati außerhalb von Athen in einen Feuerball. 108 Menschen kamen damals ums Leben.

Einen Monat bevor ich in Athen ankam, hatten die Brände dank einer weiteren beispiellosen Hitzewelle die Wälder nördlich der Stadt erreicht, waren die Hänge des Parnitha-Gebirges hinaufgezogen und umschlossen die Uferlinie des Marathon-Sees, des wichtigsten Wasserspeichers der griechischen Hauptstadt. Asche regnete auf Athen herab, dessen Bewohner sich wieder einmal in ihre Häuser zurückzogen. Es gab mehr als einen Grund, im Sommer 2021 in der Stadt eine Gesichtsmaske zu tragen.

Man hatte Lehren aus den Mängeln bei der Brandbekämpfung und der Evakuierung gezogen, so dass die Zahl der Todesopfer bei den Feuern in diesem Jahr glücklicherweise niedriger war. Andere Lektionen wurden jedoch nicht gelernt. So wird die Aufforstung an private Unternehmen vergeben, gentechnisch veränderte Bäume, die im Mittelmeerraum nichts zu suchen haben, werden dort gepflanzt, wo einst Kiefernwälder standen, und die lokale Bevölkerung fühlt sich politisch zu machtlos, um dagegen vorzugehen. Offenbar ist die politische Verwaltung ihrer Heimat nichts, was sie zu kümmern hätte.[5] Tatsächlich fragt man sich da, was wir eigentlich tun.

In seinen Aufsätzen über die «Holzdiebe» beschrieb der junge Karl Marx, wie die Privatisierung der Wälder des Rheinlands in den frühen 1840er Jahren dazu führte, dass die Menschen, die jahrhundertelang in und um sie herum gelebt und Holz vom Waldboden als Brennstoff gesammelt hatten, plötzlich zu «Holzdieben» geworden waren. «Es wundert uns nur, daß der Waldeigentümer nicht auch seinen Ofen mit den

Walddieben heizen darf», wie Marx die neuen Gesetze kommentierte, die die Rechte der Eigentümer des Waldes schützten statt die der Menschen, die in und um ihn herum lebten.[6]

In dieser neuen Welt stehen sich, wie Arendt zu Beginn ihrer unvollendeten Studie zu Marx' Aufsatz anmerkte, «nicht zwei Menschen, die Holz brauchen, gegenübe[r], sondern ein Holz-Besitzer und ein Holz-Dieb (auf die menschlichen Bedürfnisse kommt es nicht mehr an)» – ebenso wenig übrigens wie auf das Holz selbst, denn «im Sinne des Gesetzes könnte es genausogut Plastik sein». Die «Denaturierung der Natur» – die Verwandlung des Holzes in eine Ware – und die «Entmenschlichung des Menschen» fielen genau in demselben Moment zusammen (*AJB* 203). Holz und Mensch sind nicht mehr länger Holz und Mensch, sondern Abstraktionen, die sich in sozialen Beziehungen neu strukturieren. Arendt war zwar von Marx' Lösungsvorschlag für diese Art von Entfremdung nicht sonderlich begeistert, aber mit ihm in Bezug auf die Diagnose der Ursache absolut einer Meinung.

Am Tag nach meinem Besuch im Archäologischen Nationalmuseum stieg ich mit Freunden zur Akropolis hinauf. Bei meiner ersten Stippvisite vor über 20 Jahren hatte ich am Vorabend beim Abendessen einen Chemiker namens Georgios kennengelernt, der mir erklärte, wie das Monument die Zeit überdauern konnte. Während der Arbeiten am Tempel der Athena Nike erkannten die ursprünglichen Architekten, dass die großen bronzenen Giebelverzierungen oben auf dem Gebäude nicht einfach dadurch gehalten werden konnten, dass man die Marmorplatten mit Schlitz und Zapfen zusammenfügte. Daher setzten sie Stahlstangen in die Giebel ein, um sie standfest zu machen und zu verhindern, dass das Dach nachgab. Als britische Archäologen dort in den 1920er Jahren arbeiteten, entdeckten sie die von den Stäben hinterlassenen Hohlräume und füllten sie mit Birmingham-Stahl, der sich jedoch als weniger robust erwies als sein Vorläufer aus dem 5. vorchristlichen Jahrhundert und innerhalb weniger Jahre zu Staub zerfiel. Die Griechen wussten also etwas, was britische Ingenieure nicht wussten. Als junger Mann begann Georgios in seiner Freizeit daher, die Rostspuren zu analysieren, die dic ursprünglichen Stäbe hinterlassen hatten – und das tatsächlich wohl genau zu der Zeit, als Arendt Athen besuchte (wie er mir erzählte, verbrachte er oft seine Mittagspause damit, im Keller des

Archäologischen Nationalmuseums nach Hinweisen zu suchen). Nach vielen Jahren Arbeit fand er schließlich heraus, dass der Stahl mit Zink legiert worden war und dass die metallenen Streben das Dach deshalb so lange halten konnten. Die antiken griechischen Architekten hatten die Akropolis also rostfrei gehalten und damit ihre Pracht für die Zukunft bewahrt.

«Werke, Taten, Worte», so schreibt Arendt in der *Vita activa*, sind das Einzige, was zerbrechlichen Menschen eine Heimat verschafft, und zwar «in einer Ordnung, in der alles unvergänglich ist außer ihnen selbst» (*VA* 38).

In Athen ist immer noch alles auf einmal da, so wie es schon für Arendt im Jahr 1955 war: der Glanz, der Mut, die Ausdauer der menschlichen Existenz und die Werke, Taten und Worte, mit denen wir uns eine Heimat schaffen, die die Zeiten überdauert – und ebenso die Zerstörung, die Vernachlässigung, der Verlust und die Beschädigung, das Holz, das nicht mehr einfach nur Holz ist, und die menschlichen Bedürfnisse, die nicht mehr zählen. Die Pracht und die Zerbrechlichkeit, die Freude und die namenlose Traurigkeit.

⋆

Acht Jahre nach ihrem ersten Besuch in Griechenland beugte sich Hannah Arendt Ende April 1963 über die Reling einer Fähre – begierig, einen ersten Blick auf Ägina zu erhaschen, die kleine und überaus hübsche Insel, die nur eine Schiffsstunde vom Athener Hafen von Piräus entfernt liegt. Sie atmete das Salz des Frühlingswinds ein, lauschte dem Geräusch der rasselnden Ketten, als das Schiff zum Anlegen bereit gemacht wurde, und lächelte. Ihre Berichte vom Eichmann-Prozess waren gerade im *New Yorker* erschienen, der erste im Februar und der letzte nur einen Monat vor ihrer Abreise aus den USA. Die anschließenden Kontroversen, die einen so großen Teil ihres Lebens in den frühen 1960er Jahren in Anspruch nehmen sollten, hatten gerade eingesetzt. Die Europareise war ein Geschenk an sie selbst, an Heinrich Blücher und an die Freundinnen und Freunde, die auf ihrem Weg zu ihnen stießen, bezahlt von der Versicherungssumme, die sie nach ihrem Autounfall im Jahr 1962 im Central Park erhalten hatte.

Arendt hatte Blücher in Athen zurückgelassen, damit dieser dort seinen täglichen Spaziergang zwischen der Agora und der Akropolis unternehmen und dabei den langen Weg, vorbei an der Pnyx und dem Areopag, nehmen konnte. Mit ihr auf dem Schiff war ihre alte Freundin Charlotte Beradt. Die Journalistin, die in Nazi-Deutschland ein Berufsverbot erhalten hatte, hatte sich nach ihrer Ankunft in New York als Friseurin selbständig gemacht und betrieb im Exil eine Art intellektuellen Salon, in dem sie professionell Haare färbte (auch die von Arendt). Beradt war auch eine Expertin für das Innenleben von Faschismus und Antisemitismus. Mitte der 1930er Jahre hatte sie nämlich angefangen, die Träume von Menschen zusammenzutragen und 50 davon sorgfältig aufgezeichnet – in einem außergewöhnlichen Buch mit dem Titel *Das Dritte Reich des Traums*, das sie 1966 veröffentlichen sollte. Beradt war es auch, die den ersten Entwurf der Übersetzung der *Vita activa* ins Deutsche besorgte, bevor Arendt sich daranmachte, ihren Text zu präzisieren und an einigen Stellen auch zu erweitern. Und es war Beradt, die Arendt eine Schreibmaschine mit griechischer Tastatur schenkte, die (zur Irritation vieler ihrer Leserinnen und Leser) dafür verantwortlich ist, dass in ihren Veröffentlichungen seit dieser Zeit so oft unübersetzte griechische Wörter auftauchen.[7]

Arendt tätschelte die Hand ihrer Freundin, um ihr über den Motorenlärm hinweg zu bedeuten, dass sie sich dem Hafen näherten und sich auf das übliche Gedrängel beim Ausschiffen vorbereiten sollten. Beradt hob ihre Hand, um eine von Arendts ergrauenden Locken sanft über die Narbe auf ihrer Stirn zu streichen, wo ihr Haar nach dem Unfall nur langsam nachwuchs (und nie wieder ganz zurückkommen sollte). «Übrigens: Kennt Ihr aus Abbildungen den Aphaia-Tempel in Aegina? Nahezu so schön wie der Bassae-Tempel», schrieb sie später an Gertrud Jaspers. Dieser liege «auf der Spitze des mit Blick um die ganze Insel herum, vielleicht überhaupt das Schönste» (*AJB* 538, 536).

Sie hatte Blücher erneut in Athen zurückgelassen, wie sie es auch später noch einmal tun sollte, als sie für ein paar Tage nach Kreta flog, denn er teilte nicht ihre Begeisterung für das vorklassische Denken und die antike Kultur. Im Anschluss an Nietzsche und Heidegger war auch Arendt der Auffassung, dass man in den Schriften der frühen Griechen wirklich ein Gefühl dafür bekam, was das Dasein – im Sinne von «Existenz», also eines authentischen Lebens – für Menschen in der Antike bedeutet hatte. Nach Sokrates war die Philosophie kaum mehr als «eine Betäubung der Angst» durch die Vernunft, wie Heidegger einmal schrieb.[8] Fast auf den Tag genau ein Jahr, nachdem Arendt ihre Reise nach Ägina unternommen hatte, sollte dieser übrigens mit seiner Frau Elfride einen zweiwöchigen Urlaub auf der Insel verbringen und dort auf ihren Spuren wandeln.

Man ging zunächst davon aus, dass der im 19. Jahrhundert von einem Deutschen und einem Engländer ausgegrabene Aphaiatempel der Athene geweiht war, und datierte ihn auf die Zeit der Peloponnesischen Kriege, also etwa auf die gleiche Entstehungsperiode wie die Akropolis. Die Giebelskulpturen, die an die Kriege erinnern, wurden damals von Ägina nach Deutschland gebracht und dort von dem norwegischen Bildhauer Bertel Thorvaldsen im neoklassizistischen Stil restauriert. Sie wurden in der Glyptothek in München am Königsplatz ausgestellt, in dessen Nähe die NSDAP Anfang der 1930er Jahre ihre Zentrale errichtete. Später fand man heraus, dass der Tempel viel ältere Ursprünge und Grundlagen hatte und dass er anfangs nicht Athene, sondern Aphaia geweiht war, einer Göttin der Fruchtbarkeit, der Lebenszyklen, der Kinder und der Geburt – ich nenne sie die Göttin der Natalität –, die nur auf Ägina und auf Kreta verehrt wurde.[9] Der Tempel wirkte klassisch, stammte aber in Wirklichkeit noch aus der Archaik, und genau das ist der Grund dafür, dass sowohl Martin Heidegger als auch Hannah Arendt so gespannt darauf waren, ihn zu sehen.

Während andere Philosophen und Denker die Geburt weit weg von der Geschäftigkeit der Welt, von der Politik, der Moral und der Sichtbarkeit verorten, rückt Arendt sie in der *Vita activa* mitten ins Zentrum ihrer Überlegungen. Die Natalität könne, wie sie behauptete, vielleicht sogar ein «für politisches Denken [...] so entscheidendes, Kategorien-bildendes Faktum darstellen, wie Sterblichkeit seit eh und je [...] der Tatbestand war, an dem metaphysisch-philosophisches Denken sich entzündete» (*VA* 25 f.). Immer wenn ein neuer Mensch auf die Welt kommt, bringt er die Fähigkeit mit, zu handeln und etwas Neues zu beginnen – einen Sinn für Initiative. Eine Kultur, die die Geburt verehrt, ist daher eine, die sich im Wesentlichen mit der Idee des Wandels, der Unvorhersehbarkeit und des Neuen anfreunden kann; nicht um des Wandels an sich willen (Arendt ist nicht an monströsen politischen Geburten interessiert), sondern weil die Conditio humana immer wieder neue Antworten auf eine sich verändernde, poröse Realität erfordern wird. Deshalb sind Natalität und Aktivität auch von so großer Bedeutung für die politische Vielfalt: Wir sind nicht dazu geboren, die Welt nach unserem Ebenbild zu gestalten oder sie unserem Willen zu unterwerfen, sondern um sie gemeinsam mit anderen zu bewohnen – um mit- und untereinander «konzertiert» zu handeln.

Und das ist es auch, was uns im Grunde genommen so zerbrechlich macht: nicht nur als einzelne Körper, die um ihr Überleben kämpfen, sondern auch als Menschen, die zusammen existieren müssen. Niemand handelt allein, auch wenn er dies glaubt. Es liegt im Wesen allen menschlichen Handelns, Grenzen zu überschreiten und anderen Menschen auf die Nerven zu gehen (wie alle Eltern wissen). Zwar verfügen wir über Gesetze und Normen, um das Handeln in gewisse Bahnen zu lenken, aber diese können dem Elan, mit dem jede neue Generation in die Welt hineindrängt, nie ganz standhalten. In dieser Hinsicht sind auch die Gesetze und Institutionen, ja im Grunde alle politischen Angelegenheiten, die unser Zusammenleben betreffen, brüchig. Wir reden heute viel über die Stärkung der demokratischen Institutionen gegen autoritäre Kräfte und den Populismus, und das aus gutem Grund. Arendts Einsicht ist allerdings radikaler und vielleicht gerade in diesem Kontext besonders hilfreich: Wie wäre es eigentlich, wenn wir die Zerbrechlichkeit der menschlichen Verhältnisse als Grundvoraussetzung für die Politik überhaupt anerkennen würden? Und was, wenn wir die menschliche Verwundbarkeit als unseren Ausgangspunkt betrachten würden und nicht als eine Art von politischem Anhängsel?

Um dieser Frage aus der *Vita activa* nachzugehen, verlässt sie Griechenland und führt ihre Leserinnen und Leser zum Abschluss ihrer Reise durch das klassische Europa nach Jerusalem und Rom. Wenn wir uns nicht länger von der Vorstellungswelt unserer platonischen Oberherren regieren lassen wollen, sondern eine Politik anstreben, die einem menschlichen Sinn für die Wirklichkeit gerecht werden kann, dann benötigen wir ein paar Leitlinien, wie Arendt sagt. Dabei soll es sich aber nicht um die traditionellen politischen Prinzipien von Macht, Ehre oder Tugend handeln. Ihre beiden Grundsätze sind vielmehr die Vergebung, die in ihren Augen von Jesus von Nazareth exemplifiziert wird, und das Versprechen, das seit der römischen Republik ein fester Bestandteil der politischen Vertragstheorie ist.

Das Verzeihen umgeht das Risiko allen Tätigseins, nämlich handeln zu müssen, ohne die Folgen des eigenen Handelns zu kennen. Wenn andere uns vergeben, wird die Tat nämlich in gewisser Weise zurückgenommen. Das ist gut zu wissen in Fällen, in denen ich mich entschließe, zwar mit bestem Wissen und Gewissen zu handeln, mir aber dennoch Sorgen über die möglichen Konsequenzen mache. Es ist allerdings ein Irrtum zu glauben, dass Arendt hier einfach für eine sanftmütigere Politik plädiert. Vergebung erfordert Mut, ja sogar Ungehorsam. Wie sie uns nämlich erinnert, wurde das Christentum ursprünglich von kleinen Gruppierungen praktiziert, die den «Konflikt mit den öffentlichen Behörden in Israel» gesucht hatten (*VA* 340). Dies ähnelte sehr dem sokratischen Widerstand gegen den athenischen Staat, bei dem der Philosoph passiv ungehorsam war, während er scheinbar zugleich gehorchte. Und so ist auch die christliche Vergebung subversiv, weil sie die Vorstellung ablehnt, dass nur eine Machtinstanz – Gott, der König, der Souverän oder der Staat – vergeben könne. Arendt macht diese Demokratisierung des Vergebens stark und weist darauf hin, dass das Verzeihen Pluralität voraussetzt. Sich selbst zu verzeihen ist schließlich kein politischer Akt. Vielmehr vergeben wir einander, um uns gegenseitig die Freiheit zu geben, ohne Angst handeln zu können – und das ist politisch. Wechselseitiger Respekt ist daher, wie sie hinzufügt, der Weg, wie wir Vergebung für uns alle erreichen können.

Das Versprechen ist die Art und Weise, wie wir jene Unzuverlässigkeit umgehen, die Arendt die «Ungewißheit […] der Angelegenheiten der Menschen» nennt. Nietzsche charakterisierte das Versprechen einst als ein «Gedächtnis des Willens». Obwohl sich Arendt auf Nietzsches weiterreichende Beobachtung bezieht, dass das Versprechen von Dingen in der Zukunft das ist, was uns von Tieren abhebt und zu Menschen macht, erkannte sie etwas, das dem Verfasser des *Willens zur Macht* nicht aufgegangen war: dass nämlich das Bestreben danach, Welten allein aus der Kraft der Einbildungskraft zu schaffen, zur Tyrannei führt. Wenn wir Versprechungen machen, so Arendt, dann unterstreichen wir damit auch unsere Verletzlichkeit anderen gegenüber. Deshalb schätzte sie auch Verfassungen so sehr, da es sich bei diesen um reziproke Zusagen handelt, die sich auch auf die Zukunft erstrecken. Das gegenseitige Versprechen macht es möglich, dass zur Schaffung von Ordnung «der Weg der Selbst-Beherrschung und der Herrschaft über andere nicht eingeschlagen zu werden braucht». Auf den ersten Blick mögen Vergebung und Versprechen zunächst zwar selbst zu zerbrechlich erscheinen, als dass sie eine politische Gemeinschaft zusammenhalten könnten. Genau das ist aber der Punkt: Die Anerkennung der menschlichen Zerbrechlichkeit ist der Preis, den die Menschen nach Arendt dafür zahlen, «daß sie frei sind [und] mit anderen ihresgleichen zusammen die Welt bewohnen, der Preis, mit anderen Worten, für die Freude, nicht allein zu sein, und für die Gewißheit, daß das Leben mehr ist als ein Traum» (*VA* 348).

Freude, Natalität, Geburt: Als Hannah Arendt die *Vita activa* verfasste, verzweifelt darüber, dass es so weit gekommen war, dass die einzig gute Option darin zu bestehen schien, den ganzen Planeten zu verlassen, war ihre ganze Gestalt zu einem fleischgewordenen Fragezeichen geworden – und sie war trotzig und freudig und trauerte *nicht*.

★

Die Giebelskulpturen des Tempels befinden sich bis heute in der Glyptothek von München, was auf Ägina für Unmut sorgt. Aber sie sehen nicht mehr so aus wie damals, als sie in den 1930er und frühen 1940er Jahren neben den Monumenten der Nazis standen. Etwa zur gleichen Zeit, als Martin Heidegger 1964 Arendts Reise nach Ägina nachverfolgte, erfuhren die Aphaiaskulpturen nämlich eine bedeutende Veränderung. Der Münchner Königsplatz war im Krieg bombardiert und einige von Thorvaldsens neoklassizistischen Figuren schwer beschädigt worden. In den 1960er Jahren nahm das Museum daher die Gelegenheit wahr, sie zu «entrestaurieren» und auf diese Weise die ästhetische Verbindung zu den nationalsozialistischen Denkmälern und Institutionen zu kappen, denen sie einst ähnelten. Die glatten Körper und Gliedmaßen der Krieger wurden also zerlegt und die ursprünglichen sowie verbliebenen Fragmente mit Hilfe von stählernen prothetischen Stangen so zusammengefügt, dass Leere und Abwesenheit an

Krieger aus der Figurengruppe vom Ostgiebel des Aphaiatempels nach ihrer Entrestaurierung

die Stelle der festen Präsenz des Marmors aus dem 19. Jahrhundert traten. Die Skulpturen sind jetzt keine Huldigungen der Virilität und der Pracht des totalen griechischen Seins mehr, sondern sehen so aus wie das, was sie in Wirklichkeit die ganze Zeit über gewesen sind: von Menschenhand geschaffene Objekte, denen durch die menschliche Geschichte, die sie ersonnen und beschädigt hat, Bedeutung und Präsenz zuteilgeworden ist.[10]

Sowohl Heidegger als auch Arendt hätten die «neuen» Skulpturen gefallen. Die «Entrestaurierung» hat ihnen nämlich wieder jene Andersartigkeit verliehen, die sie beide mit dem griechischen Denken verbanden. Alles Leben trägt eine Unstimmigkeit in sich – etwas, was nur ihm gehört und das wir nicht zu fassen vermögen. Die Krieger sehen zwar immer noch tapfer und mutig aus, stellen die typisch menschliche Eigenschaft zur Schau, anders und einzigartig sein zu wollen, und sind damit tatsächlich nach wie vor ein Inbegriff des griechischen Seins. Doch nun wird zwischen den Lücken, den metallenen Stäben und den fehlenden Gliedmaßen erkennbar, dass jener steinige historische Weg, der die Krieger von einer Idee im Kopf eines Bildhauers in Marmor verwandelt, sie nach Ägina, später dann nach Nazideutschland und nun irgendwo in unsere eigene Kultur hineingeführt hat, auch die Grundlosigkeit des Projekts der Existenz offenbart. Diese Grundlosigkeit ist es, die Heidegger Arendt damals in Marburg gelehrt hatte. Nun, 30 Jahre später, gab sie in der *Vita activa* ihre Antwort.

Die einzige Möglichkeit, die Einzigartigkeit der Menschen zu schützen und zu fördern, bestand ihrer Ansicht nach darin, die Pluralität zu stärken, und das bedeutete, die Realität und die menschliche Zerbrechlichkeit zuzulassen. Im Jahr 1936 hatte Heidegger behauptet, die griechische Polis sei ein «welterschließendes Kunstwerk».[11] Arendt hielt dies jedoch für eine völlig falsche Akzentuierung. Mythos, Kunst, Erzählung und Historie sind ästhetische, geistreiche und menschliche Verfahren, um sich an die Welt zu erinnern und sie zu interpretieren, sie zu einem Ort zu machen, an dem man leben kann. Aber man kann das Politische nicht zu einem Kunstwerk machen, ohne damit Kosten zu erzeugen, und zwar an Menschenleben. Für Arendt war es das Handeln, was der politischen Existenz ihren Sinn verlieh, und nicht der Idealismus oder, schlimmer noch, eine absolute Auffassung davon, wie die Welt sein sollte. «Sprechend und handelnd schalten wir uns in die Welt der Menschen ein», wie sie schrieb (*VA* 241), und bei dieser zweiten Geburt bekräftigen wir unsere Verletzlichkeit, unser passives nacktes Gegebensein sowie die Tatsache, dass wir unsere Besonderheit – unsere Einzigartigkeit – dem Umstand zu verdanken haben, dass «menschliche Pluralität [...] eine Vielheit [ist], die die paradoxe Eigenschaft hat, daß jedes ihrer Glieder in seiner Art einzigartig ist» (*VA* 240).

Arendts *Vita activa* verdankt dem Denken Heideggers enorm viel, obgleich sie ihn dort nicht ein einziges Mal erwähnt. Wäre es zwischen ihnen anders zugegangen – «ich meine [tatsächlich] *zwischen*, also weder Dich noch mich», schrieb sie ihm in einem Brief –, dann hätte sie ihm das Buch sogar gewidmet (*AHB* 149). Seit jener ersten neuen Begegnung in Freiburg in den 1950er Jahren hatten die beiden ihre geistige Nähe wiederhergestellt, und die nostalgische Sehnsucht nach der ernsten Ergriffenheit ihrer Jugendjahre verschaffte ihrer Freundschaft, so wie es bei vielen ehemaligen Liebenden zu beobachten ist, eine beständige Vertrautheit. In ihrer Studie über die Beziehung zwischen Arendt und Heidegger berichtet Elżbieta Ettinger, dass Arendt anstelle einer eigentlichen Widmung einen Vers geschrieben hatte, sich dann aber dafür entschied, diesen nicht in ihren Brief aufzunehmen:

Re Vita Activa
Die Widmung dieses Buches ist ausgespart.
Wie soll ich es Dir widmen,
dem Vertrauten,
dem ich die Treue gehalten habe
und nicht gehalten habe,
Und beides in Liebe.[12]

Vita activa oder Vom tätigen Leben ist ein Buch, das davon handelt, wie wir dem Wertvollsten der Existenz dadurch zur Ehre gereichen können, dass wir es menschlich werden lassen zwischen uns. Mit ihrer stumm gebliebenen Widmung ließ sie Heidegger zudem wissen, dass seine Philosophie eine ganz anders geartete Politik in sich barg als den Faschismus, der ihn so sehr in seinen Bann gezogen hatte; sie zeigte ihm, dass sie das herausgefunden hatte und diese Einsicht mit ihm teilen wollte. Dies war ein Buch, das ihm sowohl treu als auch untreu war, ein Akt der Vergebung und der Liebe. Heidegger selbst hat auf jenen Brief, den Empfang seines Exemplars, den ihr Verlag auf ihr Geheiß an ihn schicken sollte, und auf seinen Inhalt nie reagiert. Er hat ihr Geschenk vollkommen ignoriert.

★

«Gib mir einen Punkt, an dem ich fest stehen kann, und ich hebe die Erde aus den Angeln», hat der griechische Mathematiker und Naturwissenschaftler Archimedes einmal gesagt. Der Gedanke war also der: Wenn er einen Punkt erreichen könnte, der weit genug von der Erde entfernt war, und einen Hebel hätte, der ausreichend lang wäre, dann könnte er tatsächlich den Planeten aushebeln – ihn bewegen, verändern, beherrschen. Archimedes' «Punkt» versprach, den Menschen in eine Position maximaler Macht über die Welt zu versetzen, indem man die richtige Wissenschaft und Technik entwickelt – in diesem Fall einen Hebel. Das Problem war allerdings, dass man, um diesen Punkt ausfindig zu machen, die Erde erst einmal verlassen musste.

Im letzten Kapitel der *Vita activa* vertritt Arendt die Ansicht, dass der moderne Mensch diesen archimedischen Punkt mittlerweile entdeckt habe, was allerdings keine ausschließlich positive Nachricht sei. Denn wie Kafka es einmal in einem Aphorismus ausgedrückt hat: «Er hat den Archimedischen Punkt gefunden, hat ihn aber gegen sich ausgenützt; offenbar hat er ihn nur unter dieser Bedingung finden dürfen.»[13] In dem Augenblick, in dem Galileo sein Teleskop zum Himmel richtete, hat sich eine Lücke aufgetan zwischen der Art und Weise, in der die physikalische und natürliche Welt erschien, und der wissenschaftlichen, objektiven Realität, die seine neue Technologie erkennbar werden ließ. Die Dinge waren nicht so, wie sie aussahen. Die Sonne drehte sich nicht um die Erde. Von da an sollten Vernunft und Zweifel die menschliche Existenz bestimmen. René Descartes' berühmter Satz «Ich denke, also bin ich» war, aus dieser Perspektive betrachtet, sowohl eine Verkündung der Macht des Denkens und der Vernunft, die menschliche Existenz zu bestimmen, als auch eine Anerkennung unserer Entfremdung von der Erde. «Wenn alles zweifelhaft geworden ist, so bleibt doch das Zweifeln selbst zumindest unbezweifelbar wirklich», wie Arendt es ausdrückte (*VA* 394). Die Heisenberg'sche Unschärferelation, mit der die Befürchtung einherging, dass die Art und Weise des wissenschaftlichen Blicks auf die physikalische Welt das Leben selbst verändern könnte, war noch nicht alt. Das Denken wurde zum primären Modus unserer Welterkenntnis – man denke nur an Kant, der über die Brücken von Königsberg spazierte, oder an den Mathematiker Euler mit seinem Beweis dafür, warum kein Rundweg durch die Stadt möglich war, ohne zumindest eine der sieben Brücken zweimal zu überqueren.

Die *Vita activa* dagegen ist kein Buch, das die Welt theoretisch erfasst, sondern der Mahnruf, dass wir darüber nachdenken sollen, was wir in der Welt tun. *Vita activa*, das «aktive Leben», war der englische Arbeitstitel dieser Schrift (und ist bis heute der Name ihrer deutschsprachigen Übersetzung). In den *Elementen und Ursprüngen totaler Herrschaft* hatte sich Arendt dem Todeskult des nationalsozialistischen und des bolschewistischen Totalitarismus gewidmet; in der *Vita activa* warf sie nun die Frage auf, was geschehen würde, wenn sich Vernunft und Wissenschaft mit der westlichen Konsumgesellschaft verbinden. «Es ist durchaus denkbar, daß die Neuzeit, die mit einer so unerhörten und unerhört vielversprechenden Aktivierung aller menschlichen Vermögen und Tätigkeiten begonnen hat, schließlich in der tödlichsten, sterilsten

Passivität enden wird, die die Geschichte je gekannt hat», wie sie schrieb (*VA* 456). Als die 1950er Jahre sich ihrem Ende näherten, hatte sie ein aufgeschlossenes Publikum für ihre Befürchtungen um sich geschart. Ihr Buch wurde extrem populär, war für den National Book Award 1959 nominiert und wurde vielfach besprochen, nicht nur in den USA, sondern überall auf der Welt – sehr bemerkenswert für ein antiphilosophisches Buch der Philosophie. Nach seiner Erstveröffentlichung im Jahr 1958 kam es zu Arendts und ihres Verlags Überraschung – der als Universitätsverlag an esoterische Bestseller in dieser Größenordnung nicht gewöhnt war – auch schon bald zu Folgeauflagen und Übersetzungen.

In gewisser Weise war es aber gerade die antiphilosophische Philosophie, auf die die Leserschaft ansprang. Arendt ging es in allererster Linie darum, die Menschen wieder auf die Erde zurückzuholen, damit sie eine Anerkennung für das entwickelten, was sie hatten – und was sie verloren hatten. Im *New Yorker* bezeichnete Mary McCarthy die *Vita activa* als so etwas wie ein Fundbüro: Arendt wollte keine neuen Wahrheiten etablieren, sondern nur von denen schreiben, die wir liegengelassen hatten.[14]

In diesem Punkt ist Arendts zweites großes Buch eine ebenso präzise Vorhersage der Gegenwart gewesen, wie es die *Elemente und Ursprünge* mit ihren Warnungen vor der Vereinzelung und einer chronisch unpolitischen Lebensweise auch waren. Ihre Sorge war, dass uns die Technik und der übermäßige Konsum von der Erde entfremden würden. Und heute, im 21. Jahrhundert, steht sogar zu befürchten, dass wir sie gänzlich zerstört haben. Aber Arendt war zu sehr Humanistin, um das natürliche und das menschliche Leben auf eine Stufe zu stellen. Als sie über den unproduktiven Charakter des Arbeitens mit dem Ziel, einfach noch mehr zu konsumieren, schrieb, befürchtete sie, dass das spezifisch menschliche Element der Arbeit einer Ökonomie des Wegwerfens, der Konfektionsware und der Vergeudung geopfert worden war. Und mit ihm könnte möglicherweise auch jenes Gefühl von Beständigkeit verloren gehen, das von den Handwerkern, Künstlern, Historikern, Produzenten und Poeten ausstrahlte, die die flüchtige Natur der menschlichen Erfahrung einfingen und ihr einen dauerhaften Ort verschafften.

Doch Arendt erkannte auch, dass zwischen der Fähigkeit, eine menschliche Heimat zu kultivieren, und der Sorge um die natürliche Umwelt ein enger Zusammenhang bestand. So verwies sie in einem Aufsatz, der in seiner ursprünglichen Fassung aus dem Jahr 1960 stammt, auf die römischen Wurzeln des Worts «Kultur» und erklärte, dass es «von ‹colere› abstammt – was kultivieren, bewohnen, pflegen, kümmern und bewahren bedeutet – und sich in erster Linie auf den Umgang des Menschen mit der Natur bezieht, und zwar in dem Sinne, sie so lange zu kultivieren und zu pflegen, bis sie fürs Bewohntwerden durch den Menschen hinreichend präpariert ist. So verstanden steht ‹Kultur› für eine Haltung liebevoller Fürsorge und steht in scharfem Kontrast zu allen Bemühungen, die Natur der menschlichen Herrschaft zu unterwerfen.»[15]

Vier Jahre nach dem Erscheinen der *Vita activa* veröffentlichte die Biologin und Schriftstellerin Rachel Carson – ebenfalls eine Frau, die sich weigerte, die moderne Welt unter den ihr dargebotenen Umständen einfach hinzunehmen – im *New Yorker* die ersten Teile des Buchs, das die moderne Umweltbewegung begründen sollte: *Silent Spring* (deutsch: *Der stumme Frühling*). «Wenn wir schon so sehr von Chemikalien umgeben sind, dann sollten wir auch etwas über ihre Auswirkungen wissen», lautete die Überschrift ihres ersten Artikels. Mit dieser defensiven Eröffnung hatte sie ihre Leserinnen und Leser allerdings nicht auf ihre erschütternde Schilderung gleich zu Beginn ihres Textes vorbereitet, in der sie das Martyrium der sterbenden Einwohnerschaft einer (fi ktiven) amerikanischen Kleinstadt beschreibt, die von den auf ihrem Land versprühten Pestiziden vergiftet wird. «Kein Hexenwerk und kein Angriff von äußeren Feinden hatte das Leben in dieser gebeutelten Welt ausgelöscht. Die Menschen hatten es selbst getan», wie sie schrieb. «Eine Spezies, nämlich der Mensch, hat die enorme Macht erlangt, die Natur seiner Welt zu verändern», und damit eine «Kette des Bösen» in «der Welt, die das Leben erhalten muss», in Gang gesetzt.[16] Ich habe zwar keine Belege dafür gefunden, dass Arendt Carsons Buch gelesen hat, doch gegen Ende ihres Lebens schrieb sie, dass der Umstand, «[d]aß man sich neuerdings plötzlich für die der Umwelt drohenden Gefahren interessiert», in ihren Augen «der erste Hoffnungsstrahl» für den Widerstand gegen eine Kultur darstellt, in der den Dingen «nun der Verschleiß eingebaut war» und wir sie «nicht mehr gebrauchen, sondern zweckentfremden, mißbrauchen und wegwerfen».[17]

Im Februar 1963, nur acht Monate nach dem Erscheinen von Carsons *Silent Spring*, veröffentlichte der *New Yorker* die ersten Teile von *Eichmann in Jerusalem*. Zwischen diesen beiden epochemachenden Artikeln der beiden Frauen druckte das Magazin im November 1962 noch einen dritten ab, nämlich James Baldwins Text «Letter from a Region in My Mind» («Vor dem Kreuz: Brief aus einer Landschaft meines Geistes»), aus dem später das Buch *The Fire Next Time* (*Nach der Flut das Feuer*) hervorgehen sollte. Das Buch hat Arendt so sehr beeindruckt, dass sie sich dazu bewogen fühlte, ihm etwas über die Liebe zu schreiben. «Wir Menschen haben heute die Macht, uns selbst auszulöschen; das scheint unsere ganze Errungenschaft zu sein», fasste er seine Überlegungen in Worte, in denen Arendts eigener eindringlicher Mahnruf seinen unmittelbaren Widerhall fand.[18]

Mehrere Leserinnen und Leser schrieben damals an den Herausgeber des *New Yorker*, William Shawn, um zu bemerken, dass die Qualität der wahrheitsgemäßen Berichterstattung seines Magazins offenbar einen außergewöhnlichen Wandel erfahren haben musste (wobei einige die Wahrheiten, die alle drei erzählten, auch bestritten). Denn in einer verblüffenden moralischen, politischen und historischen Klarheit, die aus heutiger Sicht geradezu visionär anmutet, legten Carson, Baldwin und Arendt die Gefahren für die menschliche Existenz auf Erden dar: den endemischen und brutalen Rassismus, maßlose Gier, den exzessiven Konsum, einen unreflektierten technologischen Fortschritt und die ökologische Katastrophe – die toxischen Grundzüge des modernen Lebens.

«Die Verantwortung freier Menschen liegt darin, den Konstanten des Lebens zu trauen und sie zu feiern», so Baldwin. Leben, Natalität, Kampf, Liebe, die Conditio humana und der Zustand des ganzen Planeten – das waren die Konstanten, die alle drei Autorinnen und Autoren feierten und verteidigten. ‹Die Konstanten sind alle da›, wie sie sagten, ‹auf dieser Welt, auf dieser Erde, hier und jetzt.› Die sehr unterschiedlichen Revolutionen, die sie verlangten, drehten sich folglich auch nicht um die Erschaffung neuer Realitäten, sondern sollten denen zu ihrem Ausdruck verhelfen, die es schon gab: für Baldwin der des «leidenden, tanzenden» schwarzen Amerika, für Arendt der «schiere[n] Gegebenheit der eigenen Existenz» und für Carson den «Wunder[n] und [...] Realitäten des uns umgebenden Universums».

James Baldwin, Hannah Arendt und Rachel Carson gehören nicht umsonst zu den Autorinnen und Autoren des letzten Jahrhunderts, deren Stimmen in unserem so eindringlich zu uns sprechen. Sie zeigen uns erneut – womöglich, weil die Menschen beim ersten Mal nicht richtig zugehört haben, vielleicht aber auch deshalb, weil das, was sie fürchteten, in Wirklichkeit noch viel schlimmer eingetreten ist – die Schönheit und Zerbrechlichkeit der Existenz.

Hannah Arendt war eine Expertin darin, in Momenten des Staunens zu leben – eine Erfahrung, die die Griechen *thaumazein* nannten. Denken wir nur daran, wie sie auf den Klippen von Portbou verzweifelt nach dem Grab von Walter Benjamin suchte und dabei innehielt, um die «fantastische Schönheit» des blauen Meeres und der grün-weißen Küstenlinie auf sich wirken zu lassen, die sich unter ihr erstreckte. Oder wie sie an ihrer Zigarette zog, während sie von der Akropolis aus auf das Meer hinausblickte. Auch wenn ihre Priorität immer der Mensch war, so war doch die sinnliche Welt für sie nicht einfach in denkende Subjekte und benutzbare Objekte unterteilt. Alle Lebensformen sind dazu bestimmt, gesehen, gehört, berührt und geschmeckt zu werden. Sie sind daher auch «niemals bloße Subjekte und niemals als solche zu verstehen; sie sind nicht weniger ‹objektiv› als Steine und Brücken», schrieb sie in ihrem letzten Buch *Vom Leben des Geistes*.[19] Dieses Changieren zwischen den Erscheinungen, das Staunen über die Andersartigkeit allen Lebens, wie James Baldwin es vielleicht formuliert hätte, ist eine der Konstanten.

⋆

In den 1950er und frühen 1960er Jahren fasste Hannah Arendt zwar in Amerika Fuß, hielt aber kaum einmal inne, um wirklich irgendwo anzukommen. In dieser Zeit schrieb Robert Lowell sein Taubengedicht für sie. Sie hatte sich mittlerweile den darin erwähnten «flight's lost moment», den «verlorenen Moment des Aufflatterns», zu eigen gemacht und schulte ihre Vogelaugen am Globus, während sie mit der

Pan American Airways zwischen Amerika und Europa hin- und herpendelte – ebenso wie an der Landschaft ihres neuen Landes, wenn sie per Zug an die Westküste oder die Ostküste auf und ab raste. Heinrich Blücher hatte sein Hochstapler-Syndrom durch die Einsicht überwunden, dass die beste Art, einen Gedanken zu erforschen, nicht darin bestand, ihn niederzuschreiben, sondern ihn zu lehren. Daher brachte er nun, so wie Sokrates in der Werkstatt von Simon dem Schuhmacher an der Agora, ebenfalls junge Geister zum Nachdenken – allerdings am Bard College in Upstate New York. Die einstigen Flüchtlinge führten jetzt das Leben von Berufspendlern.

Die Monate zwischen 1956 und 1957, in denen sie an der *Vita activa* arbeitete, waren sowohl aufregend als auch anstrengend. Im Frühjahr 1956 präsentierte sie die Inhalte ihres Buchs im Rahmen der Walgreen Lectures an der University of Chicago. Arendt gefielen die intelligenten und interessanten Studierenden, die ihre Vorlesungen besuchten, und der experimentelle interdisziplinäre Ansatz des 1941 gegründeten Committee on Social Thought. Im darauffolgenden Frühjahr kehrte sie nach Chicago zurück, um einen Teil von Hans Morgenthaus Lehrveranstaltung zur «Neueren politischen Theorie» zu unterrichten, für die eine irrsinnig lange Leseliste vorgesehen war («ich habe nicht alle Bücher gelesen und erwarte auch nicht, dass die Studenten es tun», versicherte er ihr allerdings). Morgenthaus Widerstand gegen den Vietnamkrieg führte dazu, dass er unter der Regierung von Präsident Johnson aus seiner Position als Berater des US-Außenministeriums entlassen wurde – etwa zu der Zeit, als die Kontroverse, die auf ihre Reportagen über den Eichmann-Prozess folgte, auch Arendt unter Druck setzte. Beide kamen sich näher und in ihren letzten Lebensjahren, nach Blüchers Tod, sogar sehr nahe (zu nah, wie sie fand). Dazu aber später mehr.

Während sie am letzten Kapitel des Buches arbeitete, korrespondierte sie mit einem alten Freund aus ihrer Freiburger Studentenzeit, dem politischen Philosophen Alexandre Koyré. Dieser war gerade dabei, seine bahnbrechende Geschichte der modernen Wissenschaft zu vollenden, die unter dem Titel *From the Closed World to the Infinite Universe* (in deutscher Sprache: *Von der geschlossenen Welt zum unendlichen Universum*) im Jahr 1957 erscheinen sollte. Darin teilte er Arendts Befürchtungen hinsichtlich der Richtung, die die technische Entwicklung im 20. Jahrhundert eingeschlagen hatte. «Sur notre situation climatique et politique … En bref: the worst since at least a hundred years», schrieb er ihr im März 1956 aus Paris; «yet la vie continues as usual.»[20]

Im September 1956 reiste Arendt zusammen mit Mary McCarthy in die Niederlande, um die Werke Rembrandts in Amsterdam zu sehen, und besuchte auch Den Haag, Delft, Haarlem und Rotterdam. Rembrandts zutiefst menschliche Gesichter – so wohlwollend, zerbrechlich, leidend und mitfühlend – trotzten unumwunden dem engstirnigen kapitalistischen Geist und der protestantischen Askese seines Zeitalters. Arendt, die bestrebt war, das Menschliche als solches zu bewahren, fand daher großen Gefallen an ihnen.

In Amsterdam wandelte sie auf den Spuren von Baruch de Spinoza, der sich mit seinem großherzigen Pantheismus ebenfalls über die Beschränkungen der Vorstellungswelt des 17. Jahrhunderts hinweggesetzt hatte. Arendt liebte den Philosophen für seine furchtlose Lehre über die Wirklichkeit, vermutete aber, dass er wahrscheinlich nicht so viel lachte wie sie selbst in diesen Monaten – mit jenem breiten Lächeln, das für ihre mittleren Jahre typisch werden sollte. Nach ihrer Rückkehr aus Europa im Oktober des Jahres kaufte sie sich einen Plattenspieler, um ihren 50. Geburtstag zu feiern, «da die Macht der Töne eben doch die größte ist» (*AJB* 309). Fortan spielte auf ihren Partys Musik.

Im Spätfrühling 1957 verbrachte sie einen sehr alkoholintensiven Abend mit der Dichterin Elizabeth Bishop (einer ehemaligen Klassenkameradin Mary McCarthys und Freundin Robert Lowells) und deren Geliebten, der brasilianischen Landschaftsarchitektin Lota de Macedo Soares. 18 Jahre später, nach der Veröffentlichung von Arendts Nachruf auf W. H. Auden im *New Yorker*, schrieb Bishop ihr und bedankte sich für ihre liebevolle Charakterisierung des Autors sowie für ihre Interpretation seiner Gedichte, die, so Bishop, genau die waren, die sie auch ausgesucht hätte, um seiner zu gedenken. «Sie erinnern sich wahrscheinlich gar nicht mehr an mich», schrieb sie, «aber vielleicht erinnern Sie sich an meine brasilianische Freundin, Lota de Macedo Soares. Sie hat das Gespräch mit Ihnen sehr genossen und noch Jahre danach davon gesprochen.» – «Was für ein Gedanke, dass ich mich an Sie nicht erinnern könnte», antwortete Arendt. «Ich weiß noch jede Minute dieses denkwürdigen Abends mit Ihnen und Ihrer brasilianischen Freundin, und um Ihnen die Wahrheit zu sagen, war ich immer enttäuscht, dass ich nie wieder etwas von Ihnen gehört habe.»[21]

Elizabeth Bishop verfasste einige ihrer stärksten Naturgedichte in der Zeit, als sie mit Lota de Macedo Soares in Brasilien lebte. Dort schrieb sie Gedichte über die «Monsterfarne» der Landschaft, über «Flechten, graue Mondausbrüche» und «rußschwarze Drachen»; darüber, wie Kolonialisten «sich durch die hängenden Kulissen» des Regenwalds «wühlten», um seine Schätze zu verschlingen, über den befremdenden Blick der Touristen, deren «Mangel an Fantasie» sie dazu bringe, «fantasierte Orte» aufzusuchen, und über Kinder als Hausbesetzer, die «in den Räumen des fallenden Regens» Eigentumsrechte geltend machen.[22]

Ich weiß nicht, ob Arendt die Gedichte aus Bishops 1965 erschienener Sammlung *Questions of Travel* (*Reisefragen*) kannte, die ihre besten Naturgedichte enthält, aber ich weiß, dass sie ein Exemplar jener Gedichtsammlung besaß, für die Bishop 1956 den Pulitzer-Preis erhalten hatte: *Poems. North & South – A Cold Spring* (im Deutschen zweiteilig: *Nord & Süd* und *Ein kalter Frühling*). Auf ähnliche Weise wie das Buch, an dessen Fertigstellung Arendt gerade arbeitete, als sie und Bishop sich an besagtem Abend im Jahr 1957 trafen, entfaltet auch ein frühes Gedicht aus dieser Sammlung, «The Man-Moth» («Das Mann-Mott»), eine eindringliche Reflexion über die Kosten der Entkopplung von Erscheinung und Wirklichkeit im modernen Zeitalter. Bishops fiktive Kreatur, die Menschen-Motte (oder eben «Mann-Mott» in der deutschen Übertragung; ein Name, der von einem Druckfehler im Wort «Mammut» in einer Zeitung herrührte), hält den Mond für ein kleines Loch, durch das sie von der Erde entkommen kann. Schließlich lebt sie nur in einer Welt der Erscheinungen – wie also sollte sie es besser wissen? Das Wesen steigt daher hinauf, um nachzusehen, und fällt dann verängstigt, aber unverletzt wieder auf die Erde zurück, um seine Tage des verlorenen Flatterns in den «lichtarme[n] Subwayschächten, in denen es wohnt», fortzusetzen. Das Mann-Mott weiß nicht um die physikalischen Eigenschaften des Universums, in dem es sich befindet. Wie die Bewohner von Platons Höhle sieht es nur seltsame Lichter und fühlt die Temperatur um sich herum, misst sie aber nicht. «Der Mensch unter ihm hat solche Träume nicht», schreibt Bishop – denn der, so hätte Hannah Arendt im Stillen ergänzt und beim Lesen des Gedichts anerkennend gelächelt, hat natürlich sein Teleskop, seine Messgeräte und seinen archimedischen Punkt. Er weiß sehr genau, was der Mond ist und wie er seine Bahnen zieht. Der Mensch weiß alles, aber zu welchem Preis?

‹Fang die Menschen-Motte›, schreibt Bishop in der letzten Strophe, ‹und wenn du richtig gut aufpasst, dann schenkt sie dir vielleicht eine ihrer Tränen›:

> Wenn du es fängst,
> halt ihm eine Taschenlampe ans Auge. Ganz dunkle Pupille ist es,
> eine vollständige Nacht, deren bewimperter Horizont schmal wird,
> wenn es zurückstarrt, das Auge schließt. Dann entgleitet den
> Lidern
> eine Träne, sein ganzer Besitz, wie einer Biene Stachel. Verstohlen
> lässt es sie in der Hand verschwinden und verschluckt sie,
> gibst du nicht acht. Wenn du aber hinsiehst, reicht es sie dir,
> kalt wie von unterirdischen Quellen und rein genug zum Trinken.

«Die gewissermaßen menschlichste und unweltlichste der Künste ist die Dichtkunst, deren Material die Sprache selbst ist», so Arendt in der *Vita activa* (*VA* 230), weil sie so nahe beim Gedanken verbleibt.

⋆

In den späten 1950er Jahren kam Arendt nach Hause – nach Hause in die Welt, die sie lieben gelernt hatte und vor unmenschlichen politischen Kräften bewahren wollte. Zu jener Zeit hatte sich Adolf Eichmann in Argentinien niedergelassen. Während sie 1957 an den finalen Entwürfen ihrer *Vita activa* feilte, verbrachte Letzterer seine Wochenenden damit, im Kreise einiger geflohener Nazis, zu dem auch der niederländische Kollaborateur, Waffen-SS-Angehörige und Journalist Willem Sassen zählte, stolz seine zentrale Rolle bei der Vernichtung der Juden zu erörtern. Für diese Männer war der Nationalsozialismus ein unvollendetes Projekt. Auszüge aus den «Sassen Tapes» erschienen 1960 im *Life Magazine*, während Eichmann in Jerusalem auf seinen Prozess wartete. Die Nazi-Pandemie mochte vorüber gewesen sein. Das «Virus des Totalitarismus» war hingegen keineswegs verschwunden.

8
Wie man die Welt verändert

«Die Revolutionäre sind diejenigen, die wissen,
wann die Macht auf der Straße liegt und
wann sie sie aufheben können!»

Hannah Arendt,
Macht und Gewalt

Das für seine Buchhandlungen, Cafés und Eisdielen bekannte Hamra-Viertel in Beirut, wo das Glitzern des Meeres vom Staub der Straßen eingefangen wird, strahlt eine ruhige Zuversicht aus, was das Schicksal der Menschheit angeht – auch wenn, wie so oft in der Geschichte des Libanon, die Gründe für diese Zuversicht eher dürftig erscheinen. Im späten Frühjahr 2019 tauchte dort ein neues Wandgemälde an der Mauer eines Parkplatzes in der Cairo Street auf. Es zeigte eine Frau in einem roten Kleid, die auf einer Bank sitzt und in ihre Lektüre vertieft ist. Über ihre Schultern hinweg waren Männer mit weit aufgesperrten Mündern zu sehen und verlangten mit erhobenen Fäusten, gesehen, gehört und beachtet zu werden. Das Buch, das die Frau las, war die arabische Übersetzung von Hannah Arendts *Über die Revolution*. Nur fünf Monate nach dem ersten Erscheinen dieses Bilds ging das Volk auf die Straße und trat die Revolution vom 17. Oktober 2019 – die libanesische *Thawra* – los.

Als Diana Al-Halabi, die Künstlerin des Wandgemäldes, überlegte, was sie an den Wänden der Hauptstraße von Hamra darstellen wollte, ging ihr, wie sie mir berichtete, nur eine einzige Idee durch den Kopf:

Diana Al-Halabi, Eine Frau liest Über die Revolution, *Cairo Street, Hamra, Beirut*

das Bild einer Frau, die in der Öffentlichkeit liest. Inspiriert dazu wurde sie durch die in Beirut alltägliche Erfahrung von Taschenkontrollen. Was wäre eigentlich, wenn eine Frau ein Buch in ihrer Tasche hätte, fragte sie sich – und was, wenn dieses Buch von der Revolution handeln würde? Wenn dies ihr gefährliches Geheimnis wäre? Al-Halabi hatte kein einziges Werk von Arendt gelesen, bevor ihr drei Freunde unabhängig voneinander rieten, dass das Buch auf ihrem Wandbild unbedingt *Über die Revolution* sein müsse. Mittlerweile hat sie die Autorin studiert. In den ersten Monaten der libanesischen Revolution verbreiteten sich Aufnahmen von Al-Halabis Wandbild wie ein Lauffeuer.[1]

«Es gibt keine gefährlichen Gedanken; das Denken selbst ist gefährlich», so Arendts berühmtes Diktum. Auf das Denken von Frauen aber, das sie nur selten erwähnt, trifft dies möglicherweise ganz besonders zu – nicht zuletzt dann, wenn der Gegenstand ihrer Gedanken die Revolution ist.[2]

★

Während der Arbeit an der *Vita activa* hatte Arendt begonnen, sich eingehend mit der Tradition der politischen Philosophie zu befassen. Cicero, Machiavelli, John Locke, Thomas Hobbes, Edmund Burke, Montesquieu, Thomas Jefferson, John Adams, Thomas Paine, Jean-Jacques Rousseau, Alexis de Tocqueville, Karl Marx, Wladimir Lenin und Rosa Luxemburg – sie alle hat Arendt an ihrem New Yorker Schreibtisch sowie in Bibliotheken in den USA und Europa wieder und wieder gelesen und sorgfältig ganze Seiten mit Zitaten abgetippt, um die Entwicklung jener Denkweise nachzuvollziehen, die im schlimmsten Fall zum Totalitarismus und im besten zu einer blutleeren Demokratie geführt hat. Ebenso zielstrebig suchte sie aber auch nach Belegen dafür, dass eine andere Politik noch möglich sein könnte – und kam schließlich zu dem Urteil, dass dem tatsächlich so war.

Diese Schlussfolgerung verdankte sich allerdings nicht nur diesen Studien, sondern auch der gespannten Aufmerksamkeit der zwölfjährigen Hannah, die die Hand ihrer Mutter fest umklammert hielt, als sie gemeinsam über die Brücken von Königsberg zu einer öffentlichen Versammlung gingen, die als Reaktion auf den Spartakusaufstand Anfang Januar 1919 anberaumt worden war. Nach dem Ende des Ersten Weltkriegs hatte die Novemberrevolution zwar für kurze Zeit eine andere Zukunft für Deutschland am Horizont aufscheinen lassen, doch bald schon war die linke Bewegung gespalten. Auf der einen Seite standen die Sozialdemokraten, die, um ihre Macht zu sichern, Reformen in einem parlamentarischen Rahmen anstrebten, und auf der anderen Seite die Kommunistische Partei, die auf eine totale und sofortige Revolution drängte. Eingekeilt zwischen diesen beiden Lagern gab es dann aber auch noch jene Frau, für deren Unterstützung Martha Arendt ihre Tochter mit auf die Straße genommen hatte: Rosa Luxemburg – Volkswirtschaftlerin, ehemaliges SPD-Mitglied, Kommunistin, Mitbegründerin des Spartakusbunds und polnisch-jüdische Außenseiterin, die erst kürzlich aus dem Gefängnis entlassen worden war, in dem sie ihrer unnachgiebigen und lautstarken Kriegsgegnerschaft wegen inhaftiert war.

Luxemburg scheute nicht vor gewaltsamen Aktionen zurück. Für sie war der Kapitalismus selbst ein alltäglicher und kontinuierlicher Gewaltakt – die «monströsen» und «abnormen» Zustände der Armut, der Knechtschaft, des Hungers und Leids. Daher hatte sie auch die Russische Revolution von 1905 unterstützt. Allem voran gründete ihr revolutionärer Impetus jedoch in der Lebenswirklichkeit der Menschen selbst, die sie mit der gleichen Aufmerksamkeit untersuchte wie die Vogel- und Pflanzenwelt, der sie sich bekanntlich während ihrer Haft ausgiebig gewidmet hatte. «Worauf es ihrer Meinung nach am meisten ankam, mehr noch als auf die Revolution, war die Wirklichkeit in all ihren erschütternden Aspekten», wie Arendt schrieb.[3] Die Bereitschaft zu spontanen revolutionären Aktionen, für die Luxemburg bekannt ist, fußte also auch auf den konkreten Handlungsweisen, die Menschen an den Tag legten – echte Menschen wohlgemerkt, nicht politische Parteien, Ideologen oder gar große politische Philosophen –, wenn sie beschließen, dass es nun genug ist mit der schleichenden Gewalt, den Übergriffen, dem Kampf ums nackte Überleben. «Ich konnte spüren, dass etwas geschehen wird», erzählte mir Diana Al-Halabi über die Stimmung im Libanon in jenem Sommer des Jahres 2019, «so wie die Tiere ein nahendes Erdbeben spüren können.»

Rosa Luxemburg warnte, die Revolution in Deutschland komme zu früh; sie sei noch keine Volksrevolution, weshalb es noch mehr Blutvergießen und Leid geben werde, und genauso wie der gerade zu Ende gegangene Krieg werde wieder alles umsonst gewesen sein. Von ihrer eigenen Partei überstimmt, erwies sich ihre Einschätzung jedoch als auf groteske Weise zutreffend. Am 15. Januar 1919 nahm das Freikorps, ein aus Veteranen bestehender misogyner Schlägertrupp, der später die aufstrebenden Nationalsozialisten mit Männern fürs Grobe versorgen sollte, Luxemburg zusammen mit dem KPD-Führer Karl Liebknecht gefangen. Einer rammte ihr seinen Gewehrkolben an den Kopf, woraufhin sich andere auf sie stürzten und sie höchstwahrscheinlich zu Tode prügelten. Als Luxemburgs Leiche fünf Monate später im Landwehrkanal gefunden wurde, entdeckte man auch eine Schusswunde an ihrem Hinterkopf, die ihr vermutlich einfach aus Mordlust beigebracht worden war.

In dem Scheinprozess gegen den Gewehrträger (dem versuchter

Rosa Luxemburg (1871–1919) spricht beim Internationalen Sozialistenkongress, Stuttgart, 1907

Totschlag vorgeworfen wurde und der zu zwei Jahren und zwei Wochen Haft verurteilt wurde) und den Mann, der das Kommando hatte, als die beiden Leichen in den Kanal geworfen wurden (Vorwurf: «illegale Beseitigung einer Leiche», Urteil: nur vier Monate Gefängnis), wurde ein Foto als Beweis vorgelegt, das die Männer zeigte, wie sie am nächsten Tag den Mord feierten. Daraufhin brachen die Angeklagten und ihre Unterstützer in Gelächter aus. Im Jahr 1966, fast 50 Jahre nachdem sie und ihre Mutter zusammen demonstriert hatten, wird Arendt diese Szene in einer langen Besprechung der ersten ausführlichen Rosa-Luxemburg-Biografie des britischen Historikers J. P. Nettl schildern: «‹Angeklagter Runge, Sie müssen sich ordentlich betragen. Das ist keine Angelegenheit zum Lachen›, sagte der Vorsitzende des Gerichtshofes. Über vierzig Jahre später trugen sich während des Frankfurter Auschwitz-Prozesses ganz ähnliche Szenen zu, und etwa dieselben Worte fielen.»[4]

Arendt war eine begeisterte, aber vorsichtige Revolutionärin. Begeistert, weil sie wie Luxemburg der Auffassung war, dass Revolutionen die ultimativen politischen Neuanfänge seien, und vorsichtig, weil sie auch verstanden hatte, wie leicht die von ihr so geschätzten außergewöhnlichen Gemeinschaftsaktionen in Massenbewegungen der Gewalt und der Tyrannei umschlagen konnten. Zu viele Revolutionen endeten mit Leichen, die unter Brücken entlangtrieben, und leeren Parkbänken, auf denen einmal lesende Frauen gesessen hatten. Im Anschluss an Luxemburg sah sich Arendt daher vor die Aufgabe gestellt, eine andere Art von Revolutionsgeschichte zu schreiben – eine, die uns im Hinblick auf eine Politik für die Zukunft besser würde unterweisen können.

Im 18. Jahrhundert wurde die Revolution zu einem existenziellen wie auch politischen Ereignis. Das war nicht immer der Fall gewesen. Menschen haben zwar schon immer rebelliert, aber erst in der Neuzeit verband sich der Gedanke des permanenten Wandels mit einem Sinn für die potenzielle Entfaltung des Selbst und seine abhängigen Beziehungen zu anderen. Arendt erwähnt, dass Revolutionen im 18. Jahrhundert daher auch ein «Pathos» erlangten, das sie vorher nicht hatten. Dieses Wort stammt aus dem Griechischen und bedeutet «Leid». Gegen Ende des 17. Jahrhunderts bezeichnete es dann allmählich aber auch die betreffende Eigenschaft, die extremes Mitleid erregt: das eigene Leiden, aber auch das anderer, und das Neue war, dass beide miteinander verschmolzen. Historisch gesehen, wurde das menschliche Leid damit im Politischen theatralisiert.

Seit jeher haben sich die Menschen gegen ihre Unterdrückung aufgelehnt. Doch erst mit der Französischen Revolution ist nach Arendt ein neues, wirkmächtiges historisches Narrativ entstanden, bei dem das Leiden der Menschheit im Mittelpunkt steht. Dieser revolutionären Erzählung zufolge ist das Leid unerträglich, weshalb es stets und immer wieder zu Veränderungen im Namen der Menschlichkeit kommen muss und auch kommen wird. Die Dynamik der Revolution sei unaufhaltsam: Die Geschichte, die Gerechtigkeit und der menschliche Geist selbst verlangten nach ihr. Dies entsprach zwar gewiss einer weltlichen Liebe (es war ja auch gerade ihre Liebe zur Welt, die Arendt dazu veranlasst hatte, sich überhaupt mit der Revolution zu befassen), in ihren Augen allerdings auch einer auf groteske Weise pervertierten.

Für sie steckte nämlich ein bitteres Paradox darin, eine höchst motivierende Idee – nämlich das Leiden der Menschheit in keinerlei Weise hinnehmen zu wollen – in die Geschicke ebenjener Menschheit selbst einfließen zu lassen. Denn damit würden Männer und Frauen auf einen Schlag zu «Handelnden und Vollziehenden» in der Revolutionsgeschichte gemacht, so dass anstelle der komplizierten Irrungen und Wirrungen der öffentlichen Freiheit fortan die Notwendigkeit der Geschichte selbst die Erzählung vorantreibe – Hegels Traum von der unvermeidlichen Dialektik der menschlichen Freiheit. Das führte Arendt zufolge aber dazu, dass sich die Revolutionäre weniger als Bürger in einer neuen Politik verstehen, sondern als außerhalb oder oberhalb der Geschichte stehende Beobachter: Sie urteilen, handeln und treffen Entscheidungen «vom Standpunkt des Betrachters [aus], der dem Gehandelten wie der Zuschauer eines Schauspiels beiwohnt» (*ÜR* 64).

Im Fall der Französischen Revolution handelte es sich um ein Schauspiel des puren Terrors – eines, das nach dem Girondisten Pierre Victurnien Vergniaud «unter dem Zeichen des Saturn» stehe, «denn ‹die Revolution frißt wie Saturn ihre eignen Kinder›», wie Arendt ihn zitiert (*ÜR* 60). Das ohrenbetäubende Echo dieser Worte sollte noch bis ins 20. Jahrhundert hinein zu hören sein.

Was sich hier herausgebildet hatte, war eine revolutionäre Denkweise – und eine korrespondierende revolutionäre Persönlichkeit –, die von Grund auf größenwahnsinnig und narzisstisch war, und zwar in todbringender Weise, wie Arendt meinte. Rosa Luxemburg hatte gegenüber einer grausam «deformierten Revolution» berechtigterweise stärkere Befürchtungen gehegt als gegenüber einer gescheiterten, schrieb sie in ihrer Buchkritik von 1966. Und «[h]aben die Ereignisse ihr nicht recht gegeben?» Hatte der Stalinismus der Sache der Revolution nicht mehr Schaden zugefügt, als es jede «Niederlage […] im ehrlichen Kampf» je vermocht hätte?[5]

Als in den 1960er Jahren erneut Rufe nach einer Revolution zu vernehmen waren, befürchtete Arendt, dass Luxemburgs Lektion noch nicht gelernt worden war. Warum? Zum Teil, weil diese nicht nur eine brillante Theoretikerin des Imperialismus und der Revolution war, sondern eben auch eine Frau. Jede Generation der «Neuen Linken» entdecke Rosa Luxemburg für sich wieder, bemerkte sie in ihrer Rezension, und finde Hoffnung in dem nostalgischen Bild eines weiblichen Wesens, das mit seinem Charme Revolutionen ebenso herbeizaubern konnte, wie Luxemburg einst auch die Vögel von den Bäumen gelockt hat. «Aber neben diesem verschönten Erinnerungsbild lebten auch die alten Klischees von dem ‹zänkischen Weib› und von der ‹Romantikerin› fort, die weder ‹realistisch› noch ‹wissenschaftlich› war», so Arendt weiter. Wenn sie die Vierzig überschritten hatten, fanden ihre Verehrer immer einen Grund dafür, Rosa Luxemburg wieder in dieselbe faule sexistische Schublade zu stecken, in der sie sie zuvor gefunden hatten.[6] Linke Männer standen übrigens auch Schlange, um Arendts eigenes Buch über die Revolution zu diskreditieren (und auch der marxistische Historiker Eric Hobsbawm reihte sich in die ziemlich lange Liste jener Kritiker ein, die nicht in der Lage waren, den Namen «Hannah» richtig zu buchstabieren, als er ihre «Bevorzugung metaphysischer Konstruktionen oder poetische Gefühle gegenüber der Realität» anprangerte).[7] «Konformismus war ihre Sache nicht», so schrieb Arendt über Luxemburg. Und das galt für sie selbst auch. Vielleicht gehört das einfach dazu, um eine Revolutionärin zu sein.

*

Im Herbst 1956 sah es für Arendt zwölf kurze Tage lang so aus, als ob aus der Geschichte unter dem Zeichen von Rosa Luxemburg tatsächlich einmal ein Regenbogen erwachsen könnte. Am 23. Oktober des Jahres protestierten nämlich in Budapest Studierende gegen die stalinistische Marionettenregierung ihrer ungarischen Heimat und deren katastrophale Wirtschaftspolitik. Später am selben Tag drangen einige von ihnen in den staatlichen Radiosender ein, wo sie anschließend festgenommen wurden. Als sich vor dem Gebäude weitere Demonstranten versammelten, um die Freilassung der Inhaftierten zu fordern, traf die Geheimpolizei (ÁVH – Ungarns verhasster Staatssicherheitsdienst) ein, eröffnete das Feuer und tötete sowie verletzte mehrere Personen. Das ungarische Volk reagierte, und innerhalb von 24 Stunden wurde aus einer Studentendemonstration eine Revolution.

Arendt, die sich zu dieser Zeit in Europa aufhielt, war begeistert. «Ungarn» sei «das Beste, was seit langem passiert ist», schrieb sie aus

Münster an Karl Jaspers (*AJB* 342). Die ersten Bilder von dort, die auf den Titelseiten westeuropäischer und amerikanischer Zeitungen erschienen, zeigten den Sturz der absurd großen Stalin-Statue von ihrem Betonsockel vor dem Nationaltheater und lachende Menschenmassen, die die von der Armee verlassenen Panzer umringten. Die Soldaten hatten sich geweigert, auf ihre eigenen Bürger zu schießen. Als sie ein Jahr später nach Deutschland zurückkehrte, erklärte sie gegenüber einem begeisterten studentischen Publikum in Bremen: «Wenn es je so etwas gegeben hat wie Rosa Luxemburgs ‹spontane Revolution›, diesen plötzlichen Aufstand eines ganzen Volkes für die Freiheit und nichts sonst», dann «ist es uns vergönnt gewesen, [in Ungarn] wenigstens Zeuge davon gewesen zu sein».[8]

Oft wird Arendt kritisiert, weil sie die amerikanische Revolution idealisiert hätte, die in ihren Augen, im Gegensatz zur französischen, das demokratische Versprechen der Politik eingelöst hat. Dennoch war dies nichts im Vergleich dazu, wie der Ungarnaufstand von 1956 ihr Denken beflügelte. Die amerikanische Revolution war Geschichte. «Und wenn man dann sieht, wie es heute [in den USA] ist – was für ein Abstieg», wie sie 1958 an Karl und Gertrud Jaspers schreibt (*AJB* 393). Die ungarische Revolution aber – wie die kubanische, die ebenfalls noch im Gange war – fand hier und jetzt statt, in der Gegenwart. Und um wie viel mehr als der öde gesellschaftliche Konformismus der heutigen amerikanischen Demokratie deutete doch das Geschehen dort auf eine wirklich neue antitotalitäre Zukunft hin!

Auf großartige Weise hatten die Menschen Arendt zufolge einen Moment der sowjetischen Geschichte ausgenutzt und ihn in einen Griff nach der Freiheit verwandelt. Der unmittelbare politische Hintergrund für den Aufstand war nämlich die Farce, die auf den Tod Stalins folgte (Arendt hätte den gleichnamigen Film – *The Death of Stalin* – aus dem Jahr 2017 sicher zu schätzen gewusst, der die irrwitzige Verkommenheit des Regimes sehr treffend schildert). Dessen Nachfolger, Nikita Chruschtschow, hatte seine berühmt-berüchtigte und gar nicht so geheime «Geheimrede» bereits gehalten, in der er im Februar 1956 seinen verstorbenen Vorgänger bei einer geschlossenen Sitzung des 20. Parteitags der KPdSU verurteilte. Dies sei aber nie als dramatischer «Wendepunkt» gemeint gewesen, wie Arendt überzeugt war, sondern habe schlicht der Tradition der Selbstkritik und der inneren Säuberung entsprochen, die die Politik der Kommunistischen Partei seit Lenins Tod im Jahr 1924 geprägt habe. Nachdem die Rede aber in den Westen und dann durch die Hintertür auch nach Osteuropa durchgesickert war, entschieden sich die Menschen in Ungarn dafür, sie genau so, also wortwörtlich, zu interpretieren. «Sehr gegen den Willen des Redners», wie Arendt erfreut berichtet, und in einem «katastrophale[n] Mißverständnis» eigneten sie sich die Worte an, die zugunsten einer weiteren Hinterhältigkeit gesprochen wurden, betrachteten sie als ihren Schatz und begannen etwas Neues.[9]

Es gab kein übergeordnetes historisches Narrativ, das Ungarns Revolution befeuert hatte. «Hier ging es nicht darum zu debattieren, wie man es mit den verschiedenen Freiheiten [...] halten sollte», so Arendt, «sondern einzig darum, eine Freiheit, die bereits eine vollendete Tatsache war, zu stabilisieren und die für sie geeigneten politischen Institutionen zu finden.»[10] Im gleichen Sinne hieß es über 60 Jahre später auch bei der Aktivistin Maya Ezz El Din über die Revolution im Libanon im Jahr 2019: «Die Einheit des Volkes drückte nichts Künstliches aus, sondern eine Wahrheit, die in vielen Formen zum Vorschein kam.»[11] Auch diese Revolution begann damit, dass Studierende und Aktivisten an öffentlichen Orten (dem Märtyrerplatz in Beirut) demonstrierten – so wie es beim Arabischen Frühling Anfang der 2010er Jahre, auf dem Platz des Himmlischen Friedens in Peking 1989, in Hongkong im März 2019 und auf dem ukrainischen Maidan 2014 auch schon war. Und ebenso wie an diesen Orten eskalierte auch im Libanon die Lage rasch, als getarnte staatliche Sicherheitskräfte gewaltsam intervenierten. Wie die aufständischen Ungarn hatten auch die Libanesen genug von einer Wirtschaftspolitik, die ihnen von ausländischen Mächten diktiert wurde und nur der Elite ihres Landes zugutekam. Kurz zuvor hatten Waldbrände ein Wohngebiet südlich von Beirut verwüstet, und der libanesische Zivilschutz war nicht hinreichend ausgestattet, um sie zu bekämpfen. Prompt – und unklugerweise – verkündete die Regierung daraufhin die Einführung einer neuen Technologiesteuer auf die Nutzung von WhatsApp, Facebook und Facetime, um ein weiteres Mal zu versuchen, die katastrophale finanzielle Situation des Landes irgendwie zu verbessern. Dieser Plan wurde allerdings ebenso prompt als eine

Maßnahme interpretiert, mit der die Meinungs- und Redefreiheit besteuert werden sollte.

Die ungarischen Studierenden besetzten einen Radiosender. Drei Generationen später benutzten die Studierenden in Beirut ihre Smartphones, um in einem Akt des kollektiven Widerstands den Nachthimmel zu erhellen. «Die Demonstrationen sind spontan und die Einmischung von politischen Parteien in diese Bewegung ein Affront. Die Proteste müssen bei den Bürgern bleiben», verkündete der Politiker und ehemalige Fußballprofi Pierre Issa am 18. Oktober 2019.[12] Ironische Selfies, versehen mit dem Slogan «Ich bin der Anführer!», verbreiteten sich in den sozialen Medien; ein weiterer beliebter Schlachtruf lautete «*Kellon ya'ani kellon!*» («Alle heißt alle!») und brachte die Ablehnung der einheimischen politischen Eliten aller Couleur zum Ausdruck, einschließlich der Hisbollah.

Die Redefreiheit ist nicht einfach nur eine Forderung dieser Revolutionen, sondern ihr Kernstück. Was verlangt wird, ist «das Recht, Rechte zu haben». Das politische Ethos, das dabei in den überall errichteten Diskussionszelten in Beirut und Tripoli zum Ausdruck kam, war nicht so sehr ein Beispiel für das Prinzip «Erst kommt das Fressen, dann kommt die Moral», wie es in Bertolt Brechts ernüchterndem Diktum heißt und das vielleicht für die Arbeiterräte in Ungarn galt. Vielmehr ging es darum, frei miteinander zu sprechen, um herauszufinden, wie man am besten die Versorgung mit Nahrungsmitteln für alle sicherstellen konnte – und zusätzlich im Fall des Libanon auch eine stabile Stromversorgung, eine Entmüllung der Straßen und so etwas wie eine funktionierende Wirtschaft. «Elektrifizierung *und* Räte» war Lenins Devise für die Revolution von 1917: die Beendigung der Armut *und* die Schaffung einer neuen Form der Regierung von unten nach oben, in der das Volk im Mittelpunkt steht. Und Arendt wurde nicht müde, diese Forderung Lenins zu wiederholen. Das Schlagwort «Elektrizität und Selbstverwaltung» brachte auch die grundlegende Forderung auf den Straßen des Libanon im Jahr 2019 recht präzise auf den Punkt.

Politisches Handeln macht «Spaß», erklärte die damals 64-jährige Hannah Arendt 1970 lachend in einem Interview mit dem deutschen Journalisten Adelbert Reif, als sie über die studentischen Aktivisten der späten 1960er Jahre sprach. Und das meinte sie sehr ernst: Ein engagiertes, partizipatorisches, öffentliches politisches Leben eröffne dem Menschen nämlich «eine bestimmte Dimension menschlicher Existenz [...], die ihm sonst verschlossen bleibt».[13] Schlechte politische Systeme seien nicht nur ungerecht und grausam, weil sie uns das Recht verweigerten, unsere eigenen Rechte hervorzubringen, sondern würden uns auch einen wesentlichen Aspekt unserer Existenz vorenthalten. Spaß, das «Glück des Öffentlichen», wie es im 18. Jahrhundert genannt wurde, die Freude an echter politischer Teilhabe, schließe uns mit einer Erfahrung kurz, die wir, solange wir sie nicht kennen, nur als dumpfe Abwesenheit empfinden – als ein Warten. Es ist nicht (oder nicht nur) Wut, die sich in Revolutionen entlädt, sondern etwas viel Kostbareres: die Öffnung der menschlichen Erfahrung, eines Lebens, das inmitten der Stimmen und des Echos anderer gelebt wird, wo Veränderung immer möglich ist. ‹Habt Spaß›, rief Arendt den Studierenden der 1960er Jahre zu, ‹habt so viel Spaß, wie ihr nur könnt.›

Echte Freiheit – und ich bin zu der Überzeugung gelangt, dass genau das Hannah Arendts zentrale politische Einsicht ist – erfordert die Gegenwart anderer, damit wir unseren Wirklichkeitssinn mit ihren Ansichten und ihrem Leben abgleichen, Urteile fällen, prüfen und lernen können. Wie für Nietzsche, dem sie in dieser Frage folgt, sollte auch ein mutiger Agonismus, ein Konflikt ohne Lösung, aber mit gegenseitiger Achtung voreinander, die Politik bestimmen. Diese Art von Freiheit findet nicht im Dunkeln statt, sondern bedufte immer schon eines «Raumes», worin «Menschen zusammenkommen konnten, des Versammlungsplatzes, der Agora, um den die Polis politisch zentriert war» (*ÜR* 37). Die Revolutionen, von denen sie träumte, sollten ein neues Licht auf diese Orte werfen und es den Menschen ermöglichen, ihre eigene Gestalt anzunehmen, wenn sie aus der Dunkelheit hervortreten.

Die ungarische Revolution scheiterte. Am 4. November rückten sowjetische Panzer in Budapest ein. In New York liest Arendt entsetzt die Meldungen: 2140 Menschen wurden hingerichtet, 55 000 in ungarische Gefängnisse gesteckt und 75 000 in den Osten deportiert.[14] Danach folgte die größte europäische Flüchtlingskrise seit dem Krieg. Die Räte, die Freiheit und das Streben nach einem vollwertigen politischen Leben wurden allesamt zunichtegemacht. Am 4. August 2020 explodierte im

Hafen von Beirut eine beschlagnahmte Ladung Ammoniumnitrat, tötete 218 Menschen und machte mindestens 300 000 weitere obdachlos. Dieser Unfall hat fast alle Hoffnungen zunichtegemacht, die ein langer Abnutzungskampf und das Coronavirus noch übrig gelassen hatten. Die libanesische *Thawra* ist unvollendet.

Arendt zeigte sich zwar bestürzt von der Niederschlagung des Aufstands in Ungarn, war aber politisch so elektrisiert wie seit Jahren nicht mehr. Die USA und Westeuropa hatten die ungarischen Revolutionäre bereitwillig und enthusiastisch unterstützt, allerdings nur aus der Ferne – und die erwies sich am Ende als zu groß, als dass deren Hilfe noch irgendwie von Nutzen sein konnte. «Die einzige Intervention, welche der Ungarischen Revolution als solcher hätte helfen können, wären jene Freiwilligenbataillone aus aller Welt gewesen, die wirklich bereit sind, sich für nichts als die Freiheit selbst zu schlagen», wie sie ihrem studentischen Bremer Auditorium ein Jahr danach erklärte, so wie es 1936 in Spanien versucht worden war.[15] Es brauchte eine Solidarität ohne Grenzen, wie die einst vor dem Faschismus Geflüchtete betonte, aber die gab es nicht. Wenn aber die Regierungen versagen, dann müssen die Menschen übernehmen.

Der Essay, in dem sie schließlich ihre Betrachtungen zur ungarischen Revolution darlegte, war eine ihrer leidenschaftlichsten und offenherzigsten politischen Schriften seit den *Elementen und Ursprüngen totaler Herrschaft*. Die Revolution war zwar zerstört, doch ebenso wie Kant, der dazu aufrief, die Französische Revolution nicht an ihren unmittelbaren Folgen zu bemessen, sondern daran, welchen Widerhall sie in der Geschichte finden würde, glaubte auch Arendt, dass die Ereignisse in Ungarn dafür relevant bleiben würden, wie sie erinnert werden. Das Bild, das sie zur Illustration dieses Gedankens bemühte, war das von einigen Frauen auf der Straße. Am 23. Oktober 1957, ein Jahr nach ihrer Niederlage, widersetzte sich die Budapester Bevölkerung dem staatlichen Verbot öffentlicher Demonstrationen. «Noch sehen wir den schwarzen Zug schweigender Frauen, der durch die Straßen des bereits von den Russen besetzten Budapest schritt, um in großer Öffentlichkeit den Toten der Revolution die letzte Ehre zu erweisen», schrieb sie. Was sie meinte, war: Wir sehen ihn *immer noch* und *werden* ihn auch *weiterhin* sehen. Die Frauen sorgten dafür, dass selbst nach dem Scheitern der Revolution «neben der Angst auch die Erinnerung umgeht».[16]

Am 19. Oktober 2020 weigerte sich Rima Majed, Aktivistin und Soziologieprofessorin an der American University of Beirut in Hamra, des ersten Jahrestags der libanesischen Revolution zu gedenken: «Wir dürfen nicht zu Gefangenen der Idee der Zeit und kalendarischer Daten werden, die uns aufgezwungen werden», schrieb sie.[17]

Arendt hatte eigentlich die Absicht, ihren Ungarn-Essay Rosa Luxemburg zu widmen – um die Erinnerung an sie wachzuhalten. Aber ihr deutscher Verleger Klaus Piper hatte Bedenken, wie dieser Schritt bei der westdeutschen Leserschaft ankommen würde, und schlug deshalb vor, Arendt möge ein paar Worte schreiben, um Luxemburg vom damaligen Sowjetregime zu distanzieren. Doch sie widersprach. Wenn man erklären musste, warum Luxemburg sich von diesem Regime unterschied, dann wäre der ganze Sinn einer Widmung nicht mehr gegeben. Eine Geste kann man nicht relativieren. «Die arme Rosa! Nun ist sie bald vierzig Jahre tot und fällt immer noch zwischen alle Stühle», schrieb sie in einem Brief an ihren Verleger.[18] Die Zeit war immer noch nicht reif.

Arendt war naiv, was die ungarische Revolution anging, und sie wusste es. Sie fügte einer Neuauflage der *Elemente und Ursprünge* sogar ein Nachwort zu den dortigen Geschehnissen hinzu, um zu zeigen, wie es möglich sein könnte, den Terror und die Einsamkeit zu besiegen. Später zog sie es allerdings wieder zurück. Die öffentlichen Prügel und das grausame Aufknüpfen von ÁVH-Angehörigen waren weder so gerecht noch so zielgerichtet, wie sie es sich anfangs vorgestellt hatte. Zudem hatten auch Nationalismus und Antisemitismus bei der Revolution eine Rolle gespielt. In den 1950er Jahren hatte sie allerdings auch eingesehen, dass Enttäuschung der bessere Teil der politischen Hoffnung war. Eine gescheiterte Revolution war, wie sie sich selbst erinnerte, letztlich weitaus besser als eine deformierte.

In der bitteren Kälte des frühen Januar 1919 ergriff Martha Arendt die behandschuhte Hand ihrer Tochter, als sie lachend durch die Straßen von Königsberg gingen. «Paß auf, das ist ein historischer Moment!», rief sie ihrem Kind zu. Hannah tat genau dies – und hörte nie wieder auf.[19] Ihre Biografin Elisabeth Young-Bruehl vermutet, dass der Aufsatz über Rosa Luxemburg aus dem Jahr 1966 auch ein verspäteter Liebesbrief an Martha war, die 18 Jahre zuvor auf einem Schiff nach England gestorben war, mit dem sie ein Amerika verließ, das sie unglücklich gemacht hatte.[20] Sosehr sie sich auch bemüht hatte, konnte Hannah Arendt die Verluste nicht wettmachen, die ihre Mutter erlitten hatte. Traurig und schuldbewusst sorgte sie dafür, dass das Kaddisch, das jüdische Trauergebet, für ihre Mutter in England gesagt wurde – weit weg von Königsberg und ihrem früheren Leben. Young-Bruehl meint zwar, dass Arendt in ihrem Essay die Befähigung zur Loyalität würdigen wollte, die beide Frauen besaßen. Aber ich glaube nicht, dass es nur darum ging. Sowohl Luxemburg als auch Martha hatten sie nämlich auf ihre je eigene Weise gelehrt, das Leben so zu nehmen, wie es wirklich gelebt wurde: nicht in den Abstraktionen anderer zu träumen, sondern die seltenen Momente zu nutzen, in denen man, wenn man auf die Straße tritt, einfach spürt, dass etwas passieren wird – etwas, was alles verändern könnte.

⋆

Im Jahr 1788 erklärte James Madison, dass die neubegründete amerikanische Zentralregierung eine Hauptstadt brauche, um ihre Autorität zu sichern. Zwei Jahre später schickte Präsident George Washington Landvermesser in das Siedlungsgebiet der Piscataway, auch Conoy genannt, um in den Marschlanden des Flusses Potomac zehn Quadratmeilen Land abzustecken. Revolutionen sind, wie Arendt bemerkte, oft «auf Sand gebaut» (*ÜR* 212). Aus der Ferne betrachtet, erscheint Washington, D. C. dem Fremden oft zu strahlend und weiß, um wirklich echt zu sein, wenn es im frischen Schnee daliegt oder sich so kristallklar gegen den scheinbar ewig blauen Himmel abhebt. Wenn man erst einmal dort ist, braucht es aber nur einen kurzen Moment, bis man feststellt, dass die Hauptstadt der Vereinigten Staaten von Amerika viel kleiner ist, als das Image suggeriert, das sie der Welt von sich präsentiert.

Über die Revolution erschien 1963 – dem bis dahin bewegtesten Jahr im Kampf der Bürgerrechtsbewegung in den USA. Das Jahr begann mit Protesten gegen die Segregation in Birmingham, Alabama, und mit der Inhaftierung von Martin Luther King Jr. Im ausgehenden Frühjahr marschierte der «Children's Crusade» durch die Straßen und zog bis vor die Tore von Schulen und Universitäten, die von Dixiecrats* blockiert wurden. Am 28. August kamen über 200 000 Menschen nach Washington, um «Arbeit und Freiheit» zu fordern. Dort hielt King auch seine berühmte Rede «I Have a Dream». Im September des Jahres sterben vier Kinder: Addie Mae Collins, Carol Denise McNair, Cynthia Dionne Wesley und Carole Rosamond Robertson – ermordet bei einem Terroranschlag von weißen Rassisten auf die 16th Street Baptist Church in Birmingham. 1964 sollte der Civil Rights Act verabschiedet werden.

Dies hätte genau der Zeitpunkt sein können, an dem man ein neues Plädoyer für die amerikanische Revolution – oder, besser noch, ein Plädoyer für eine neue amerikanische Revolution – hätte halten müssen. Doch Arendt befand sich 1963 in einer anderen Zeit und an einem anderen Ort. Der Eichmann-Prozess von 1961 hatte sie durch die Geschichte zurück in das nationalsozialistische Europa katapultiert, und die negativen Reaktionen auf ihre Berichte hatten sie verletzt und ihr das Gefühl gegeben, ganz allein dazustehen. Ihre besten Freunde blieben ihr zwar treu, doch andere, wie zum Beispiel Hans Jonas aus Marburg, schwiegen fortan. Sie war fast 57 Jahre alt, immer noch geschwächt von ihrem Unfall und besorgt über den Gesundheitszustand von Heinrich Blücher nach seinem Aneurysma im Jahr 1962. Abgesehen von der Rückkehr nach Europa und den Besuchen in Italien, Athen und auf Ägina im April, war 1963 möglicherweise das schlimmste Jahr in Hannah Arendts Leben, seit sie 1940 in Paris in einen Zug gepfercht und ins Lager Gurs verbracht wurde.

Revolutionen können aus allen möglichen Gründen auf Sand gebaut sein – sehr, sehr guten, aber auch sehr, sehr schlechten. Der beste Grund ist der, dass sie einfach aus den spontanen Handlungen von Menschen erwachsen, die neue Grundlagen für das Leben schaffen können – oder eben auch nicht. Kontingenz ist ein integraler Bestandteil von Arendts Vorstellung von einer auf Dauer gestellten revolutio-

* Anm. d. Ü.: Dies waren Anhänger einer damals schon nicht mehr existenten, aber immer noch wirkmächtigen Abspaltung der Demokratischen Partei, die für die Aufrechterhaltung der Segregation im Süden plädierten.

nären Republik. Das Überleben einer jeden politischen Gemeinschaft ist nur so gut wie die Vereinbarungen und Versprechen, die die Menschen einander geben, und nur so mächtig oder fragil, wie diese zu einem gegebenen Zeitpunkt eben sind. Die amerikanische *constitution worship*, die Verehrung der Verfassung, war in diesem Sinne eine, wie Arendt konstatierte, geschichtlich neuartige und bewundernswerte Art und Weise, die Erinnerung an die revolutionären Wurzeln des Landes aktiv politisch lebendig zu halten (*ÜR* 255).

Der schlechteste Grund hingegen ist der, dass dasselbe revolutionäre Versprechen durch Narrative, die aus leeren, aber tödlichen Abstraktionen bestehen, hinweggefegt werden könnte. Was, so fragte Arendt häufig, ist der «Volkswille» denn anderes als ein Sammelbegriff, der das Potenzial hat, die Pluralität auszulöschen? Man muss, wie Martha Arendt verlangt, gut aufpassen.

Revolutionen sind Erzählereignisse, ja, in der modernen Geschichte vielleicht sogar die ultimativen politischen Erzählereignisse. Die Geschichte, die Arendt in *Über die Revolution* von den USA erzählte, drehte sich praktisch nur um Weiße. «Es ist ein seltsames Phänomen in der gesamten amerikanischen Literatur», bemerkte denn auch der palästinensische Schriftsteller Khayri Hammad 1964 in einer Anmerkung zu seiner Übersetzung von Arendts Buch ins Arabische. «Sie sprechen über ihr Land, als wäre es leer und nicht von Ureinwohnern bevölkert gewesen» – als sei die Gründung Washingtons die Wiederkunft Roms («Die allgemeine Stimmung ist die, dass nun die Vandalen kommen, um Rom zu plündern», vermeldeten die *Washington Daily News* vor dem riesigen Freedom March auf die US-Hauptstadt im August 1963).[21]

In Arendts Erzählung blieb die amerikanische Revolution – im Gegensatz zur französischen – von den Schrecken des blutigen Absolutismus auch deshalb verschont, weil die 13 Kolonien vom Grauen der Verelendung verschont geblieben waren, das Europa im 18. Jahrhundert heimgesucht hatte. Die Frauen auf ihrem Marsch nach Versailles «handelten spontan als Mütter, deren Kinder in Elendsquartieren Hungers starben, und damit liehen sie den Antrieben, welche sie weder teilten, noch auch nur verstanden, die diamantene Härte, der nichts widerstehen konnte», zitiert sie den britischen Historiker Lord Acton.[22] Und da die «nackte Armut» in Frankreich so extrem war, waren auch die

Lösungen so extrem. «Les malheureux sont les puissances de la terre», verkündete der junge Louis Antoine de Saint-Just, Robespierres rechte Hand, «die Elenden sind die Macht der Erde». Die Macht der blanken menschlichen Bedürftigkeit wurde in dem Bemühen, wirtschaftliche Probleme gewaltsam zu regeln, somit zum ebenso blanken Terror.[23] Das Leiden würde entweder aufhören oder zum Aufhören gebracht werden. Allerdings hat Arendt nie behauptet, dass, wie ihr manchmal fälschlicherweise unterstellt wird, Armut oder ökonomische Gesichtspunkte für eine progressive Politik irrelevant wären. Sie hatte einfach nur erkannt, dass man eine bessere Chance hat, eine auf öffentlicher Vernunft und nicht auf Gewalt basierende Republik zu errichten, wenn die Leute ihr Leben nicht in einem Zustand permanenter körperlicher und seelischer Schmerzen fristen müssen. Das Leid hat nämlich die Eigenschaft, die rationale Auseinandersetzung auszustechen. Erst kommt das Fressen, dann kommt die Moral.

In Europa wurden die «Elenden» zu den «Volksmengen», den Massen, in deren Namen die Nation zu einem neuen politischen Absolutum wurde. Das glücklichere Amerika hingegen blieb Arendts etwas parteiischer Darstellung zufolge von diesem Schicksal verschont. Der offensichtliche Überfluss an Grund und Boden hielt die Aussicht auf Reichtum wach und damit die Armut in Schach, während im Kleinen die kolonialen Siedlungen schon das föderale System abbildeten, das die politische Macht schließlich in die Hände der einzelnen lokalen Gemeinschaften legen sollte. Wenn sich dies alles wie der Ursprungsmythos einer weißen Freiheit liest, dann deshalb, weil es genau das war. Arendt wusste das, hat die rassistische Gewalt des amerikanischen Gründungsmoments aber trotzdem konsequent heruntergespielt. In *Über die Revolution* schrieb sie, dass man «wohl versucht» sein könne, sich zu fragen, ob Amerika nicht deshalb «in der Tat ‹a good poor Man's country›» sei, weil «der Wohlstand der weißen Bevölkerung auf schwarzer Arbeit und schwarzem Elend beruhte» (*ÜR* 89 f.). In der Tat, die Versuchung ist groß.

Arendt wusste ganz genau, dass es auch in Amerika extremes Elend gab. Sie schrieb ja sogar selbst, dass «das furchtbare und furchtbar erniedrigende Elend der schwarzen Sklaven […] doch unmittelbar jedem vor Augen standen» (*ÜR* 89). Doch diese Not spielte in ihrer Schilderung keine Rolle, weil sie davon ausging, dass es auch im amerikanischen Revolutionsbewusstsein keine Rolle spielte, und kritisierte diese Auslassung bis zu einem gewissen Punkt auch. Anderswo hatten moderne Revolutionen das menschliche Leid zum Schauplatz ihres Vollzugs gemacht. Die Sklaverei hingegen, die sie als das «ursprüngliche Verbrechen» bezeichnete, «auf dem das Gefüge der amerikanischen Gesellschaft beruhte», schien überhaupt gar kein Teil des Spektakels der Revolution gewesen zu sein. «Hieraus kann man nur schließen, daß die Finsternis, in der Sklaven leben, noch um einige Grade schwärzer ist als die Finsternis der Armut und des Elends. Nicht der arme Mann, wie Adams meinte, sondern nur der schwarze Sklave war schlechterdings ‹unsichtbar›» (*ÜR* 90). Amerikas Revolution war von Anfang an deformiert.

Doch Arendt hatte auch kein Problem damit, die Sklaverei weiterhin im Dunkel der Geschichte zu belassen. Genauso wenig, wie sie im Jahr 1957 Elizabeth Eckford oder ein Jahr zuvor das Volk der Khoikhoi in Südafrika wahrgenommen hatte, berücksichtigte sie in ihrer Geschichte der modernen Revolutionen die Auswirkungen der 13 Jahre währenden Haitianischen Revolution (1791–1804) oder die irgendeines Sklavenaufstands, die zeigten, wie sich Männer und Frauen aus der «dunklen Finsternis» emporkämpften, um die Gestalt jener mutigen und aktiven Bürger anzunehmen, die sie selbst doch so sehr wertschätzte.

1963 war es nicht mehr möglich, die Folgen von Amerikas deformierter Revolution zu übersehen. Im Herbst jenes Jahres kehrte sie an die University of Chicago zurück, wo sie sich vor der Eichmann-Affäre verschanzte, indem sie die klugen Studierenden am Committee on Social Thought unterrichtete. Der stets hilfsbereite Hans Morgenthau hatte ihr eine Unterkunft im Quadrangle Club besorgt. Er hatte eine elegante Suite für sie ausgesucht, die zwar kein Sofa hatte, auf dem Besucher sitzen konnten, dafür aber einen großen Schreibtisch, der Arendts eigenem in ihrer Wohnung am Riverside Drive ähnelte. «Ich habe die mit dem schönen Schreibtisch gewählt, in der Annahme, dass Ihre Interessen eher intellektueller denn gesellschaftlicher Art sein werden», wie er ihr schrieb.[24] Und davon war auszugehen, denn etliche Kolleginnen und Kollegen hatten sie in der Folge ihrer Eichmann-Berichte offenbar gemieden, darunter auch der Romanschriftsteller

Saul Bellow, den sie zuvor als Freund betrachtet hatte. Beim Mittagessen sorgte Morgenthau dafür, dass er selbst zugegen war, damit sie nicht allein essen musste.

Während Arendt an ihrem Schreibtisch saß, taten Bürgerinnen und Bürger in ganz Amerika genau das, was sie am Erbe der amerikanischen Revolution am meisten schätzte: Sie setzten sich für die Autorität der Verfassung ein, indem sie – wieder einmal – darauf bestanden, dass diese mit den demokratischen Forderungen und Bestrebungen der Republik in Einklang gebracht werde. Während des Herbstsemesters 1963 boykottierten nämlich Zehntausende Schüler, denen sich auch einige ihrer eigenen Studierenden angeschlossen hatten, die öffentlichen Schulen der Stadt Chicago, um gegen die segregationsbedingte Abschiebung Schwarzer Kinder in überfüllte und unzureichend ausgestattete Unterrichtsräume zu protestieren, zu denen auch eiskalte Wellblechhütten auf Spielplätzen gehörten. (Nur ein Jahr zuvor hatte übrigens ein Student der University of Chicago namens Bernie Sanders ein studentisches Sit-in organisiert, um gleichfalls gegen diese Zustände zu protestieren.) Die im Urteil *Brown v. Board of Education* gegebene Zusage musste eingehalten werden, ebenso wie die Bestimmungen des 14. Zusatzartikels zur US-Verfassung [der unter anderem die Gleichbehandlung und die Bürgerrechte betrifft; Anm. d. Ü.].

Chicagos «Freedom Day», wie dieser Boykott genannt wurde, fand am 22. Oktober 1963 statt. Zwei Tage später stand Arendt von ihrem Schreibtisch auf, um mit einem ihrer Kollegen, dem Historiker Louis R. Gottschalk, bei einer von der UNESCO organisierten Veranstaltung über die Bedeutung von Revolutionen zu diskutieren. Gottschalk war ein Experte für die Französische Revolution und Lafayette, der in der amerikanischen gekämpft hatte, bevor er nach Frankreich zurückkehrte und eine Schlüsselrolle bei den dortigen Umwälzungen spielen sollte. Was in Gottschalks Revolutionsgeschichte fehle, sei nun genau jenes Wort, «Freiheit», hob Arendt an. In jener Oktoberwoche konnte man keine Zeitung aufschlagen, sich nicht durch die Flure der Universität und schon gar nicht durch die Straßen der Stadt bewegen, ohne überall auf das Wort «Freiheit» zu treffen. Die Freiheit tat einen Aufschrei in Chicago, und das wusste sie. Die Freiheit, beim eigenen Regiertwerden mitreden zu können, die Würde zu haben, ein Bürger und kein Untertan zu sein – das sei das Wesen der Revolution, und genau deshalb würden jetzt, wie sie noch hinzusetzte, überall im Süden Schwarze Revolutionäre ihre Mitbürgerinnen und Mitbürger über die wahre Bedeutung des Jahres 1776 unterrichten.

Kurz hielt sie inne, vielleicht um sich eine Zigarette anzuzünden – ein Akt, der mittlerweile zu ihrer primären Abwehrmaßnahme geworden war, wenn sie ahnte, dass es im Folgenden schwierig werden könnte.

Im Norden hingegen sei es anders, wo die Revolution weniger eine politische denn eine soziale sei und die Forderung nach einem Ende der extremen Ungleichheit die Gefahr in sich berge, dass die revolutionäre Macht in Gewalt umschlage. Als Beispiel führte sie den berühmten Cecil B. Moore an, der als Strafverteidiger und Präsident der NAACP in Philadelphia kein Problem damit hatte, der organisierten Gewalt der städtischen Behörden mit der organisierten Gewalt der Gewerkschaften zu begegnen. Damit entfesselte Moore in ihren Augen allerdings etwas, was jenem tödlichen Pathos ähnelte, das die Französische Revolution zu einem Blutbad hatte werden lassen.

In den 1960er und frühen 1970er Jahren brachte Arendt den Schwarzen Aktivismus immer wieder mit revolutionärer Gewalt in Verbindung. «Hass und Liebe gehören zusammen, und beide sind zerstörerisch. Man kann sie sich nur im Privaten leisten, und als ein Volk nur so lange, wie man nicht frei ist», hatte sie 1962, ein Jahr zuvor, an James Baldwin geschrieben. Dabei hatte sie den eigentlichen Punkt von *Nach der Flut das Feuer* allerdings vollkommen verkannt: Schwarzes Handeln wurde in den Vereinigten Staaten immer durch die weiße Existenz definiert. Wie war es einem Menschen möglich, frei zu sein, solange die Weißen ihre eigenen düsteren Ängste vor sich selbst (die unaussprechlichste Dunkelheit in der ganzen amerikanischen Geschichte) auf die Schwarzen projizierten? Das war Baldwins Problem.

Am Ende kam Arendt zu dem Schluss, dass Amerika sein revolutionäres Versprechen nicht eingelöst hatte. Denn stets war da jene verhängnisvolle Ambivalenz in Bezug auf die Art der Freiheit, die in der Republik zur Anwendung kommen sollte: War ihr Vermächtnis die Freiheit, *ohne* Einfluss einer Regierung nach Glück zu streben? Oder sollte das Glück der *kollektiven* Selbstregierung die eigentliche Errungenschaft sein? Wenn man tatsächlich glaubte, dass Amerika ein Land des naturgegebenen Wohlstands und der unbegrenzten Möglichkeiten war, dann könnte man diese Frage durchaus für richtig gestellt halten, schließlich ist sie eine der ältesten Fragen der politischen Philosophie. Aber wenn man Freiheit vor allem als wirtschaftlichen Wohlstand definiert – was ihrer Auffassung nach in Amerika rasch passiert ist –, dann trübten sich die Aussichten für die Freiheit rasch ein. Die hehre Idee von der öffentlichen Freiheit ziehe sich in eine «Innerlichkeit des Bewußtseins» zurück, schrieb sie in *Über die Revolution* (*ÜR* 181). Der Individualismus und der «ungeheuerliche» (ihr Ausdruck) Glaube, der Kapitalismus bringe eine ungehemmte Freiheit hervor, hätten «erst einmal ein Massenelend von furchtbaren Ausmaßen im Gefolge gehabt» (*ÜR* 280). Und dies Elend räche sich nun in der Form, dass die «Prosperität der amerikanischen Massengesellschaft […] den gesamten politischen Bereich zu überwuchern und zu verwüsten droht» (*ÜR* 180).

Anfang der 1960er Jahre ähnelte die Lage der US-amerikanischen Gesellschaft der, die sie 20 Jahre zuvor in Europa hinter sich gelassen hatte: Soziale Vereinzelung und politische Orientierungslosigkeit hatten eine Lücke aufgetan, die geeignet war, mit rassistischer Wut angefüllt – oder vielmehr *nach*gefüllt – zu werden. Denn selbstverständlich waren es nicht die Sozialrevolutionäre im Norden, die Kinder in die Luft sprengten, Universitätsstudenten lynchten, Geistlichen ins Gesicht spuckten und sich selbst zur «Volksmenge» erklärten, deren ethnische Rechte wichtiger seien als die Verfassung, sondern die amerikanischen Faschisten im Süden. Vielleicht müssen wir uns ein paar Gedanken um die politischen Werte jener Graswurzelorganisationen machen, die dafür sorgen, dass Amerika ein nichtautokratisches Land bleibt, wenn wir uns in Erinnerung rufen, dass auch der Ku-Klux-Klan eine solche Organisation ist, wie Arendt zwei Jahre später zugestand.[25]

*

Am Abend des 6. Januar 2021 saß ich in einem dieser für den Corona-Lockdown typischen Zoom-Meetings mit der Historikerin Sarah Churchwell zusammen. Ein paar Minuten vorher hatte es die ersten Meldungen über den Mob, der das Washingtoner Kapitol gestürmt hatte, gegeben. «In deinem Land wird anscheinend gerade geputscht, Sarah», sagte ich. «Ja, das ist unser Ding», antwortete diese, ohne überrascht zu sein. Churchwell hatte seit der Wahl von Donald Trump im Jahr 2016 viel Zeit auf die Erforschung des kulturellen Erbes verwandt, das der amerikanische Faschismus hinterlassen hat. Unsere Augen sprangen hin und her zwischen unseren Gesichtern und dem Livestream von CNN, der bei uns beiden in einer Bildschirmecke lief. Dass man bei Zoom nicht wusste, wann man seinem Gegenüber genau ansah, war wie eine Metapher für die verzerrte Optik unserer aktuellen politischen Lage: ‹Siehst du mich?›, fragen wir, und, dringlicher noch, ‹sehen wir beide eigentlich dasselbe verdammte Ding da drüben?›

Was wir an diesem Tag zu Gesicht bekamen, wirkte zuerst wie eine alkoholgeschwängerte Halloweenparty, bei der sich ausnahmsweise mal die Eltern verkleidet haben – als Revolutionäre, Konföderierte, einer sogar als ein sehr unansehnliches Fabelwesen – und die Kinder ebenso wie ihre geistige Gesundheit zu Hause gelassen hatten. «Trotz der Gewalt war der Mob vom Mittwoch in vielen Hinsichten auch sehr albern [...]. Aber auch ein dummer Streich kann schwerwiegende Folgen haben», so Jamelle Bouie zwei Tage danach in der *New York Times*.[26] Washington, D. C. mag zwar immer schon kleiner gewesen sein als das Bild, das es gerne von sich zeichnete, aber jetzt wirkte es unerträglich verwundbar. Die Türen des Kapitols barsten, als wären sie die aus Sperrholz zusammengezimmerten Kulissen in einer zweitklassigen Horrorfilmproduktion, und sehr lange sah es so aus, als könnte niemand die Zombies davon abhalten, ihre Beute aufzuspüren.

Dieser Streich entpuppte sich, in den Worten des Politjournalisten Sidney Blumenthal, denn auch als «der schwerste Aufruhr gegen die verfassungsmäßige Ordnung seit der Sezession».[27] Einen Monat zuvor, am 12. Dezember 2020, waren die Proud Boys, Donald Trumps eigene misogyne Schlägertruppe, durch die Hauptstadt gezogen. Damit versuchten sie, genau jene Gewalt zu provozieren, die dem abgewählten Präsidenten einen Vorwand gegeben hätte, den Insurrection Act in Kraft zu setzen und mit einem sorgfältig geplanten (und beileibe nicht spontanen) Putsch die vollkommen rechtmäßig abgelaufene Wahl von Joe Biden zu annullieren. «*Seventeen seventy-six!*», skandierten diese groß gewordenen Kleinkinder immer wieder, ebenso «Unser Haus!», als sie aus ihren bequemen Hotels in die helle Wintersonne hinausstapften und etwas veranstalteten, was die *Washington Post* als ein «von Unrichtigkeit erfülltes Spektakel» bezeichnete. Dabei ließen sie Messer aufblitzen und versuchten, im Gleichschritt zu marschieren.[28] Irgendwie sahen sie dabei nicht so aus, als hätten sie sonderlich viel Spaß.

«Ich betrachte faschistische Revolutionen nicht als Revolutionen», sagte Arendt zum Abschluss ihrer UNESCO-Rede vom Oktober 1963, «weil [das] Element der Freiheit darin vollkommen fehlt. Aber auch, weil die Idee, etwas Neues und Stabiles zu begründen, ein neues Haus, darin nicht vorliegt.» ‹Unser Haus!›, brüllten sie zwar, aber in Wirklichkeit hatten die Pseudorevolutionäre Amerikas nicht mehr anzubieten als ihre zerstörerische Wut: Ist es nicht unser Haus, dann reißen wir es eben ein. «Eine permanente Revolution ist entweder ein Widerspruch in sich oder Totalitarismus», lauteten ihre abschließenden Worte. So sehr hatte sie sich gewünscht, dass der amerikanische Sand nicht so nachgiebig sein würde wie der Morast, in dem Europa versunken war. Doch das war er von Anfang an nicht, erst recht nicht im Jahr 1963, und ist es heute vielleicht sogar noch weniger.

★

Eine Frau sitzt allein auf einer Bank, liest ein Buch und denkt über die Revolution nach, während hinter ihr eine tatsächliche Revolution zu sehen ist. Sie könnte Hannah Arendt sein, in jedem Moment ihres Lebens. Denn eine der Fragen, die sie beständig umtrieben, war die, wie man in Einsamkeit denkt und zugleich auf die Ereignisse reagieren kann, die sich um einen herum abspielen.

Direkt vor ihrer Abreise nach Jerusalem 1961 veröffentlichte Arendt eine sechsteilige englischsprachige Essaysammlung unter dem Titel *Between Past and Future*. Dies war unter ihren eigenen Schriften ihr persönlicher Favorit und, wie uns der Historiker Jens Hanssen mitteilt, neben *Über die Revolution* auch das einzige ihrer Werke, das ins Arabische übersetzt worden ist, bevor es im Jahr 1990 sowohl zum Ende des Kalten Kriegs als auch des libanesischen Bürgerkriegs kommen würde.[29]

Das Vorwort von *Between Past and Future*, «The Gap Between Past and Future» («Die Lücke zwischen Vergangenheit und Zukunft»), ist ein kurzes, dichtes Stück experimenteller Prosa und zählt zu meinen persönlichen Favoriten unter Arendts Schriften. Immer wenn ich es lese, fühlt es sich an, als wäre ich mit Hannah Arendt wieder ins 20. Jahrhundert zurückgereist und würde gegen seine Finsternis ankämpfen. Und immer fühlt es sich so an, als hätte ich diesen Text noch nie zuvor in meinem Leben gelesen, als ob seine Worte mich in eine Zukunft hineinziehen, die wir uns aktuell bestenfalls in Ansätzen vorstellen können.

Sie eröffnet diesen Text mit einem Aphorismus von René Char, einem ihrer Freunde aus den Pariser Flüchtlingsjahren. Dieser lautet: «Notre héritage n'est précédé d'aucun testament.» Arendt übersetzt ihn mit «unserer Erbschaft ist keinerlei Testament vorausgegangen» und bezeichnet ihn als einen «seltsam jähen» Ausspruch.[30] Char hatte den Krieg im Kampf aufseiten der Résistance verbracht. Es war Freiheit, die in diesen Worten auf so eigentümliche Weise auf den Punkt gebracht war, wie Arendt sagte. «Bei jedem gemeinsamen Mahl bitten wir die Freiheit an unsern Tisch», so lautet ein anderer seiner Aphorismen. «Der Platz bleibt leer, aber das Gedeck liegt bereit.»[31]

«Ist in der Welt der Menschen und innerhalb ihrer Angelegenheiten auf der Erde, nicht im Weltraum, etwas existent, wenn es nicht einmal einen Namen besitzt?», fragt Arendt im Anschluss. Was ist diese merkwürdige Art von Freiheit, die wir an unserem Tisch erwarten? Freiheit hat nicht nur einen, sondern viele Namen. Im Amerika des Jahres 1776 wurde sie «public happiness» genannt, «öffentliches Glück», und die Franzosen nannten sie 1789 «öffentliche Freiheit». 2019 im Libanon hieß sie «Kellon ya'ani Kellon!», 2022 im Iran «Jin, Jiyan, Azad» («Frau, Leben, Freiheit») und in der Ukraine «Slava Ukraini». Und auch als Aktivistinnen und Aktivisten «I can't breathe» riefen, «ich kann nicht atmen», die letzten Worte von George Floyd, bevor er 2020 starb, kleideten sie die Forderung nach Freiheit in neue Worte.

Arendts Punkt lautet, dass Freiheit weder in der einen Form noch unter dem einen Namen von Generation zu Generation überliefert werden kann. «Unserer Erbschaft» ist eben «keinerlei Testament vorausgegangen». «Keinerlei Testament», so Char, kein Zeugnis und keine narrative Form gibt es für diese Erfahrung. Für die Freiheit gibt es keine Bedienungsanleitung. Sie manifestiert sich entweder jedes Mal in anderer Gestalt, oder sie manifestiert sich gar nicht.

Doch da ist auch immer noch unsere «Erbschaft». In der Tat spielt sich Freiheit ja nicht in einem luftleeren historischen Raum ab. Die Toten hinterlassen ihren «letzten Willen» – ihre Aufforderung an uns zu handeln –, indem sie sich unseres Willens bedienen. Wenn wir auf die Zukunft hin orientiert handeln, dann erfüllen wir auch unsere Pflichten der Vergangenheit gegenüber. Dieses Gefühl, in einer langen politischen Tradition der Freiheit zu stehen, war für Hannah Arendt auch sehr wichtig.

Vor 60 Jahren schrieb eine Frau, dem Totalitarismus entflohen, ein Buch über die Revolution. Heute ist Hannah Arendt Teil unserer Erbschaft, und eine andere Frau trägt ihr Buch in ihrer Handtasche. Sie ist in Beirut, aber sie könnte auch im Iran oder in Afghanistan sein. Oder in Minsk, Moskau oder Texas. Sie könnte überall auf der Welt sein, wo es den Frauen langt. Das Buch ist ihr Geheimnis. In ihm liest sie davon, wie die unverdächtigsten Ereignisse Menschen dazu bewegen können, aus dem Schatten hervorzukommen. Sie kann das Buch nicht mehr weglegen. Sie bringt es hinaus auf die Straße, schleust es durch die Sicherheitskontrollen hindurch und setzt sich lesend im Licht der Sonne auf eine Bank. Stunden später hebt sie wieder den Blick und bemerkt, dass ihre Stadt anders geworden ist. Etwas ist passiert – ein Regenbogen überspannt nun den Himmel. ‹Pass auf›, flüstert sie sich selbst zu, ‹das ist ein historischer Moment!›

9
Wer bin ich, dass ich richte?

«Am allerbesten werden jene sein, die wenigstens eins genau wissen: dass wir, solange wir leben, dazu verdammt sind, mit uns selbst zusammenzuleben, was immer auch geschehen mag.»

Hannah Arendt,
Was heißt persönliche Verantwortung in einer Diktatur?

Am 23. Mai 1960 gab der israelische Premierminister David Ben-Gurion in der Knesset bekannt, dass «einer der größten NS-Kriegsverbrecher, Adolf Eichmann, der zusammen mit den Führern der Nazis für die von ihnen so genannte Endlösung der Judenfrage verantwortlich war, das heißt für die Vernichtung von sechs Millionen Juden in Europa», vom Mossad festgesetzt wurde und nun im Lande sei. Dort werde ihm nach dem israelischen «Gesetz zur Bestrafung von Nazis und Nazihelfern» an einem noch zu bestimmenden Datum der Prozess gemacht.[1] Zu diesem Zeitpunkt wusste die breite Öffentlichkeit noch nicht, dass Eichmann in Argentinien gefasst worden war – wobei dessen Regierung ihr Missfallen über diese zumindest in Diplomatenkreisen bekannte Tatsache schon zum Ausdruck brachte, während der Premierminister noch sprach.

Sofort setzten wieder die Gerüchte und Gegengerüchte ein, die für Eichmanns Leben typisch gewesen waren: Er war ein Vollblutnazi, Geburtsort Deutschland, und bis in die Haarspitzen «arisch». Nein. In Wahrheit wurde er nahe Tel Aviv geboren, was auch seine intime Kenntnis der «Judenfrage» erklärte. Er sprach fließend Jiddisch und

Hebräisch. Er war klug, ein Theologiestudent, und belesen in der Philosophie. Nein. Er war ein brutaler Primitivling, ein dummer, zynischer Säufer und unverbesserlicher Schürzenjäger. Jetzt war er zu einem Häufchen Elend zusammengesunken, ein kleiner Mann, der ein unauffälliges und arbeitsames Leben als liebender Ehemann und Vater fristete und die letzten 15 Jahre lang in ständiger Angst vor seiner Festnahme verbringen musste. Jetzt war er ein Mörder mit Unschuldsgesicht und unheimlich geschwungenen Lippen, der sich hatte operieren lassen, um sein Aussehen zu verändern. Eine seiner vielen Gespielinnen hatte ihn verraten.[2] Versteckt gehalten hatte er sich in Kuwait, Kairo, Deutschland, Österreich, Südamerika und so weiter und so weiter …

Während sie auf das Ende des diplomatischen Tauziehens zwischen Israel und Argentinien und die Bekanntgabe eines Prozesstermins wartete, las Hannah Arendt alles, was ihr über den Fall in die Finger kam. Drei Wochen danach machte sie William Shaw das Angebot, die Verhandlungen für den *New Yorker* zu beobachten, und fing an, sich auf ihre Reise nach Jerusalem vorzubereiten, die im April des folgenden Jahres stattfinden sollte. Als sie schließlich veröffentlicht wurden, verwandelten die Eichmann-Berichte die politische Theoretikerin und geachtete öffentliche Intellektuelle in eine Aussätzige, und noch heute hängt die Causa Eichmann wie eine schwarze Wolke über ihrem Werk und ihrem Ansehen. Wie kam es dazu?

Beim Eichmann-Prozess ging es nicht nur um den Menschen Adolf Eichmann; ja, bei all seiner anrüchigen Prominenz und eitlen Selbstgefälligkeit ging es vielleicht sogar nur ganz am Rande um ihn. Vielmehr war dies *der* Holocaust-Prozess des Jahrhunderts. Zwar waren seit Nürnberg Gerichtsverfahren gegen die Nazis und deren Gräueltaten in ganz Europa durchgeführt worden, aber kein Land und keine internationale Organisation hatte sich direkt mit dem größten und abscheulichsten Verbrechen des «Dritten Reichs» befasst: dem Völkermord an den Juden.

Der Eichmann-Prozess, der allabendlich im amerikanischen Fernsehen lief (nicht aber in Israel, das noch zu arm war, als dass in jedem Haushalt ein Fernseher gestanden hätte) und über den weltweit berichtet wurde, war das globale Medienereignis, das den Holocaust endgültig in den Blickpunkt der Öffentlichkeit rückte. Für Überlebende und deren Angehörige waren die Verhandlungen niederschmetternd. Jede Familie hatte ihre eigene Geschichte und viele auch ihre ganz persönlichen Ängste, Erinnerungen und Geheimnisse. Nie zuvor aber waren das Leid und die Brutalität dieses Genozids in diesem Ausmaß öffentlich dargestellt worden. Vor allem in Israel und den USA waren die Menschen erschüttert von dem, was sie da erfuhren – und zwar nicht nur diejenigen, die, wie Arendt, das «Dritte Reich» noch selbst erlebt hatten, sondern auch die Überlebenden der zweiten Generation und andere, deren unmittelbares eigenes Leben von den Ereignissen bis dahin unberührt geblieben war. Hier im Jerusalemer Gerichtssaal wurde nun, wie Susan Sontag schrieb, «eine kollektive Totenklage angestimmt. Massen von Tatsachen über die Ausrottung der Juden wurden zu Protokoll genommen, ein Aufschrei der historischen Marter. Streng juristisch gesehen gab es, man braucht kaum darauf hinzuweisen, keine Rechtfertigung für dies alles. Die Funktion des Prozesses glich der Funktion des tragischen Dramas: über Verurteilung und Bestrafung stand die Katharsis.»[3]

Arendt misstraute diesem Gerichtstheater allerdings von Anfang an. Adolf Eichmanns mörderische Methoden hatten sie bis über die Grenzen Europas hinaus verfolgt. Ohne sein ungeheuerliches Wirken wäre sie wohl nie zu der antitotalitären Denkerin geworden, die sie war. Jetzt aber war sie an der Reihe, ihn zu verfolgen, und das tat sie mit einer bewussten und wohlüberlegten Distanz. Stets versicherte sie, sie sei als Reporterin nach Jerusalem gekommen und habe ihre Aufgabe darin gesehen, aus dem Berg von Gerichtsprotokollen, Zeugenaussagen, historischen Dokumenten und Gerichtsurteilen, die in Israel aus ihrem Koffer quollen und sich wie ein Sturzbach auf ihren Schreibtisch am Riverside Drive ergossen, die Fakten zusammenzutragen. Wäre das nun alles gewesen, was sie getan hat, dann hätte *Eichmann in Jerusalem* allerdings wohl kaum den Skandal ausgelöst, den er eben ausgelöst hat. Diese Berichte nämlich waren keineswegs simple Gerichtsreportagen, sondern Hannah Arendts bisher kühnstes Experiment in Sachen politischer Vorstellungskraft.

Eichmann in Jerusalem ist das Porträt eines neuen Verbrechertypus und eine Geschichte des politischen und historischen Kontextes, der ihm das Töten ermöglicht hat. Eichmanns Werk richtete sich nicht nur gegen das jüdische Volk, sondern gegen die menschliche Existenz selbst, ihre reiche Pluralität, Komplexität und Beständigkeit. Das Problem bestand in Arendts Augen darin, dass weder das Gericht noch Eichmann selbst begriffen, dass da eine neuartige Kategorie von Mörder auf der Anklagebank saß. Schon 1945 hatte sie mit Karl Jaspers darüber diskutiert, ob der nationalsozialistische Totalitarismus die moralischen und rechtlichen Kategorien irreparabel gesprengt haben könnte oder nicht. Jetzt, 16 Jahre später, kam es ihr so vor, als sei die Welt noch immer nicht in der Lage zu begreifen, dass sich eine neue, die gängigen Ordnungsprinzipien obsolet machende Art des Bösen in die Geschichte eingeschlichen hatte – eine banale Art des Bösen, wie ihre berühmte Formulierung lautete.

Wie die Historiker gezeigt haben, hatte Eichmann beschlossen, dass seine beste Chance darauf, unschuldig aus der ganzen Angelegenheit hervorzugehen, darin bestand, die Rolle eines hirnlosen Bürokraten zu spielen, eines ganz normalen Mannes, der nur insoweit schuldig war, als er Befehle befolgt hatte. Oft heißt es, Arendt sei dieser Komödie auf den Leim gegangen, weil sie ihn als banal empfand und, schlimmer noch, auch einige seiner haarsträubendsten Äußerungen für bare Münze genommen habe, mit denen er sich selbst zu entlasten suchte: dass er den Zionismus bewundere, die Gewalt hasse und ja schließlich sogar mit jüdischen Führungsfiguren zusammengearbeitet habe, um seine (eigene!) mörderische Politik zu entschärfen. Dieser Punkt der Zusammenarbeit war besonders heikel. Unbekannt war es nicht, dass es Absprachen gab – erst recht nicht in Israel, wo Rudolf Kasztner, der frühere Vorsitzende des jüdischen «Rettungskomitees» in Ungarn, im Jahr 1954 ohne Erfolg eine Verleumdungsklage gegen einen Überlebenden angestrengt hatte, in der er diesem vorwarf, mit Eichmann einen Handel über den Austausch von Kriegsgütern gegen das Leben der Juden in seiner Heimatstadt eingegangen zu sein (Kasztner wurde kurze Zeit später ermordet). Und Arendt war in ihren Berichten über die Kollaboration schonungslos und nicht immer ganz präzise. Als sie aber schließlich auch den allseits hochgeachteten progressiven Rabbiner Leo Baeck beschuldigte, seine Gemeinde in Theresienstadt in die Irre geführt zu haben über das, was sie erwartete, kamen viele ihrer Leserinnen und Leser (mit Recht) zu dem Schluss, dass sie zu weit gegangen war.

Arendt hielt Eichmann tatsächlich für banal, fand es aber auch wichtig zu verstehen, dass der Nationalsozialismus jeden korrumpiert hatte, mit dem er in Berührung kam. Verbrechen gegen die Menschlichkeit richteten sich ihrer Ansicht nach nicht nur gegen die Körper, sondern gegen die gesamte Moralität der Menschen, und ein Massenmord dieses Ausmaßes kann nur gelingen, wenn er die moralische Entscheidungsfähigkeit zuvor ausschaltet. Trotzdem aber war sie keine Sekunde lang der Meinung, dass Eichmann unschuldig gewesen wäre. Denn nur weil er banal war, bedeutete das ja nicht, dass er nicht *auch* böse war. Was sie in Jerusalem hingegen in Erstaunen versetzte, war die atemberaubende Gedankenlosigkeit, mit der Eichmann von seinen Taten berichtete. «Er hat sich nur, um in der Alltagssprache zu bleiben, *niemals vorgestellt, was er eigentlich anstellte*», schreibt sie in der Vorrede zur deutschen Übersetzung von *Eichmann in Jerusalem*. Das ist, wörtlich genommen, eine ungeheuerliche Aussage (*EJ* 56). Natürlich wusste er, was er tat! Was Arendt meinte, war aber, dass er die Realität seines Tuns weder moralisch noch, was für sie gleichbedeutend war, in seiner Vorstellung begriffen hatte. Er führte das abscheulichste Verbrechen des Jahrhunderts aus, ohne seinen Opfern auch nur die Ehre zu erweisen, sich für ihre Ermordung sonderlich zu interessieren. Und das war das eigentliche Grauen.

Der Eklat, den ihr Buch auslöste, war zum Teil der Art und Weise geschuldet, wie Arendt ihre These darstellte. Ihre Antwort auf die mörderische Gedankenlosigkeit Eichmanns war nämlich kritisch, bissig und konsequent ironisch. Tatsächlich gibt es eine ganze Tradition des ironischen Schreibens in der Literatur nach dem Holocaust. So bemerkte etwa W. G. Sebald über die Prosa des Überlebenden Jean Améry, dass dieser sich dort der Ironie bediene, «wo sonst seine Stimme brechen müßte».[4] Wenn die Worte aber versagen, dann markiert die einfache Wiederholung dessen, was gesagt *wurde*, den Punkt, an dem die moralische Vorstellungskraft nicht mehr weitergehen kann. Denken wir daran, wie Arendt David Roussets Wortwechsel mit einem Wachmann in Auschwitz wiedergegeben hat: «Darf ich fragen, zu welchem Zweck es die Gaskammern gibt?» – «Zu welchem Zweck wurdest du geboren?» (*OT* 579) Löst man sie aus ihrem ursprünglichen Kontext heraus, dann können die Bedeutungen der Wörter befragt, zum Nachklingen sowie Resonieren gebracht und beurteilt werden. Ironie in diesem Sinne ist eine Art Zwei-in-einem-Gespräch auf ein und derselben Ebene. Was viele aus *Eichmann in Jerusalem* herauslasen oder -hörten, war aber keine moralische Ironie, sondern ironische Verachtung.

Ihr fehle der «Herzenstakt», hielt ihr Gershom Scholem vor (*ASB* 430). «Wenn Sie die Ironie [meiner Sprache] nicht verstanden haben, [die] ja ausserdem deutlichst in indirekter Rede [gehalten ist], dann kann ich mir wirklich nicht helfen», erwiderte sie (*ASB* 441). Arendts Ironie kam bei ihrer Leserschaft offenbar nicht so an, wie sie gedacht hatte. Die Echos eröffneten vielmehr Platz für den Zweifel, so dass sich da noch etwas anderes in den Blick zu schieben begann – etwas, was viele intuitiv abstoßend fanden. «Ihre Wortwahl zeigt, dass Sie die Opfer beschuldigen, obwohl Sie angeblich nur beabsichtigen, das wiederzugeben, was ist», schrieb ihr Robert Weltsch, ein alter Freund aus der Zeit, als sie sich für ein binationales Palästina einsetzte, in einem langen und bedächtigen Brief.[5] Und Robert Lowell schrieb nach ihrem Tod, dass «Hannah Arendts Wut über Eichmanns Mittelmäßigkeit einen selbst wütend machte».[6] *Eichmann in Jerusalem* hatte sie so verfasst, wie sie es eben getan hat, weil sie eine Begegnung mit jenem moralischen und politischen Trümmerhaufen erzwingen wollte, der der Holocaust war. Die Tragödie bestand aber darin, dass nur wenige zu einer solchen Begegnung fähig waren – zumindest nicht unter den von ihr bestimmten Bedingungen. Ihr kühnstes Experiment in Sachen politischer Vorstellungskraft erwies sich daher in vielerlei Hinsicht auch als ihr politisch erfolglosestes.

*

Ihre Wut kam schon in dem Moment auf, in dem sie Jerusalem betrat. Der April 1961 war ungewöhnlich kühl, doch für Arendt war alles heiß und unangenehm. Die Hotels und Bars waren voller Deutscher, von denen einer, ein Journalist, die Arme um sie warf und sie laut anschluchzte: «Das [den Holocaust] haben wir gemacht etc.» (*ABB* 518) «Und vor den Türen [des Gerichtsgebäudes] der orientalische Mob, als sei man in Istambul [*sic!*] oder einem anderen halbasiatischen Land», zischte sie mit einer abstoßend rassistischen europäischen Überheblich-

Stahv Shayo, Bezalel Street, Jerusalem, 2021

keit in einem Brief an Karl Jaspers. «Alles organisiert von einer Polizei, die mir unheimlich ist, nur hebräisch spricht und arabisch aussieht; manche ausgesprochen brutale Typen darunter» (*AJB* 472). Gekommen war sie, um ihre deutsch-jüdische Vergangenheit, das Recht und eine Aussöhnung mit der Geschichte zu suchen. Was sie fand, waren Armut, emotionale Exzesse und ihre eigenen Dämonen.

So bald wie möglich zog sie von ihrem Hotel im Stadtzentrum in die Hügellandschaft mit den Bäumen, der klaren Luft und den breiteren Straßen, die das Gebiet um die Hebräische Universität prägten. Ihr Freund Judah Magnes, mit dem sie in den 1940er Jahren zusammen für ein binationales Palästina geworben hatte, war einer der Gründungsväter der Hochschule, ihr erster Kanzler und, ab 1935, auch ihr erster Präsident. Im Oktober 1948 war er in New York gestorben. Der Vorort-Campus, auf dem sie im Frühjahr 1961 Unterschlupf gefunden hatte, war nicht der, an dessen Bau er 1918 in Ost-Jerusalem mitgewirkt hatte, denn der war 1948 von den Jordaniern nach dem Krieg geschlossen worden. Wie ihr Hotel, so lag auch der neue, 1958 fertiggestellte Campus auf Feldern, die einmal zum palästinensischen Dorf Lifta gehört hatten.

Adolf Eichmann auf dem Hof vor seiner Zelle im Djalameh-Gefängnis

Das Gerichtsgebäude war ebenfalls ein Neubau. Bis zu jener Zeit gab es in Jerusalem keinen passenden Bau für den Sitz eines nationalen Gerichts. Andererseits konnte man Adolf Eichmann aber auch nicht in Tel Aviv oder in Haifa den Prozess machen. Die geschichtliche Symbolik und der israelische Nationalismus verlangten Jerusalem. Ein Gerichtssaal, speziell dafür ausgelegt, Kameras, Mikrofone, die Presse sowie Eichmanns ikonischen kugelsicheren Glaskasten aufnehmen zu können, wurde daher im gerade fertiggestellten *Beit Ha'am* (Haus des Volkes) in der Bezalel Street eingerichtet, dem neuen Kulturzentrum der Stadt. Eichmanns Gerichtssaal war also *wirklich* ein Theater. Drei Tage nach Prozesseröffnung brachte das *Life Magazine* eine Fotostrecke mit sehr persönlich anmutenden Aufnahmen, die Eichmann im Gefängnis zeigten – beim Waschen, Lesen, Essen, im Gespräch mit den Wachen und auf dem kleinen improvisierten Sportplatz, auf dem er in Slippers seine Runden zog. Als Wachen waren keine europäischstämmigen Juden zugelassen, da man fürchtete, diese könnten das Recht in die eigenen Hände nehmen. Die «ausgesprochen brutalen Typen» waren also gerade deshalb zur Bewachung abgestellt worden, weil man darauf vertrauen konnte, dass sie eben *nicht* ausgesprochen brutal agierten. Unter ihnen war auch ein Jemenit namens Schalom Nagar, der am Ende das Los ziehen sollte, Eichmanns Henker zu werden.

Am 11. April 1961 begann der Prozess. Die drei Richter – Benjamin Halevi, Moshe Landau und Yitzhak Raveh – saßen hinter einem langen Tisch, der auf einem Podest an der Stirnseite des Raums stand. Die Anklage, die Verteidigung und der Angeklagte saßen vor ihnen. Die Kameras strahlten grelles Licht in den Saal. Die Weltpresse hatte sich versammelt und lauschte mit Kopfhörern der Gruppe von Dolmetschern, die irgendwo hinter den Kulissen eilige Worte sprachen. «Es ist ja nicht die deutsche Sprache gewesen, die verrückt geworden ist», wie Arendt im Interview mit Günter Gaus von 1964 sagte, um ihre lebenslange Zuneigung zum Deutschen zu erklären.[7] Doch im Falle Eichmanns war es so, wie sie schon bald feststellen sollte.

Die offizielle Sprache des Gerichts wurde im Verlauf der Verhandlungen in zwei Situationen ignoriert: einmal, als ein Überlebender darauf bestand, in jener Sprache zu sprechen, die der neue Staat Israel mit der Zaghaftigkeit und Verwundbarkeit des jüdischen Europas assoziierte, nämlich Jiddisch, und ein anderes Mal, als die Richter, die es nicht mehr ertragen konnten, sich Eichmanns quälende Exkulpationsversuche anzuhören, ihn direkt auf Deutsch ansprachen. «Wir wissen, dass das Prädikat im Deutschen am Ende des Satzes steht, aber es dauert zu lange, um zum Prädikat zu gelangen», witzelte Richter Moshe Landau an einer Stelle verzweifelt.[8] Eichmann tat gerne so, als würde er sowohl fließend Jiddisch als auch Hebräisch sprechen. Dem war natürlich nicht so, doch wie die Historikerin Bettina Stangneth in ihrer vorzüglichen Biografie *Eichmann vor Jerusalem* (Zürich 2011) zeigt, war die schamlose Selbstinszenierung Adolf Eichmanns größtes und vielleicht auch einziges echtes Talent.

Und dann saß er in seinem Glaskasten vor ihr, der gewiefte Architekt dessen, was Arendt einmal als das «radikal Böse» bezeichnet hatte, und sortierte wichtigtuerisch ein paar Papiere vor seiner Nase (das gewissenhafte Ordnen von Papieren war ein zentrales Element in seiner

Paraderolle als unschuldiger Bürokrat) – «wie ein Gespenst, das dazu gerade den Schnupfen hat [...]. Nicht einmal unheimlich», wie sie an Blücher schrieb (*ABB* 519). Es herrscht ein Missverhältnis zwischen der Erscheinung dieses Menschen und der Monstrosität seiner Verbrechen.

Die erste Woche des Verfahrens ging für das Ringen um Verfahrensfragen dahin. Die Presse wurde unruhig. Gekommen war sie, um ein historisches Drama zu erleben, aber was sie bekam, war das typische Juristengeplänkel in einem unbelüfteten Betonklotz. Einige gingen nach Hause. Am 17. April dann erhob sich Eichmann endlich in seiner Kiste vom Stuhl, um seine Plädoyers abzugeben. Fünfzehn Verbrechen gegen das jüdische Volk und gegen die Menschlichkeit wurden ihm vorgeworfen, und bei jedem einzelnen Punkt plädierte er auf «nicht schuldig im Sinne der Anklage». In welchem anderen Sinne Eichmann vielleicht schuldig zu sein glaubte, wurde allerdings auch nie ganz klar. Stattdessen präsentierte er sich verschiedentlich als jemand, der ein reines Gewissen hat, weil er einfach die Befehle seiner Vorgesetzten ausführen musste, als ein entschiedener Kantianer, der sich eisern nach dem kategorischen Imperativ richtete (selbst noch als er diesen offenbar versehentlich mit dem Willen Hitlers verwechselte), als ein auf vorbildliche Weise bußfertiger Mensch, der das Verbrechen bereut, dessen Ausmaß er jetzt gerade erst allmählich überblickt, und vor dem Galgen dann schließlich als ein bekennender Nazi, unbeirrt und plakativ reuelos. Den Richtern erzählte er, er plane, ein Buch über den komplizierten philosophischen und geschichtlichen Charakter seiner Schuld zu schreiben. Eine Gelegenheit dazu sollte er Gott sei Dank aber nicht mehr haben. Hannah Arendt schrieb es für ihn.

Später an diesem Tag verlas Oberstaatsanwalt Gideon Hausner die Anklage. «Wenn ich hier vor Ihnen stehe, Richter Israels, um die Anklage von Adolf Eichmann zu leiten, stehe ich nicht allein. Mit mir stehen sechs Millionen Ankläger», begann er seinen Vortrag und schilderte in den folgenden zehn Sitzungen die Verfolgung der Juden in einem großen narrativen Bogen, der bei den Pharaonen anfing und bis zu dem Mann in dem Glaskasten führte. «Geschichtsklitterung und [...] billig[e] Rhetorik», bebte Arendt. Wenn der Antisemitismus die Hauptgeschichte war, was genau war dann das Besondere an Eichmanns Verbrechen? War er nur «der ‹unschuldige› Vollstrecker irgendeines geheimnisvollen vorausbestimmten Geschicks», das von einem überzeitlichen Hass auf die Juden bestimmt worden war? (*EJ* 91). Das Wetter schlug um, und im Gerichtssaal stiegen die Temperaturen.

Die Zeugen der Anklage wurden vom folgenden Tag an vernommen. Darunter waren sowohl Experten, wie etwa Arendts Freund Salo Baron, renommierter Erforscher der jüdischen Geschichte, als auch dokumentarische Zeugnisse und Zeugenaussagen aus dem Ausland. Die auf diese Weise in allen Einzelheiten sorgfältig und umfassend dargelegte Beweislage machte deutlich, wie Eichmann von der Aufgabe der Planung des Abtransports von Juden aus Europa in den späten 1930er Jahren zur Organisation ihrer massenhaften Ermordung nach 1942 übergegangen war. Die Anklage führte dabei eine entscheidende juristische Neuerung in das Verfahren – und in die Rechtsgeschichte – ein: die mündliche Zeugenaussage von Überlebenden. Bei den Nürnberger Prozessen war nur eine Handvoll jüdischer Zeugen gehört worden; in den Hinterzimmern der Alliierten war der Antisemitismus groß genug, um die Aussagen «rachsüchtiger Juden» zu befürchten, die die Strategie der Anklage untergraben würden. Zudem gab es die Sorge, dass es dem Nürnberger Gericht ebenso schwerfallen könnte, den Schrecken der Vernichtungslager zu begreifen, wie denen, die sie überlebt haben. Im Eichmann-Prozess hingegen standen die Aussagen von Augenzeugen im Zentrum. Mit den Wochen, in denen ein Überlebender nach dem anderen in den Zeugenstand trat, wurde die Luft im Saal immer dicker. Was die amerikanischen Fernsehzuschauer täglich nach dem Abendessen zu sehen bekamen, waren also jene Aussagen, vorgetragen von Männern und Frauen mittleren Alters in fein säuberlich gebügelten Anzügen und Sommerkleidern, wie sie selbst sie trugen. Es war tatsächlich, wie Sontag sagte, Theater im wahrsten Sinne des Wortes.

Doch je länger sie zuhörte, desto mehr wuchsen in Arendt die Zweifel über den juristischen Wert dieser Aussagen. Wo andere sich betroffen, angewidert und erschüttert zeigten, erkannte sie eine Rechtsanomalie. Nur wenige Zeugen brachten Eichmann mit den spezifischen Taten in Verbindung, von denen sie sprachen. Stattdessen forderte die Anklage, dass aus den qualvollen Erinnerungen, die vom Zeugenstand her zu vernehmen waren, quasi indirekt auf sein Verbrechertum geschlossen werden sollte. Für Arendt ließ diese Vorgehensweise jedoch

Hannah Arend beim Eichmann-Prozess

etwas ganz Wesentliches an seinem moralischen Fehlverhalten außer Acht. In seinem früheren Leben hatte Eichmann zwar gerne den Nazi-Schläger gegeben, aber sein eigentliches Verbrechen war ein administratives. Das schmälerte seine Taten allerdings nicht und ließ sie auch nicht weniger bösartig werden, als wenn er Tausende eigenhändig ermordet hätte. Sein Sadismus aber steckte in den Details des Papierkrams. Arendt trug fortan im Gerichtssaal eine Sonnenbrille, um sich vor dem grellen Licht der Kameras zu schützen.

Nur eine einzige Zeugenaussage vermochte es, ihre skeptischen Vorbehalte ins Wanken zu bringen. Das war die von Zindel Grynszpan, dem Mann, der durch die Straßen ihrer Geburtsstadt Hannover zum Zug getrieben und dann über die polnische Grenze geprügelt worden war. Er war auch der Vater des unglücklichen Herschel Grynszpan, der am 7. November 1938 die deutsche Botschaft in Paris betrat und Ernst vom Rath erschoss, was in den Tagen darauf den vermeintlichen Anlass für die sogenannte Reichskristallnacht gab.

> Sie mußten fast zwei Kilometer zu Fuß laufen, bis zur polnischen Grenze [...]. «Die SS-Leute trieben uns mit Peitschen an, und denen, die nicht mitkamen,

versetzten sie Peitschenhiebe, und Blut floß auf die Straße. Sie rissen uns unsere Koffer weg, sie behandelten uns auf die brutalste Weise, damals sah ich zum erstenmal die wilde Brutalität der Deutschen» (*EJ* 342).

Grynszpan sprach nur zehn Minuten und blinzelte dabei langsam in das Kameralicht und in den Zuschauerraum, in dem Schweigen herrschte. So viel von der in diesem Verfahren dokumentierten Geschichte kam in diesen wenigen, klaren Worten zusammen: die erzwungene Ausweisung, das Trauma, die Gewalt, das Verschwinden (Herschels Schicksal ist nach wie vor ungeklärt), unaussprechlicher Verlust und namenlose Trauer. Der alte Mann hatte das Loch des Vergessenen geöffnet und sprach deutlich vernehmbar aus dessen Tiefe. Fast gegen ihren Willen war Arendt gerührt. «Es dauerte nicht länger als vielleicht zehn Minuten, bis die Geschichte erzählt war, und als sie zu Ende war – die sinnlose, nutzlose Zerstörung von 27 Jahren in weniger als 24 Stunden –, da dachte man: Jeder, jeder soll seinen Tag vor Gericht haben – ein törichter Gedanke» (*EJ* 343).

Je wärmer es in Jerusalem wurde, desto gereizter wurde sie und desto weniger schien der Prozess überhaupt einen Sinn zu haben. «Das Ganze stinknormal und unbeschreiblich minderwertig und widerwärtig», stöhnte sie in einem Brief an Blücher (*ABB* 521). Am Abend des 26. April stritt sie sich bis ein Uhr morgens mit Golda Meir, der damaligen Außenministerin und späteren Premierministerin Israels. Sie mochte Meir sehr. «Aber, da sie eben doch Amerikanerin ist» (Meir wurde in Kiew geboren und wuchs in Milwaukee auf), war ihr Streit, wie sie an Blücher berichtete, «schließlich fast freundschaftlich» (*ABB* 527). Es ging um Israels staatliches Gesetz über das rabbinische Verbot von Mischehen und die Weigerung, Kinder aus solchen Verbindungen, die im Ausland geschlossen worden waren, zu legitimieren. Dies wäre schlecht für jeden Staat, urteilte Arendt, selbst wenn das Motiv dafür tatsächlich religiöser Natur sein sollte. Meir entsetzte sie, als sie entgegnete, dass sie als Sozialistin zwar atheistisch sei, aber «an das jüdische Volk glaube» und auf dieser Grundlage eben überhaupt kein Problem mit *race*-Gesetzen habe, ja, sie sogar für notwendig halte. «Die Unbekümmertheit, mit der der Ankläger die berüchtigten Nürnberger Gesetze von 1935 anprangerte, in denen Eheschließungen und Geschlechtsverkehr zwischen Juden und Deutschen verboten wurden, verschlug einem einigermaßen den Atem», schrieb Arendt später in einer der vielen Passagen von *Eichmann in Jerusalem*, die Menschen aus unterschiedlichen Gründen nur schwer erträglich fanden (*EJ* 75).

Nach einem Monat hatte sie genug. Am 9. Mai machte sie eine Pause und reiste nach Italien und Sizilien, zurück ins klassische Europa und damit fort von Israel und der Gegenwart. Dann kehrte sie nach Deutschland zurück. Im Herbst sollte sie an der Wesleyan University in Connecticut einen Einführungskurs in die Politik übernehmen. Der Leiter des Studiengangs, Sigi Neumann, schrieb ihr nach München und fragte, ob sie bereit sei, Jean-Jacques Rousseau zu unterrichten. Das sei sie nicht, antwortete sie. Das Letzte, was sie nach einer wochenlangen unmittelbaren Begegnung mit der totalitären Ideologie brauchte, war die Erinnerung daran, wie der Schöpfer des «Gemeinwillens» dazu beigetragen hatte, den politischen Absolutismus in der Welt zu entfesseln. «Er ist weiß Gott wichtig, aber ich mag ihn nicht, und im Moment bin ich nicht in der Stimmung, mich mit jemandem zu beschäftigen, den ich persönlich nicht mag», so Arendt.[9] Ein äußerst unsympathischer Mann reichte Hannah Arendt im Frühsommer 1961. Sie war einfach nicht in der Stimmung.

Fernab des Gerichtssaals verpasste sie die erschütterndsten Zeugenaussagen all derer, die die Vernichtungslager überlebt hatten. Einer von ihnen war der Schriftsteller Yehiel De-Nur, der sich Ka-Tzetnik 135 633 nannte – nach der Bezeichnung, die der Lagerjargon für die Insassen kannte – und der eine Science-Fiction schrieb, die auf dem «anderen Planeten» Auschwitz spielte. Wenn De-Nur sprach, dann fühlte es sich an, als ob die Grenzen zwischen Polen und Israel und zwischen Vergangenheit und Gegenwart sich in Luft aufgelöst hätten. Er saß immer noch in seinem Loch des Vergessens fest und konnte gar nicht aufhören, von theologischen Systemen, Außerirdischen und unaussprechlicher Gewalt zu reden. Niemand wusste so recht, wie er darauf reagieren sollte. Staatsanwalt Gideon Hausner unterbrach ihn sanft, woraufhin De-Nur im Zeugenstand zusammenbrach. Als Arendt ihre Berichte niederschrieb, führte sie diese Szene als Beweis für die übertriebene Theatralik des Prozesses an. Der traumatisierte Verstand habe im Gerichtssaal nichts zu suchen, wandte sie ein. Dem Gesetz müsse es ermöglicht werden, seine Aufgabe zu erfüllen, Grenzen zwischen Fakten und Fiktion, Recht und Unrecht sowie zwischen Denk- und Urteilsmaßstäben festzulegen.

Arendt war aber nicht bloß eine Rechtspuristin. Ihre lebenslange Beschäftigung mit dem Totalitarismus hatte sie auch davon überzeugt, dass der Freiheit am besten gedient war, wenn das Gesetz klare Grenzen zog. Weder Mitleid noch Terror, Pathos oder Trauma sollten das Urteil bestimmen, wenn es um so schwerwiegende Dinge wie Verbrechen gegen die Menschlichkeit ging. Und diese Überlegung ist bis zu einem gewissen Punkt überzeugend, auch wenn die Heranziehung von Zeugenaussagen seit dem Eichmann-Prozess dazu beigetragen hat, ein neues und umfassenderes Gerechtigkeitsverständnis in Prozessen zu integrieren, die sich um Gräueltaten und Völkermord drehen. Aber es war für Hannah Arendt zweifellos auch relativ einfach, solche Überlegungen anzustellen, weil sie eben nicht im Gerichtssaal war, als De-Nur zusammenbrach, und auch nicht, was noch wichtiger ist, als während ihrer sechswöchigen Abwesenheit 100 völlig klare und gut verständliche Zeugen das Wort hatten.

Im Juni kehrte sie nach Jerusalem zurück, um Eichmanns eigene Aussage zu hören und ihm ein letztes Mal ins Gesicht zu sehen. Dieser hatte sich in seinem Prozess als geistloser Bürokrat inszeniert – eine Rolle, auf die er sich, wie Bettina Stangneth nachweisen konnte, seit Jahren vorbereitet hatte. Wie ihr Buch zeigt, war dies allerdings vollkommen erlogen. In Wahrheit war Eichmann immer noch derselbe Ideologe und Antisemit, der er stets gewesen ist. Hannah Arendt ließ sich von dieser Maskerade denn auch ebenso wenig täuschen wie jeder andere im Gerichtssaal auch. Natürlich wollte er so tun, als sei nicht er angeklagt, sondern das System, und als sei er der Sündenbock für etwas, wofür er nichts konnte. In diesem Sinne war sogar seine Verteidigung selbst generisch und banal. Der Gehorsam unter den Bedingungen der Tyrannei war tatsächlich das moralische und politische Problem, das dieser Prozess aufwarf, aber für Arendt lag darin keinesfalls die eigentliche Erklärung. Eichmanns Mangel an Tiefe war unverkennbar. Er entsprach nicht so sehr einem Dämon hinter dem Bürokraten, sondern einer Person, die sich so weit von der Realität entfernt hatte, dass *keine* der beiden Rollen noch eine wirkliche Bedeutung hatte. Die wahre moralische Obszönität bestand in der Tatsache, dass eine solche bewusstseinsbetäubende *Gedankenlosigkeit* den Holocaust ermöglicht hatte. Darin bestand das eigentlich Ungeheure.

Im Grunde genommen hatte Eichmann seine Bösartigkeit auf ebenso banale Weise beteuert wie seine Unschuld. Arendt bemerkte dies zum ersten Mal an seinem Sprachstil. Seine Rede war ohne Lebendigkeit, repetitiv, distanziert und doch voller prahlerischer Selbstherrlichkeit. Er war ganz und gar von sich erfüllt, aber seine Worte blieben leer. Ob er nun detailliert bürokratische Verfahren erläuterte, die abscheulichen Euphemismen der NS-Sprache wiederholte, von seiner gequälten Seele sprach oder sich auf den Sassen-Tonbändern gegenüber seinen argentinischen Kameraden mit seiner nationalsozialistischen Brillanz brüstete – wenn Worte aus Adolf Eichmanns Mund kamen, wurden sie noch in der Luft zu Asche.

> Je länger man ihm zuhörte, desto klarer wurde einem, daß diese Unfähigkeit, sich auszudrücken, aufs engste mit einer Unfähigkeit *zu denken* verknüpft war. Das heißt hier, er war nicht imstande, vom Gesichtspunkt eines anderen Menschen aus sich irgend etwas vorzustellen. Verständigung mit Eichmann war unmöglich, nicht weil er log, sondern weil ihn der denkbar zuverlässigste Schutzwall gegen die Worte und gegen die Gegenwart anderer, und daher gegen die Wirklichkeit selbst umgab: absoluter Mangel an Vorstellungskraft (*EJ* 126).

Seine Worte waren leer, weil nichts in seinem Geist resonierte. Eichmann war gedankenlos bis hin zu dem Punkt, dass er nicht mehr in der wirklichen Welt lebte – was ein Grund dafür war, dass er diese mit einem solchem Terror zu überziehen vermochte.

Er erging sich hauptsächlich in Klischees, von denen er viele selbst ersonnen hatte. Einer seiner beliebtesten Sprüche am Ende des Krieges war jener von Dieter Wisliceny geprägte Satz «Ich werde lachend in die Grube springen, denn das Gefühl, fünf Millionen Menschen auf dem Gewissen zu haben, ist außerordentlich befriedigend». Eichmanns Selbstzufriedenheit ist dabei womöglich der bemerkenswerteste Punkt an dieser Äußerung. In Jerusalem erklärte er aber auch gerne feierlich, er sei bereit, «als abschreckendes Beispiel für alle […] Antisemiten der Länder dieser Erde, mich öffentlich zu erhängen»,[10] was ebenfalls sehr befriedigend war. Denn «in seinem Kopf bestand», so Arendt, «kein Widerspruch zwischen dem ‹ich werde lachend in die Grube springen›, das bei Kriegsende angemessen geklungen hatte, und der nicht weniger freudigen Bereitschaft, ‹sich als abschreckendes Beispiel öffentlich zu erhängen›, das jetzt, unter radikal veränderten Umständen, genau die gleiche Funktion erfüllte – nämlich ihm erhebende Gefühle zu verschaffen» (*EJ* 131).

Im Juni 1961 schließlich trat Eichmann vor, um sein Plädoyer zu halten. Er rückte seine Brille auf seiner Nase zurecht und blinzelte durch das doppelte Glas so zu den drei Richtern herüber, als seien sie alle Ebenbürtige, als sei es möglich, in Ruhe mit ihnen zu bereden, wie es eigentlich dazu gekommen war, dass er die Ermordung von Millionen Menschen erdacht, geplant und umgesetzt hatte, und als ob er – bizarrerweise – gar nicht dabei gewesen wäre, gar nicht der effizienteste Henker bei diesem Verbrechen war. Er war auf erschreckende Weise abwesend. Auf den noch vorhandenen Videoaufnahmen des Prozesses ist zu erkennen, dass Eichmann die Jerusalemer Zuschauer nie ansah und bei den Vorträgen der Überlebenden über ihre Köpfe hinwegblickte. Wenn ein Film mit Dokumentaraufnahmen aus den Vernichtungslagern vorgeführt wurde, fertigte er demonstrativ ein paar Notizen an und schrieb Einzelheiten über Tatsachen nieder, von denen er angeblich gerade zum ersten Mal hörte, während er zugleich die Konsequenzen seiner Taten einfach ausblendete – da er sie eben nie wirklich in den Blick nahm. «Eichmann war ganz intelligent», erklärte Arendt, «aber diese Dummheit hatte er. Das war die Dummheit, die so empörend war. Und das habe ich eigentlich gemeint mit der Banalität. Da ist keine Tiefe – das ist nicht dämonisch! Da ist einfach der Unwille, sich je vorzustellen, was eigentlich mit dem anderen ist, nicht wahr?»[11]

Urteil und Schuldspruch gegen Eichmann wurden in der zweiten Dezemberwoche verkündet. Zu diesem Zeitpunkt war Arendt bereits wieder in New York. In den Monaten dazwischen waren Erschöpfung und Unruhe an die Stelle ihrer früheren Wut getreten. Im Herbst des Jahres hatte sie an der Wesleyan University statt Rousseau nun Machiavelli gelehrt. Vielleicht hatte Eichmann einmal davon geträumt, so gerissen und klug zu sein wie ein Machiavelli'scher Bösewicht, doch in Wirklichkeit war er das genaue Gegenteil. Machiavellis mitreißende Schilderungen der Kunstfertigkeit und Virtuosität, mit der die Florentiner Republik errichtet wurde, präsentieren eine Welt, in der die Menschen handeln, um die Macht in ihr sichtbar zu machen. Seine Helden (und seine Antihelden) sind jene, die verstehen, dass ein Mensch zu sein bedeutet, frei zu sein, zu handeln, etwas zu riskieren, sich zu zeigen, etwas zu erschaffen. Dieser formidable «Theoretiker der Anfänge» wäre bei der Vorstellung, dass der völlig fantasiebefreite Adolf Eichmann ihm ähnlich sein könnte, gewiss vor Lachen vom Pferd gefallen.[12] Einige ruhige Herbstwochen lang genoss Arendt diesen Kontrast. Im Oktober erlitt Heinrich Blücher jenen Schlaganfall, der bereits ein Vorschein seines Todes knapp zehn Jahre später war, und sie spürte, wie ihre «vier Wände», die ihr in den letzten 25 Jahren Sicherheit gegeben hatten, ins Wanken gerieten. Das Urteil gegen Eichmann war für sie daher eine willkommene Ablenkung von der Sorge, ihre Lehrtätigkeit irgendwie mit der Pflege des Mannes unter einen Hut zu bringen, den sie mehr als alles andere in ihrer innig geliebten Welt liebte.

Eichmann wurde in vier Punkten des Verbrechens gegen das jüdische Volk, in sieben Punkten des Verbrechens gegen die Menschlichkeit und in drei Anklagepunkten der Mitgliedschaft in verbrecherischen nationalsozialistischen Organisationen (SS, SD und Gestapo) schuldig gesprochen und zum Tod durch den Strang verurteilt. Sein Anwalt, Robert Servatius, ging in Berufung. Dies stieß eine weitere Kontroverse an. Einige, wie etwa der jüdische Philosoph Martin Buber, führten nämlich an, dass es in ethischer und politischer Hinsicht angezeigt wäre, Eichmann zu begnadigen, damit den Deutschen durch seinen Tod nicht eine vermeintliche Entsühnung ermöglicht werden würde. Arendt war anderer Meinung. Denn angesichts der Tatsache, dass Eichmann sich dazu entschieden hatte, die Welt nicht mit Menschen zu teilen, die anders waren als seinesgleichen, gab es in ihren Augen keinen Grund für die Annahme, die Menschen wollten die Welt auch weiterhin mit ihm teilen. Am 1. Juni 1962, kurz nach Mitternacht, wurde er schließlich gehängt. «Er blieb ganz er selbst», notierte Arendt über Eichmanns letzte Minuten:

> Davon geben die letzten Worte unter dem Galgen, die er offenbar lange vorbereitet hatte, ein überzeugendes Zeugnis. Sie sind von einer makabren Komik: «In einem kurzen Weilchen, meine Herren, *sehen wir uns ohnehin alle*

> *wieder*. Das ist das Los aller Menschen. Gottgläubig war ich im Leben. Gottgläubig sterbe ich.» Er gebrauchte bewußt die Nazi-Wendung von der Gottgläubigkeit, hatte nur übersehen, daß sie ja eine Absage an das Christentum und den Glauben an ein Leben nach dem Tode besagte. «Es lebe Deutschland. Es lebe Argentinien. Es lebe Österreich. Das sind die drei Länder, mit denen ich am engsten verbunden war. *Ich werde sie nicht vergessen.*» Im Angesicht des Todes fiel ihm genau das ein, was er in unzähligen Grabreden gehört hatte: das «Wir werden ihn, den Toten, nicht vergessen». Sein Gedächtnis, auf Klischees und erhebende Momente eingespielt, hatte ihm den letzten Streich gespielt: er fühlte sich «erhoben» wie bei einer Beerdigung und hatte vergessen, daß es die eigene war.
>
> In diesen letzten Minuten war es, als zöge Eichmann selbst das Fazit der langen Lektion in Sachen menschlicher Verruchtheit, der wir beigewohnt hatten – das Fazit von der furchtbaren *Banalität des Bösen*, vor der das Wort versagt und an der das Denken scheitert (*EJ* 371).

Arendt wusste nicht, dass Eichmann kurz vor seinem Tod seinen Bruder bat, Martin Heidegger nach dessen Ansichten über Sterbesakramente zu befragen. «Nicht etwa, dass ich mir anmassen würde, diesem grossen Denker auch nur in etwa ähnlich zu sein, aber es würde mir wichtig erscheinen im Hinblick auf mein Verhältnis zum Christentum» (demselben, dem er vor dem Galgen so dramatisch abschwören sollte). Für eine Antwort Heideggers gibt es keine Belege.[13] Ebenso wenig würde sie jemals erfahren, dass Eichmanns Henker Schalom Nagar, schwer verstört von seiner Rolle in der Gewalt des Justizsystems, ein koscherer ritueller Schächter werden sollte.[14] Drei Monate später wurde Arendt bei einem Autounfall ohnmächtig, und ihre Welt wurde schwarz.

★

Neun von den Rippen, die Hannah Arendts Herz einfassten, brachen, als ein Lkw im Central Park mit dem Taxi zusammenstieß, in dem sie im März 1962 saß. Ihr Gesicht wurde bei dem Aufprall so sehr zerstört, dass Mary McCarthy am Tag darauf bei ihrem Besuch im Krankenhaus in Tränen ausbrach. «Erst sah ich aus wie ein mißglückter Picasso», wie sie augenzwinkernd und tapfer an Karl Jaspers schrieb. «Wenn ich ausgehe, binde ich mir einen schwarzen Schleier um und prätendiere arabisch oder tief verschleierte Dame. Außerdem ist mir ein Zahn abhanden gekommen, was ja auch nicht gerade verschönt» (*AJB* 511). Wochenlang musste sie eine Augenklappe tragen. Als sie hinreichend wiederhergestellt war, um wieder mit der Arbeit zu beginnen, tat sie dies mit frischem und mittlerweile furchtlosem Zorn. Verflucht wollte sie sein, wenn sie Holocaust und Exil überlebt, die Liebe zur Welt entdeckt und wochenlang in einem «stinknormalen» Gerichtssaal gesessen haben sollte, nur damit Adolf Eichmann am Ende das letzte Wort gehabt hätte.

Im Sommer des Jahres fing sie an, in ihrem angemieteten Ferienbungalow in Palenville im Staat New York, wo Blücher und sie jedes Jahr ihren Urlaub verbrachten, ihre Berichte aufzuschreiben. Ihr Arbeitsraum ähnelte einem verrauchten Schlachtfeld, denn es war übersät mit kopierten Gerichtsprotokollen (die etwa 5000 Seiten umfassten), Eichmanns Verhörprotokollen (rund 36 000 Seiten), Zeitungen, Zeitschriften, Entwürfen und Notizbüchern. Wie entrückt schrieb sie, durchforstete die Unterlagen und unterstellte die Tatsachen ihrer Kontrolle, während ihre Finger energisch in ihre Schreibmaschine hackten und die Asche ihrer Zigaretten zwischen die einzelnen Tasten fiel. Noch einmal schrieb sie, um zu zerstören. Das Archivfieber war zu ihr zurückgekehrt, und sie unternahm eine letzte Anstrengung, jenes Virus abzustreifen, das ihr ganzes Leben infiziert hatte. Sie habe «dies Buch in einem merkwürdigen Zustand der Euphorie» geschrieben, gestand sie später Mary McCarthy gegenüber. «Erzähle es niemandem; denn ist das nicht der eindeutige Beweis, daß ich keine ‹Seele› habe?» (*AMB* 260)

Sie hatte den totalitären Ballon angestochen und gezeigt, dass sich darin nichts als heiße Luft befand. Das machte ihn allerdings nicht weniger gefährlich. Wenn Gedankenlosigkeit ebenso wie Absicht ein Charakteristikum des modernen Bösen waren, dann konnte das Buch des Schreckens nicht mit dem Ende des «Dritten Reichs» oder mit Eichmanns Tod zugeklappt werden.

1945 hatte ihr Karl Jaspers in einem Brief von einem sich rasch verbreitenden Bakterium geschrieben, das den Sprung in die Umwelt geschafft hatte, einer tödlichen Pandemie. «Ich bin in der Tat heute der Meinung, dass das Böse immer nur extrem ist, aber niemals radikal», erklärte Arendt gegenüber Gershom Scholem, «es hat keine Tiefe, auch keine Dämonie. Es kann die ganze Welt verwüsten, gerade weil es wie ein Pilz an der Oberfläche weiterwuchert. Tief aber, und radikal ist immer nur das Gute» (*ASB* 444).

Robert Lowell nannte ihr Buch «eine neue Art von Biografie, die Blaupause eines Menschen, reduziert auf seine abstrakte moralische Performance».[15] Und Arendt war nicht die Einzige, die Eichmanns Leere als ästhetisch und moralisch herausfordernd empfand. Susan Sontag sah in ihm, wie er da in seinem Kasten aus Panzerglas saß, «eine jener schreienden und dennoch ungehörten Kreaturen auf den Bildern Francis Bacons».[16] Und da auch Arendt glaubte, dass Eichmann seine eigene Stimme nicht hören könne, verlieh sie ihr einen (ironischen) Klang – wie ein Parasit, der entschlossen ist, seinen Wirt zu zerstören. Sie wollte die von aller Realität losgelöste Bedeutungslosigkeit seiner Worte einfangen und diese wie ihren Sprecher selbst wieder auf die Erde zurückholen – auf dass über beide ein Urteil gesprochen werde.

Doch es war sie und nicht er, die gerichtet wurde. Jener ironische Ton, ihre Gefühlskälte und der schwelende Verdacht, sie würde den Juden eigentlich selbst die Schuld an ihrer Ermordung zusprechen, trafen viele tief und heftig, und das Echo, das darauf folgte, war dementsprechend brutal. Viele der jüdischen Intellektuellen New Yorks wandten sich gegen sie: Der alte Kreis um die *Partisan Review* zeigte sich offen feindselig; Leon Abel veröffentlichte dort im Frühling des Jahres eine lange und vernichtende Kritik ihres Buchs, und Irving Howe von der *Dissent* (die ihren Essay zu Little Rock abgedruckt hatte) organisierte sogar ein Town Hall Meeting dazu. Ihre Unterstützer Alfred Kazin, Daniel Bell und Raul Hilberg wurden dabei niedergebrüllt. «Das Meeting war wie die Sitzung eines Strafgerichts», erinnerte sich Lowell. «Jedes Mal, wenn Hannahs Name mit höhnischer übermäßiger Deutlichkeit ausgesprochen wurde, wurde dies mit zynischem Applaus oder heftigen Stoßseufzern kommentiert.» In Israel weigerte sich der mittlerweile im Sterben liegende Kurt Blumenfeld, der eine ihrer letzten noch verbliebenen Verbindungen zur Stadt Königsberg verkörperte, ihre Briefe zu beantworten. Briefe erhielt sie aber auch selbst Tag für Tag – verletzte, schmerzvolle, anklagende und wütende. Viele davon beantwortete sie, soweit sie es vermochte. Arendt wusste, dass sie die

Menschen aufgebracht hatte, und gerade sie sollte die Existenz der Perspektive anderer kaum verleugnen.

Günter Gaus versuchte, Arendt in ihrem Gespräch fürs deutsche Fernsehen mit der Aussage herauszufordern, dass «einige der Vorwürfe, die man Ihnen gemacht hat, auf den Ton [gründen], in dem manche Passagen geschrieben sind». In der Videoaufzeichnung dieses Interviews ist zu sehen, wie die Angesprochene innehält, ihre Brille abnimmt, sich das verletzte Auge reibt und schließlich antwortet:

> *Arendt*: [I]ch sage Ihnen: Ich habe sein Polizeiverhör, 3600 Seiten, gelesen und sehr genau gelesen. Und ich weiß nicht, wie oft ich gelacht habe; aber laut! Diese Reaktion nehmen mir die Leute übel. Dagegen kann ich nichts machen. Ich weiß aber eines: Ich würde wahrscheinlich noch drei Minuten vor dem sicheren Tode lachen. Und das, sagen sie, sei der Ton. Der Ton ist weitgehend ironisch, natürlich. Und das ist vollkommen wahr. Der Ton ist in diesem Falle wirklich der Mensch. Wenn man mir vorwirft, daß ich das jüdische Volk angeklagt hätte: Das ist eine böswillige Propagandalüge und nichts weiter. Der Ton aber, das ist ein Einwand gegen mich als Person. Dagegen kann ich nichts tun.
>
> *Gaus:* Das sind Sie bereit zu tragen?
>
> *Arendt*: Oh, gerne.[17]

★

Einer der Mythen, die sich um *Eichmann in Jerusalem* drehen, ist die Behauptung, dass Arendt den SS-Schergen entschuldigt, indem sie ihn als einen hirnlosen Bürokraten darstelle, der nur Befehle befolgt habe. Das war tatsächlich nicht das, was sie geschrieben hatte. Im Gegenteil, das Buch stellt eine Breitseite gegen den moralischen Relativismus und auch einen frühen Angriff auf die Kultur des moralischen Schaulaufens dar. Arendts Sorge galt der Schuld und ihrer Trivialisierung. Im Angesicht von Menschheitsverbrechen reiche es nicht, «ins Allgemeine abzugleiten, in dem alle Katzen grau und wir alle gleich schuldig sind» (*EJ* 66). Vielmehr musste verstanden werden, *inwiefern* wir als Einzelne moralisch schuldig sind, und aus dieser Erkenntnis heraus musste gehandelt werden.

«Wer bin ich, dass ich richte?» So lautete die Frage, die der Eichmann-Fall aufwarf. Und Hannah Arendt entgegnete darauf, dass ich niemand bin, bis ich nicht geurteilt oder gerichtet habe. Dies war eine existenzielle Antwort auf eine neue politische Situation. Arendt urteilte *gegen* Eichmanns Gedankenlosigkeit *und* wandte sich zugleich gegen die vorherrschende moralische Gefühlslage – indem sie auf die Kollaboration hinwies und es sich verbat, dass die traumatische Trauer seiner Opfer entweder für ein schwaches Rechtssystem oder eine schlechte Politik eingespannt wurden. Und sie beharrte auf Eichmanns banaler Durchschnittlichkeit, weil alles andere bedeutet hätte, einzuwilligen in das Leben in einer Welt, wo nicht nur die Tatsachen keine Rolle mehr spielen, sondern auch nicht, wie wir persönlich auf diese Tatsachen reagieren.

Als ihre Berichte im Februar 1963 erstmals im *New Yorker* erschienen, wurde sie selbst auch Teil jener Geschichte. Selbst die, die sie gar nicht gelesen hatten, hatten dazu klare Meinungen; ein verletztes Gerechtigkeitsempfinden machte sich breit, und die Empörung war ansteckend. Als sich die Schmähungen häuften, stellte sie erschrocken fest, dass ihre eigenen Worte weit davon entfernt waren, die Fakten auf den Punkt zu bringen und eine Realität aufzudecken, so dass Eichmanns Bösartigkeit gesehen und verstanden werden konnte. Ihre Worte waren stattdessen in einen Strudel von Vorurteilen, Fehlinterpretationen und gelegentlich sogar offenkundigen Lügen hineingeraten. Arendt wurde verurteilt, weil sie es gewagt hatte, zu urteilen. Aber was wusste sie schon? Sie war ja nicht dabei. Sie hatte beleidigt. Wie konnte sie es wagen!

Es war, wie sie schlussfolgerte, das Urteilsvermögen selbst, an der es der Welt mittlerweile mangelte. Den Extremfall verkörperten Eichmann, dem es vollständig abhandengekommen war, und seine monströse Unfähigkeit, sich mit der Realität dessen zu beschäftigen, in das er so begeistert eingewilligt hatte. Es hatte sich allerdings mittlerweile auch eine Kultur breitgemacht, die zwar gerne mit pauschalen Konzepten von kollektiver Schuld und Unschuld, von absoluter Schlechtigkeit und wahrhafter Tugend um sich warf, sich jedoch als auffallend unempfänglich für die komplexen Schwierigkeiten konkreter menschlicher Erfahrungen erwies.

«Ist unsere Fähigkeit zu urteilen, das Rechte vom Unrechten, das Schöne vom Häßlichen zu unterscheiden, von unserem Denkvermögen abhängig? Fallen die Unfähigkeit zu denken und ein verheerendes Versagen dessen, was wir gemeinhin Gewissen nennen, zusammen?», fragte sie in ihrem Essay «Über den Zusammenhang von Denken und Moral», der in seiner englischsprachigen Originalfassung («Thinking and Moral Considerations») später auch das erste Kapitel ihres letzten Buchs *Vom Leben des Geistes* (*The Life of the Mind*) bilden sollte.[18] Ihre Antwort lautete Ja – es war die Gedankenlosigkeit, die dem Bösen den Boden bereitete. Das war die wichtigste Erkenntnis. Diejenigen, die Widerstand leisten, ob in Diktaturen, totalitären Regimen oder gegenüber der hinterhältigen Tyrannei, die mit dem Gruppendenken und der performativen Politik in Demokratien einhergeht, sind diejenigen, die auf die Stimmen in ihrem Kopf hören, auf das andere «Ich» im «Ich bin», das mit Sokrates sagt: ‹Ich kann es nicht mehr mit mir selbst aushalten, wenn ich das mitmache, egal was es kostet. Ich kann dann einfach nicht mehr sein.› «Am allerbesten werden jene sein, die wenigstens eins genau wissen: dass wir, solange wir leben, dazu verdammt sind, mit uns selbst zusammenzuleben, was immer auch geschehen mag.»[19]

Das Bild von ein paar Nachdenklichen, die ihre existenziellen Wetten – und manchmal ihre Leben – dadurch absichern, dass sie ihre einsamen Gedanken in Urteile verwandeln, nach denen zu leben wäre, ist ein wackeliges Fundament, um darauf einen Widerstand gegen die Gedankenlosigkeit, die Tyrannei und die Lüge zu errichten. Wie wir im letzten Kapitel dieses Buchs gleich noch sehen werden, ist dies zwar vielleicht nicht alles, was uns zur Verfügung steht. Für Arendt aber fängt der Widerstand stets mit denen an, die sich selbst nicht ertragen und unter der Gewalt leiden, die gegen andere ausgeübt wird – *was immer* die genauen Umstände und wie machtlos sie selbst auch sind.

‹Ich konnte ja nichts dran machen› war nicht nur Eichmanns (jämmerliche) Entschuldigung, sondern seither auch von vielen, die in schlimme Dinge eingewilligt haben, aber beileibe keine politisch-ideologischen Eiferer waren. Doch wie Arendt aus eigener Anschauung wusste, ist es oft gerade die Position der Machtlosigkeit, wo es so scheint, als ließe sich nichts ändern, auf der sich die Realität in besonders gleißendem Licht offenbart – zumindest denjenigen, die den erforderlichen moralischen Mut aufbringen, sie auch wahrzunehmen. «Ohnmacht und absolute Machtlosigkeit, sind, so glaube ich, eine stichhaltige Entschuldigung», sagte sie 1964 in einem Radiogespräch. «Dies stimmt umso mehr, als offenbar eine bestimmte moralische Eigenschaft erforderlich ist, um sich Machtlosigkeit überhaupt einzugestehen, nämlich der gute Wille und die gute Absicht, sich der Realität zu stellen und nicht in Illusionen zu leben. Überdies liegt genau in diesem Eingeständnis der eigenen Ohnmacht begründet, dass man sich sogar in verzweifelter Lage einen Rest von Stärke und selbst noch von Macht erhalten kann.»[20] Diese Erfahrung von Machtlosigkeit ist mithin das Gegenteil dessen, was sie einige Jahre später als eine «dem Riesenhaften immanente Ohnmacht» bezeichnen sollte.[21] Damals schrieb sie über die leere Macht eines Amerikas, das gerade in Vietnam geschlagen worden war. ‹Es gibt andere Möglichkeiten, als sich mit den großen Lügen gemein zu machen›, lautete ihre Botschaft an Eichmann. ‹Wenn man klar erkennt, dass man weder existenziell noch politisch irgendetwas zu verlieren hat, dann lohnt es sich, um alles zu kämpfen.›

Hannah Arendt hätte die Extreme des 21. Jahrhunderts aus der Perspektive ihres eigenen betrachtet. Das eine Extrem besteht darin, dass auch wir die große Würde von Menschen, die buchstäblich um ihre Existenz kämpfen, von der Position einer vollkommenen Ohnmacht her beobachten. Am anderen Extrem steht die selbstgefällige Empörung, der Gesinnungsterror und der zur Schau gestellte Widerstand gegen komplexe Realitäten, die für unsere politische Kultur in den letzten 20 Jahren charakteristisch gewesen sind. «Wie wir aus [ihr] wieder herauskommen sollen, weiß ich nicht», schrieb sie 1946 an Jaspers, nachdem dieser ihr gesagt hatte, dass es die Banalität des Bösen war, auf die sie besonderes Augenmerk legen müsste (*AJB* 91). Die Frage war berechtigt.

10
Was ist Freiheit?

«Es steht uns *frei*, die Welt zu verändern
und in ihr etwas Neues anzufangen.»

Hannah Arendt,
«Die Lüge in der Politik»

Sie wurde Nelkenrevolution genannt, und sie sollte Hannah Arendts letzte sein. Am 25. April 1974 rückten hohe Offiziere der Armee gegen die portugiesische Diktatur vor. Der antikoloniale Widerstand in Mosambik, Angola und Guinea-Bissau war im Begriff, die Armee zu zermürben, und die brutale Behandlung der Wehrpflichtigen hatte bestätigt, dass der portugiesische *Estado Novo*, der «Neue Staat», und die großen Familienunternehmen, die von ihm unterstützt wurden, weniger am Wohlergehen des Landes als am Erhalt ihres eigenen Reichtums interessiert waren. Im Februar hatte ein ranghoher General, António de Spínola, ein Buch namens *Portugal E O Futuro* (*Portugal und die Zukunft*) veröffentlicht, in dem er darauf drängte, dass das Land seinen Kampf in den Kolonien einstellen sollte (was unter Salazar, der 1968 gestorben war, undenkbar gewesen wäre). Im März wurde er entlassen, woraufhin er im April zusammen mit anderen Offizieren und einer großen Zahl von Rekruten seiner Wehrpflichtigenarmee gegen das Regime aufbegehrte. Ein Militärputsch begann. Panzer rollten nach Lissabon.

Und dann geschah etwas Außergewöhnliches. Die abtrünnig gewordene Armee hatte den Bürgerinnen und Bürgern der Stadt befohlen, zu ihrer eigenen Sicherheit im Haus zu bleiben. Die aber gehorchten nicht und kamen ebenfalls auf die Straße. Eine Aktivistin und Restaurantmitarbeiterin namens Celeste Caeiro brachte einen Korb mit roten und weißen Nelken mit und fing an, sie als Geste der Unterstützung an die Soldaten zu verteilen. Die Kunstfertigkeit ihrer Geste fand Anklang, und bald schon verschenkten die Händler auf dem Blumenmarkt Tausende von Nelken. Nun blühten Blumen in den Kanonen der Panzer und in den Läufen der Gewehre, schmiegten sich hinter die Ohren von Generälen, steckten am Revers von Militäruniformen, bedeckten die Straßen und wurden in die Luft geworfen. Die politische Freiheit wird in solchen Aktionen entdeckt, lehrte Hannah Arendt. Wie beim Schauspiel und Musizieren «liegt die Leistung im Vollzug selbst».[1] Celeste Caeiro und das Volk von Lissabon verwandelten die gewalttätige Politik eines Putsches in ein Straßentheater und beeinflussten damit den Verlauf der Revolution. Portugal stürzte seine faschistische Diktatur, wobei nur vier Todesopfer zu beklagen waren (allesamt Zivilisten, die von der brutalen und verachteten Staatsschutzpolizei DGS erschossen wurden, deren Angehörige vor ihrem Hauptsitz in eine Menschenmenge feuerten).

Hannah Arendt, die damals noch achtzehn Monate zu leben hatte, verfolgte die Nachrichten aus Lissabon allein in ihrer Wohnung am Riverside Drive. Heinrich Blücher war bereits 1970, also vier Jahre zuvor, gestorben. Was sie sah, waren dieselben kopfsteinernen Straßen, durch die sie 33 Jahre zuvor mit ihm gemeinsam gegangen waren, als sie auf das Schiff nach Amerika warteten. Genauso wenig wie die lächelnden jungen Leute, die sich da jetzt unerwartet am Beginn einer Revolution wiederfanden, hätten sie sich wünschen können, dass ihr Leben so verlaufen würde. Aber Heinrich war nicht mehr da, um darüber zu sprechen, und der Raum war leer. «Wie soll ich jetzt leben?», fragte sie am Abend nach seinem Tod, wie sich Freunde erinnerten (*AMB* 389). Dies war eine brutal ehrliche Frage.

Heinrichs Tod wurde durch den von Karl Jaspers achtzehn Monate zuvor noch schmerzhafter. Anders als Blüchers war Jaspers' Tod abzusehen gewesen. «Nun sitze ich und denke an Euch beide und den Abschied, von dem man ja doch nie weiß, wann er bevorsteht», schrieb sie an ihn und seine Frau Gertrud am 8. Oktober 1968. «Aber was ich denke und wie mir zumute ist, entzieht sich der Sprache – schon weil mich die Dankbarkeit für alles, was Ihr mir gegeben habt, überwältigt» (*AJB* 718). Und bei ihrer Ansprache anlässlich der Gedenkfeier für ihn an der Universität Basel sagte sie: «Wir wissen nicht, was geschieht, wenn ein Mensch stirbt. Wir wissen nur: uns hat er verlassen. Wir halten uns an die Werke, und wissen doch, daß die Werke uns gar nicht brauchen. [...] Das Gedenken vollzieht sich im Umgang mit dem Toten, aus dem dann das Gespräch über ihn entspringt und wieder in die Welt klingt. Der Umgang mit den Toten – das will gelernt sein, und damit fangen wir jetzt an in der Gemeinsamkeit unserer Trauer» (*AJB* 720).

Über den Umgang mit den Toten lernte sie viel in diesen Jahren. Sechs Monate vor dem Ausbruch der Nelkenrevolution war auch W. H. Auden gestorben. In ihrem herzzerreißenden Nachruf ließ sie ihn, Gedicht für Gedicht, wieder aus seinem Grab auferstehen, so als würde sie die Konversation, die die beiden in den 14 Jahren seit ihrem Kennenlernen geführt hatten, einfach fortführen. Was Auden zu einem großen Dichter gemacht habe, sei, wie sie sagte, «die unproblematische Bereitschaft, mit der er sich in den ‹Fluch› schickte, ‹durch menschliche Mißerfolge› auf allen Ebenen der Existenz – die Vertracktheit der Wünsche, die Untreue des Herzens, die Ungerechtigkeiten der Welt – verletzt zu werden».[2] Auch Arendt schätzte die Verletzlichkeit des menschlichen Daseins, gab sich ihr aber nie derartig hin.

Nach dem Eichmann-Skandal hatte sie eine Pause von der ununterbrochenen intellektuellen Arbeit eingelegt, die das Bücherschreiben bedeutete, und war in den Modus der politischen Erwiderung übergegangen. Und da gab es vieles, das sie erwidern konnte. Die Weltgeschichte war in den späten 1960er und frühen 1970er Jahren in Aufruhr. Die portugiesische Revolution war nur das jüngste Ereignis im Rahmen einer Entwicklung, die vielen als ein globaler Freiheitskampf erschien. Im Jahr zuvor war die chilenische Regierung des Linksbündnisses Unidad Popular durch einen Putsch der Rechten gestürzt worden (Arendt unterstützte Mary McCarthys Fonds für Linke und andere, die aus dem Land flüchteten). Der Prager Frühling von 1968 entfachte die Fackel erneut, die erstmals 1956 in Ungarn in den Himmel gereckt worden war. An den Universitäten in Frankreich, Deutschland und – was Arendt am unmittelbarsten berührte – in den USA war eine neue und militante Generation von Bürgerrechtlern im Aufwind. Sie schrieb lange

Essays für die *New York Review of Books* und den *New Yorker* und sprach bei Versammlungen in Gemeindezentren und in der Öffentlichkeit. Im Theatre of Ideas in Manhattan diskutierte sie im Jahr 1967 mit Robert Lowell, Conor Cruise O'Brien und Noam Chomsky über Gewalt. Arendt eröffnete die Debatte, indem sie Gewalt als Politikversagen brandmarkte. Eine verärgerte Susan Sontag beschwerte sich am Ende, dass sie und die anderen Redner «das Thema, das uns hier alle umtreibt, nämlich wie man den Krieg in Vietnam beenden kann», komplett umschifft hätten.[3]

Arendt glaubte zwar nicht an Gewalt, aber durchaus an Protest, Dissidenz und Ungehorsam. 1966 trat sie für die Rechte von Studierenden ein, die an der University of Chicago Besetzungen vorgenommen hatten, um gegen die Übermittlung ihrer Noten an das Selective Service System zu protestieren, damit entschieden werden konnte, wer nach Vietnam eingezogen werden würde. Die Universitäten zählten zu den wenigen Orten des öffentlichen Lebens, an denen das freie Denken geschützt war, und der Staat, erst recht ein gewalttätiger, hatte nichts zu suchen im Leben derjenigen, die an ihnen studierten.

Nach dem Tod Blüchers fanden Arendts intimste philosophische Gespräche nun hauptsächlich, wenn auch nicht ausschließlich, mit ihr selbst statt. Sie begann mit der Arbeit an ihrem letzten, unvollendeten großen Buch, *Das Leben des Geistes*, das erst posthum erschien und dessen wunderbare Herausgeberschaft von Mary McCarthy in einem letzten Akt intellektueller Freundschaft übernommen wurde. «Antisemitismus – Imperialismus – totale Herrschaft» waren die drei Säulen der *Elemente und Ursprünge totaler Herrschaft* gewesen, während «Arbeiten, Herstellen und Handeln» die drei Tätigkeitsformen beschrieben, die der *Vita activa* ihre Struktur gaben. *Das Leben des Geistes* versprach nun eine letzte Dreigliederung, nämlich die von Denken, Wollen und Urteilen.

Während Portugal aufblühte, war sie mit den Vorbereitungen für die Vorlesungen beschäftigt, die sie im nächsten Monat im Rahmen der renommierten Gifford Lectures im schottischen Aberdeen halten würde. Ihr Thema war «Das Wollen». Dies war bereits ihr zweiter Aufenthalt dort. Im Vorjahr hatte sie über «Das Denken» gesprochen. «Es gibt keine gefährlichen Gedanken, das Denken an sich ist gefährlich» ist heute der wohl am meisten zitierte und sicherlich auch meistgetwitterte Satz von Hannah Arendt.[4] Wie wir gesehen haben, bedeutet freies Denken für sie nicht, über alles eine feststehende Meinung zu haben, und ebenso wenig, dass man Herr über – oder Experte für – die eigenen Gedanken ist. Denken ist eine *Tätigkeit*, ein individuelles Tun, das, wie die Freiheit, vor allem deshalb von Bedeutung ist, weil wir es alle vollziehen. «Die folgende Frage also ist unvermeidlich», wie sie in ihrem Vortrag einräumt: «Wie kann aus einem so ergebnislosen Unternehmen etwas herauskommen, das für die Welt, in der wir leben, relevant wäre?» Es ist durchaus möglich. Manche Helden gibt es zwar, die mutig genug waren, «Denk nach!» in das Rohr einer Panzerkanone zu brüllen, und damit die Geschichte verändert haben. Die meisten Menschen ziehen es jedoch vor, «Schwachsinn!» in die Leere von Social Media zu rufen, was überhaupt nicht gefährlich ist und das genaue Gegenteil von Mut darstellt. Denken ist nicht Handeln.

Allerdings ist das Denken wichtig, denn wenn wir es tun, treten wir einen Schritt zurück von dem, was wir zu wissen glauben, weil alle anderen es anscheinend wissen. Nachdenken «heißt, daß wir uns eher auf die Spur von Erfahrungen als von Lehrmeinungen zu begeben haben. Und wohin wenden wir uns hierzu? Der ‹Jedermann›, von dem wir das Denken verlangen, schreibt keine Bücher; er hat dringendere Geschäfte zu besorgen.»[5] Das sind, mit anderen Worten: Sie, die Person, die sich freundlicherweise die Zeit genommen hat, dieses Buch zu lesen, obwohl Sie eigentlich Dringlicheres zu tun haben.

Das ist aber eben auch das Problem am Denken: Es setzt voraus, dass sich die oder der Denkende von der Welt zurückzieht. An welchem Punkt ziehen Sie sich so weit zurück, dass Sie sie überhaupt nicht mehr richtig erkennen können? Hannah Arendt hatte genug gesehen, um zu wissen, welchen Schaden ein maßloses Zerdenken der Dinge der Geschichte zufügen konnte. An dieser Stelle wird nun die Frage des «Wollens» interessant. Zu diesem Thema hatte sie sich wieder einmal mit Martin Heidegger unterhalten.

In ihrem Nachruf von 1976 schilderte Mary McCarthy Arendt in ihren letzten Lebensjahren als einen König Lear, der, auf den Hudson River starrend, in einem nun endlos gewordenen Winter des Geistes nur noch mit seinem eigenen inneren Hofnarren spricht. Aber das war nicht die ganze Wahrheit. Seit Blüchers Tod war ihre Beziehung zu Heidegger wieder enger geworden. Sie betreute die Übersetzung seiner Hauptwerke ins Englische, und die Intensität ihres Briefwechsels nahm zu. Ein anderer Freund aus späteren Jahren, der Philosoph J. Glenn Gray, den sie während ihrer Lehrtätigkeit an der Wesleyan University im Herbst 1961 kennengelernt hatte, wurde Cheflektor beim Verlag Harper & Row und zeichnete damit auch für die Übersetzungen der Heidegger'schen Schriften verantwortlich. Er war ihr in diesen Jahren ein enger intellektueller Weggefährte, ebenso wie Hans Morgenthau, der ihr, wie uns die Arendt-Forscherin Samantha Rose Hill berichtet, während eines Kurzurlaubs auf der Insel Rhodos im Frühjahr 1975 einen unüberlegten Heiratsantrag machte.[6] Sie sei zu alt, erwiderte Arendt klipp und klar («Ich würde Sie lieben, wenn Sie 20 wären, und wenn Sie 90 wären, auch», antwortete er flehend).[7]

Im Oktober 1971 veröffentlichte sie in der *New York Review of Books* einen langen Aufsatz über Heidegger – ihre letzte Abrechnung mit seinem Werk. Dieser habe aufgrund seiner nationalsozialistischen Haltung den verhängnisvollen philosophischen Fehler begangen zu versuchen, der Welt den Stempel seiner Vorstellung von ihr aufzudrücken. Seither habe sein Wirken jedoch eine neue Richtung eingeschlagen. Nun mache er sich Gedanken darüber, wie der Wille das Selbst auf einen hinterlistigen Weg durch die Welt führen könne. Wir können nicht anders als wollen (Nietzsche nannte dies den «Willen zum Willen»). Man setzt an mit einem Impuls oder einer Idee, und ehe man sich versieht, treibt einen der ruhelose Wille dazu, sie auch allen anderen aufzudrängen. Das «Nicht-Wollen» – also der Welt den eigenen Willen nicht aufzwingen wollen, weil man Schäden fürchtet, oder, mehr noch, das selbstbewusstere «Ich will das Nicht-Wollen» – ist erforderlich, so Heideggers Argument, um sowohl die Welt vor dem Denken als auch das Denken selbst zu schützen. Arendt akzeptierte diesen aktiv-passiven Lösungsvorschlag für das Problem einer schlechten historischen Entscheidungsfindung. Die zivile Ungehorsame in ihr fragte sich allerdings immer noch, wo denn da die politische Freiheit bleibe.[8] Gab es nicht irgendeine Möglichkeit, seinen Willen in die Welt zu tragen – das heißt, sie zu verändern –, ohne all diese endlosen inneren Kämpfe um sich selbst? Das war der alte Zankapfel des einstigen Liebespaars:

Warum ist es nicht nur wichtig, was wir denken, sondern auch, was wir tun? Warum bin nicht nur ich das Problem, sondern wir?

«Wollen [die Menschen] frei sein, so müssen sie auf Souveränität gerade verzichten», hatte Arendt zehn Jahre zuvor in einem oben bereits zitierten Aufsatz namens «Freiheit und Politik» (Original: «What Is Freedom?») geschrieben.[9] Das ist zwar kein Arendt-Zitat, das man oft auf T-Shirts sieht, aber in einer Zeit, in der so viel heiße Luft in Ideen von Souveränität fließt – die Rückeroberung der Kontrolle, das *Making Great Again* und die Befestigung von Grenzen –, sollte es das vielleicht sein. Auf den ersten Blick tut Arendt mit ihrer Souveränitätskritik nicht viel mehr, als die berühmte Aussage des englischen Philosophen Thomas Hobbes zu wiederholen, der behauptet hat, dass die Menschen nur dann frei von der Gewalttätigkeit des jeweils anderen sein können, wenn sie einiges von ihrer Macht an einen größeren Souverän abtreten. Tatsächlich aber findet sie die Vorstellung problematisch, dass Freiheit durch Souveränität erreicht wird. Sobald die Freiheit zu einem Gegenstand des Willens werde, höre sie auf, eine Handlung zu sein, und werde zu einer Abstraktion, einem Gedanken, gar einer Fantasie. Und Fantasien von totaler Kontrolle oder vollständiger Souveränität gehören am Ende zu den gefährlichsten, die es gibt. «Wie die Souveränität des einzelnen ist letztlich auch die Souveränität einer Gruppe oder eines politischen Körpers immer nur ein Schein; sie kann nur dadurch zustande kommen, daß eine Vielheit sich so verhält, als ob sie *einer* wäre und noch dazu ein *einziger*», wie sie schreibt.[10] Wahre politische Macht entstehe nur durch die aktive Zustimmung des Volkes. Die leere Macht, die Autokraten, Fantasienationalisten und Souveränitätsfanatiker feilbieten, kann hingegen nur durch Gewalt aufrechterhalten werden. In einer grundlegenden Aktualisierung von Arendts Argumentation für das 21. Jahrhundert hat die britische feministische Kritikerin Jacqueline Rose übrigens die These formuliert, dass heutzutage die Frauen das Hauptziel dieser Gewalt seien.[11]

Doch wie steht es eigentlich mit dem *guten* Willen? Gibt es einen Willen, der keinen Schaden anrichtet? Einen Willen zur Nichtgewalt? Was erregte Celeste Caeiros Willen, an jenem Morgen ihren Korb mit den Nelken zu nehmen (das Restaurant, in dem sie arbeitete, hatte die Nelken am Vortag gekauft, um sie den Kunden zur Feier seiner Neueröffnung zu schenken, blieb angesichts der Lage aber geschlossen) und sie mit auf die Straße zu nehmen? Am 25. April 1974 packte Hannah Arendt in New York ihre Koffer und machte sich auf die Reise, zunächst nach Chicago und dann weiter nach Aberdeen, das Problem des Willens ebenfalls stets mit im Gepäck.

Nur zehn Tage danach, als sie sich schon auf halbem Wege zu ihren Vorlesungen in Schottland befand, erlitt sie ihren ersten Herzinfarkt. Der zweite, im Dezember des folgenden Jahres, sollte tödlich sein. Ihr langjähriger Verleger und Freund William Jovanovich, der im selben Hotel wohnte, fand Hannah Arendt stehend in ihrem Zimmer vor, mit großen Augen, absent und überrascht, dass sie, vielleicht zum ersten Mal in ihrem Erwachsenendasein, nicht in ihrem eigenen Kopf präsent war. Mary McCarthy flog aus Paris ein, um ihr im Krankenhaus beizustehen. Doch schon nach wenigen Tagen war sie ruhelos und konnte nicht erwarten, wieder in die Welt zurückzukehren und das zu tun, von dem sie wusste, dass es sie wirklich in ihr hielt: über sie nachdenken.

In den letzten vier Jahren hatte sie in den Schweizer Alpen eine Sommerresidenz in einem kleinen, neu erbauten, modernen Hotel namens Albergo Barbatè nahe der italienischen Grenze gefunden. Dieses Hotel befand sich in dem winzigen Weiler Tegna bei Locarno, einem mondänen Ferienort am Lago Maggiore, nur zehn Minuten Fahrt bergan mit der kleinen Bimmelbahn entfernt. So wie viele ehemalige europäische Exilanten verlangte es auch sie in ihrem reiferen Leben nach einer heimeligen Gegend in den südlichen Alpen, die den Vorzug besaß, eine weniger von Gräueltaten geprägte Geschichte zu haben als die Berglandschaften im Norden und Osten. Dort erholte sie sich, behutsam umhüllt von der frischen Frühsommerluft, von Schweizer Laken und der Obhut ihrer Freunde. Arendt wusste, dass man ein kaputtes Herz nicht mit dem Willen dazu bewegen konnte, sich selbst zu reparieren. «Aktive Geduld» war gefragt – eine Wendung, die sie erstmals nach ihrer Ankunft in New York 1941 als Überschrift für einen Artikel benutzt hatte, der die den staatenlosen Flüchtlingen abverlangte Geduld behandelte. Sie ließ ihren Blick über das Tal hinwegschweifen, beobachtete die Eidechsen, die in der späten Frühlingssonne schlüpften, und wartete, wieder einmal.[12]

Die portugiesische Revolution war nicht perfekt, aber ihre ersten

Monate brachten genau jene Art von politischer Aktivität hervor, die sie befürwortete. Mehr als 1000 Betriebe wurden im Rahmen der *autogestão*, also der Arbeiterselbstverwaltung, Räten unterstellt, und Wohnkooperativen schossen aus dem Boden.[13] Das war nun selbstverständlich nicht die Art von Politik, die General de Spínola guthieß. Nach nur fünf Monaten als Übergangspräsident wurde er abgesetzt und ging nach Brasilien, um dort eine faschistische paramilitärische Organisation aufzubauen. Nach seiner Flucht kam es im September 1974 zu einem rechtsgerichteten Gegenputsch, dem im Frühjahr des nächsten Jahres ein weiterer Versuch folgte. Zu diesem Zeitpunkt war Arendt schon wieder in Tegna und arbeitete erneut am «Willen», dem zweiten Band ihres letzten Werks. Abends nahm sie die deutschen und französischen Zeitungen mit ins Bett, um sich über die neuesten Ereignisse in Portugal zu informieren. Außerdem las sie Kant, um sich auf ihre Lehrveranstaltungen an der New School vorzubereiten, wo sie 1967 ihre erste und letzte feste akademische Anstellung erhalten hatte. Sie teilte genau das gleiche «Gefühl des Staunens und der Begeisterung» für die portugiesische Revolution, das Kant einst für die französische empfunden hatte.[14] Wie Kant war auch sie sich bewusst, dass sie einem jener seltenen Momente beiwohnte, in denen, politisch gesehen, alles in der Schwebe war.

Ein paar wenige kostbare Monate lang war nicht klar, wer in Portugal herrschte und wer beherrscht wurde. Was Arendt dort sah, ähnelte dem antiken griechischen politischen System der Isonomie, das auf dem Prinzip gleicher Freiheit beruhte. Von diesem System war in ihren Werken gleich zweimal die Rede – einmal in der *Vita activa* und ein zweites Mal in *Über die Revolution* (*VA* 63 f.; *ÜR* 35 f.). Die isonomischen Gesellschaften waren vordemokratisch und hatten ihre kurze Blütezeit in Siedler- und Migrantengemeinschaften abseits der etablierten Machtzentren im antiken Griechenland. Weder Autorität noch Tradition regierten diese Gemeinschaften. Das Prinzip bestand einfach darin, dass jeder Bürger das Recht hatte, im Namen der Freiheit und Gleichheit zu handeln. Ungehorsam gehörte somit zum politischen Alltag, da die einzige «Regel» darin bestand, dass die Freiheit für alle aufrechterhalten werden musste. Auf Ungerechtigkeit zu reagieren war folglich eben ein Teil des politischen Gesellschaftsvertrags. In isonomischen Gesellschaften – ganz gleich, wie wir sie uns konkret vorstellen mögen, diese Vorstellung kommt wahrscheinlich für die meisten von uns einer Erfahrung von Gleichfreiheit zu unseren Lebzeiten noch am nächsten – werden die Bürger also durch ihr situativ angepasstes Eintreten für die Freiheit der anderen zu Gleichen. Das ist das Theater, und das ist der Punkt.

Als die Demokratie in Athen eingeführt wurde, wurden die unhandlichen Freiheiten der Isonomie unterdrückt. Von nun an sollte das Mehrheitsprinzip herrschen. Im letzten Jahrzehnt ihres Lebens war Hannah Arendt zunehmend davon überzeugt, dass der Rückgang von Möglichkeiten zur unmittelbaren politischen Teilhabe an einer echten und vielleicht tödlich verlaufenden Krise der Demokratie mitgewirkt hat. Der Fall Eichmann hatte sie zudem gelehrt, wie wichtig es war, Räume zu erhalten, in denen politisches Handeln auch moralisches Handeln sein konnte («Am allerbesten werden jene sein, die wenigstens eins genau wissen: dass wir, solange wir leben, dazu verdammt sind, mit uns selbst zusammenzuleben, was immer auch geschehen mag»). Dennoch schrumpften im späten 20. Jahrhundert unter der Vorherrschaft eines übermächtigen Staatsapparats und des Großkapitals jene Räume, in denen das möglich war; und genau in dem Maße, in dem sie schrumpften, wuchs die Gewalt gegenüber denjenigen an, die sich diese Räume zurückholen wollten.

Nirgendwo sonst war die politische Desintegration für Hannah Arendt so zutiefst herzzerreißend wie in den USA. Als sie 1941 aus Lissabon dort eintraf, hatte sie an Amerika «die Freiheit» beeindruckt, «Bürger zu werden, ohne den Preis der Assimilation zahlen zu müssen».[15] Ihr neues Land schien gerade das zu bieten, was Europa mit so viel Gewalt abgestellt hatte: eine Politik der aktiven Bürgerschaft. Aber das war schon lange her. In einem langen Brief, den sie im August 1973 an J. Glenn Gray schickte, räumte sie ein, sie befinde sich «in tiefer Trauer um das Land».[16] Bei ihren alljährlichen Besuchen in der Schweiz ging es denn auch nicht nur um Nostalgie. Hannah Arendt hatte die Überlegung im Hinterkopf, dass sie vielleicht noch einmal einen Neuanfang würde wagen müssen.

★

Im Mai 1975 war Arendt zu Gast auf einer Geburtstagsfeier, bei der sie in einem dezidiert nicht feierlichen Ton einen Abgesang hielt. Das Boston Bicentennial Forum hatte sie eingeladen, bei der Zeremonie in der Faneuil Hall zu sprechen, mit der die Feierlichkeiten zum 200. Jahrestag der amerikanischen Revolution im kommenden Jahr eröffnet werden sollten. Doch nur wenige der Anwesenden waren tatsächlich in Partystimmung. «Ich fürchte, wir hätten uns keinen unpassenderen Zeitpunkt aussuchen können», merkte sie zu Beginn ihrer Rede an.[17]

Drei Wochen zuvor war Saigon gefallen. Die Bilder der Menschen, die auf das Dach der amerikanischen Botschaft drängten und ihre Arme in den leeren Himmel reckten, bestätigten, was der Rest der Welt schon lange vermutet hatte: die Ohnmacht der amerikanischen Macht. Mehr als ein Jahrzehnt sinnloser Kriegsführung hatte eine ganze Generation brutalisiert und traumatisiert. Eine neue Epoche imperialistischer Gewalt war auf die USA zurückgefallen wie ein Bumerang. Der Optimismus der früheren Bürgerrechts- und Freiheitsbewegungen wurde durch Zynismus zunichtegemacht. Die Veröffentlichung der Pentagon Papers im Jahr 1971 hatte die Lügen aufgedeckt, mit deren Hilfe der Krieg zu einem Phantasma wurde, in dem die Kinder anderer Menschen sterben konnten. Und ein Jahr darauf setzten die Watergate-Tonbänder dem Ganzen noch die Krone auf, weil sie offenbarten, dass es nicht einmal gewiefte politische Strategen waren, die das Land in diese Lage gebracht hatten, sondern ganz gewöhnliche und eigentlich recht zweitklassige Gauner. Es war, wie sie über Richard Nixon und seine Kabale sagte, «als hätte es ein Haufen von Schwindlern und ziemlich untalentierten Mafiosi geschafft, sich die Regierung der ‹größten Weltmacht› anzueignen».[18] Dies kam Arendt merkwürdig vertraut vor (ein Gefühl, das andere von 2016 und 2020 ebenfalls noch einmal durchleben sollten) und war aber umso tragischer, wenn man sich ansah, was Amerika alles zu verlieren hatte.

Arendt hatte im Jahr 1950 die amerikanische Staatsbürgerschaft angenommen und war sich ihrer Verantwortung als Bürgerin einer Republik sehr bewusst. Sie liebte Amerika wegen seiner Liebe zu den

Anfängen, die sie in Anlehnung an Montesquieu als den «Geist der Gesetze» bezeichnete. «Am Anfang war die ganze Welt Amerika», zitierte Arendt einen Satz des Philosophen John Locke aus dem 17. Jahrhundert und fand, dass er damit absolut richtiggelegen hatte.[19] Denn am Anfang hatten die neuen Bürger Amerikas *aktiv* eingewilligt, sich von den Gesetzen des Landes regieren zu lassen, denn letztendlich waren sie selbst deren Urheber. In den 1970er Jahren war es ihr zufolge hingegen der Geist der Gesetzlosigkeit, der drohte, das Ruder zu übernehmen – sei es in Bezug auf die Regierung, durch das Versagen der Strafverfolgungsbehörden bei der Eindämmung der allgegenwärtigen Kriminalität oder durch die bewusste Übertretung von Gesetzen durch Fundamentaloppositionelle und Aktivisten. Im Mai 1970 nahm sie an einer Konferenz an der New York University teil, die den Titel «Is the Law Dead?» («Ist das Recht tot?») trug. Nein, das sei es nicht, wie sie erklärte. Aber es verhalte sich durchaus so, wie die kluge Schlagzeile es formulierte, mit der Craig R. Whitney von der *New York Times* seinen Bericht über diese Veranstaltung überschrieben hatte: Es «atmet schwer».[20]

Akte des zivilen Ungehorsams entsprachen für Arendt weder der bloßen Gesetzlosigkeit von Kriminellen noch der Zurückweisung des Rechts per se, wie es Anarchisten und Terroristen taten. Vielmehr sah sie im zivilen Ungehorsam, dass der moralische Akt der individuellen Gewissensausübung – ‹ich kann mit mir selbst nicht mehr leben, wenn ich das mitmache› – manchmal auch zu einem politischen Akt werden konnte. Ziviler Ungehorsam entsteht dann, wenn Menschen nicht gehört werden und wenn eine relevante Anzahl von ihnen feststellt, dass ihre Regierung eindeutig in eine Richtung der Gesetzlosigkeit steuert. Oder wie Arendt es formuliert: «Der zivile Gehorsamsverweigerer handelt [...] im Namen und um einer Gruppe willen. Er stellt sich mit einer grundsätzlichen Haltung gegen das Gesetz und gegen die feststehenden Autoritäten, und nicht etwa, weil er für sich als einzelner eine Ausnahme machen und dabei nicht ertappt werden möchte.»[21] Wer zivilen Ungehorsam leistet, ist also kein Gesetzloser, sondern verbündet sich mit anderen gerade im Geist der Gesetze – man «atmet [zusammen]», wie sie es nennt.[22]

Zehn Jahre nach ihrem Aufsatz zu den Ereignissen in Little Rock 1959 sah die Lage der Bürgerrechte anders aus. Nicht das Gesetz hatte im Süden einen Wandel herbeigeführt, sondern es waren Aktivistinnen und Aktivisten, die den 14. Verfassungszusatz schließlich zur Anwendung gebracht hatten. Amerika konnte das Verbrechen der Sklaverei nicht länger ignorieren. «Nicht das Gesetz, sondern ziviler Ungehorsam brachte das ‹amerikanische Dilemma› ans Licht und zwang die Nation vielleicht zum ersten Mal, das enorme Ausmaß des Verbrechens zur Kenntnis zu nehmen, das nicht einfach Sklaverei heißt, sondern bei dem es sich um eine Form der Leibeigenschaft handelt», so Arendt.[23] Und sie machte einen Vorschlag, der nach Ansicht vieler längst überfällig war, nämlich die Verabschiedung eines weiteren, speziellen Verfassungszusatzes, der «eigens an die N****-Bevölkerung Amerikas gerichte[t]» sein sollte, um die Ungeheuerlichkeit dieser Taten anzuerkennen, und der diesen Wandel auch juristisch «endgültig besiegelt».[24] Amerika hatte deshalb funktioniert (oder es vielleicht auch nur zu tun gehofft), weil es eine Nation war, die aus gegenseitigen Versprechungen hervorgegangen war. Nun war es an der Zeit, diese Versprechen einzulösen und neue zu machen.

Dies war eine Zeit, in der, wie sie es in ihrer Gifford Lecture zum Thema des «Wollens» philosophisch formulierte, das «Ich *will*» zum «Ich *kann*» werden sollte. Elizabeth Eckford hatte dies bereits begriffen, als sie am 3. September 1957 die Stufen zur Schultür der Central High in Little Rock hinaufstieg. Gleiches gilt für Darnella Frazier, die am 25. Mai 2020 im Alter von 17 Jahren aus dem Lebensmittelgeschäft Cup Foods in Minneapolis trat, ihr Mobiltelefon aus der Tasche nahm – wohlwissend, dass sie sich im Blickfeld bewaffneter Polizeibeamter befand – und den Mord an George Floyd durch Derek Chauvin filmte. Fraziers Handeln war zwar allein von ihrem moralischen Gewissen bestimmt, doch ihr Mut ließ aus Floyds ersterbenden Worten «I can't breathe» («Ich kann nicht atmen») eine Bewegung von Menschen erwachsen, die zusammen atmeten – und dabei auch schwer atmeten.

Arendt veröffentlichte ihren Essay zum «Zivilen Ungehorsam» im September 1970 in der *New York Review of Books*. Fünf Jahre später, am Vorabend der Zweihundertjahrfeiern, wirkte ihre These vom außerordentlichen Engagement der amerikanischen Gesellschaft für das gelebte Gesetz allerdings zu optimistisch. Denn ein weiteres außerordentliches Merkmal des politischen Lebens der USA war zwischenzeitlich ans Tageslicht gekommen: die Gewalt. Gewalt war allgegenwärtig. Vier der brillantesten Führungsfiguren des Landes – John f. Kennedy, Malcolm X, Martin Luther King Jr. und Robert Kennedy – waren zwischen 1963 und 1968 ermordet worden. Studentische Bewegungen hatten sich der Gewalt verschrieben. Die Organisation «Students for a Democratic Society», die für die Mobilisierung von akademischen Aktivisten zu Beginn des Vietnamkriegs verantwortlich war und mit der Arendt gelegentlich eng zusammengearbeitet hatte, zerfiel Ende 1969 in verschiedene Splittergruppen. Neue, militantere Gruppen waren entstanden, so etwa die berüchtigte Weather Underground Organisation (WUO), auch Weathermen genannt, die im Januar 1975 eine weitere Serie von Bombenanschlägen in Washington und im kalifornischen Oakland startete. Zuvor, im März 1970, hatten sich drei Mitglieder der Gruppe bereits bei einem Unfall beim Bombenbauen in Greenwich Village selbst in die Luft gesprengt – eine spektakuläre, aber völlig sinnlose Aktion. Gewalt ist immer ein Zeichen für das Versagen der Politik, so Arendts Überzeugung, und im Mai 1975 bekam sie die Gelegenheit, sich vom Ausmaß dieses Versagens selbst ein Bild zu machen.

In der Bostoner Faneuil Hall teilte sie ihren Zuhörerinnen und Zuhörern das mit, was viele von ihnen bereits wussten, aber nicht auszusprechen wagten: Vietnam war eine «absolut demütigende Niederlage». Amerika konnte sich aber nicht mit diesen «krassen, nackten Tatsachen» abfinden, auf denen eine noch härtere Wahrheit beruhte: Die Macht, die Amerika glaubte zu besitzen, war eine Illusion. Wenn man die Pentagon Papers aufmerksam lese, dann, so sagte sie, würden diese offenbaren, dass der Krieg eigentlich nur dazu gedient habe, «den Bedürfnissen einer Supermacht» nachzukommen, «sich selbst ein ‹Image› zu schaffen, welches die Welt davon *überzeugen* würde, daß es sich bei ihr tatsächlich um ‹die größte Weltmacht› handelte».[25] Das war Amerikas «Big Lie», seine «Große Lüge»,[26] und sie war genauso verhängnisvoll wie jede, die in Nazideutschland oder der Sowjetunion ausgeheckt worden war. Wie sich also zeigte, brauchte es keinen staatlichen Terror, damit sich ein Land mörderische Geschichten über sich selbst ausdachte; die PR-gesteuerten politischen Manöver und die «hidden persuaders», die «verborgenen Überredungskünstler» Werbung und Massenmedien, konnten die Realität genauso gut vergessen machen.[27]

Als Donald Trump die dreiste Behauptung aufstellte, dass ihm die US-Wahlen 2020 gestohlen worden seien, beriefen sich Kommentatoren auf Arendts «Big Lie», um davor zu warnen, wie nahe Amerika am Rand des Zusammenbruchs seiner Demokratie stehe. Und Ähnlichkeiten zu den damaligen Verhältnissen sind auch gewiss vorhanden, nicht zuletzt in dem, was Arendt als die «aktive, aggressive Fähigkeit» beschrieb, die Lüge zu glauben (im Gegensatz zur passiven Leichtgläubigkeit), die das moderne politische Lügen auszeichne.[28] Das moderne politische Lügen ist nicht nur schamlos, sondern macht sich nicht einmal mehr die Mühe, sich als etwas anderes auszugeben. «Diese Lügen betreffen keine Geheimnisse, sondern Tatbestände, die allgemein bekannt sind», schrieb sie in einem weiteren Satz, dessen Nachhall heute deutlich zu vernehmen ist.[29] Politisches Lügen ist praktisch gar keines mehr. Die Menschen werden nicht getäuscht; sie sind geradezu begierig nach dem Betrug. Und die Lügen funktionieren, weil ihre Urheber wissen, dass die Menschen in der heutigen politischen Kultur nicht nur nicht wissen, was sie glauben sollen, sondern dass es nahezu unmöglich geworden ist, an irgendetwas zu glauben, das auch nur annähernd wahrhaftig und authentisch ist. An das Unglaubliche und Unerhörte zu glauben ist zu einer Art Pseudo-Handeln geworden – ein letzter, verrückter Versuch, politische Zugehörigkeit herzustellen.

Arendt würde heute auch darauf hinweisen, dass diese aktive Leichtgläubigkeit den Fakten gegenüber nur das jüngste Kapitel in der langen Geschichte von Politik und Lüge ist. Ein Teil des Theaters des politischen Lebens besteht ihr zufolge nämlich darin, mit welchem Geschick die Akteure auf diesem Feld ein Bild von einer Welt heraufbeschwören können. Insofern sind Fakten immer Opfer von Meinungsbeeinflussung. Problematisch wird es aber dann, wenn der Versuch, die Tatsachen zu bloßen Meinungsfragen zu machen, zu weit geht. Die totale Herrschaft der faktenlosen Meinung – mithin das, was wir heute Post-Wahrheits-Politik nennen – verzerrt das Gefüge der Realität, in der wir leben.

«Wahrheit könnte man begrifflich definieren als das, was der Mensch nicht ändern kann», wie Arendt im Aufsatz «Wahrheit und Politik» notierte. «Metaphorisch gesprochen ist sie der Grund, auf dem wir stehen, und der Himmel, der sich über uns erstreckt.»[30] Das Lügen in der Politik ist – naheliegenderweise – zwar politisch, doch der Grund, auf dem wir stehen, kann keine bloße Meinungsfrage sein. Dies auch nur anzunehmen ist bereits ein Zeichen dafür, wie weit wir gekommen sind, seit Hannah Arendt in der *Vita activa* vor über 60 Jahren uns dazu ermahnt hat, uns mit beiden Beinen wieder fest auf den Boden der Tatsachen zu stellen.

Wir müssen der Politik jene Art von Lüge überlassen, die sie braucht, um ihre Arbeit zu tun. Und dies sollte möglich sein, ohne dass wir dabei in Zynismus, Verlogenheit oder Nihilismus abgleiten. Die Fakten machen sich schließlich nicht von selbst geltend, sondern müssen bezeugt, erzählt, beobachtet und damit in eine Art von Storytelling eingebettet werden, die sie für Menschen annehmbar machen kann, die tatsächlich anderer Meinung sind. Die politischen Geschichtenerzähler, die wir im Moment vielleicht am dringendsten brauchen, sind vielleicht diejenigen, die uns am ehesten davon zu überzeugen vermögen, eine Welt der Tatsachen gemeinsam zu bewohnen.

Es gab aber noch ein weiteres Problem an Amerikas *Big Lie* in den 1970er Jahren. Die Lügen, die von PR-Teams und Politikexperten in Washington fabriziert wurden, waren deshalb im Inland so effektiv, weil sie auf einem Bild von Amerika beruhten, das vielen nur allzu plausibel erschien, ja, an das sie sogar leidenschaftlich glaubten und bereit waren, dies auch weiterhin zu tun – trotz unübersehbarer und zwingender Beweise für das Gegenteil. Alle politischen Lügen sind auch kontingente Wahrheiten, denn sonst hätten sie (in der Regel) keine Chance, sich in der öffentlichen Vorstellungswelt festzusetzen. So war etwa das Bild von Amerika, das das Pentagon mit seinen Lügen aufrechterhalten und propagieren wollte, das einer großen Weltmacht mit Vorbildcharakter – unbestechlich, demokratisch frei und moralisch gerecht. Das war eine Lüge, in der Amerika immer noch lebte – und manche würden behaupten, dass es das bis heute tut. «Wenn uns die Tatsachen [nun schlussendlich] die Rechnung präsentieren», dann sei das gut so, sagte Arendt im Mai 1975. Das Land möge erkennen, was wirklich aus ihm geworden sei. «Denn die Erhabenheit dieser Republik bestand darin, um der Freiheit willen dem Größten wie dem Niederträchtigsten im Menschen Rechnung zu tragen.» Wenn Amerika wirklich immer noch die Freiheit wolle, dann müsse es sich von seinen Allmachtsfantasien verabschieden und eben das Größte wie das Niederträchtigste in sich selbst erkennen und anerkennen.

Dies waren die letzten Worte, die sie in Boston sprach, und es sollten auch die letzten Zeilen sein, die sie zu Lebzeiten veröffentlichen sollte, als ihre Rede im Juni 1975 in der *New York Review of Books* unter dem Titel «Home to Roost» (deutsch: «200 Jahre Amerikanische Revolution») abgedruckt wurde – eine Wendung, die Malcolm X erstmals nach der Ermordung John f. Kennedys gebraucht hatte.* Zuvor hatte Tom Wicker einen Bericht über ihren Vortrag in der *New York Times* veröffentlicht, woraufhin ihr Briefkasten sofort von Anfragen nach einer Kopie ihres Redemanuskripts überflutet wurde. Eines dieser Schreiben kam von einem jungen Senator namens Joe Biden. «Als Mitglied des außenpolitischen Ausschusses des Senats bin ich sehr daran interessiert, ein Exemplar Ihres Vortrags zu erhalten», wie er ihr schrieb.[31] Es ist anzunehmen, dass Biden am Ende die offizielle Druckfassung ihres Vortragstexts gelesen hat. Offen bleibt hingegen die Frage, ob Amerika sich eigentlich seines Größten wie seines Niederträchtigsten mittlerweile bewusst geworden ist oder nicht.

★

Hannah Arendt hatte ihr denkerisches Leben mit Kant in Königsberg begonnen und würde es mit ihm in Amerika beenden. In ihren Vorlesungen an der University of Chicago und an der New School in den 1970er Jahren sprach sie darüber, wie ein von den Ereignissen der Französischen Revolution ganz erstaunter Kant sich selbst zu einem Zuschauer der Geschichte gemacht hatte, indem er seinen Blick zurückwandte, die historischen Details an den Ereignissen identifizierte, die

* Anm. d. Ü.: Die Phrase lautet vollständig «The chicken have come home to roost» («Die Hühner sind wieder an ihren angestammten (Schlaf-)Platz zurückgekehrt») und hat in etwa dieselbe Bedeutung wie die Redensarten «Man erntet, was man sät» oder «Wie man in den Wald ruft, so schallt es hinaus». Malcolm X wollte damit auf das – in seinen Augen – überall auf der Welt von den USA verursachte Unrecht und die Gewalt anspielen, die sich mit der Ermordung Kennedys nun gewissermaßen zu Hause gerächt habe.

ihm um die Ohren sausten, und die Geschichte aus der Ferne beurteilte – interessiert, aber zugleich auch von ihr getrennt. Arendt tat in ihren letzten Lebensjahren das Gleiche. Es war Kant, der sie als Erster gelehrt hatte, dass Denken eine moralische Angelegenheit ist und dass die Art und Weise, *wie* wir denken, Konsequenzen für die Welt hat, in der wir leben. 50 Jahre später versuchte sie immer noch herauszufinden, wie dieses denkende Selbst in einer Welt noch Urteile fällen konnte, die auf so tragische Weise ihre moralische und politische Orientierung verloren hatte.

In ihren Aberdeener Vorlesungen von 1974 wollte sie ihren Gastgebern mit einigen Ausführungen über den mittelalterlichen schottischen Philosophen und Theologen John Duns Scotus die Ehre erweisen. Von allen Philosophen, die sich mit dem Thema des Willens befasst haben, schien dieser, wie sie feststellte, noch am ehesten mit der Idee eines Willens einverstanden gewesen zu sein, der sich nicht jederzeit selbst unter Kontrolle haben muss. Er behauptete, dass die Entscheidungen, die wir treffen, stets im Angesicht der radikalen Kontingenz des Lebens gefällt werden müssen. Wir sollten anerkennen, dass die Dinge manchmal eben einfach so sind, wie sie sind – dass sie sich zwar in die eine Richtung hätten entwickeln können, es aber dann doch nicht taten, sondern eine andere Entwicklung genommen haben. Erst diese Erkenntnis lässt uns nach Duns Scotus wirklich die Freiheit, die Welt so zu erfahren, wie sie ist – und nicht so, wie wir sie gerne hätten. Das läuft aber nicht auf eine Kapitulation hinaus. Wie Kant glaubte nämlich auch Arendt leidenschaftlich daran, dass wir einen freien Willen haben und dass ein moralisch gelingendes Leben ohne diesen gar nicht denkbar wäre. Kant sprach von der Macht, die wir haben, um *spontan* zu handeln und «eine Reihe von Begebenheiten *ganz von selbst* anzufangen». Das Problem aber war, dass es in der modernen Welt oft so aussah, als ob der Kant'sche Wille weder frei noch spontan war. Die absurden Beteuerungen Adolf Eichmanns, dass er dem Willen Hitlers aus Gründen der Vernunft und der Moral gefolgt sei, hatten diesen Punkt auf nur allzu groteske Weise deutlich gemacht.

Auch Duns Scotus war der Meinung, dass wir einen freien Willen haben. Eine echte Erfahrung dieser Freiheit können wir ihm zufolge aber nur dann machen, wenn wir erkennen, dass wir sie inmitten eines

Ozeans der Kontingenz ausüben. Kontingenz ist der Preis, den wir für das fragwürdige Gut der Spontaneität zahlen, so Arendts Argument in *Vom Leben des Geistes*:[32] Es hätte anders gewesen sein können, aber wir haben so und so gehandelt, weshalb es dann eben nicht anders war. Darin bestand ihre letzte Version eines wiederkehrenden Themas, das über ihr gesamtes politisches Denken und Leben hinweg (und nicht zuletzt auch in diesem Buch) zu vernehmen war: Für die Freiheit ist immer ein Preis zu zahlen: Kontingenz, Pluralität, unser «passives nacktes Gegebensein» oder unser «Größtes und Niederträchtigstes». Freiheit lässt sich nicht herbeizwingen. Sie kann nur in der Welt und zusammen mit anderen erfahren werden. Unter dieser Bedingung steht es uns dann aber tatsächlich frei, die Welt zu verändern und in ihr etwas Neues anzufangen.

Die Zufälligkeit der Freiheit mag am Ende des Lebens leichter zu akzeptieren sein als an seinem Anfang. Jeder neue Mensch mit einem Gefühl für seine moralische Verpflichtung gegenüber der Welt muss daran glauben, dass eine Veränderung kommen wird. Alles andere ist unerträglich. Ältere Menschen sehen ihm aber oft genauso ungeduldig entgegen, manchmal noch mehr als die jungen. Wenn man lernt, die Welt zu lieben, dann kann man ihrer Zukunft gegenüber keine bequeme Gleichgültigkeit walten lassen. Trotzdem liegt eine tiefere Weisheit in der Einsicht, dass es schon früher Veränderungen gegeben hat und dass sie immer wieder kommen werden, oft auch dann, wenn man sie am wenigsten erwartet – ungeplant, spontan und manchmal sogar genau zur rechten Zeit. So ist für Hannah Arendt das menschliche Dasein eben beschaffen.

Irgendwann kam sie auf die Idee, dass, wenn ihr Herz wiederhergestellt wäre und sie ihr *Leben des Geistes* abgeschlossen hätte, ihr letztes Buch vom Altern handeln könnte. Bei ihren Recherchen zum Problem des Willens hatte sie nämlich Ciceros *Cato Maior de Senectute* (*Cato der Ältere über das Alter*) gelesen, in dem der römische Stoiker und Staatsmann denjenigen, deren praktische Vermögen zwangsläufig abnehmen, freudig den Trost des Denkens, der Reflexion, der Erinnerung (und der Gartenarbeit) anempfiehlt. Als weitaus weniger vergnügliche Lektüre hatte sie hingegen Simone de Beauvoirs *La vieillesse* (*Das Alter*) von 1970 empfunden, das zwei Jahre später in den USA unter dem Titel *The*

Coming of Age erschienen war. Seit Paris hatte sie nie viel Zeit für Beauvoir gehabt und sich zudem geweigert, eine Besprechung für *Das zweite Geschlecht* von 1952 zu schreiben, weil die Autorin das Geschlecht als eine soziale Angelegenheit betrachtete.[33] Und auch das Alter sei, wie sie annahm, eine Sache, die über die Soziologie hinausging.

Dieses Buch wurde jedoch nie geschrieben. Nur sechs Monate nach ihrer Ansprache in Boston erlag sie ihrem zweiten Herzinfarkt. Die brillante Theoretikerin des neuen Anfangs hinterließ uns nur das Versprechen auf ein Buch über die Liebe zum Ende. Nach einem guten Abendessen mit ihren Freunden Salo Baron und dessen Frau Jeanette starb Hannah Arendt, bequem in einem Sessel sitzend. In ihre Schreibmaschine war ein leeres Blatt eingespannt, das mit dem Titel des noch nicht begonnenen dritten Teils von *Das Leben des Geistes* überschrieben war: «Judging» («Das Urteilen»).

Ich hege keinen Zweifel daran, dass ihre Untersuchung des Lebensendes und des Alters ein Lesegenuss geworden wäre, der hinter der *Vita activa* nicht hätte zurückstehen müssen. Es existiert ein Foto von Hannah Arendt, das im Oktober 1971 aufgenommen wurde, nur ein Jahr nach Heinrich Blüchers Tod. Darauf ist zu sehen, wie sie zusammen mit einer anderen amerikanischen Ikone, der Künstlerin Georgia O'Keeffe, in einem Auto sitzt. Als junge Frau im New York der 1910er Jahre kaufte O'Keeffe von den Straßenhändlern Nelken und starrte sie mit dem Pinsel in der Hand so lange an, bis sie schließlich auf ihre Leinwand hinüberwuchsen. Wie Arendt wehrte auch sie sich dagegen, durch ihre Geschlechtszugehörigkeit definiert zu werden, und dachte mit Feuereifer über die Freiheit und die Räume nach, die sie möglich machten.

Am Tag, als das Bild entstand, waren die Frauen am Bryn Mawr College zu Gast, einem Frauencollege in einem Vorort von Philadelphia, wo sie beide den M. Carey Thomas Award for Distinguished American Women entgegennahmen. Zu diesem Anlass war eine kleine Ausstellung ihrer Werke eingerichtet worden. Arendt hatte ihren Preis am Nachmittag entgegengenommen, woran sich ein festlicher Tee anschloss. Dann folgte die Preisverleihung an O'Keeffe. Auf dem Foto sind sie entweder auf dem Weg zum Dinner oder auf dem Rückweg davon zu sehen. Hannah Arendt blickt die elf Jahre ältere Georgia O'Keeffe

Hannah Arendt und Georgia O'Keeffe bei der M. Carey Thomas Award-Veranstaltung, Bryn Mawr College, Oktober 1971

an, wobei die Falten im Gesicht der einen deren Muster im Gesicht der anderen widerspiegeln. Und sie lächelt, mit weit geöffneten Augen und voller Freude. Es wirkt, als habe sie in der Malerin eine späte Verbündete erkannt, die ihr bestätigt hat, dass es nach all der Gewalt, dem Leid, der Einsamkeit, den Lügen und dem Verlust immer noch Frauen und Männer mit ihren Blumen und ihrem entschlossenen und großartigen guten Willen geben wird, die sich weigern, die vergifteten Bedingungen hinzunehmen, unter denen die moderne Freiheit angeboten wird. Und die auf etwas Neues warten.

Das Hannah-Arendt-Haus

Das Hannah-Arendt-Haus in Hannover ist nicht ihr Geburtshaus am Lindener Marktplatz, sondern eine kleine städtische Bibliothek, die in einem Raum im ersten Stock einer ehemaligen Schule – heute ein Stadtteilzentrum – in der Nordstadt eingerichtet worden ist.[1] Am Tag meines Besuchs verbreitete das Herbstlicht, das durch die Blätter der Bäume in die hohen Fenster des Gebäudes fiel, die gleiche warme Atmosphäre, wie sie dort auch schon zur Zeit von Hannah Arendts Geburt im Oktober 1906 geherrscht haben mochte. Walter Koch, Vorstand des Trägervereins, hatte mich dort schriftlich begrüßt und deutlich gemacht, dass es Hannah Arendt die Radikale war, die in diesem Haus lebte:

> Seien Sie willkommen in der Hannah-Arendt-Bibliothek in Hannover. Dieser Ort ist nicht dazu da, Personenkult zu betreiben, sondern will versuchen, europäische und deutsche «closed shops» zu unterlaufen. Wir versuchen, Geschichten von Flucht, Neuanfang und Widerstand nachzuzeichnen. [...] Natürlich lassen wir uns auch von Büchern inspirieren, von Essays wie «Wir Flüchtlinge» oder *Über die Revolution* [...] und freuen uns, in der Tradition des Kampfes von Elizabeth Eckford zu stehen.

Das Erste, worauf Walter mich hinwies, als ich den Raum betrat, war der abgewetzte Pfad auf dem Dielenfußboden, den die regelmäßigen Laufwege längst verstorbener Lehrer in das Holz eingeprägt hatten.

Das Hannah-Arendt-Haus ist eine Bibliothek aus Büchern, die Migranten und Flüchtlinge entweder nach Hannover mitgebracht haben oder die ihnen aus ihren Heimatländern nachgeschickt worden sind. Dank der historisch engen Beziehung zwischen Deutschland und dem Iran haben die Iraner auch die größte Sammlung. Daneben finden sich in den Regalen aber auch Bände aus China, Vietnam, dem Irak, Afghanistan und Kurdistan. Bücher, die von Palästinensern eingereicht wurden, stehen neben denen von israelischen Regierungskritikern. Von diesen dürften einige ältere gebundene Bücher durchaus nach Deutschland zurückgekehrt sein, nachdem sie mit ihren früheren Besitzern während des Holocaust von dort geflohen waren. Vor einigen Jahren schenkte der Leiter der griechischen Arbeiterinitiative, die ihren Sitz ein Stockwerk weiter oben hat, Walter Koch einen Band, der von der Vertreibung seiner eigenen Familie aus der Türkei im Jahr 1923 berichtet. Walter ergänzte die türkischsprachige Sammlung zudem mit einigen reich illustrierten Bänden über das Osmanische Reich aus der Bibliothek seines Großvaters.

Das Hannah-Arendt-Haus ist eine Bibliothek des Überlebens: Jede Sammlung für sich bewahrt zwar auch ein kleines Stück nationaler Tradition, Kultur und Geschichte auf, doch der Hauptgrund, warum die einzelnen Bände überhaupt da sind, sind politische, wirtschaftliche und mittlerweile auch ökologische Katastrophen. Gewalt – sichtbare und unsichtbare, schnelle und langsame – hat diese Bücher aus ihren früheren Regalen in das Hannah-Arendt-Haus verweht. Es ist eine Bibliothek von und für die Entwurzelten unserer Moderne.

Die Atmosphäre ist so ziemlich das Gegenteil von der Aura jener einsamen Gelehrten und Leser, die die «Bibliothek von Babel» in der berühmten gleichnamigen Erzählung des argentinischen Schriftstellers Jorge Luis Borges bevölkern. Erstmals veröffentlicht wurde diese Geschichte übrigens 1941, in dem Jahr also, in dem Arendt Europa mit dem Ziel USA verließ. Die «Bibliothek von Babel» enthält die Unendlichkeit des Universums. Alles Wissen ist in ihr versammelt, alles, was jemals gedacht und geschrieben wurde. Doch sosehr sie auch in den Büchern suchen – und all ihren Theorien und geistigen Anstrengungen zum Trotz –, können die Bürger keine Erklärung dafür finden, warum sie so leben, wie sie es tun – in sechseckigen Bibliotheken und nach Traditionen und Regeln, die aus dem Nichts zu kommen scheinen und wenig Sinn ergeben –, bis sie sterben und ihre Körper von ihren Freunden sanft ins All befördert werden.

Hannah Arendt hätte gesagt, dass diese Leserinnen und Leser am falschen Ort nach Antworten suchen. Das, was das Leben in der Bibliothek wirklich bedeutsam macht, ist das, was zwischen den Menschen und zwischen ihren Büchern selbst vor sich geht. Es kennt zwar niemand den Sinn des Buchs der «Geschichte der Menschheit», aber ohne dieses Buch wäre das Leben unerträglich (*VA* 255). Die humane Welt ist auf wenig mehr aufgebaut als auf den Notwendigkeiten und Gefahren des gemeinschaftlichen Lebens, Sprechens und Menschseins. Und dieses Wenige ist natürlich auch alles, was es gibt, so dass es nach Arendt dieser kostbaren, wenn auch dürftigen Grundlage zu verdanken ist, dass wir frei sind, etwas Neues in der Welt anzufangen, indem wir sowohl unsere Ohnmacht als auch unseren Mut, unsere Banalität wie unseren Glanz anerkennen.

Eine Aura des Zerbrechlichen durchweht das Hannah-Arendt-Haus. Doch das warme Licht und Walters wohlsortierte Regale verdecken nicht das Gefühl von Leben, die plötzlich und unerwartet in die Schwebe geraten sind, sondern konservieren es, so dass die Bibliothek zwar ein ruhiger, aber kein trauriger Ort ist. Ich befragte ihn nach der Geschichte der Bibliothek – wie hatte das alles angefangen? Daraufhin berichtete mir Walter davon, wie er und andere Aktivistinnen und Aktivisten in den frühen 1990er Jahren einen alternativen Ort für den Zugang zu jenem wissenschaftlichen Wissen schaffen wollten, das bis dahin ausschließlich in den Mauern der nahe gelegenen Leibniz-Universität verfügbar war. So viele Dinge passierten in so kurzer Zeit, vor allem auf den Gebieten der Klimaforschung und in der Atom-, Gen- und Informationstechnik, dass es wichtig gewesen sei, dass die Bürgerinnen und Bürger die Möglichkeit hatten, die sich rapide verändernde Weltlage zu verstehen und darauf zu reagieren. Doch dann hielt er plötzlich inne und fragte, ob ich Gotthold Ephraim Lessing kennen würde und jemals in Hamburg gewesen sei.

Meine Antwort war zweimal ja, und das galt auch für Hannah Arendt. 1959 war sie nach Hamburg gereist, um dort den Lessing-Preis entgegenzunehmen. Ihre Dankesrede mit dem Titel «Gedanken zu Lessing: Von der Menschlichkeit in finsteren Zeiten» war ein bedeutendes Ereignis. Deutschland befand sich nicht mehr fest im Griff der Verdrängung, der Arendt zehn Jahre zuvor noch so beunruhigt hatte. Der Wohlstand im Land wuchs wieder. 1952 war zudem in Luxemburg das Wiedergutmachungsabkommen mit dem Staat Israel unterzeichnet worden, und zwei Jahre nach ihrem Besuch gab der Eichmann-Prozess den Startschuss für die Aufarbeitung des Holocausts in Deutschland.

Der Vortrag fing gut an. Arendt gemahnte ihre Zuhörerschaft an Lessings Beharren auf der Bedeutung der Bewegungsfreiheit für das aufgeklärte Denken. Wenn es keine freie Bewegung gebe, dann auch kein freies Denken, wie sie sagte. Dies war eine leise Anspielung auf diejenigen, die damals, nur wenige Kilometer entfernt, hinter der ostdeutschen Grenze eingesperrt waren. Damit war die Bühne bereitet für eine bequeme Bekräftigung liberaler und aufklärerischer Werte.

Doch dann änderte sie den Kurs. ‹Wenn ich von Freiheit spreche›, so sagte sie, ‹dann spreche ich zu Ihnen selbstverständlich auch als Jüdin, die einst gezwungen war, dieses Land zu verlassen.› «Ich betone meine Zugehörigkeit zu der Gruppe der aus Deutschland in verhältnismäßig jungem Alter vertriebenen Juden so ausdrücklich, weil ich gewissen Mißverständnissen zuvorkommen möchte, die sich, wenn man von der Menschlichkeit spricht, nur allzu leicht ergeben.»[2] Jenes Missverständnis, das sie korrigieren wollte, war die Vorstellung, dass jede gemeinsame Menschlichkeit, zu der sich ihre Zuhörerinnen und Zuhörer in diesem Moment vielleicht selbst beglückwünschten, irgendwie außerhalb der Politik und der Geschichte stand, in die jeder der Anwesenden in diesem Saal im Jahr 1959 verwickelt war.

Dies war eine ihrer gewohnt unverhohlenen Tatsachenbekundungen. Arendt war zwar höflich, geduldig und gelehrt in ihren Erklärungen, aber schonungslos in ihren Schlussfolgerungen. Sie brachte die Realität zurück nach Deutschland. Menschlichkeit könne weder herbeigewünscht noch herbeigewollt werden, wie sie ihrem Publikum erklärte. Das Betteln um etwas Menschlichkeit hatte den Juden in Europa nicht geholfen. Menschlichkeit, wie sie ist, ist das, was wir gemeinsam daraus machen, wenn wir mit den Tatsachen konfrontiert werden. «Erst indem wir darüber sprechen, vermenschlichen wir das, was in der Welt, wie das, was in unserem Innern vorgeht, und in diesem Sprechen lernen wir, menschlich zu sein», heißt es in einem ihrer schönsten Sätze.[3]

Arendt beendete ihren Vortrag mit einem Verweis auf Lessings Drama *Nathan der Weise* (1779), das von religiöser und ethnischer Toleranz handelt und, wie sie wahrscheinlich wusste, das erste Theaterstück war, das nach dem Krieg in Deutschland wieder aufgeführt wurde. Der weise Jude Nathan (dem Vorbild von Lessings Freund Moses Mendelssohn nachempfunden) freundet sich während des Dritten Kreuzzugs in Jerusalem mit Saladin an, dem ebenso weisen muslimischen Sultan, sowie mit einem der berühmten christlichen Ritter, dem jungen Tempelherrn. Inmitten eines erbitterten und langwierigen Religionskriegs entwerfen die drei tiefgläubigen Männer eine Vision des Pluralismus: Sie bleiben zwar bei ihrem jeweiligen Glauben und ihren Wahrheiten, gestehen sich aber gegenseitig das Recht zu, diese Überzeugungen kundzutun. «Jeder sage, was ihm Wahrheit dünkt, und die Wahrheit selbst sei Gott empfohlen!», wie es dort heißt. Darauf ein Amen.

Es sind nicht die großen, abstrakten Ideen über die Menschheit, die den Totalitarismus besiegen werden – das ist die Schlussfolgerung von Arendts Vortrag. Für eine wirklich plurale Politik braucht es Freunde, die sich nicht nur gegenseitig ihre eigenen Wahrheiten zugestehen, sondern auch genau wissen, was sie politisch und historisch erwartet, wenn sie dies tun. «So wäre es etwa unter den Verhältnissen des Dritten Reiches im Falle einer Freundschaft zwischen einem Deutschen und einem Juden nicht ein Zeichen von Menschlichkeit gewesen, wenn die Freunde gesagt hätten: Sind wir nicht beide Menschen? Damit wären sie der Wirklichkeit und der ihnen damals gemeinsamen Welt bloß ausgewichen; sie hätten sich nicht in der Verborgenheit und auf der Flucht vor ihr gegen sie gestellt.»[4] Widerstehe der Welt, wie sie ist – eine bessere (und für uns heute relevantere) Zusammenfassung von Hannah Arendts Lehre kann man sich eigentlich gar nicht vorstellen.

Als Walter in den 1990er Jahren in der Staatsbibliothek zu Berlin (der ehemaligen Preußischen Staatsbibliothek) arbeitete, stieß er auf eine arabische Übersetzung von *Nathan der Weise*. Sie war auf das Jahr 1932 datiert, so dass das Buch wahrscheinlich nur ein Jahr vor Hannah Arendts heimlichen Besuchen mit Kurt Blumenfeld dort in den Bestand aufgenommen worden war. 1866 erschien eine hebräische Ausgabe, aber es war nicht allgemein bekannt, dass das Stück auch ins Arabische übersetzt worden war.

Wenig später nahm das Hannah-Arendt-Haus in Hannover Gestalt an, und Walter lernte Hamied Al-Iriani kennen, einen Wissenschaftler und Gelehrten aus dem Jemen. Das plötzliche Ende des Kalten Kriegs in Europa hatte direkte Folgen für sein Land gehabt: Die sowjetische Unterstützung für den sozialistischen Süden versiegte, und der Jemen wurde wiedervereint. Daraufhin brachen jene von ausländischen Mächten finanzierten Bürgerkriege aus, die Schritt für Schritt zu der Katastrophe geführt haben, die sich heute mit dumpfem und verzweifeltem Schrecken entfaltet. 2007 nahm Hamied eine Fotokopie der arabischen Übersetzung des Stücks mit zurück in das Land und inszenierte in Sana'a die erste moderne Aufführung von *Nathan der Weise* in arabischer Sprache. Walter war bei der Premiere dabei. Eine dreisprachige Inszenierung von *Nathan der Weise* ist derzeit in Palästina in Planung.

‹Doch wo ist die jemenitische Büchersammlung?›, fragte ich am Ende meines Besuchs im Arendt-Haus. Ich hatte die Regale durchforstet, war die Nationalitäten durchgegangen und hatte in meinem Kopf einen groben Zeitstrahl mit all den Kriegen und Massenvertreibungen seit den 1990er Jahren gezeichnet. «Oh, es gibt keine», antwortete Walter fröhlich. «*Wir*» – er deutete auf sich und Hamied, der sich zum Tee zu uns gesellt hatte – «sind diese Sammlung.»

Ich stelle mir gerne Hannah Arendts breites Lächeln vor, das sie bei dem Gedanken zeigen würde, dass ein Haus, das ihren Namen trägt, sich Geschichten von Flucht, Neuanfang und Widerstand widmet. ‹Da seid ihr ja›, würde sie vielleicht sagen und mit dem Finger auf den Tisch vor sich klopfen in jener Bar, in der sich die verlorenen Engel der Geschichte herumtreiben. ‹Wunder geschehen direkt vor eurer Nase, selbst wenn die Erde brennt, die Autoritären und Populisten neuen Ungemach aus den einsamen Herzen herauspressen und die klassische Politik so ohnmächtig und töricht wirkt wie schon zu meinen Lebzeiten. Passt also gut auf, und macht euch daran, euch der traurigen Realität zu widersetzen, in der ihr steckt. Am allerwichtigsten aber ist, dass ihr› – und nun würde sie eine Wolke Tabakqualm in die Luft pusten und ihr Glas Campari erheben – ‹ein bisschen Spaß habt!›

Hannah Arendt, 1975. Foto von Rhoda Nathans

Danksagung

Dieses Buch nahm seinen Anfang mit einem Gespräch über Hannah Arendt, das ich 2017 mit Krista Tippett für ihre Radiosendung *On Being* führte. Im Jahr zuvor war Donald Trump zum Präsidenten gewählt worden, und überall auf der Welt war ein aggressiver nationalistischer Populismus an die Oberfläche getreten. Die Resonanz auf unsere Sendung überzeugte mich, dass die Zeit reif war für eine neue kreative und kritische Auseinandersetzung mit der Frau, die es sich zur Aufgabe gemacht hat, totalitäres Denken zu zerstören, und in diesem Zuge lernte, die Welt mehr zu lieben. Ich danke Krista, ihren Zuhörerinnen und Zuhörern sowie meiner Agentin Zoë Waldie, die mir gezeigt hat, wie ich dieses Gespräch in ein Buch verwandeln konnte.

Ich danke dem Hannah Arendt Bluecher Literary Trust für die Erlaubnis, aus Arendts Archiv in der Library of Congress zu zitieren, und den Archivarinnen und Archivaren, die ihre geduldige Digitalisierung ihrer Papiere gerade zum richtigen Zeitpunkt abgeschlossen hatten. Die Hannah Arendt Collection in der Stevenson Library am Bard College war eine unschätzbar wertvolle Quelle. Zudem stehe ich in der Schuld von Elisabeth Young-Bruehls wegweisender Biografie *Hannah Arendt. Leben, Werk und Zeit.*

Dieses Buch hätte ich ohne die Arbeiten von Arendt-Forscherinnen und -Kritikern nicht schreiben können. Ich danke Kathryn Sophia Belle, Seyla Benhabib, Roger Berkowitz, Judith Butler, Samantha Rose Ellis, Bonnie Honig, Martin Jay, Kathleen B. Jones, Jerome Kohn, John Macready, Patchen Markell, Roy Tsao und Dana Villa. Viele Freunde, Kolleginnen und auch einige sehr liebenswürdige Fremde haben mich auf dem Weg meiner Rekonstruktion von Arendts biografischen und intellektuellen Reisen begleitet. Mein Dank dafür an Lisa Appignanesi, Jenni Barclay, Anika Carpenter, Niamh Coghlan, Sara Connolly, Hannah

Dawson, Christian Dries, Robert Eaglestone, Lara Feigel, Kate Fitzpatrick, Diana Al-Halabi, Sari Hanafi, Hamied Al-Iriani, Lucas Johnson, Hussein Kassim, Walter Koch, Vivienne Koorland, Rima Majed, Itamar Mann, Anna-Louise Milne, Hasan Patel, Yousif M. Qasmiyeh, Jacqueline Rose, Amanda Rubin, Philippe Sands, Richard Saltoun, Christopher Smith, Andrew Stegall, Danae Stratou, den verstorbenen Georgios Varoufakis und Yanis Varoufakis. *Mes amis et voisins de Cenne-Moncstiés: vous représentez le meilleur de la condition humaine.* Ich danke dem Leverhulme Trust für das Major Research Fellowship, das mir Zeit zum Schreiben und Recherchieren gab, sowie Andrzej Gasiorek, Fiona de Londras, Liese Perrin, Nando Sigona sowie meinen Kolleginnen und Kollegen an der University of Birmingham, die mir ein so förderliches und kreatives Umfeld geboten haben, in dem ich dies tun konnte.

Meine wirklich brillanten Lektorinnen Bea Hemming und Parisa Ebrahimi waren diesem Buch immer einige Schritte weiter voraus als seine Verfasserin. Ich danke Jenny Dean und allen Mitarbeiterinnen und Mitarbeitern von Random House in Großbritannien und den Vereinigten Staaten für ihre fachkundige Begleitung meines Vorhabens.

Hannah Arendt lehrt uns, dass das Denken zwischen dem privaten und dem öffentlichen Leben, zwischen Tradition und Erfahrung und oft auch zwischen Freunden stattfindet – und Letzteres ist darunter vielleicht das wichtigste. Meine Freundin Sarah Churchwell hat während des gesamten Entstehungsprozesses dieses Buchs, das ohne ihre freigiebige Intelligenz nicht das geworden wäre, was es ist, mit, neben und manchmal auch gegen mich gedacht.

Meine persönlichen vier Wände bestehen aus drei Personen: Shaun Hargreaves Heap, Joe Heap und Mizzy Heap, die diverse Perioden meiner Abwesenheit toleriert haben, als ich mitten in der Abfassung dieses Buchs gegen eine Mauer anrannte, und die mich dann auffingen, als ich während seiner Fertigstellung buchstäblich gegen eine Mauer geprallt war. Joes bester Freund und unser aller Freund Laurie Herring ist im Mai 2021 auf tragische Weise gestorben. Sein letzter Instagram-Post zeigte ihn, wie er rauchend vor einer alten britischen roten Telefonzelle stand. Darunter hatte er ein Zitat von Hannah Arendt gesetzt, die in Anlehnung an Kant sagte: «Niemand hat das Recht zu gehorchen!» Wir vermissen ihn.

Zitierte Schriften von Hannah Arendt

Notizen zur Lehrveranstaltung «Political Experience in the Twentieth Century» an der New School, New York, 1968, in: Wolfgang Heuer, *Citizen. Persönliche Integrität und politisches Handeln. Eine Rekonstruktion des politischen Humanismus Hannah Arendts*, Berlin 1992, S. 9.

«200 Jahre Amerikanische Revolution», in: dies., *Zur Zeit*, S. 161–178.

«Besuch in Deutschland 1950. Die Nachwirkungen des Naziregimes», in: dies., *Zur Zeit*, S. 43–70.

Between Past and Future. Eight Exercises in Political Thought, hg. von Jerome Kohn, New York 1993.

«Concern with Politics in Recent European Political Thought (1954)», in: dies., *Essays in Understanding, 1930–1954. Formation, Exile and Totalitarianism*, hg. von Jerome Kohn, New York 1994, S. 428–447.

«Das Bild der Hölle», in: dies., *Nach Auschwitz*, S. 49–62.

Denktagebuch. 1950–1973, 2 Bde., hg. von Ursula Ludz und Ingeborg Nordmann, München 2003.

Die Freiheit, frei zu sein, hg. von Thomas Meyer, München 2018.

«Die Lücke zwischen Vergangenheit und Zukunft», in: dies., *Zwischen Vergangenheit und Zukunft*, S. 7–19.

«Die Lüge in der Politik. Überlegungen zu den Pentagon-Papers», in: dies., *Wahrheit und Lüge in der Politik*, S. 7–43.

Die ungarische Revolution und der totalitäre Imperialismus, München 1958.

Die verborgene Tradition. Essays, Frankfurt / M. 1976.

Mit Eric Voegelin: *Disput über den Totalitarismus. Texte und Briefe*, Göttingen 2015.

Mit Joachim Fest: «‹Eichmann war von empörender Dummheit›. Hannah Arendt – Joachim Fest, Die Rundfunksendung vom 9. November 1964», in: dies., Joachim Fest, *Eichmann war von empörender Dummheit. Gespräche und Briefe*, hg. von Ursula Ludz und Thomas Wild, München 2011, S. 36–60.

«Ein mögliches Schlußkapitel: ‹Von der Wüste und den Oasen›», in: dies., *Was ist Politik? Fragmente aus dem Nachlaß*, hg. von Ursula Ludz, München 1993, S. 180–187.

«Eine Antwort», in: dies, Eric Voegelin, *Disput über den Totalitarismus*, S. 53–61.

«Fernsehgespräch mit Günter Gaus», in: dies., *Ich will verstehen. Selbstauskünfte zu Leben und Werk*, hg. von Ursula Ludz, München 2022, S. 46–72.

«Freiheit und Politik», in: dies., *Zwischen Vergangenheit und Zukunft*, S. 201–226.

«Gäste aus dem Niemandsland», in: dies., *Nach Auschwitz*, S. 150–153.

«Gedanken zu Lessing: Von der Menschlichkeit in finsteren Zeiten», in: dies., *Menschen in finsteren Zeiten*, S. 17–48.

«Ich erinnere an Wystan H. Auden», in: dies., *Menschen in finsteren Zeiten*, S. 324–335.

«Ideologie und Terror», in: Klaus Piper (Hg.), *Offener Horizont. Festschrift für Karl Jaspers*, München 1952, S. 229–254.

In der Gegenwart. Übungen im politischen Denken II, hg. von Ursula Ludz, München 2012.

Mit Adelbert Reif: «Interview mit Hannah Arendt», in: dies., *Macht und Gewalt*, München 1971, S. 105–133.

«Is America by Nature a Violent Society?», in: dies., *Thinking without a Banister. Essays in Understanding, 1953–1975*, hg. von Jerome Kohn, New York 2018, S. 355–359.

«Juden in der Welt von gestern», in: dies., *Die verborgene Tradition*, S. 80–94.

«Little Rock», in: dies., *Zur Zeit*, S. 95–117.

Love and Saint-Augustine (1929), hg. von Joanna Vecchiarelli Scott und Judith Chelius Stark, Chicago 1996.

«Martin Heidegger ist achtzig Jahre alt», in: dies., *Menschen in finsteren Zeiten*, S. 172–184.

Menschen in finsteren Zeiten, hg. von Ursula Ludz, München 1989.

Nach Auschwitz. Essays und Kommentare 1, hg. von Eike Geisel und Klaus Bittermann, Berlin 1989.

«Natur und Geschichte», in: dies., *Zwischen Vergangenheit und Zukunft*, S. 54–80.

«Nicht mehr und noch nicht: Hermann Brochs *Der Tod des Vergil* (1946)», in: dies., Hermann Broch, *Briefwechsel. 1946–1951*, Frankfurt / M. 1996, S. 169–174.

«Organisierte Schuld», in: dies., *Die verborgene Tradition*, S. 35–49.

Rahel Varnhagen. Eine Lebensgeschichte, München 1959.

«Revolution and the Idea of Force» (1963), in: *HannahArendt.net. Zeitschrift für politisches Denken* 7 / 1 (2013).

«Rosa Luxemburg», in: dies., *Menschen in finsteren Zeiten*, S. 49–74.

Mit Günther Stern: «Rilkes ‹Duineser Elegien›», in: *Neue Schweizer Rundschau / Wissen und Leben* 23 (1930), S. 855–871, wiederabgedruckt in: Ulrich Fülleborn, Manfred Engel (Hg.), *Materialien zu Rainer Maria Rilkes «Duineser Elegien»*, Frankfurt / M. 1980, Bd. 2, S. 45–65.

«Sokrates», in: dies., *Sokrates. Apologie der Pluralität*, hg. von Matthias Bormuth, Berlin 2016, S. 34–85.

«Some Young People are Going Home», in: dies., *The Jewish Writings*, hg. von Jerome Kohn und Ron H. Feldman, New York 2007, S. 34–37.

«The Crisis in Culture. Its Social and Its Political Significance», in: dies., *Between Past and Future*, S. 194–222.

«Truth and Politics», in: dies., *Between Past and Future*, S. 227–264.

«Über den Imperialismus», in: dies., *Die verborgene Tradition*, S. 18–34.

«Über den Zusammenhang von Denken und Moral», in: dies., *Zwischen Vergangenheit und Zukunft*, S. 128–155.

Vom Leben des Geistes 1. Das Denken, München 1989.

Vom Leben des Geistes 2. Das Wollen, München 1979.

«Vorwort zur ersten Auflage von ‹The Origins of Totalitarianism› (1951)», in: dies., Eric Voegelin, *Disput über den Totalitarismus*, S. 11–14.

Wahrheit und Lüge in der Politik. Zwei Essays, München 1972.

«Wahrheit und Politik», in: dies., *Zwischen Vergangenheit und Zukunft*, S. 327–370.

«Walter Benjamin», in: dies., *Menschen in finsteren Zeiten*, S. 185–242.

«Was heißt persönliche Verantwortung in einer Diktatur?», in: dies., *Was heißt persönliche Verantwortung in einer Diktatur?*, hg. von Marie Luise Knott, München 2018, S. 7–52.

Was ist Existenz-Philosophie?, Frankfurt / M. 1990.

Wir Flüchtlinge, Stuttgart 2017.

«Ziviler Ungehorsam», in: *Zur Zeit*, S. 119–159.

Zur Zeit. Politische Essays, hg. von Marie Luise Knott, Berlin 1986.

Zwischen Vergangenheit und Zukunft. Übungen im politischen Denken I, hg. von Ursula Ludz, München 1994.

Anmerkungen

Ein Wort zur Einbildungskraft

1 Hannah Arendt, Notizen zu ihrer Lehrveranstaltung «Political Experience in the Twentieth Century» an der New School, New York, 1968; zit. aus dem unveröffentlichten Nachlass nach Wolfgang Heuer, *Citizen. Persönliche Integrität und politisches Handeln. Eine Rekonstruktion des politischen Humanismus Hannah Arendts*, Berlin 1992, S. 9. [Übersetzung modifiziert, F. L.]

Nachdenken über das, was wir eigentlich tun

1 Masha Gessen, *Die Zukunft ist Geschichte. Wie Russland die Freiheit gewann und verlor*, Berlin 2018.

2 Hannah Arendt, «Concern with Politics in Recent European Political Thought (1954)», in: dies., *Essays in Understanding, 1930–1954. Formation, Exile and Totalitarianism*, hg. von Jerome Kohn, New York 1994, S. 428–447, hier S. 444.

3 Mary McCarthy, «Saying Good-bye to Hannah», in: *The New York Review of Books*, 26. Januar 1976.

4 Hannah Arendt, *Wir Flüchtlinge*, Stuttgart 2017, S. 10 f.

5 McCarthy, «Saying Good-bye to Hannah».

6 Hannah Arendt, Brief an Professor Sacher, 25. Oktober 1967, Hannah Arendt Archive, Library of Congress (HAA), Washington, D. C.

7 Hannah Arendt, «Vorwort zur ersten Auflage von ‹The Origins of Totalitarianism› (1951)», in: dies., Eric Voegelin, *Disput über den Totalitarismus. Texte und Briefe*, Göttingen 2015, S. 11–14, hier S. 11 f.

8 Hannah Arendt, «Die Lüge in der Politik. Überlegungen zu den Pentagon-Papers», in: dies., *Wahrheit und Lüge in der Politik. Zwei Essays*, München 1972, S. 7–43, hier S. 9.

9 Arendt, «Vorwort zur ersten Auflage von ‹The Origins of Totalitarianism› (1951)», S. 12.

1
Wo fangen wir an?

1 Hannah Arendt, *Vom Leben des Geistes 1. Das Denken*, München 1989, S. 176.
2 «On Hannah Arendt. ‹Truth and Politics› with Martin Jay», Richard Saltoun Gallery, 16. Dezember 2021, online unter https://www.youtube.com/watch?v=Kc6SNIbfx7A, letzter Zugriff 1. Mai 2023.
3 Hannah Arendt, «Vorwort zur ersten Auflage von ‹The Origins of Totalitarianism› (1951)», in: dies., Eric Voegelin, *Disput über den Totalitarismus. Texte und Briefe*, Göttingen 2015, S. 11–14, hier S. 12.
4 Hannah Arendt, «Ein mögliches Schlußkapitel: ‹Von der Wüste und den Oasen›», in: dies., *Was ist Politik? Fragmente aus dem Nachlaß*, hg. von Ursula Ludz, München 1993, S. 180–187, hier S. 184.
5 Ebd., S. 183.
6 Ebd., S. 181.
7 Zit. nach Elisabeth Young-Bruehl, *Hannah Arendt. Leben, Werk und Zeit*, Frankfurt/M. 1991, S. 49.
8 Hannah Arendt, «Gedanken zu Lessing: Von der Menschlichkeit in finsteren Zeiten», in: dies., *Menschen in finsteren Zeiten*, hg. von Ursula Ludz, München 1989, S. 17–48, hier S. 23.
9 Arendt, «Vorwort zur ersten Auflage von ‹The Origins of Totalitarianism› (1951)», S. 14.

2
Wie man denkt

1 Joachim Fest, «Das Mädchen aus der Fremde», in: *Der Spiegel*, 13. September 2004, S. 142–146.
2 Hannah Arendt, *Was ist Existenz-Philosophie?*, Frankfurt/M. 1990, S. 19 f.
3 Hannah Arendt, Joachim Fest, «‹Eichmann war von empörender Dummheit›. Hannah Arendt – Joachim Fest, Die Rundfunksendung vom 9. November 1964», in: dies., *Eichmann war von empörender Dummheit. Gespräche und Briefe*, hg. von Ursula Ludz und Thomas Wild, München 2011, S. 36–60, hier S. 44.
4 Ebd., S. 52.
5 Hannah Arendt, *Vom Leben des Geistes 1. Das Denken*, München 1989, S. 176.
6 Hannah Arendt, «Über den Zusammenhang von Denken und Moral», in: dies., *Zwischen Vergangenheit und Zukunft. Übungen im politischen Denken I*, hg. von Ursula Ludz, München 1994, S. 128–155, hier S. 151.
7 Hannah Arendt, «Fernsehgespräch mit Günter Gaus», in: dies., *Ich will verstehen. Selbstauskünfte zu Leben und Werk*, hg. von Ursula Ludz, München 2022, S. 46–72, hier S. 69.

8 Ebd., S. 58.

9 Rudy Koshar, *Social Life, Local Politics and Nazism. Marburg, 1880–1935*, Chapel Hill, London 1986, S. 283.

10 Philip Oltermann, «Hanau Attack Gunman Railed against Ethnic Minorities On-Line», in: *Guardian*, 20. Februar 2020.

11 Hannah Arendt, «Martin Heidegger ist achtzig Jahre alt», in: dies., *Menschen in finsteren Zeiten*, hg. von Ursula Ludz, München 1989, S. 172–184, hier S. 173.

12 Arendt, *Was ist Existenz-Philosophie?*, S. 7.

13 Jean-Paul Satre, *Der Ekel*, Reinbek bei Hamburg 1982, S. 144 f.

14 Hannah Arendt, «Concern with Politics in Recent European Political Thought (1954)», in: dies., *Essays in Understanding*, hg. von Jerome Kohn, New York 1994, S. 428–447, hier S. 439.

15 Elżbieta Ettinger, *Hannah Arendt und Martin Heidegger. Eine Geschichte*, München 1996, S. 106.

16 Arendt, *Was ist Existenz-Philosophie?*, S. 35, 37.

17 Ebd., S. 38.

18 Abgedruckt als «A 5 Denktagebucheintragung von Hannah Arendt (handschriftlich), August oder September 1953», in: *AHB* 382 f.

19 Arendt, *Was ist Existenz-Philosophie?*, S. 40.

20 Ebd., S. 47.

21 Ettinger, *Hannah Arendt / Martin Heidegger*, S. 31–33.

22 Mehr zu Günther Anders, der schon längst eine breitere Leserschaft verdient hätte, findet sich auf der Homepage der Internationalen Günther Anders-Gesellschaft, erreichbar unter https://www.guenther-anders-gesellschaft.org/gesellschaft.

3
Denken wie ein Flüchtling

1 Yousif M. Qasmiyeh, *Writing the Camp*, Talgarreg 2021.

2 Vgl. Elena Fiddian-Qasmiyeh und Yousif M. Qasmiyeh, «Refugee Solidarity in Death and Dying», *Refugee Hosts*, https://refugeehosts.org/2017/05/23/refugee-refugee-solidarity-in-death-and-dying/.

3 https://missingmigrants.iom.int/region/mediterranean, letzter Zugriff 28. April 2022.

4 Elisabeth Young-Bruehl, *Hannah Arendt. Leben, Werk und Zeit*, Frankfurt/M. 1991, S. 231.

5 Wiederabgedruckt in: Hannah Arendt, *Nach Auschwitz. Essays und Kommentare 1*, hg. von Eike Geisel und Klaus Bittermann, Berlin 1989, S. 150–153, hier S. 151.

6 Hannah Arendt, *Rahel Varnhagen. Eine Lebensgeschichte*, München 1959, S. 113.

7 Ebd., S. 201.
8 Ebd., S. 60.
9 Ebd., S. 94 f.
10 Jonathon Catlin, «Hannah Arendt and the Twentieth Century», Mai 2020, online unter https://literaturwissenschaft-berlin.de/hannah-arendt-and-the-twentieth-century-dhm/, letzter Zugriff 15. August 2020.
11 Hannah Arendt, «Fernsehgespräch mit Günter Gaus», in: dies., *Ich will verstehen. Selbstauskünfte zu Leben und Werk*, hg. von Ursula Ludz, München 2022, S. 46–72, hier S. 50.
12 Ebd., S. 59.
13 Young-Bruehl, *Hannah Arendt*, S. 164.
14 Bettina Stangneth, *Eichmann vor Jerusalem. Das unbehelligte Leben eines Massenmörders*, Zürich 2011, S. 66.
15 Arendt, «Fernsehgespräch mit Günter Gaus», S. 52.
16 Young-Bruehl, *Hannah Arendt*, S. 165.
17 Robert Lowell, Brief an Hannah Arendt, 9. Januar 1961, Hannah Arendt Archive, Library of Congress (HAA), Washington, D. C.
18 Hannah Arendt, Günther Stern, «Rilkes ‹Duineser Elegien›», in: *Neue Schweizer Rundschau / Wissen und Leben* 23 (1930), S. 855–871, wiederabgedruckt in: Ulrich Fülleborn, Manfred Engel (Hg.), *Materialien zu Rainer Maria Rilkes «Duineser Elegien»*, Frankfurt/M. 1980, Bd. 2, S. 45–65.
19 Hannah Arendt, «Wahrheit und Politik», in: dies., *Zwischen Vergangenheit und Zukunft. Übungen im politischen Denken I*, hg. von Ursula Ludz, München 1994, S. 327–370, hier S. 368.
20 Simone Weil, «Die Ilias oder das Poem der Gewalt», in: dies., *Krieg und Gewalt. Essays und Aufzeichnungen*, Zürich 2011, S. 161–191, hier S. 186 f.
21 Hannah Arendt, «Natur und Geschichte», in: dies., *Zwischen Vergangenheit und Zukunft*, S. 54–80, hier S. 71.
22 Zit. nach Young-Bruehl, *Hannah Arendt*, S. 383.
23 Hannah Arendt, «Juden in der Welt von gestern», in: dies., *Die verborgene Tradition. Essays*, Frankfurt/M. 1976, S. 80–94, hier S. 92.
24 Arendt, «Fernsehgespräch mit Günter Gaus», S. 60.
25 Hannah Arendt, «Some Young People are Going Home», in: dies., *The Jewish Writings*, hg. von Jerome Kohn und Ron H. Feldman, New York 2007, S. 34–37, hier S. 37.
26 Vgl. Raef Zreik, «When Does a Settler become a Native?», in: *Constellations* 23/3 (2016), S. 354–364.
27 Elena Fiddian-Qasmiyeh, «Responding to Precarity. Baddawi Camp in the Era of Covid-19», in: *Journal of Palestine Studies* 49/4 (2020), S. 27–35.
28 Hannah Arendt, *Wir Flüchtlinge*, Stuttgart 2017, S. 26 f.
29 Ebd., S. 35.

4
Wie man liebt

1 Arthur Koestler, *Abschaum der Erde*, Wien u. a. 1971, S. 491.
2 Zit. nach Lisa Fittko, *Mein Weg über die Pyrenäen. Erinnerungen 1940/41*, München 1985, S. 85.
3 John Berryman, «New Year's Eve», in: *Partisan Review* 15/4 (1968), S. 456 f.
4 Mary McCarthy, «Saying Good-bye to Hannah», in: *The New York Review of Books*, 26. Januar 1976.
5 «About New York. The West Side Intellectuals», in: *The New York Times*, 6. Februar 1974.
6 Alfred Kazin, *New York Jew*, London 1978, S. 71.
7 Vgl. Margaret Miles, «Volo ut sis. Arendt and Augustine», in: *Dialog. A Journal of Theology* 41/3 (2002), S. 221–224, sowie Ryan Coyne, *Heidegger's Confessions. The Remains of Saint Augustine in* Being and Time *& Beyond*, Chicago 2015, S. 67. Ich danke Christopher Smith und Kate Kirkpatrick für ihre fachmännische Anleitung in Bezug auf Augustinus in diesem Punkt.
8 Martin Heidegger an Elisabeth Blochmann, 11. Januar 1928, in: Martin Heidegger, Elisabeth Blochmann, *Briefwechsel. 1918–1969*, hg. von Joachim W. Storck, Marbach 1990, S. 23.
9 Ebd., 12. September 1929, S. 32.
10 Hannah Arendt, *Love and Saint-Augustine* (1929), hg. von Joanna Vecchiarelli Scott und Judith Chelius Stark, Chicago 1996, S. 43.
11 Hannah Arendt, *Denktagebuch. 1950–1973*, hg. von Ursula Ludz und Ingeborg Nordmann, Bd. 1, München 2003, S. 204.
12 Ebd., S. 373.
13 Ian Sansom, «The Right Poem for the Wrong Time. WH Auden's September 1, 1939», in: *The Guardian*, 31. August 2019.
14 Hannah Arendt, «Ich erinnere an Wystan H. Auden», in: dies., *Menschen in finsteren Zeiten*, hg. von Ursula Ludz, München 1989, S. 324–335, hier S. 324.
15 Hannah Arendt, Brief an W. H. Auden, 14. Februar 1960, Hannah Arendt Archive, Library of Congress (HAA), Washington, D. C.
16 W. H. Auden, «Thinking What We Are Doing», in: *Encounter* (Juni 1959), S. 72.
17 Zit. nach Elisabeth Young-Bruehl, *Hannah Arendt. For Love of the World*, New Haven, London 1982, S. 485 f.
18 Ursprünglich erschienen als James Baldwin, «Letter from a Region in My Mind», in: *The New Yorker*, 9. November 1962; deutsche Ausgabe: «Vor dem Kreuz: Brief aus einer Landschaft meines Geistes», in: ders., *Nach der Flut das Feuer*, München 2020, S. 33–112.
19 James Baldwin, *Gehe hin und verkünde es vom Berge*, Berlin 1968, S. 45 f.

20 Hannah Arendt, Brief an William Shawn, 21. November 1962, HAA.

21 Baldwin, «Vor dem Kreuz», S. 101, 103 f., 112, 104.

22 Hannah Arendt, Brief an James Baldwin, 21. November 1962, HAA.

23 Eva Auchincloss, Nancy Lynch, «Disturber of the Peace. James Baldwin – an Interview» (1969), in: *Conversations with James Baldwin*, hg. von Fred L. Stanley und Louise H. Pratt, Jackson 1989, S. 64–82, hier S. 75.

5
Wie man über *race* nachdenkt – und wie nicht

1 *The Times Literary Supplement*, 18. August 1961.

2 Hannah Arendt, «Eine Antwort», in: dies, Eric Voegelin, *Disput über den Totalitarismus. Texte und Briefe*, Göttingen 2015, S. 53–61, hier S. 56 f.

3 Ebd., S. 55.

4 «Elon Musk. Person of the Year, 2021», in: *Time Magazine*, 31. Dezember 2021.

5 George Orwell, «Review of Clarence K. Streit's *Union Now*» (Juli 1939), in: *George Orwell. Orwell and Politics*, hg. von Peter Davison, Harmondsworth 2001, S. 66–70.

6 Aimé Césaire, «Rede über den Kolonialismus», in: ders., *Rede über den Kolonialismus und andere Texte*, Berlin 2010, S. 77–122, hier S. 81.

7 Hannah Arendt, «Über den Imperialismus», in: dies., *Die verborgene Tradition. Essays*, Frankfurt / M. 1976, S. 18–34, hier S. 34.

8 Wladimir Putin, «On the Historical Unity of Russians and Ukrainians», 12. Juli 2021, online unter http://en.kremlin.ru/events/president/news/66181, letzter Zugriff 13. November 2022.

9 Hannah Arendt, «Little Rock», in: dies., *Zur Zeit. Politische Essays*, hg. von Marie Luise Knott, Berlin 1986, S. 95–117, hier S. 117.

10 W. E. B. Du Bois, *The World and Africa. An Inquiry into the Part Which Africa has Played in World History* (1946), hg. von Henry Louis Gates, Jr, Oxford 2007, S. 63.

11 Anm. d. Ü.: In der deutschen Übersetzung lautet diese Stelle abweichend: «Das Unwirkliche liegt darin, daß sie Menschen sind und doch der dem Menschen eigenen Realität ganz und gar ermangeln. Es ist diese mit ihrer Weltlosigkeit gegebene Unwirklichkeit der Eingeborenenstämme, die zu den furchtbar mörderischen Vernichtungen und zu der völligen Gesetzlosigkeit in Afrika verführt hat» (*TH* 425 f.).

12 Zit. nach David Margolick, «Through a Lens, Darkly», in: *Vanity Fair*, 24. September 2007.

13 Arendt, «Little Rock», S. 102 f.

14 Daisy Bates, *The Long Shadow of Little Rock. A Memoir*, Fayetteville 2011, S. 62.

15 Chimamanda Ngozi Adichie, «Freedom of Speech», BBC Radio 4, The Reith Lectures, Dezember 2022, online unter https://www.bbc.co.uk/programmes/m001fmtz, letzter Zugriff 12. Dezember 2022.

16 Arendt, «Little Rock», S. 113.

17 Ebd., S. 101.

18 Bates, *The Long Shadow of Little Rock*, S. 69–71.

19 Arendt, «Little Rock», S. 97.

20 Fred Moten, *The Universal Machine. Consent not to be a Single Being*, Durham 2018, S. 85.

21 Robert Penn Warren, *Who Speaks for the Negro?*, New York 1965. Die vollständige Transkription des Interviews mit Ellison befindet sich im Archiv der Jean and Alexander Heard Library, University of Vanderbilt, online unter https://whospeaks.library.vanderbilt.edu/interview/ralph-ellison, letzter Zugriff 11. März 2023.

22 Ralph Ellison, «The World and the Jug», in: ders., *Shadow and Act*, London 1967.

23 Hannah Arendt, Brief an Ralph Ellison, 29. Juli 1965, Hannah Arendt Archive, Library of Congress (HAA), Washington, D. C.

6
Wie man nicht denkt

1 Wie beschrieben in Nicole Eatons exzellentem Band *German Blood, Slavic Soil. How Nazi Königsberg Became Soviet Kaliningrad*, Ithaca 2023, S. 253.

2 Jonathan Derbyshire, «The Mere Thought of Kant stirs Russian Nationalism», in: *Financial Times*, 7. Dezember 2018.

3 Anm. d. Ü.: Dieses Zitat hat keinen Eingang in die deutsche Ausgabe der *Origins of Totalitarianism* gefunden, ist aber noch in Arendts ursprünglicher Vorlage für das letzte Kapitel der deutschen Ausgabe *Elemente und Ursprünge* enthalten (siehe dazu die Äußerung der Autorin selbst weiter unten in diesem Kapitel) und wird daher zitiert nach Hannah Arendt, «Ideologie und Terror», in: Klaus Piper (Hg.), *Offener Horizont. Festschrift für Karl Jaspers*, München 1952, S. 229–254, hier S. 229.

4 Zit. nach Elisabeth Young-Bruehl, *Hannah Arendt. Leben, Werk und Zeit*, Frankfurt/M. 1991, S. 281. Die Übersetzung wurde leicht geändert.

5 Hannah Arendt, «Truth and Politics», in: dies., *Between Past and Future. Eight Exercises in Political Thought*, hg. von Jerome Kohn, New York 1993, S. 227–264, hier S. 258.

6 Hannah Arendt, «Das Bild der Hölle», in: dies., *Nach Auschwitz. Essays und Kommentare 1*, hg. von Eike Geisel und Klaus Bittermann, Berlin 1989, S. 49–62, hier S. 50.

7 Hannah Arendt, «Eine Antwort», in: dies., Eric Voegelin, *Disput über den Totalitarismus. Texte und Briefe*, Göttingen 2015, S. 53–61, hier S. 55.

8 Bettina Stangneth, *Eichmann vor Jerusalem. Das unbehelligte Leben eines Massenmörders*, Zürich 2011, S. 115.

9 Hannah Arendt, «Nicht mehr und noch nicht: Hermann Brochs *Der Tod des Vergil* (1946)», in: dies., Hermann Broch, *Briefwechsel. 1946–1951*, Frankfurt / M. 1996, S. 169–174, hier S. 169.

10 Hannah Arendt, «Besuch in Deutschland 1950. Die Nachwirkungen des Naziregimes», in: dies., *Zur Zeit. Politische Essays*, hg. von Marie Luise Knott, Berlin 1986, S. 43–70, hier S. 44.

11 Elisabeth Young-Bruehl, *Hannah Arendt. Leben, Werk und Zeit*, Frankfurt / M. 1991, S. 268 f.

12 Arendt, «Besuch in Deutschland 1950», S. 51.

13 Zu diesem Hintergrund vgl. Victor Farías, *Heidegger und der Nationalsozialismus*, Frankfurt / M. 1989, sowie Thomas Sheehan, «Heidegger and the Nazis», in: *The New York Review of Books*, 16. Juni 1988.

14 Zit. nach Farías, *Heidegger und der Nationalsozialismus*, S. 309.

15 Hannah Arendt, «Organisierte Schuld», in: dies., *Die verborgene Tradition. Essays*, Frankfurt / M. 1976, S. 35–49.

16 Anm. d. Ü.: Siehe «Fünf Millionen Opfer – sehr befriedigend», in: *Wiener Kurier*, 4. Januar 1946, https://anno.onb.ac.at/cgi-content/anno?apm=0&aid=wku&datum=19460104&seite=1, aufgerufen am 21. August 2023.

17 Stangneth, «Eichmann vor Jerusalem», S. 102.

18 David Riesman, Brief an Hannah Arendt, 28. August 1949, Hannah Arendt Archive, Library of Congress (HAA), Washington, D. C.

19 Mary McCarthy, «Saying Good-bye to Hannah», in: *The New York Review of Books*, 26. Januar 1976.

20 Dwight Macdonald, *The New Leader*, 14. Mai 1951; *The Listener*, 31. Januar 1951; *Manas*, 14. Januar 1954.

21 Zit. nach Young-Bruehl, *Hannah Arendt*, S. 380.

22 Ebd., S. 337.

23 Hannah Arendt, «Sokrates», in: dies., *Sokrates. Apologie der Pluralität*, hg. von Matthias Bormuth, Berlin 2016, S. 34–85, hier S. 34.

24 Hannah Arendt, University of California, Berkeley, «Contemporary Issues», Seminar, 1955, HAA.

25 Hannah Arendt, «Über den Zusammenhang von Denken und Moral», in: dies., *Zwischen Vergangenheit und Zukunft. Übungen im politischen Denken I*, hg. von Ursula Ludz, München 1994, S. 128–155, hier S. 155.

26 Hannah Arendt, «Die Lüge in der Politik. Überlegungen zu den Pentagon-Papers», in: dies., *Wahrheit und Lüge in der Politik. Zwei Essays*, München 1972, S. 7–43, hier S. 13 f.

7
Was tun wir, wenn wir tätig sind?

1 Richard Neer, *The Emergence of the Classical Style in Greek Sculpture*, Chicago 2010, S. 186.

2 Hannah Arendt, «Über den Zusammenhang von Denken und Moral», in: dies., *Zwischen Vergangenheit und Zukunft. Übungen im politischen Denken I*, hg. von Ursula Ludz, München 1994, S. 128–155, hier S. 141.

3 Hannah Arendt, «Walter Benjamin», in: dies., *Menschen in finsteren Zeiten*, hg. von Ursula Ludz, München 1989, S. 185–242, hier S. 241.

4 Anm. d. Ü.: Auch hier wieder deutlicher – und hübscher – die Formulierung im Englischen. Dort heißt es, jener Blickwinkel sei der «unserer jüngsten Erfahrungen und allerjüngsten Ängste» (*«our newest experiences and our most recent fears»*).

5 Yanis Varoufakis, «Greece's Deadly Wild Fires Were Caused by 30 Years of Political Failure», in: *Guardian*, 29. August 2021.

6 Karl Marx, «Debatten über das Holzdiebstahlsgesetz», in: ders., Friedrich Engels, *Werke*, Bd. 1, Berlin 1976, S. 109–147, hier S. 139.

7 Die Informationen zu Beradts Friseurtätigkeit und der Schreibmaschine verdanke ich Amanda Rubin; vgl. deren (noch im Entstehen begriffene) Dokumentation *The Third Reich of Dreams* über das Leben und Wirken der Journalistin. Vgl. außerdem Charlotte Beradt, *Das Dritte Reich der Träume*, Berlin 2016.

8 Martin Heidegger, «Logos (Heraklit, Fragment 50) (1951)», in: ders., *Gesamtausgabe*, I. Abt., Bd. 7, Frankfurt / M. 2000, S. 211–234, hier S. 234.

9 Percy Gardner, «Furtwängler's Excavations in Aegina», in: *The Classical Review* 20 / 6 (Juli 1906), S. 327–330.

10 William J. Diebold, «The Politics of Derestoration. The Aegina Pediments and the German Confrontation with the Past», in: *Art Journal* 54 / 2 (Sommer 1995), S. 60–66.

11 Martin Heidegger, «Der Ursprung des Kunstwerks», in: ders., *Gesamtausgabe*, I. Abt., Bd. 5, Frankfurt / M. 2003, S. ###.

12 Elżbieta Ettinger, *Hannah Arendt und Martin Heidegger. Eine Geschichte*, München 1996, S. 122.

13 Franz Kafka, *«Hochzeitsvorbereitungen auf dem Lande» und andere Prosa aus dem Nachlass*, hg. von Max Brod, Frankfurt / M. 1983, S. 303.

14 Mary McCarthy, «Philosophy at Work», in: *The New Yorker*, 19. Oktober 1958, S. 198.

15 Hannah Arendt, «The Crisis in Culture. Its Social and Its Political Significance», in: dies., *Between Past and Future. Eight Exercises in Political Thought*, hg. von Jerome Kohn, New York 1961, S. 194–222, hier S. 211 f.

16 Rachel Carson, «Silent Spring – I», in: *The New Yorker*, 9. Juni 1962.

17 Hannah Arendt, «200 Jahre Amerikanische Revolution», in: dies., *Zur Zeit. Politische Essays*, hg. von Marie Luise Knott, Berlin 1986, S. 161–178, hier S. 166.

18 James Baldwin, «Vor dem Kreuz: Brief aus einer Landschaft meines Geistes», in: ders., *Nach der Flut das Feuer*, München 2020, S. 33–112, hier S. 71.

19 Hannah Arendt, *Vom Leben des Geistes 1. Das Denken*, München 1989, S. 29.

20 Alexandre Koyré, Brief an Hannah Arendt, 13. Juli 1957, Hannah Arendt Archive, Library of Congress (HAA), Washington, D. C. Anm. d. Ü.: Eine ungefähre deutsche Übersetzung dieser eleganten Mischung aus Englisch und Französisch würde lauten: «Was unsere klimatische und politische Lage betrifft ... in einem Wort: die schlimmste seit mindestens hundert Jahren. Und doch geht das Leben wie gewohnt weiter.»

21 Elizabeth Bishop, Brief an Hannah Arendt, 22. Januar 1975; Hannah Arendt, Brief an Elizabeth Bishop, 5. Februar 1975, HAA.

22 Hier zitierte Gedichte: «Brazil, January 1, 1502 / Brasilien, 1. Januar 1502» und «Questions of Travel / Reisefragen», beide in: Elizabeth Bishop, *Gedichte. Zweisprachige Ausgabe*, übers. und hg. von Steffen Popp, München 2018; zudem «Squatter's Children», in: dies., *Poems. The Centenary Edition*, London 2011.

8
Wie man die Welt verändert

1 Diana Al-Halabi, Interview mit der Verfasserin, 6. Dezember 2021.

2 Hannah Arendt, «Über den Zusammenhang von Denken und Moral», in: dies., *Zwischen Vergangenheit und Zukunft. Übungen im politischen Denken I*, hg. von Ursula Ludz, München 1994, S. 128–155, hier S. 144.

3 Hannah Arendt, «Rosa Luxemburg», in: dies., *Menschen in finsteren Zeiten*, hg. von Ursula Ludz, München 1989, S. 49–74, hier S. 55.

4 Ebd., S. 51.

5 Ebd., S. 72.

6 Ebd., S. 53 f.

7 Eric Hobsbawm, «Hannah Arendt über die Revolution», in: ders., *Revolution und Revolte. Aufsätze zum Kommunismus, Anarchismus und Umsturz im 20. Jahrhundert*, Frankfurt / M. 1977, S. 277–286, hier S. 282. Anm. d. Ü.: Die falsche Schreibweise ihres Namens im englischen Originaltitel «Review of Hanna Arendt, *On Revolution*» ist in der deutschen Übersetzung und in späteren englischsprachigen Neuveröffentlichungen offenbar stillschweigend korrigiert worden.

8 Hannah Arendt, *Die ungarische Revolution und der totalitäre Imperialismus*, München 1958, S. 11 f.

9 Ebd., S. 31, 30.

10 Ebd., S. 37.

11 Maya Ezz El Din, «October 17. A Change of Approach», *Lihaqqi*, 17. Oktober 2021.

12 «Pierre Issa à L'OLJ: Si le cabinet démissionne, il faudra former un gouvernement réduit de salut public», in: *Le Orient-Le Jour*, 18. Oktober 2019.

13 Adelbert Reif, «Interview mit Hannah Arendt», in: Hannah Arendt, *Macht und Gewalt*, München 1971, S. 105–133, hier S. 109.

14 Arendt, *Die ungarische Revolution und der totalitäre Imperialismus*, S. 68 (Anm. 6).

15 Ebd., S. 60.

16 Ebd., S. 7.

17 Rima Majed, «Lebanon's Unfinished Revolution: Where Next?», *Middle East Eye*, 19. Oktober 2020, online unter https://www.middleeasteye.net/opinion/one-year-lebanon-marks-unfinished-revolution?_cf_chl_jschl_tk_=rVn9ccUy66 SqRaIdtDcqowfLoCFM1XXKGcDrT_Vr7ck-1641462224-0-gaNycGzNB9E, letzter Zugriff 10. März 2023.

18 Zit. aus dem Nachwort der Herausgeberin von Hannah Arendt, *In der Gegenwart. Übungen im politischen Denken II*, hg. von Ursula Ludz, München 2012, S. 424.

19 Elisabeth Young-Bruehl, *Hannah Arendt. Leben, Werk und Zeit*, Frankfurt/M. 1991, S. 66.

20 Ebd., S. 337 f.

21 Zit. nach Jens Hanssen, «Translating Revolution. Hannah Arendt in Arab Political Culture», in: *HannahArendt.net. Zeitschrift für politisches Denken* 7/1 (2013), online unter https://www.hannaharendt.net/index.php/han/article/view/301, letzter Zugriff 10. März 2023.

22 Hannah Arendt, *Die Freiheit, frei zu sein*, hg. von Thomas Meyer, München 2018, S. 29.

23 Hannah Arendt, «Revolution and the Idea of Force» (1963), in: *HannahArendt.net. Zeitschrift für politisches Denken* 7/1 (2013), online unter https://www.hannaharendt.net/index.php/han/article/view/293/420, letzter Zugriff 13. August 2023.

24 Hans Morgenthau, Brief an Hannah Arendt, 12. September 1963, Hannah Arendt Archive, Library of Congress (HAA), Washington, D. C.

25 Hannah Arendt, «Is America by Nature a Violent Society?», in: dies., *Thinking without a Banister. Essays in Understanding, 1953–1975*, hg. von Jerome Kohn, New York 2018, hier S. 355–359, hier S. 356.

26 Jamelle Bouie, «Running Out the Clock on Trump Is Cowardly and Dangerous», in: *The New York Times*, 8. Januar 2021.

27 Sidney Blumenthal, «The insurrection is only the tip of the iceberg», in: *Guardian*, 6. Januar 2022.

28 «Multiple people Stabbed after Thousands Gather for Pro-Trump Demonstrations in Washington», in: *The Washington Post*, 12. Dezember 2020.

29 Hanssen, «Translating Revolution. Hannah Arendt in Arab Political Culture». Anm. d. Ü.: *Between Past and Future* ist, wie viele andere Schriften Arendts, nicht eins zu eins von der einen Sprache in die andere übertragen worden, sondern unterscheidet sich vom Original sowohl durch Hinzufügungen als auch durch Auslassungen von Texten. Am nächsten kommt die deutsche Fassung der englischen in Gestalt des Sammelbands *Zwischen Vergangenheit und Zukunft*, der auf der erweiterten englischsprachigen Ausgabe von 1968 basiert.

30 Hannah Arendt, «Die Lücke zwischen Vergangenheit und Zukunft», in: dies., *Zwischen Vergangenheit und Zukunft*, S. 7–19, hier S. 7.

31 Zit. in ebd., S. 8.

9
Wer bin ich, dass ich richte?

1 Lawrence Fellows, «Israel Seizes Nazi Chief of Extermination of Jews», in: *The New York Times*, 24. Mai 1960.

2 «Killer of 600,000», in: *The New York Times*, 26. Mai 1960.

3 Susan Sontag, «Gedanken zu Hochhuths ‹Der Stellvertreter›», in: dies., *Geist als Leidenschaft. Ausgewählte Essays zur modernen Kunst und Kultur*, hg. von Eva Manske, Leipzig, Weimar 1989, S. 107–116, hier S. 109.

4 W. G. Sebald, «Mit den Augen des Nachtvogels. Über Jean Améry», in: Jean Améry, *Werke*, Bd. 9, *Materialien*, Stuttgart 2008, S. 505–526, hier S. 512.

5 Robert Weltsch, Brief an Hannah Arendt, 16. August 1963, zit. in Christian Wiese, «No ‹Love of the Jewish People›? Robert Weltsch's and Hans Jonas's Correspondence with Hannah Arendt on *Eichmann in Jerusalem*», in: Christian Wiese, Martina Urban (Hg.), *German-Jewish Thought Between Religion and Politics.* Festschrift *in Honor of Paul Mendes-Flohr on the Occasion of His Seventieth Birthday*, Berlin 2012, S. 387–432, hier S. 411.

6 Robert Lowell, «On Hannah Arendt», in: *The New York Review of Books*, 13. Mai 1976, S. 3.

7 Hannah Arendt, «Fernsehgespräch mit Günter Gaus», in: dies., *Ich will verstehen. Selbstauskünfte zu Leben und Werk*, hg. von Ursula Ludz, München 2022, S. 46–72, hier S. 61.

8 Zit. in David Cesarani, *Adolf Eichmann. His Life and Crimes*, London 2004, S. 273.

9 Hannah Arendt, Brief an Sigmund Neumann, 5. Juni 1961, Hannah Arendt Archive, Library of Congress (HAA), Washington, D. C.

10 Zit. nach «‹Und so avancierte ich dann›. Adolf Eichmann über sich selbst.

Aus den israelischen Vernehmungsprotokollen», in: DER SPIEGEL, 28. Juni 1961, S. 30 f., hier S. 31.

11 Hannah Arendt, Joachim Fest, «‹Eichmann war von empörender Dummheit›. Hannah Arendt – Joachim Fest, Die Rundfunksendung vom 9. November 1964», in: dies., *Eichmann war von empörender Dummheit. Gespräche und Briefe*, hg. von Ursula Ludz und Thomas Wild, München 2011, S. 36–60, hier S. 43 f. Anm. d. Ü.: Der ganze relevante Abschnitt lautet wie folgt: «Ernst Jünger ist während des Krieges zu pommerischen oder mecklenburgischen – nein, ich glaube Pommern – Bauern gekommen (die Geschichte steht in den Strahlungen), und der Bauer hatte russische Kriegsgefangene unmittelbar aus den Lägern bekommen, natürlich völlig verhungert – Sie wissen, wie russische Kriegsgefangenen hier behandelt worden sind! Und er sagt zu Jünger: ‹Na, dass das Untermenschen sind – und […] wie's Vieh! Das kann man ja sehen: Sie fressen den Schweinen das Futter weg.› Jünger bemerkt zu dieser Geschichte: ‹Manchmal ist es, als ob das deutsche Volk vom Teufel geritten wird.› Und er hat damit nicht ‹dämonisch› gemeint. Sehen Sie, diese Geschichte hat eine empörende Dummheit. Ich meine: Die Geschichte ist sozusagen dumm. Der Mann sieht nicht, dass das Menschen tun, die eben verhungert sind, nicht wahr, und jeder es tut. Aber diese Dummheit hat etwas wirklich Empörendes. […] Eichmann war ganz intelligent, aber diese Dummheit hatte er. Das war die Dummheit, die so empörend war. Und das habe ich eigentlich gemeint mit der Banalität. Da ist keine Tiefe – das ist nicht dämonisch! Das ist einfach der Unwille, sich je vorzustellen, was eigentlich mit dem anderen ist, nicht wahr?»

12 Louis Althusser, *Machiavelli and Us*, London 2001, S. 6.

13 Zit. nach Bettina Stangneth, *Eichmann vor Jerusalem. Das unbehelligte Leben eines Massenmörders*, Zürich 2011, S. 289.

14 Wie es im Film *Ha'taiyan* (*Der Henker*), R.: Netalie Braun, Israel 2010, wunderbar erzählt wird (https://go2films.com/films/the-hangman/, letzter Zugriff 17. August 2023).

15 Lowell, «On Hannah Arendt», S. 3.

16 Sontag, «Gedanken zu Hochhuths ‹Der Stellvertreter›», S. 109.

17 Arendt, «Fernsehgespräch mit Günter Gaus», S. 64 f.

18 Hannah Arendt, «Über den Zusammenhang von Denken und Moral», in: dies., *Zwischen Vergangenheit und Zukunft. Übungen im politischen Denken I*, hg. von Ursula Ludz, München 1994, S. 128–155, hier S. 129. Anm. d. Ü.: Im Deutschen ist dieser Aufsatz in Teilen auch enthalten in dies., *Vom Leben des Geists 1. Das Denken*, München 1989, «Einleitung» sowie Kapitel 17 und 18.

19 Hannah Arendt, «Was heißt persönliche Verantwortung in einer Diktatur?», in: dies., *Was heißt persönliche Verantwortung in einer Diktatur?*, hg. von Marie Luise Knott, München 2018, S. 7–52, hier S. 48.

20 Ebd.

21 Hannah Arendt, «Die Lüge in der Politik. Überlegungen zu den Pentagon-Papers», in: dies., *Wahrheit und Lüge in der Politik. Zwei Essays*, München 1972, S. 7–43, hier S. 32.

10
Was ist Freiheit?

1 Hannah Arendt, «Freiheit und Politik», in: dies., *Zwischen Vergangenheit und Zukunft. Übungen im politischen Denken I*, hg. von Ursula Ludz, München 1994, S. 201–226, hier S. 208.

2 Hannah Arendt, «Ich erinnere an Wystan H. Auden», in: dies., *Menschen in finsteren Zeiten*, hg. von Ursula Ludz, München 1989, S. 324–335, hier S. 332.

3 Henry Raymont, «Violence as a Weapon of Dissent Is Debated in Forum in ‹Village›», in: *The New York Times*, 17. Dezember 1967.

4 Hannah Arendt, «Über den Zusammenhang von Denken und Moral», in: dies., *Zwischen Vergangenheit und Zukunft*, S. 128–155, hier S. 135 f.

5 Ebd., S. 136.

6 Samantha Rose Hill, *Hannah Arendt*, London 2021, S. 199.

7 Hans Morgenthau, Postkarte an Hannah Arendt, o. D., Hannah Arendt Archive, Library of Congress (HAA), Washington, D. C.

8 Hannah Arendt, «Martin Heidegger ist achtzig Jahre alt», in: dies., *Menschen in finsteren Zeiten*, S. 172–184, hier S. 183.

9 Arendt, «Freiheit und Politik», S. 215.

10 Ebd.

11 Jacqueline Rose, *On Violence, and On Violence Against Women*, London 2020.

12 Hannah Arendt, «Aktive Geduld», in: dies., *Vor Antisemitismus ist man nur noch auf dem Monde sicher. Beiträge für die deutsch-jüdische Emigrantenzeitung «Aufbau» 1941–1945*, hg. von Marie Luise Knott, München 2000, S. 28–32.

13 Raquel Varela, A *People's History of the Portuguese Revolution*, London 2019.

14 Elisabeth Young-Bruehl, *Hannah Arendt. Leben, Werk und Zeit*, Frankfurt / M. 1991, S. 633.

15 Hannah Arendt, «Die Sonning-Preis-Rede. Kopenhagen 1975», in: *TEXT+ KRITIK* 166 / 167 (2005), S. 3–12, hier S. 4.

16 Hannah Arendt, Brief an J. Glenn Grey, 13. August 1973, HAA.

17 Hannah Arendt, «Home to Roost», in: dies., *Responsibility and Judgment*, hg. von Jerome Kohn, New York 2003, S. 257–275, hier S. 257.

18 Hannah Arendt, «200 Jahre Amerikanische Revolution», in: dies., *Zur Zeit. Politische Essays*, hg. von Marie Luise Knott, Berlin 1986, S. 161–178, hier S. 170.

19 Hannah Arendt, «Ziviler Ungehorsam», in: ebd., S. 119–159, hier S. 145.

20 Craig R. Whitney, «Law. Is It Dead or ‹Breathing Hard›?», in: *The New York Times*, 1. Mai 1970.
21 Arendt, «Ziviler Ungehorsam», S. 137.
22 Ebd., S. 157.
23 Ebd., S. 142.
24 Ebd., S. 150.
25 Arendt, «200 Jahre Amerikanische Revolution», S. 162, 165, 166.
26 Hannah Arendt, *Denktagebuch. 1950–1973*, hg. von Ursula Ludz und Ingeborg Nordmann, Bd. 2, München 2003, S. 620.
27 Hannah Arendt, *Macht und Gewalt*, München 1971, S. 33.
28 Arendt, «Die Lüge in der Politik. Überlegungen zu den Pentagon-Papers», in: dies., *Wahrheit und Lüge in der Politik. Zwei Essays*, München 1972, S. 7–43, hier S. 8.
29 Hannah Arendt, «Wahrheit und Politik», in: dies., *Zwischen Vergangenheit und Zukunft*, S. 327–370, hier S. 355.
30 Ebd., S. 92.
31 Joe Biden, Brief an Hannah Arendt, 27. Mai 1975, HAA.
32 Vgl. Hannah Arendt, *Vom Leben des Geistes 2. Das Wollen*, München 1979, S. 189.
33 Hannah Arendt, Brief an William Cole (Alfred A. Knopf, Inc.), 16. Dezember 1952, HAA.

Das Hannah-Arendt-Haus

1 Anm. d. Ü.: Mittlerweile musste die Hannah-Arendt-Bibliothek in Hannover ihre angestammten Räume im Stadtteilzentrum Nordstadt räumen. Die Betreiber suchen immer noch ein neues Domizil. Siehe https://www.haz.de/lokales/hannover/hannover-nordstadt-hannah-arendt-bibliothek-sucht-ein-neues-zuhause-UDVXSQR6I3RH2XDZT6PWEVQTLQ.html, zuletzt aufgerufen am 13. September 2023.
2 Hannah Arendt, «Gedanken zu Lessing: Von der Menschlichkeit in finsteren Zeiten», in: dies., *Menschen in finsteren Zeiten*, hg. von Ursula Ludz, München 1989, S. 17–48, hier S. 33.
3 Ebd., S. 41.
4 Ebd., S. 39.

Abbildungsnachweis

S. 25 Mit freundlicher Genehmigung des Hannah Arendt Bluecher Literary Trust, Art Resource, New York.

S. 40 Fred Stein © VG Bild-Kunst, Bonn 2023.

S. 51 Königsberg 1905. Public Domain. Furfur, CC BY-SA 4.0, via Wikimedia Commons

S. 52 Mit freundlicher Genehmigung des Hannah Arendt Bluecher Literary Trust, Art Resource, New York.

S. 91 links © SZ Photo / Sammlung Megele / Bridgeman Images.

S. 91 rechts Mit freundlicher Genehmigung des Hannah Arendt Bluecher Literary Trust, Art Resource, New York.

S. 97 © 2003 Harriet Lowell und Sheridan Lowell. Wiederabgedruckt mit Genehmigung von Farrar, Straus and Giroux. Alle Rechte vorbehalten.

S. 105 Schlesinger Library, Harvard Radcliffe Institute.

S. 116 United States Holocaust Memorial Museum. Mit freundlicher Genehmigung von Jack Lewin.

S. 117 United States Holocaust Memorial Museum. Mit freundlicher Genehmigung von Lili Andrieux.

S. 153 © Bettmann / Getty Images.

S. 193 Mit freundlicher Genehmigung des Hannah Arendt Bluecher Literary Trust, Art Resource, New York.

S. 202 Die Rechte an dem abgebildeten Denkmal liegen beim Griechischen Ministerium für Kultur und Sport / Fonds für archäologische Ressourcen. (Gesetz 3028 / 2002). Stele von Ilissos, Archäologisches Nationalmuseum, Skulpturensammlung, Inv.-Nr. 869

S. 207 Mit freundlicher Genehmigung des Hannah Arendt Bluecher Literary Trust, Art Resource, New York.

S. 222 Tarker / Bridgeman Images.

S. 236 © Diana Al-Halabi, 2019.

S. 239 © Alamy.

S. 267 © Stahv Shayo, 2022.

S. 268 LIFE Magazine, Gjon Mili / The LIFE Picture Collection / Shutterstock.

S. 272 United States Holocaust Memorial Museum.

S. 307 Bryn Mawr College Special Collections.

S. 315 Mit freundlicher Genehmigung des Hannah Arendt Bluecher Literary Trust, Art Resource, New York.

Leider war es in einzelnen Fällen nicht möglich, Rechteinhaber zu ermitteln. Der Verlag C.H.Beck ist bereit, berechtigte Ansprüche im üblichen Maße zu vergüten.

Register